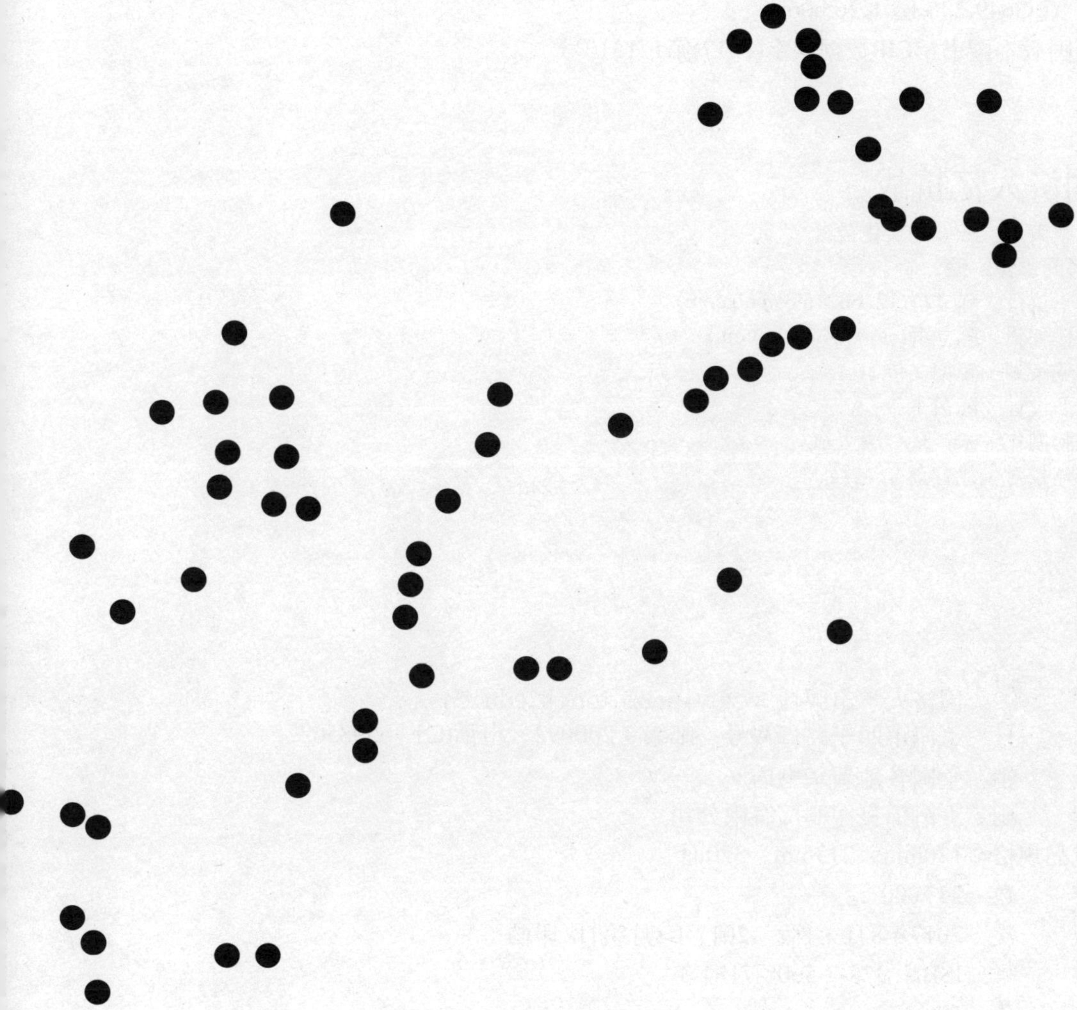

图书在版编目(CIP)数据
《同济人忆抗战》/《民间影像》编.
上海：同济大学出版社，2017.8
ISBN 978-7-5608-7194-3
Ⅰ.①同… Ⅱ.①民… Ⅲ.①同济大学－校史②抗日战争－史料－中国
Ⅳ.①G649.285.1②K265.06
中国版本图书馆CIP数据核字(2017)第171310号

同济人忆抗战

出版策划 三好坞文化公社
《民间影像》编
编辑执行 陈立群(1226621699@qq.com)
责任编辑 陈立群(clq8384@126.com)
视觉策划 育德文传
封面设计 陈益平
电脑制作 宋 玲 唐 斌
责任校对 徐春莲

出 版 发 行 同济大学出版社 www.press.tongji.edu.cn
上海市四平路1239号 邮编 200092 电话021－65985622
经 销 全国各地新华书店
印 刷 上海锦良印刷厂有限公司
成品规格 170mm×213mm 320面
字 数 337000
版 次 2017年8月第1版 2017年8月第1次印刷
书 号 ISBN 978-7-5608-7194-3
定 价 58.00元

同济人忆抗战

《民间影像》编

同济大学出版社

目 录

当浙江省卫生实验处处长的历史

黄胜白[①]

1937年7月杭州市已有半官方组织抗护敌后援会，有些官方医务人员已自动参加。省方约我以个人名义把所有开业的医护人员都组织起来，成立抗敌救护委员会，团结力量为战时服务。“八一三”上海抗战军兴[②]，“八一四”日机即来杭轰炸，我即在“八一四”奉到浙江省政府任命，为浙江省卫生实验处处长兼浙江省救治伤兵委员会医务部主任，后者是最主要的任务，前者只是一个拿薪工的头衔。凡是原来卫生实验处所辖机构，如卫生试验所(相当庞大)、省立产院、省立高级助产学校一半都陷入停顿状态。新立的省立战时护士学校，收容学生数百人，军事管理，有军事教官负责军训，其他教师职员均称教官，这个学校也算是我的主要任务之一。当时我受任于敌人飞机频繁空袭之下，首先是集结所有公私医务人员，组织伤兵辅助医院，每院设二千病床，由负责人自行觅屋组织，刚成立了没有几个，由上海来(的)伤兵大批开到，原定(之)救治伤兵委员会被迫日夜工作，这个(救治)会由一个省委员朱孔阳掌握大权，主持发放经费。因为是抗敌，所有医务人员都热情很高，一下子成立了十七个辅助医院。并在江边、钱江大桥两端设立中途包扎站，上车为伤兵换药，让他们直放南昌。大约11月左右，日寇在全公亭登陆，全杭州市撤退，省府组织也换人，这时省卫生实验处名义取消，整个卫生处改称浙江省战时救护总队。以省(立)战时护士学校数百学员为队士。原卫生实验处处长改为战时救护总队的总队长。原省立战时护士学校的教务主任为副总队长，其余所有卫生处所属各机构人员上下一律支国难薪(每月

① 1889~1982，1914年毕业于同济医工学堂医科，题目为编者所加。
② 指“八一三”淞沪抗战，以下关于“八一三”抗战的不同表述均指1937年8月13日开始的淞沪抗战。

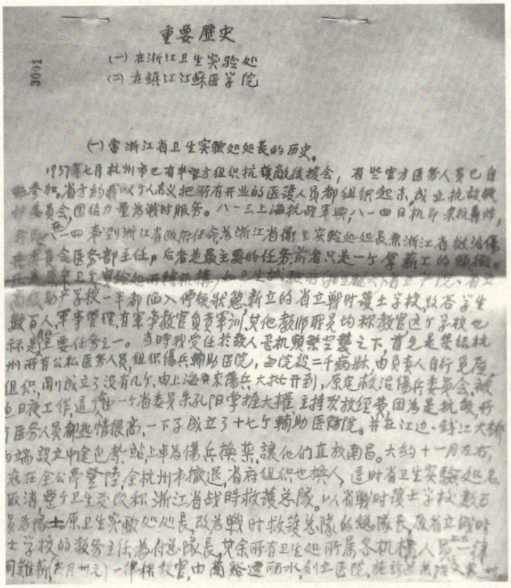

重要歷史

(一) 在浙江卫生实验处
(二) 在镇江江苏医学院

(一) 當浙江省卫生實驗处处長的历史

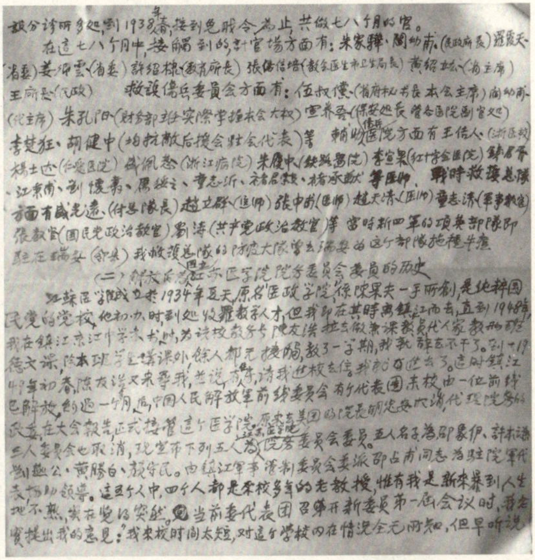

黄胜白的回忆手稿

卅元)，一律称教官，由兰溪迁丽水，创立医院。施诊送药，深入农村，设分诊所多处，到1938年春，接到免职令为止，共做(了)七八个月的官。

在这七八个月中，接触到的，计官场方面(的)有：朱家骅、阎幼甫(民政厅长)、罗霞天(省委)、姜卿云(省委)、许绍棣(教育厅长)、张信培(教会医生、市卫生局长)、黄绍竑(省主席)、王厅长(民政)。

救护伤兵委员会方面有：伍叔傥(省府秘书长，本会主席)、阎幼甫(代主席)、朱孔阳(财务部主任，实际掌握本会大权)、宣养吾(保安处长，管各医院副官处)、李楚狂、胡健中(均抗敌后援会驻会代表)等。辅助伤兵医院方面有王佶人(浙医校)、杨士达(仁爱医院)、盛佩蕊(浙江病院)、朱履中(铁路医院)、李宣果(红十字会医院)、钱居胥、江秉甫、刘怀翥、厉绥之、童志沂、褚君毅、褚承猷等医师。战时救护总队方面有盛光远(副总队长)、赵立群(医师)、张中甫(医师)、赵天清(医师)、童志清(军事教官)、张教官(国民党政治教官)、刘涛(共产党政治教官)等。当时新四军的项英部队即驻在瑞安(邻县)，我救护总队的防疫大队曾去瑞安为这个部队施种牛痘。

回忆抗战时在同济和军医学校的经历

张静吾[①]

到同济大学任教

1937年1月，我到同济大学，还兼任设在江湾的上海市中心医院内科主任，因此医院为同济的教学医院。我家亦住在江湾的上海市政府旁边。我除教书和医疗工作外，未担任任何行政职务。不久，德国拟派几位教授到同济帮助搞科研工作，翁(之龙)(校长)邀我参加商谈。直接与同济大学商谈的是德国驻华大使馆委托的驻上海领事。争论的焦点是这些教授到后，要参加行政管理，而这是我们不能同意的。但德国大使馆坚持这一点。当时我告翁说，德国人还是侵略心理，对他们不能软弱。翁让德文教师廖馥君写回信，后翁又将稿交我看，我加一句说，你们来当然欢迎，若不来，亦不是不可缺的。翁认为这句话太厉害，我说不要紧，他们还是要来的。谁知复信不久，一声炮响，上海“八一三”(淞沪)抗战开始了，这件事无形取消了。

同济医科创办时，学生是在上海白克路宝隆医院实习，直至改为医学院，仍借此为实习医院。然此院系德国医生私人所办，作为教学医院，条件不充分。然自己无医院，也不得不如此迁就。1936年。上海市政府在江湾建立一市中心医院。翁校长几经周折与上海市政府商谈。最后签订合同，医院所有权归市政府，而使用权归同济大学。至此同济大学医学院算是有了自己的教学医院。时市中心医院主楼刚建成开始使用，建筑质量在当时是比较高的。周围空地尚多，大有发展余地。翁时常考虑，虽与市府签订合同，然终非己有，

① 1900~1998，1920年夏插班进入同济医工专门学校医科学习，1921年冬毕业于同济医工专门学校医科，1937年1月任教同济大学医学院。题目为编者所加，感谢张宏锦女士的大力支持。

恐将来发生变化。我向翁建议说，我们应在院内空地上投资建筑房舍，将医学院的基础课学馆如药理、病理、微生物等学馆迁建到院内，造成既成事实，纵然一旦合同发生问题，它亦无法将医学院赶出院外。翁采纳了我的意见，先向某银行借款兴建病理及药理学馆。建筑行将完成，暑假后即可开始使用。“八一三”战争开始，一切又毁于战火。

上海大商周宗良素日热心教育，欧战期间曾为同济校董，出资维持学校。1937年，又愿出资百万元，在沪西筹办一医院，永久与同济大学医学院合作，作为教学医院。双方协商并签订了合同，送教育部备案。我与梁之彦均参加了商谈。医学院既有了市中心医院，现又有这个永久合作的医院，则临床教学当无问题矣。可惜随战局演变未能实现。

“八一三”战争开始后，同济大学和市中心医院均仓促迁入租界内。翁即利用迁沪之医务人员作救死扶伤工作，以表大家的抗日救国热忱。先在小沙渡路办一临时伤兵医院，并派我负责筹备。当时上海各界，尤其是工商界群众，爱国热情很高，要什么给什么，并且都亲自送来。因而一周内即将120张病床的伤兵医院筹备妥当，开始收治伤员。伤员全由群众护送团体送到医院。目睹这种热情，无不为之感动。

我因在国外和以后在国内基本上专注于学业，政治知识缺乏，对抗战估计得太幼稚和天真，认为战事不会持久。战争中，吴淞校舍、江湾医院均毁于炮火。我在考虑战后如何恢复，为求战后恢复能得到政府的大力支持，那么我们在战争中对救护工作就须做出积极贡献。当时新上任的军医署长张建虽系新交，亦留德同学。战线拉得如此之长，东北直至淞沪，他必感军医人员之不足。为了战时增加救死扶伤力量，我专赴南京向他建议说，许多医学院校都迁到大后方，教学医疗均处于动荡不安中，战时当以抗战第一，军医署可令各医学院校承办一重伤医院。这个建议被他采纳，不久，军医署即商同同济大学承办一重伤医院，并委令我为第一重伤医院院长。我们因在上海忙于临时救护，不能很快筹备马上建起，后来才改为第五重伤医院。据了解当时共成立了12个重伤医院。河大医学院承办了第十一重伤医院。本着热心从事救护的精神，同济大学医学院又承办了上海红十字会第一重伤医院，由公共卫生教授李宣果任院长，设于杭州。

我于 9 月底某晚，带领医护人员数十名和医疗器械，冲出前线向苏州出发。因系前线，行车不准开灯，结果一卡车陷入战壕中，幸无人负重伤。在苏州经当地士绅和老同学杨和庆协助，院址选定在太湖边的胥口镇张家祠堂内。又经当地群众协助筹备，约经半月即开始收治伤兵。

此院按编制规定为400张床位，后来奉命收到600人。院内除在当地招收百余名看护兵外，余皆系同济大学及上海市中心医院的医护职工。我因到同济不久，与这些人没有深的认识，更无私人关系，其心性和工作能力更不了解。但大家基于爱国热忱，均能共同努力完成任务。

上海市中心医院的护士我带出二三十人，年龄均在20岁左右。我想既把她们带出，(就)要对她们父母负责，不能出什么问题。因此让她们住在办公室里面的房子，我就睡在办公室的外面，她们晚上还有夜班。约20天后，伤兵的伤口不是愈合就是大见恢复，许多已经能起床行动。某日我与医务主任黄榕增、事务主任姜寿椿商量说，这样子，年轻护士值夜班很不安全，出了事我们对不起人家的父母，因此决定撤销夜班，也估计撤销后伤兵必要闹事，所以我们当晚坐在办公室等待报告。果如所料，夜10点时来报告说，院长赶快去吧，伤兵都起来了，要求换药。我们三人即走向病房，见院内伤兵已满。我看情况不妥，今晚要挨打，就急中生智，搬一凳子，上去大叫一声说：我向大家报告前方消息！伤兵们一下子都静下来倾听，我就让两位主任分别向两边院内报告。有什么消息报告？当时没有战报，还不是瞎胡乱说一阵。我说完后，就问哪位弟兄要换药，有两三人要求换。就这样，无事了。从此就撤了夜班。这件事说明，我们办伤兵医院是热心有余，经验不足。

1937年11月至12月间，国民政府军队从上海撤退时，苏州形势危急，我事前毫无所闻，只身赴苏州领款，在城门洞见有苏州警备司令布告，署名者为刘培棠，是否为我所识之刘绍先？我就试访，名片递入后，刘即出来接我。在此军情紧急中，能会见多年未见之老友(在北京时相识)，倍感亲热和高兴。他即留我在其司令部过夜。当夜敌人轰炸很厉害，我们整夜都躲在防空洞中。次晨，他问我来苏州干啥，我说取款。他说情况很紧，外面很乱，你把款单交给我，我派人代你取。我目睹此情况，认为医院须作撤退准备，我即电话告诉医院，抓紧准备撤退。午饭后刘告我说，我派车送你赶快回去，准备后撤，我撤退时再以电话告知你。谁知此一别竟成了永诀。后得知刘某病故于随县一带。当时若不遇刘，不说款取不出，带着几百伤兵的医院仓卒撤退，还不知狼狈和危险到什么程度。我对这位朋友的感激心情他竟不能有所闻，每念及此，对之无限怀念。反之，上至军医署，下至地方军政负责人，直到抗日胜利，竟无片纸只字令医院撤退和布置。由此可看出当时领导阶层对下级的爱护和全面指挥能力是如何低劣无能。每忆及，常为之叹息不已。

我回到医院后，日夜准备撤退事宜。先将伤兵送至附近陆军医院。二三日后，待子夜11时，一切装船工作均已完成，还和当地父老聚了一次餐。都上船后，我下令到12时开船西行过太湖。片刻后，大家喧哗不已，我问何事，他们说，院长洪福呀，刮起了东风，赶快开船!我看众情难阻，只好下令开船了。于是大小船十余只，顺风西行。

当时听说太湖洞庭山有匪徒，因而我心嘀咕，就披着雨衣站立船头，直至过了洞庭山，月落西方，才入船卧睡。至午，船抵达西岸。往访宜兴县长时，他说：我已下令封口，你们怎么过来了？我说：不错，老百姓正在打桩封口。到宜兴站脚未定，朱副官带伤兵船又赶来，说人家医院不收我们的伤兵。我闻后，非常着急。向后撤退带着伤兵怎么办？我去找军医署代表，他与刘绍先是朋友，可能他听说过我，即慨然将伤兵收下。这样，我确如释重负。他还说，你们可到芜湖。谁知船行至溧阳东坝，坝高不能通过，即将器材卸下运至坝上，人员暂住某小学，另待觅船上行。无奈几天后，苦找不到船，虽在区公所登记，亦无用，因上海许多军政机关撤退都集中在此。某日，我登高向对岸瞭望，见有空船十余只，适身旁有五十七师一位副官说，咱们去夺他们的船行不行？我说，可以。他说，你们有枪支吗？我说，有几支。向对岸出发途中，我想我们须商量好，船弄到手如何分配，免得打闹起来，我们吃亏。及至对岸，这位副官大声喊说：这是我们重伤医院张院长，我们在此等候多日，一直无船，你们这些船闲着，应交我们使用，争吵多时，船上的副官坚决不给。五十七师那位副官说，我破釜沉舟告你说：你给也得给，不给也得给。并命令兵士将子弹推上膛。船上的兵亦将子弹推上膛。在此剑拔弩张、千钧一发之际，我忽然想起这位副官打出的是我的牌子，若打死了人，人家会告我。于是我就叫喊不准开枪，赶快向船上副官说：李副官，你年轻，咱们现在要讲道理，都是一条战线上下来的。就是讲人情，你也应该让给我们几条船。他一听此话，急转直下，马上就说：张院长既是这样讲，我就将船让给你们一半。一时紧张情况顿然消失，结果五十七师分了四只船，我们分了两只。我就让重要人员和重要器材先走，到芜湖聚齐。

这一场争夺战是软硬兼施取得胜利的。后来我想，那船上的副官很是机警聪明，他审时度势，一听我的话就知道是台阶，急转直下，阻止了流血事件，对双方都有好处。

到芜湖，我们住在某税局内。此时宣城行将沦陷，情况已紧，医护人员急于离开，而我脑子不灵活，书生气十足，认为我是主管人，未奉上级命令，不便离开。某晚，除事务主任、副官和几名工友表示愿意与我共进共退外，余皆想离去。他们已与逃难的有钱的某官员联系好，随人家以3000元雇得的拖船去九江。当晚我颇有孤独之感，认为下边人不能与我共甘苦，心情甚为悽然。次日早晨，有国民党人刘某来税局见我，说他是保定人，我在保定曾给他看过(病)。谈话间我把医院人员心情告诉他。他说张院长别书生气了，县长都走了，你还在此干什么？听他这一讲，我马上决定同下边人一块走，反正他们已经准备好了。临行，我令朱副官明天早晨一定离开芜湖。我到九江后即乘火车到南昌，在旅社住了几天，未得到朱副官的消息，甚为不安，因医院的大队人马和物资是由他带领着的。我令其弟回九江雇一小船沿江而下，去找医院其他人员。几天后，朱副官来到南昌，见面就大哭说，院长你真是洪福呀，你们走的次日，所住的税局就被炸了。

我到南昌后，适同济大学校长亦到，谈话中，始知同济大学要由金华迁往赣州。他与我商量，想把留上海的医学院临床部和第五重伤医院迁到吉安，作为实习医院，并命我负责筹备此事。我身为教师，认为责无旁贷，即请允我辞去重伤医院事。因重伤医院是我代表同济大学办的，辞职须由同济大学代我向军医署辞。继我者为公共卫生教授李宣果，因此时已结束了上海红十字会重伤医院的事。

我之所以辞重伤医院事，除要筹迁医学院临床部外，还因我不懂军事，亦不懂军界中的上下关系。再军事变化很快，上边难以全盘筹划，预先布置，遇变全凭自己力量，而我又无领导功底，同事中亦难融洽合作。苏州撤退时要不是刘绍先及时协助，我那个医院不是被俘就是崩溃。我从苏州到南昌月余中始终未奉到上级片纸命令，全是自己考虑的后撤道路。且半年来我东奔西跑，身体确感不支。为勘察院址，在吉安附近泰和县跌了马，腰部受伤，行动不便。我辞去重伤医院院长后，即全力筹迁医学院临床部到内地复课事。1938年夏，临床学生来到吉安上课。在行开课典礼后，翁要我任医学院院长，我坚辞不就，推荐宁誉，因宁留德8年，论年资学识均较我高。我意甚坚，无办法中，翁只好采纳我的建议。就这样，我卸去了一切行政责任，回赣州校本部。不久，因翁、姜寿椿(同济大学秘书)和我三人的家属从上海到内地，我就同翁及姜乘学校车到香港去接她们，几日后我同德国某教授先回赣州。

不久广州军情紧急，学校又要后迁。在校务会议上，翁提出工学院祝元青、医学院德国教授史图博和我三人赴广西勘察校址。我要求我妻一道去，因校址勘定后我就不回来了。我们在广西奔跑了两个月，由省政府协助，曾到贺县、桂平、贵池、贵县、龙州、百色等处勘察，最后确定贺县八步镇产锡矿区为校址。工学院来人正在积极筹建简单房舍准备上课时，广州又告失守，而八步与广州北三水城有河相通，同仁多有不安全之感，因而立足未定，又要向昆明迁移。

当学校决定再迁昆明时，我与大家商量说，我已深感疲惫，请他们多偏劳，他们同意，但请我将他们的家属绕道河内带至昆明。于是我带了老弱妇幼30余口，经柳州、南宁、镇南关、河内转向昆明。河内系越南首都，理应乘此机会稍作游览，然大小30余口，路费又不宽裕，故在旅馆住一宿，就乘车北上。当时通往昆明之火车还是窄轨小车。途中我想学校在昆明尚未迁定，数十名家属到昆明安插住处确实困难，因此我们在中途开远(阿弥州)就停下来，以待昆明消息。故月后我们始到昆明，老幼均安全无恙，同事们均以为慰。住处他们已安插(排)妥当。

在开远停留期间，终日无所事事，晚上常到越南人开的咖啡馆坐坐，见越南小孩在做功课，看了他们的课本，汉字已罗马化了。在开远我首次看到木棉树。我也曾访铁路上的越南医生，其房中的陈设大体上与中国相同。学校在昆明分散为18处之多。为了学生能上课，我在翠湖公园附近某家祠堂筹办了门诊部，并设有教室，亦就开始上课了。

学校到昆明后，翁校长因某种原因，竟对校事持消极态度。值此戎马倥偬，动乱不定之时，身为一校之长，应聚精会神，策划一切，而他竟将学校撒手不管。同事们曾多次劝谏，终不采纳。某日，各院长和系主任约其在饭馆会餐，借以商谈校事，而他竟不终席而去，大家非常失望。无奈何中，为了学校前途， 有推举代表上陈于教育部。时部长为朱家骅，翁之同学也。他察翁既无心于校事，即以赵士卿代之。当时我察校情短期内难恢复正常教育，心已不安。适军医学校教育长张建到昆明，谈次得知同济情况，他就邀我到军医学校教书，我即慨然应之。因军医学校中的许多教授(军事学校称为教官)，多是同济或留德同学，该校已迁到贵州安顺。安顺是后方一小城，在此或可安然进行教学工作。

到军医学校任教

我偕妻于1940年元月离开昆明，乘长途汽车走了两天始抵安顺。沿途山水类似广西，但已接近北方风味。经过黄果树，见到大瀑布，甚为壮观。到安顺先下榻于旅馆，数日后即开始上课。在我之前教内科的是杨济时，他是英美学派中的名人。既是军医学校，当然一切是军事办法。目睹学校上上下下，兢兢业业，颇有朝气。我虽系初到，但在教师中不感生疏，因同学老友甚多。临床方面设有门诊部，附属医院正在筹办中。某日张建对我说，现在两职让我兼一个，一个是附属医院院长，另一个是医科科长。当时该校有医、药两科，后来又增设了牙科。我说愿教书，决不愿兼行政职务。他再三劝我，我坚不允诺。无奈之下，他最后说，他自兼附属医院院长，让我代理他全权处理院务。说至此，我只好应允了。我之所以不兼院长，是我在重伤医院时对军中官场没有好的印象。军事机关中上下行文措词很不客气，我们知识分子在精神上难以忍受。再(者)我无做官本领，一旦不干，连报销之类的事情都没人给我办，我何必再蹈重伤医院的前辙。张建给我一手章，我执行业务，对上下内外概无我的名字，如此我心中就没任何顾虑了。就这样，我在军医学校干了四年，并与张建相处得很融洽。除大事我向其请示外，其余一切完全由我处理。

在安顺的4年中，我一半精力用于教学，另一半用于筹建和管理医院。安顺原系一府，后改为县，因之城内既有府文庙，又有县文庙，规模均相当大。医院即筹建于府文庙中，其旁尚有一祠堂。我们在破旧房屋的基础上，用学校经费和地方的公私捐助，整修旧房，扩建新房如手术室、阶梯教室、结核病房等，在某家祠堂中又设了隔离病房。病房分头二三等，床位达200余张。在附近的另一家祠堂先已开办了门诊部，每日可看数百人次。门诊和病房除伤病兵外，亦收当地群众，因此地方人士大称方便。军医学校在安顺期间与地方绅商和群众的关系处得很好，感情亦颇融洽，当地人至今仍津津乐道当时情况。

安顺军医学校部分同仁合影

在安顺时期，抗日的远征军多经此西行，军医学校以东道主招待欢迎，我常作陪，因而见到过抗日名将如杜聿明、孙立人和二〇〇师师长戴安澜等，因医疗关系与戴来往较多，惜他到前线不久即阵亡。灵柩运回经安顺时，我怀敬仰心情，手持紫薇树鲜花前往悼念。

安顺军医学校的师资队伍、教学设备、教学方法和科研等方面，当时在全国的医学院校中还是最优的。师资来自各方，都是学有专长、富有教学经验的40岁左右的人，德国留学者居多，亦有留美和留日的。设备方面因军事第一，凡是能买到的都尽量购买。所以学生实习，课堂示教，都可达到听视教学的要求。临床课更是如此，能以病人示教讲课。当时尚无电教设备。学生因无社会上不良情况干扰，学习都很努力。因此种种，所以抗战期间，培养了不少优秀医务人员。这些成就之取得，除物质条件优越外，与张建的领导是分不开的。他知才善用，又能待人以诚，因而使大家同心同德将医学教育办好。1940年此校40周年校庆时，设在贵阳的以林可胜为主的英美派所主持的红十字会医疗队同仁来校参观，他们素以高傲自居，而参观后竟坦率地说，以前认为德日派会办门诊部，现在看来医院亦办得很好。

1943年春，迁嵩县之河大医学院同仁函电邀我回河南。我因在安顺军医学校的教学事业才初具规模，与领导和同仁相处亦好，尚不愿回豫。但是抗战已达七年，精神上对抗战已感疲惫。国民政府终日喊叫“最后胜利必属于我”，而军事上反而节节败退，大半河山已相继沦陷，因此我对抗战前途不免悲观，随之而起思乡之念，然还未能决定行止。

某次，我在校务会议上发言说，中国如此之大，以一个军医学校，包办不了全国的军医事业，应敞开大门，广纳全国各校医务人员，才能提高医疗质量，完成救死扶伤任务。这就触犯了该校嫡派头脑人物张某的忌讳，再加上某几个别有用心的人从中挑拨，有人冷言冷语向我攻击。

因此我就决定上辞呈回豫。张建与之系同校毕业，准否我辞，他必感困难。我辞意甚坚，义无反顾。1943年冬，我偕妻乘在安顺之故宫博物院开往重庆之车离安顺，到重庆暂往(住)同学宁誉处有约一月，并到南温泉游玩一次，因同学许某在该处开业行医。于12月间经陕西汉中回到嵩县。

参加红会救护总队部工作的回忆

林竞成①

我是同济大学医学院1933年毕业生，参加红会工作时是31岁，现年82岁。五十多年已经过去了，但八年抗战救护工作中惊心动魄的经历，给了我一生难忘的极其深刻的爱国主义思想教育，每一追念，记忆犹新。

(一)

1937年11月底，在日寇迫近镇江(我当时是江苏省会卫生事务所防疫科长)，敌机空袭中，举家搭乘最后一条船到汉口。国家兴亡匹夫有责，救死扶伤是医务人员的天职，我决心参加救护工作。1938年3月，湖南省卫生处处长张维介绍我给中国红十字会救护总队长林可胜(红十字会总队部设在长沙)，他任命我为49医防队队长。从此，在八年抗日战争救护工作中，我和祖国的命运、人民的命运联系在一起了。全队有医生、护士、环境卫生员及护理员等共20人，副队长是祖张祺，队员有方元宣、张鸿慧、李开物、赵憬、卓文华等人。他们多半是流亡青年，有强烈的爱国心。我们在长沙接受了一个月的医疗救护及卫生防疫训练，当时的教师有张先林、屠开元、荣独山、彭达谋、过祖源等。

1938年5月，我队便开到武汉，在难民收容所做医疗、预防及环境卫生工作。1938年的武汉是抗日救亡的中心，我们队部设在汉口成忠街，邻近八路军办事处。我队队员中的张鸿慧曾冒着危险到延安参加革命工作。我队还参加过海港检疫工作，后又调至武昌小朝街兵站医院做伤病员医疗工作。当时救护总队也迁至汉口，我听到荣独山队长报告参加台

① 1907~1987，1933年毕业于同济大学医学院，1948年10月受聘同济大学医学院公共卫生学教授兼附属中美医院院长。原载《红会救护总队(贵阳文史资料选辑22)》。

儿庄会战救护工作时患痢疾行军经过，使我很感动。在保卫大武汉时，有一次敌机空袭，兵站医院工作人员都出去躲警报去了，独我们红会49队仍在坚持工作。当时正值军医署副署长来视察，见此情景，大为赞扬。军医署署长胡兰生也曾来兵站医院视察过。医院院长、胡署长和我正在院长室里谈话，突然敌机轰炸，院外炸弹声震耳欲聋，而胡署长却神色自若、谈笑如恒。

1938年11月，敌人迫近武汉，武汉大撤退，我队最后退出武汉，转到长沙。在极端拥挤的情况下，乘火车到衡阳转祁阳，救护总队亦迁到祁阳。我们在祁阳受训时，祁阳陆军医院伤病兵斑疹伤寒及回归热流行，总队部令我队到26陆军医院做灭虱工作。我们对这一工作没有经验，而陆军医院院长及副官因与总队部专家们语言(言语)不合，不但不予合作，反挑拨伤员捣毁灭虱站。总队部命我们迁至他院工作，我们不走，通过对院长、副官和伤病员做工作，使他们了解灭虱站工作的意义，使工作得以恢复。工作开始时，由于蒸汽温度不够，不能杀死虱子，伤员脱衣洗澡后，换下的衣服不能取出，只好披着棉大衣等待。为了不让他们着急，我们就组织唱歌，以活跃气氛。灭虱时，每十人一组，一次约花一小时时间。队员们帮助伤员洗澡，歌声彼落此起，士气很高，通宵工作直到鸡鸣三唱，才收队回宿舍。这种工作精神感动了伤员及医院工作人员，争取了他们的合作，打开了工作局面，颇受总队部领导和专家们的赞许。

1939年1月初，救护总队由祁阳迁往贵阳，我队奉命转到桂林。当时交通十分拥挤，火车分成五等，四等在火车头及车厢下，五等在车顶上。我们全队均乘坐五等，用绳子绑着，以防跌下，头戴钢盔，以防过有电线处及山洞时受伤。深夜到达桂林，遍找旅馆不得，20人只好挤在几平方公尺的账房里。虽桂林山水甲天下，此时也无心观赏。桂林也是每天都有警报，我们主要做伤病兵医院治疗工作及难民收容所医疗及预防工作。遇到敌机轰炸时，做临时救护工作。有一次我正在江边，突然响起警报，数十架敌机来回在江边轰炸，我躲在柴堆里，炸弹离(我)十几米远爆炸，我幸免于难。

(二)

1月底，我队调至后方医院工作时，见到许多病兵和壮丁患腹泻，药物治疗无效，死亡很多，其原因是营养缺乏所致。因后方医院克扣伤病兵伙食费，给腹泻病人吃干饭。为此，我队用病员伙食费及由衡阳“伤兵之友社”资助，在后方医院办起特别营养厨房，为病员办特别饮食，救活了一些人。我们还在衡阳后方医院做灭虱工作，伤病员都热情地把我们称作是开洗澡堂和办厨房的人。当时，我们还与一些民众救亡进步团体，如救国歌唱队、救国洗衣队等合作，共同做伤病员工作。不少伤病员患斑疹伤寒及回归热，其虱子多到把白色棉被都密布成了黑色，一件棉背心就有十几万个虱子，令人见之神经发麻。还有一些伤病员生了虱子也不愿参加洗澡灭虱，要做不少的说服工作。

1939年3月间，我们得到消息：湖南邵阳过路的壮丁队爆发霍乱。我想：防疫如救火，刻不容缓。便一方面向贵阳的总救(护)队报告，一方面做好准备，马上率队开往邵阳开展工作，因陋就简，隔离病人，用酒灶做蒸馏水救治病人，用漂白粉消毒饮用水等。等到军政部防疫大队、湖南省防疫大队及国际防疫队等等陆续赶到时，我们已开展了不少工作。他们看到我们红会49医防队动作如此迅速，无不表示惊奇与钦佩。

扑灭霍乱以后，于4月间我队在衡阳第八收容所为伤病员灭虱。4月8日，久雨初晴，敌机突然来袭，警报响时，灭虱工作正在进行之中，不便中断，我们全队同志均坚持不愿离开收容所。第五中队长阮尚丞来所强令我队撤离。我们离开后不久，第八收容所被敌机轰炸后夷为平地，伤病员死伤百余人，我队人员幸免于难。以后，我队转移到后方医院进行灭虱及治疗回归热、斑疹伤寒工作。队员们身上每天都发现有虱子，曾有两人患斑疹伤寒，两人患回归热。红会33医疗队(队长唐文铭)也有在后方医院做医疗手术工作，该队一女护士因患斑疹伤寒而死亡。我也曾感染上回归热，高烧四十(摄氏)度，仍勉强坚持查房工作。

由于我队在祁阳为伤病兵防治斑疹伤寒、回归热和灭虱工作，办理特别营养厨房救治病人，以及首先到邵阳与友队扑灭壮丁队霍乱爆发流行，成绩显著，救护总队于1939年5月明令嘉奖，并将我升任为红会第四中队长仍兼49医防队队长。这些都是全队人员热枕爱国，不怕牺牲，团结奋斗所取得的成绩。

在祁阳时，我队曾一度住在仁济医院礼拜堂内，该院院长会同教师牧师等多人开会，要强迫我队迁出，我说："这是中国的土地，我们怎么住不得?！中国人抗战宁死不屈，中国人可以死而不能受侮辱，倘若你们敢关门，我们就要开一个门。"他们听到我们这些话，大为吃惊，以后态度改变好些了。

看到我队士气很旺，有些青年队员说，我们是来救国的，要求上前方到第一线去工作。我向救护总队申请并经批准，把49医防队作为第一个队开往湘北前方无路区(公路全部破坏)工作。8月间，医防队到达长沙，把医防队分成两个分队，一个分队由祖张祺副队长率领到湘阴新市收容所工作；另一个分队由我带领渡过汨罗江到岳阳罗内195师(师长覃异之)野战医院工作。

军医处处长曹天行，很欢迎我们，他是军医学校毕业生，很有才华，与我们合作很好。我们还曾到新墙河南岸察看对岸敌人活动情况。总队部派来一位波兰籍医生Jensen(曾参加过马德里保卫战，对前方救护工作很有经验)到我们队来的那天，正值"九一八"(纪念日)，当时敌人已向我方炮击两天，正在向我方进攻，师部十分紧张。我和Jensen在营房敷伤所为送下来的伤员敷伤，一个营长受了重伤，由勤务员背下来。勤务员泣不成声，天上敌机盘旋轰炸，但我们仍然照常紧张地工作着。

次日，师部下令撤出罗内，群众匆忙携带粮食、牲畜上山，我队与师卫生队同行。到一住地，未来得及用饭，又奉命连夜行军越过一座山。当时正值我疟疾发作，由队员扶我

过山。Jensen医生的脚也扭伤了。第二天，我骑马行军，Jensen因脚扭伤，他说不能走了，要求把他留下。我说不能这样做，便把我的马给他骑。行军中由于突围，我们把器材及行李都丢了，日夜行军，门板当床，稻草作被，虽艰苦，但部队颇有纪律。

我们由岳阳经平江、浏阳到达醴陵。到醴陵后，正值我们在一家面馆旁边，突然"轰"的一声巨响，敌机一颗炸弹扔在面馆旁边，把面碗给震落到地下了。Jensen镇静地说，不要惊慌，可见他是富有战斗经验的。他曾告诉我，他是一个共产党员。行军途中(我们)还常常遇到敌机低空扫射，有时可以看清敌机上的驾驶员，低飞的飞机一闻其声即到面前，想躲都躲不及。就这样，我们冒着生命危险行军十七天，共计行程一千三百公里，终于摆脱了险境，到达攸县。这次行军是对我队的一个严峻的考验，也是一次最好的锻炼。

这是湘北第一次战役，敌人攻至长沙后被迫后撤，我队又和四中队33医疗队等赶回长沙，做民众炸伤救护、预防霍乱注射、伤病兵灭虱及重伤员的医疗手术工作。第四中队部驻长沙卫生实验处内，33医疗队(队长唐文铭)驻湘雅医院为重伤员做手术，64(医疗)队

(队长刘廷杰)驻湘阴99军野战医院工作，53队(医疗)(队长贾宗舆)驻平江十九集团军野战医院工作。我率领49(医防)队到湘北花桥第四军野战医院工作，主要开军医训练班，训练军医、军护人员。由总部派来上海第一医学院毕业的计苏华医生协助训练，此人很有才华。

(三)

1939年至1940年间，救护总部还派了曾参加马德里保卫战的东欧国家的医生们(其中有Jensen，Kaneti，Jungerman和Volkin等)到49、53和64队协助工作。1940年，总队长林可胜曾到湘北前线视察。在烈日下赤脚步行，走路时不许讲话。日行百里，晚上和东欧医生们长谈，直到深夜不倦。他看到彭达谋大队长坐滑竿时，严加批评，立令辞去滑竿步行。每到宿地，总是自己动手铺床，挂蚊帐，而且反对带勤务兵。人们赞扬他精力充沛，体力过人，以身作则。他是一位学识渊博，善于应用科学思维方法和干实际工作，而又多才多艺的人。他曾在缅甸救护工作撤退时为应急当过火车司机，开过火车。

正当日本帝国主义侵略我国，我国处于存亡危急之秋，林可胜以一个国内外著名的生理学者、教授(曾任中华医学会会长及生理学会会长)挺身而出，受中国红十字会总会的任命为救护总队长。在中外医界、科学界和华侨中都有很大的号召力，受到各方面的同情和支持，许多爱国医生、护士、技术人员和专家教授，华侨以及大量爱国青年自愿参加红会救护总队工作。在他的领导下，救护总队从无到有、从小到大，在不长的时间内，逐渐发展到分布于九个战区中的九个救护大队。其中有医疗队、医防队、救护队等一百多个，医生五百余人，药师、护士、护理员、助理员、检验员等千余人。还有一些东欧国家医生(其中不少是共产党员)来救护总队工作。一些国外进步人士也支持他的工作，例如，我曾亲眼看到美国进步新闻记者史沫特莱在救护总部与他过从甚密。他还以国际著名学者及华侨身份从国外各界人士、华侨处募捐了大量现金、药品、器材、X光机、显微镜和数百辆的救护车(许多是华侨司机)。

林可胜总队长还派一些医疗队到解放区及新四军工作，并赠送大量药品器材，这是个很大胆的行动，因此(包括邀请一些东欧共产党医生来救护总队工作)他被控告为救护总队有赤化嫌疑而获罪。此外救护总队有许多青年人(流亡青年)，爱国热忱，吃苦耐劳，不贪污，敢说敢做，也被认为赤化(的)嫌疑罪名之一。据说，林可胜被蒋介石召见，宋美龄当翻译(林可胜的汉语说不好)。蒋问：“你为什么派队及送药给八路军及新四军？”林答：“红十字会是国际组织。”蒋厉声说：“这是中国！”嗣后国民党在贵阳救护总队部设政治部及特别党部，并在各大队设区党部以资监视。1943年林可胜被免去救护总队长职务。

我队在湘北前方首创酒灶式灭虱站及灭虱器为伤病兵及民众灭虱，简易价廉，易于推广，每站只用五十元。这对控制军民斑疹伤寒、回归热的流行起了一定的作用，得到救护总队的赞许。此后，我又兼任卫生署防疫办事处湘北防疫专员。1939年到1941年三年中，红会各队为前后方军伤病兵(主要)及民众灭虱不下五万人次，在一定范围内控制了斑疹伤寒和回归热的流行，挽救了一些人的生命。在与国民党军队接触中，我们看到了他们的腐败堕落。长官的营私舞弊，吃空额、武装走私，大吃大喝。有个师长曾大言不惭地说，如果像他那样当师长，一切便都有了。士兵叫苦连天，士气低落，他是不管的。

1940年我被任命为第二大队副大队长(大队长为彭达谋)。是年秋，敌人发动第二次湘北战役，我军向两侧撤退，敌人进入长沙，不久又退回湘北。国民党军此次败退，曾枪决一个不战而退的师长。此时，红会64、53、49等队与部队失去联系，我与49队退到浏阳。各队退至衡阳后又赶回长沙做预防医疗工作。此后，救护总队在前方各队又配置了10名运输兵。1941年，敌人发动第三次湘北战役，发兵进攻长沙，我军撤退两侧，诱敌深入。岳麓山国军炮兵轰击长沙，敌军退出。此时，红会各队与部队野战医院共进退，参加医疗救护工作。敌人一退出长沙，我们和33医疗队队长唐文铭不顾湘江布有水雷的危险，乘汽船回长沙开展伤兵医疗手术及民众防疫工作。三次敌人退出长沙，红会各队都是首先赶回长沙。湖南省卫生处处长张维对红会各队动作之神速表示钦佩。

八年抗战中，湖南省湘南、湘北、湘东、湘西如衡阳、衡山、湘潭、长沙、益阳、湘阴、平江、岳阳、浏阳、醴陵、安江等地都驻有红会九大队各队。红会各队每到一地，都是住在民众家里，为民众免费医疗和预防，深受民众欢迎。各队队员与湖南老百姓建立了牢固的友谊。敌人来了，他们就帮助我们把药品器材等埋存在地下，他们自己带着粮食、牲畜上山避难。在湖南，我到过四十多个县，湖南是我的第二故乡，我队和湖南人民有着深厚的感情。湖南人民朴素、诚实、直率、肯干、勇敢、富有革命斗争精神，抗日情绪强烈而顽强。敌人在湖南吃了很大苦头。湖南的妇女热情大方，特别是湘北妇女。我们曾住在湘北一个农民家里，我问这家的一位年轻姑娘：“你们为什么待我们这样好？”她说：“我哥哥出外当兵抗日，我希望人家同样待他好。”一个不识字的姑娘回答的呀！湘北前方民间小饭店的女主人，总是给我们许多照顾，热情让位，给我们吃瘦肉不放大辣椒。

1941年，救护总队通令嘉奖第三次湘北战役救护有功的红会各队，并任(命)我为红会第九大队大队长(驻在第九战区)，第九大队为红会模范大队。这是各队全体人员通过长期锻炼，团结合作，共同努力，不断克服困难，发扬救死扶伤创造性劳动的结果。九大队管辖第四、五两个中队(第五中队驻赣北铜鼓，中队长是罗盛昭)，共计十多个队(其中有些队分为两个小队)。救护总队给了我们许多有力的支持，派来了各科指导员、视导员，周寿恺、周美玉、郭绍宗等都到湘北前方指导工作。此外(总队)并派交大毕业的工程师戴根法来九大队协助工作。他是一个非常有才华的和惊人的服务精神的人，善走路，有“飞毛腿”的美称。我们在长沙设立重病室时，周美玉护理指导员曾亲自参与指导工作。

(四)

1944年4月间，敌人要打通南北国际通路，大举进攻湘北。5月间，红会救护总队部顾问、中国红十字会总会特派员蒋梦麟由我陪同到衡阳视察救护工作，印象很好。本来还要到广州视察，但汽车出车受阻，他说不吉利而赶回贵阳。5月18日，敌人进攻长沙，我将湖北红会各队撤回衡阳，连同材料科和汽车队，一路向湘西，另一路向桂林撤退。我先和他们乘三辆救护车向湘西行驶，在湘江过渡时，遇国民党重型炮车后退把船台压垮。经多方设法，才修好船台渡江。到零陵时，遇到了九大队向桂林撤退的五辆救护车和几百辆汽车被阻在湘江之滨，江水大涨，两条渡船每次只能运载三辆汽车。人们争相渡河，因为天上有敌机轰炸。我们的救护车日夜不敢熄火，敖了两天两夜才渡过江去。五辆救护车满载着红会和卫训五分所贵重器材，工作人员及家属共一百多人，每人限带行李两件。我们到桂林时，桂林已疏散人口，全市商业闭门。有些商店奉送物品给我们，我们都一一谢绝了。

救护车和火车上的一部分器材及人员，好不容易到达金城江。这里是湘桂和湘黔铁路的连接点，金城江好像一个瓶口，金城江以上的铁路线坡度很大，以致不少火车、汽车和我们的救护车(由于缺油)都聚集在这里。这是一个小镇，火车站也很小，连日大雨，路上泥泞达尺多厚，河水猛涨，难民众多，厕所粪便溢流遍地，人们涉足于这种境地，鞋一两天就烂了。有个妇女上厕所后说：“我连眼都不敢睁开，一看就要吐。”那时，金城江霍乱流行，苍蝇满布在食品上，痢疾流行，难民中老弱者及幼儿多数死亡。我们红会在此为难民治病及进行预防工作，十分艰巨，天上敌机轰炸晚上弹药库爆炸，火光冲天，人们奔逃无路，到处都是哭声，金城江成了人间地狱。这种民族悲剧使我终生难忘。

汽车继续上行，火车拉不到十节车厢，类似爬行，许多人坐在车头上，可以随时跳上跳下。有时火车上不去，几百人下来推车前进。用人推火车，这在我一生中仅见过这一次。火车缺煤时就烧枕木，这样火车的马力更差，速度几乎与步行相同。沿途许多难民克服一切困难，奔向祖国后方，我亲身参与(经历)了这一民族大苦难，受了一生难忘的惨痛的历史教训。我深深感到，没有人民所拥护的政权和领导核心，一盘散沙的民族，必然就要挨打，被侵略、凌辱、屠杀。

从广西河池到独山，美军小队破坏公路，汽车要通过不少弹坑，有时不得不开到火车轨道上。我们在一座燃着熊熊大火的铁路桥边受阻。大桥约长五十多米均已破坏，江中水深约一公尺，如何飞渡呢？有的提出走山路，红会中许多人也主张弃车走山路，我力持不可。山路多土匪，崎岖山路妇女、儿童如何走得？这十几辆汽车队中有工程人员，大家共同研究采取大桥两端削切斜坡，江底铺一枕木，汽车从斜坡下驶向江底枕木，再由对岸用汽车拖上坡。各汽车依次驶向江口，一天只能驶到对岸约十辆。好(不)容易轮到我们红会救护车，驶到桥头等着过江，不料国民党军队勒令所有未过江的汽车驶回独山有公差。我情急生智，急从口袋中拿出一张电报说，薛岳司令长官命我们赶往贵阳有重要任务。这些兵认不得几个字被我哄骗了，只放我们红会三辆救护车过江。

渡过江经马场坪勉强到达贵定，车辆便抛锚走不动了，急电贵阳救护总队请速派车来接。当时出发共有汽车约四百多辆同行，到达贵阳的只有27辆。其中红会三辆救护车在沿途做了很多难民救护、医疗预防工作，每次总是最后在当地军警都走了之后才走，经历了许多惊心动魄的局面。辗转六个月，于十一月份才到达贵阳，受到总队部领导及工作人员的欢迎。三辆救护车带回高倍显微镜30多架、X光机三台及其他器械，(但)工作人员及眷属一行多人行李几乎丢失光了。

林可胜总队长见面时只对我说："人比东西贵重"，这句话给了我很大的启发。这次难忘的经历锻炼了我，人民教育了我，敌人当了反面教员。中华民族坚持了八年抗战，终于取得了最后胜利。

今年是抗日战争爆发50周年，当年的义勇军进行曲，还在我们耳边响起。前事不忘，后事之师！

(本文写于1987年)

随校流亡琐记

纪增觉[①]

一、开始迁校

今年(1997)母校同济大学建校90周年大庆，恰巧也是吴淞老校舍被日寇摧毁以及开始内迁的60周年。

1937年夏，我初任助教，按约应于8月15日到校工作。因为发生了卢沟桥事变，我恐怕校中有事待办，就提前于7月底到校。此时上海的战争气氛已经很浓，乘淞沪小火车经过江湾时，看到铁路两旁头戴钢盔的中国士兵正在紧张地掘壕备战。到校后，欣见另一助教郭兄(郭惠申)已先几天来到。那时测量系除我们两个新助教外，教授、讲师无一人在校。眼看战事迫在眉睫，我们二人按学校指示，将测量馆的所有仪器设备陆续拆卸装箱。全校的图书和可搬运的物资堆集如山，但就是运不出去，令人焦急。原因是学校本无车队，平时要用卡车，打个电话给“搬场公司”(出租货车的公司)，一喊就到。眼下时局紧张，可喊不到了。在急迫中，亏得事务科熟悉地方情况，想出一条“舍陆就水”的办法：雇用若干木船装运，从后校门外的河浜出发，沿蕴藻浜开到嘉定县境，再转入苏州河顺流而下到达上海市区。学校已在公共租界内的地丰路(今乌鲁木齐北路)租得一所房舍，校产运来暂储于此。木船如此绕道行驶，虽然行程要长达三天，但可避免通过敌舰密布的黄浦江，如不绕行，其后果是不堪设想的。郭兄和我护送测量系物资装上木船，事毕已是8月12日下午4时多，由于开战在即，淞沪小火车已停开，我们只好赶到轮渡码头，幸好还有

① 教授，1914~2002，1937年7月同济大学测量系第一届毕业，留校任教。本文写于1997年，感谢纪立柔先生支持。

最后一班船，不过它正在起碇，我们连忙一跃登船。我到达市内静安寺路同和里医后期宿舍借宿时，早已满街灯火了。第二天，震动全国的“八一三”战争打响了。当初未曾料到，此番告别母校吴淞校舍，竟成永诀。

由于战争蔓延，学校决定迁往浙江金华。上海附近的苏州等城市也不断遭到轰炸，郭兄家住苏州，不得不回家安顿妻儿。9月19日，我奉学校指派，押运装在汽车上的部分精密仪器赴浙。沿途耽心的是敌机来袭，特别是车经笕桥空军基地所在处时格外紧张，幸而一路平安无事。次日从杭州城将货箱送到江边，因为钱江大桥遭轰炸后，民用车辆不许通行，只得用船运到对岸的浙赣路萧山站。我带着介绍信去见站长，说明交运的是昂贵、精密仪器，务请仔细装运。那位站长非常热情，马上带着我并指挥工人将箱子安放到一节货车的犄角。对我说，这儿最稳妥。令人悲愤的是，我抵达金华两天后得知，那位热情尽职的站长在接待我们次日就在日机轰炸车站时不幸遇难。

从这位站长的事情使我连想到同济职工们在国难当头之时，绝大多数也是忠于职守、勇于任事的。诺大一所学校，在兵荒马乱之际，辗转迁移，谈何容易。有赖于这些同人的勤劳勇敢．才得以进行。值得一提的是：学校撤离吴淞时，若干职工奉命留守校舍，他们在敌机敌舰狂轰滥炸下坚守于大楼的地下室，直至敌军进占之前，才冒着弹雨撤出校园。

学校暂借金华中学等处，于10月20日复课，这算是学校流亡中的首次“弦歌再续”吧！

因为已经得知吴淞校舍被炮火摧毁殆尽，学校领导就计划在金华郊区新建校舍，并看中了离城北约5公里的罗店附近一块大概四五百亩的丘陵地，指派郭兄和我去草测地形图，备作规划之用。我们连续工作了几天，忽接校部通知：“暂缓测量。”但我们考虑，工作已在扫尾，所以次日仍然带着仪器前往罗店。途遇教务长，他问：“不是已经通知你们‘暂缓’吗？”我们答：“与其缓一些时再干，不如一气呵成好。”教务长说：“唉，你们怎么不懂，‘暂缓’就是‘停止’啊！”(惭愧，那时我们确实不懂这一官场用辞的真实含义)原来此时(1937年11月上半月)敌军已向苏、浙深入，杭州吃紧，学校决定撤销在金华建校的计划，准备再次搬家，当然就不需再在当地勘测校址了。

同济从吴淞搬进租界，是抗战期中第一次迁校，曾经打算在租界内复课，未果。来金华算是第二次迁移。现在距首次迁移仅仅三个多月，又要准备第三次搬家了。当时社会上有许多上层人士幻想日寇进攻了一阵子，会停下来谈和的。同济校长也有如此想法，这就形成了学校“逐步挪移，流亡办学”的局面。上面提到的金华罗店，位于北山这个著名风景区的入口处，山中有双龙洞、冰壶洞、朝真洞等名胜。翁校长在那儿勘察“新”校址时，对这带的美景赞赏不已，居然设想自己在金华办学若干年后，留此颐养天年。他在给别人的信函中说：此地有双龙洞，“将终老于斯矣”！可见他对抗日战争的严酷性和长期性是多么地估计不足!

二、骑车两千里

同济在金华于1937年10月20日复课，其后的一个多月期间，战局变化很大。保卫上海的中国守军苦战三个月，虽使日寇受到重创，但上海仍于11月13日陷于敌手。随后日寇沿沪宁铁路线，同时沿沪杭铁路线并转向太湖南侧的浙北皖东一带向南京急进，局势非常严峻。11月底日寇在西进途中占领浙北重镇湖州(吴兴)。这样，杭州距前线只剩下50公里了，因而浙省机关单位纷纷“疏散”到金华、兰溪等钱塘江以南的城市。我在金华街头就不断碰到新迁来的老同学和熟人。此时同济也决定停课，着手收拾物资再度迁校，目的地是江西赣州。

从金华到赣州，迁移的途径是乘浙赣路火车到南昌，然后乘木船循赣江南行即达。战时火车运行极不正常，由南昌至赣州又是逆水行舟，所以路途很费时日，估计甚至要花到一个月。我偶然听说有学生想骑自行车行走，就萌发了同样的念头：我无家累，何不骑车循公路前往，免得挤在车箱和船舱里闷几个星期呢？况且教职员迁移，花费都要自己负担，骑车还能省却部分旅费。回到暂住的净渠头一个小院子与同住的李兄(土木系助教，比我年长)(李国豪)谈了这个设想，他也是单身人，马上答应同行。随后我用十几元法币买了一部旧自行车，将书籍行李杂物包装好托同事代运。随身只带一件冬大衣和一条床单(以上两件用作应急的卧具)，此外还有几件换洗内衣和一册地图，准备尽快上路。

上海沦陷后仅一个月，南京即被日寇攻占(12月13日)。但在金华所获消息紊乱，情况混沌，好几天后才有传闻说，日寇已在南京屠城，江边尸积如山。听到后，人心受到极大的震撼。薛教务长得知我们两个年轻教师要离群独行，担心时局动荡、途中安全可虑，出于关心，当面劝说我们打消计划。但我们主意已定，有点风险也在所不顾，于12月20日左右毅然动身。

出发时还加入了一位三年级的学生，一共三人同行。我的骑技粗拙，幸李兄经验丰富，又善于修车，有他带领，心里踏实得多。我们从金华循公路到南昌，沿途在兰溪、龙游、常山、上饶、弋阳、余江、进贤等七处过宿。共520多公里，走了七天半，平均每天仅走70公里。进程如此之慢，主要是考虑途中治安问题，所以“未晚先投宿”，有时即使夕阳还远未落山，但遇到合适的住处，就住下来。为了俭省(我们每人仅随携20元钱)，途中只在上饶城里住过一家正而八经的旅舍，此外，多住简陋的客店。过弋阳时还在城外圭峰的一座寺庙借宿，与寺僧一起吃过两顿斋饭，饭桌上仅有一盘苦涩难咽的盐渍柚皮佐餐，可见僧人之清苦。一路治安还好，只是在衢州附近遇到一伙“伤兵”拦住我们，要“借"车子骑，我们一看势头不对，连忙夺路而走，这算是一次有惊无险，其他没有碰到过什么车匪路霸。

到了南昌，住进一家中等旅馆。此地机场已遭敌机几次轰炸，市街冷冷清清。我们休整两天后继续南行。此时只有李兄与我同走，那位学生不在一起了。南昌到赣州的公路大体上与赣江平行。我们沿途在清江、八都、吉安、泰和、遂川等地住宿，途程约450公里。这段路也走了八、九天才到，主要因为常常遇雨，在泰和就为此在小客店里呆等了两天。公路的质量，从清江向南愈来愈劣。据了解这种公路是当初为了国民党军进攻苏区而草草筑成的。虽非大山区，但不少路段曲折盘旋或是坡度陡急，设计很不合理。特别是桥梁建得好像“明桥面”式的铁路桥一样，实际未铺路面，而将互相隔离的横木(相当于轨枕)直接固定在桥的主梁上。对每道车道，在横木上钉两排木板，以负载汽车的两排车轮。当然，骑车时可在一排木板上行走。问题是每排木板又以两行窄板组成，两者之间留有几公分的缝隙。骑车时如果不慎轮子掉在缝里，就可能车翻人倒，落入深渊。碰到这样的长桥，我总是老老实实下车推行。有一次遇到一个急转弯，紧接一个陡下坡，再接着就是一座特长桥梁，这时根本来不及下车，只有硬着头皮骑车过去。李兄前行，十分担心我出事。他过桥后，停车等我，见我竟然闯了过来，不觉欣然。

过了泰和，就进入原中央苏区的西北地带。随处见到“参加红军去”、“中国人不打中国人”、“消灭AB团”等用白灰刷的大字标语。因为红军离去才短短三年，这些标语仍然明晰可辨。由于国民党军连年残酷围剿，一路极少见到青壮年男丁，所以居民对于男孩特别宝贝。我们按照别人的告诫，在农家借宿或歇脚时，注意不碰人家小孩，以免引起麻烦。

到达赣州，已是1938年1月10日以后，从金华起共计行程980公里，包括停息的日子，前后历时约20天。此时已进入严冬。偶遇一位教授的德籍夫人，也是刚刚来到，但所乘的是汽车。她问我："路上这么冷，你们骑车不怕冻着吗？"其实我们对这点点冷根本不在乎，而所怕的一是路上发生事故，二是连续遇雨。

三、赣州七个月

赣江由南而北纵贯江西省。赣州则位于章水和贡水汇流成赣江的交会点，是赣南最大的城市。可是当年它的设施很落后，既无电灯也无自来水。

同济在赣州借到一些房子，作为临时校舍。这是校本部，医学院后期则设在赣州以北150公里的吉安。1938年1月份，师生基本到齐。经过匆促的准备，终于在旧历新年(1938.1.31)刚过，正式复课。

学校教学和办公地点设在赣州城内的镇台衙门，这是清代"总兵"(职位略高于现在的军分区司令)的衙署，民国以来年久失修，屋宇破败。教师们为了尽量发挥教学设备的作用，不得不将仪器设备包括昂贵的进口仪器安装在原来的破屋中，例如测量系的航测内业仪器就是如此。在赣州(以及吉安)居然能在整整一个学期内，勉力维持了课堂教学和实习实验，弦歌不辍，并且送走了38届毕业生和招收了38级新生，都是师生职工艰苦努力的结果。其中十几位德籍教授在无电、无自来水、无汽车的生活条件下，坚持工作，也是很难能可贵的。

在赣州时，学校也发生过几次风波。其中较大的一次是政治性的。1938年年初，红军当年离开闽赣时留下的游击战士奉新四军军部命令开到皖南。为此，附近县份的几批战士来到赣州集中。众多大中学生闻讯聚集在城外浮桥边夹道欢迎他们入城。2月份的一天，我和几位同学也去参加欢迎的行列，得以亲见那种激动人心的场面。事后，反动的国民党赣县县党部对参加欢迎的赣州中学学生加以迫害，有的被威逼登报"悔过"。对同济大学的学生，则通知学校处理。同济当局了解到，除了有学生出城欢迎新四军战士外，进步的学生团体还有组织地对战士们进行过慰问、联欢活动。为了惩一儆百，校方公然出布告开除学生会主席陶同学，引起全校震动。有的学生出于激愤，用石块砸烂了布告栏。校方重新张贴了告示，还派校警昼夜予以守护。本来学校大院内因无电灯，夜晚一片黑暗。此时却为了保卫布告栏，用一盏大型汽灯照明，通宵不熄，蔚为奇观。后来因为学生强烈抗议，责问开除的根据，校方理屈词穷，才不得不收回谬令(解放后，陶工作于一机部，曾任副部长)。

同济迁到赣州的头四个月，江西省尚未受到战争的直接威胁，所以能够比较安定地进行教学。从1938年5月下旬日寇占领战略要地徐州后，就将进攻的矛头指向中国当时军政中心武汉。它的主攻路线是沿长江西上，6月间占领安庆，7月下旬攻占九江。这时南昌以北70多公里的德安成了前线。此前，在敌人从安徽向江西推进时，同济就决定作第4次迁校，但一般师生开始行动则在8月份。我记得，那时和五位教师合住在赣州城内文清路的一所宅院内，大家还在一起谈论过日军袭击张鼓峰被苏军打得大败而逃的事件，都为之兴奋不已。我们从报纸上读到这个消息，时在8月初，那时还未作搬家的准备。回忆起来，大批师生开始迁移，是8月下半月的事了。

这次将要搬到广西东部的贺县八步镇(解放后改为贺县县城)。其他接近湘粤桂三省界线的交接点，交通比较闭塞。为什么挑选这么个地点，我一直没有理解。

有一对学生夫妇谢、黄两同学是我的小同乡，他们将免费搭乘一位熟识的司机所开空车赴广州，也邀我同行。我们就在1938年8月20日左右的一个上午，登上这部卡车，告别居住了七个月的赣州匆匆南行。

四、转徙粤桂

从赣州出发，晚宿粤北的南雄。次日一早在雨中登车，一路(上)路面粗劣，车行颠簸。坐在硬条凳上，皮肤都被磨破。幸而傍晚就安抵广州。按司机的指点，在珠江岸边的爱群酒家住下。司机说，这是一座坚固的高层楼房，空袭警报时到底层躲避即可。

敌机从珠江口外的航空母舰起飞，几乎每天上下午各有一次扰袭广九路和广州。当地居民说，它们就像按时来上班一样。但大家对此似乎都不以为意，市街照常热闹。听说有的大厦老板还自购防空枪炮架在楼顶上，当敌机低飞时予以射击。我的印象是：广州人民抗敌意志是昂扬的。谁能料到，这样一座华南名城两个月后就被守军丢给了日寇呢？

到广州后的第三天，和谢同学夫妇同乘班轮溯西江赴梧州。船行两天半，从地图上量得梧州与迁校的目的地八步镇相隔不过150公里，所以打算下一步循陆路直接前往。可是在梧州上岸向中国旅行社打听途径时，该社人员力劝不能走这条陆路，说是很不安全，必须绕道柳州前往。如此兜个大圈子，至少是直路的四、五倍远，但也别无选择。凑巧当晚有班轮开柳州，我们就买票上船。此行依次溯浔江、黔江、柳江而上。江水很浅，在许多江段航行时要由水手用竹篙不断探测水深，一面将测得的尺寸朗声报给舵手，以防搁浅。我忽然联想到，过去通过阅读得知美国作家马克·吐温在浅河中乘船的一段经历，他多次听到水手测深时吆喝着“两尺码”！(mark twain!)就幽默地将MarkTwain取作他的笔名。我现在面对的正是这种“边测边航”的情景。如此行船，其慢可知，从梧州到柳州足足花去6天。

随后从柳州乘长途汽车东行，经荔浦赴八步，当晚就到。此次从赣州出发经过11天才到达目的地，时已9月初。

八步是个小镇，只有一条主要的街道。但附近有锡矿(广西省的锡矿储量相当丰富)，人们的消费水平远高于一般农村集镇，所以市面繁荣。街上开着好几家粤式茶楼酒楼，食客盈门。

学校借了一所中学作为临时校舍，但房屋远远不敷需要。只好准备轮流由一部分班级在操场上露天上课。

由于赣桂间交通十分困难，既要绕道，又须多次换乘车船，费用也高，所以不少学生结队步行，这样途程就需一、两个月时间。所以当师生到齐，已是10月下旬了。在这期间，战局急变。粤汉路的两个端点是广州和汉口，前者于1938年10月21日弃守，后者于4天后被敌攻陷。学校不得不准备作第5次迁移。大批图书设备还在运输途中，就奉命改变方向，运往云南。

既然上不成课，又乏书可读(书未运来)，颇感无所事事。而躲警报倒成为日常的“业务”。八步并非要地，但位于敌机从南海来袭桂林的必经之路，所以警报频繁。好在此地是喀斯特地区，到处有溶洞可用于防空。八步镇近旁的蚂峰山大溶洞就能容得下全镇大半居民来躲避敌机。

在此期间我作过一次小旅行，其见闻作为插曲可以一记。来八步后，得知过去的大学同班同学颜兄在江华锡矿工作。江华县属于邻省湖南，但离八步仅七八十公里。我和助教郭、沈二兄应颜兄之邀前往访问。因无车可通，只好步行来回。头一天走了40多公里，颜兄已在路边的一间独立小楼前等候。当晚就在楼上席地而卧，以稻草为褥，息了一宵(宿)。颜兄说这一带盗贼猖獗。这间小楼以前就是一个匪首的窝点。不过他已“改邪归正”，现在当了锡矿的警卫队长，其实这不过是矿上变相向他缴纳保护费，以求得人员物资的平安罢了。我们这次来到，颜兄事先已向这位“队长”打过招呼，否则陌生人贸然闯进来，说不定会出点事情。我们听了不禁悚然(联想到梧州的旅行社力诫人们走这一带山路，是有道理的)。第二天续行，走到矿上。见到一位资历较深的地矿工程师王君，因为大家都来自沿海省份，就交谈起来。寒暄几句，王君随即议论时局，他说：“同日本人打仗，兵凶战危，中国人一向是爱好和平的的民族，还是‘以和为贵’才好。”此君与我们初次见面，就对神圣的抗战事业大唱反调，令人十分惊讶。不过这也反映了当时少部分中、上层人员的心态吧。此外，在矿上还得知因此地锡产较丰，广西当局曾来占夺这块宝地，就在抗战前夕，还曾陈兵威胁，白崇禧竟亲临指挥，扬言“寸土必争”。可见军阀们是如何地“内战内行”了。

学校最后确定搬到昆明。1938年12月间，我们结束了整整一个季度空等复课的状态，与八步镇告别。

五、经河内到昆明

1938年冬，同济又从广西八步镇迁往昆明。这有两条路线可供挑选：一是经柳州、贵阳前往，全程是公路，其中黔滇境内的道路都是几年前草草建成的；一是经柳州、南宁、越南(当年称为安南)前往。经过打听，得知后者是传统的走法，比较安全稳当，于是就选择了它。

12月下旬，我参加若干教师和家属结成的伴儿，合包一辆大客车从八步经柳州到南宁，行程两天。当时进入越南的手续要到龙州去办，所以在南宁过宿后转车前往，又在龙州住了两天。出国手续并不繁难，只要准备本人照片，托所住旅馆代领过境护照，很快就能领到，然后各自到法国领事馆，付大洋二元，立时即可签证。可是很多同学就是缴不起这二元钱，与法领交涉免缴不成，于是群起抗议，法领为了息事，后来还是同意学生免费。

从龙州出发，过了镇南关(现友谊关)，在越南边境小镇“同登”一家小客店午休，然后乘火车赴河内。在龙州时，我们住的是越南华商经营的“天然旅馆”，它的总店设在河内，越南许多城市都有它的联号，实际上形成一家颇有实力的旅行社。他们承包沿途的车票和食宿，并派人接送，服务很是周到，收费也便宜。我们从进入越南直到出境，都亏得有他们照料。例如出镇南关入越境时，法越关警对旅客翻箱倒笼，大肆刁难，但由天然旅馆陪送我们的人塞给关警几十个皮阿斯特(Piaster，当时的越南货币，每币约合中国大洋二、三角)，我们一行约十人的行李就顺利通过了。在河内上火车时也是同样情况，由旅馆陪送者塞了一点酒钱，路警立即用粉笔在行李上划圈圈，表示放行。

在越南见到火车站和主要马路的标牌上，除标拼音文字外，还有汉文，例如“河内”“谅山”等。后来听说，这不能说是“汉文”，应称为“南文”。就是古时越南借用汉字并掺以利用汉字笔画创造的字，在法占时开始改用拉丁字母之前通用于越南。但在一些庙宇，例如我们见到的河内还剑湖中佛殿匾额和楹联铭刻的“大雄宝殿”等，则是地道的汉字了。

从河内到昆明的火车没有卧铺，全程需行三天。火车沿红河河谷向西北开行，所经之地稻田一片葱绿。时已仲冬，但酷似我国江南夏初的景色，傍晚到达越南边城老街，各人携行李下车，住店一宵。次日黎明，步行越过红河支流南溪河上的铁路桥；即到中国边城河口。办过入境手续后，登原车北行。所经多是陡峭山区，一天通过的隧洞其数近百，以致满车煤灰。车行极慢，220公里竟走10个小时。晚宿开远城。这一带是少数民族地区，当地人仍按少数民族习惯，称开远为“阿迷州”。第三天续行，下午到达昆明。这种晓行夜息，并且旅客要携行李下车投宿的旅行方式，恐怕全世界也是不多见的。这是我们所乘普通客车的情况，另有一种快车，从河内到昆明朝发夕至，称为“米西林车”(法文micheline音译，意为轮胎火车)。这趟车票价昂贵，我们坐不起。

来到昆明几天后，即逢1939年元旦。新年伊始，得知刚在昆明逗留的“中国国民党副总裁”汪精卫已逃往河内，随后发表通电，竟称应与日本“善邻友好，共同防共”公然叛国投敌。全国为之哗然，无不切齿痛恨。

初到这座高原城市，很为它的旖旎风光所倾倒。另一方面，昆明虽然早与国外有直接的交通联系，但地方当局某些保守、闭塞的措施，令人惊异。例如电影院禁止“男女混杂”，用铁网将楼上观众席一隔为二，男女各坐一边，女宾只许坐到楼上。如果儿子陪伴老母观影，也不得同座。幸而从1939年下半年起，这类措施就逐渐取消了。同济大学在昆明于1939年3月复课，以后直到次年冬初，在该地共进行了两个半学期的教学。

同济是从外地迁来的第二所大学。在我们来到的八个月前，从长沙迁来了由北大、清华、南开三校组成的“临时大学”，抵昆后改称“西南联大”。他们校舍分设在昆明的西北角和东南角，还算相对集中。同济来得更仓促。临时觅房租用，以致校舍分散在城内的东西南北中，共有15处之多。这还不包括设在离昆80公里宜良县境的附属中学。如此高度分散，管理之难可以想见。

4月间，学校换了校长。新来的赵校长凑巧和前任翁校长都是同济毕业后留德的医学博士，两人还是至亲。赵到任后，很想改变这种校舍分散的窘况，准备在郊外觅地集中建造简易校舍。我曾参加他率领的一组人员沿滇池北岸一带选择地址，终因经费无着，计划落空。赵校长是一位学者，为人忠厚，办学也负责。但当万方多难之际，学校忧患重重，赵校长支撑困局，力有不逮。所以他在任年余，就辞职仍返回了原先所在的医学研究单位。

1940年7月，继任校长周均时来到。他礼贤下士，下车伊始就连续几天利用晚间一一走访散居全城的教师。我已离校，但仍和几位理学院教师同住平政街一所小宅院内，所以也受到周校长的看望。周早年留德学习机械和兵工，原籍四川，在川省很有活动能量。在他的领导下，同济于1940年初冬迁到比较宁静的四川李庄和宜宾(周校长后来因参加爱国反蒋活动，在重庆解放前夕被蒋特杀害于“白公馆”令人悲愤、痛惜。1984年我参观重庆渣滓洞烈士纪念馆时，见到陈列的周均时烈士遗物是他在柏林工业大学学习机械学的一本听课笔记，周以整齐流畅的字体书写了厚厚一大册的德文札记。这也是他当年留学时勤奋攻读的一项佐证)。

1939年暑期我已转到当地的土地测量机构工作，学校迁川前不久，我又赴重庆工作于水工仪器厂，自然无缘参加这第6次，即抗战期间母校最后一次的流亡。因而这篇(琐记)到此也就画上句号了。

我在测设滇缅路油管工程时的经历

高时浏[1]

1944—1945年，正是抗日战争最危急、最紧张的时期。日本侵略军攻陷了缅甸仰光，从利多、密支那长驱直入龙陵，占领松山，威胁保山及昆明。日寇叫嚣要在三个月内攻占重庆，我国援缅远征军不得不炸掉惠通桥。史迪威公路被切断后，盟军不得已让陈纳德将军的飞虎队(飞)越驼峰承担援华的运输任务。这样既不经济，又延误时间，对抗战极其不利。故消灭滇缅路段上的日军，抢修公路，铺设中印油管成为当时西南后方最迫切的军事后勤工事(作)。我就是在 1944年下半年日本对贵州独山发动进攻时离开贵阳前往国防部中央测量学校，应聘去昆明农贷会农田水利测量队工作的。队长林钟山是同济大学测量系第一届毕业生，也是我的福建泉州同乡，我们的关系自然非常密切。工作两个月后，我就随林钟山转到新成立的交通部滇缅路油管工程处开始了近一年的充满激情和喜悦、艰苦和危险、高待遇、高福利，既冒险又浪漫的生涯。

担负重任

滇缅路油管工程处成立于1945年元旦，是战时应急由中美联合组成的。处长姓朱，是上海交大毕业生，曾留美。其中有一位副处长叫童大埙，也是交大毕业生，庚款留英 (上世纪50年代院系调整后由交大调到同济大学土木学院道桥系任二级教授)。2005年，我利用母校及母系的邀请回学校的机会拜访过他，当时我90岁，他已是94岁高龄。当谈及当年油管工程情况时，他已经记不清，真是岁月无情呀。

① 1915~2013，1941年毕业于同济大学测量系并留校任教。

工程处下属三个测量队，我供职于第二测量队。队长林钟山，负责选点。副队长郑鸿章，是同济土木系1939级毕业生，负责观测。我担任记录。

油管测量队(后期成为铺管施工队)的待遇很好，当时我们领的工资比大学教授或系主任还高。我们的衣(美式军服)、食、住(帐篷)、行(吉普车)全是供给制。在野外崇山峻岭，穷乡僻壤，钱也无处可花，因此我们的高额工资和野外津贴都请住在昆明的各队会计兼出纳员兑换成黄金储蓄券。记得我离开昆明油管工程处时，除领到大笔金圆券外，还有五六两黄金储蓄券，那时候我可真是个百万富翁了。油管工程处撤销后，我回到已经搬迁到四川李庄的母校任教。我穿着美式军服，把装满口袋的金圆券拿出来救济贫困学生，我的衣着和行动给1945~1947级的附中学生以良好的印象。林钟山转到台湾成为接收大员，直到“二二八”事件发生后才从台湾回到上海，再转到菲律宾马尼拉，上世纪90年代在马尼拉逝世。

艰巨的油管线路测绘工作

大约1944年秋冬，我们三支测量队，各派三四名懂英语的测绘技术骨干，集中在一间宽敞客厅内，由美军油管工程队的一名上尉军官率领两名士兵携带仪器向我们讲演如何用美制的K&E 经纬仪测绘油管路线，如何进行手簿记录(当然要用英文记录的)。这对我来说是轻而易举的事。在我记忆中，他特别强调导线经过的两旁若是稻田，应注明Rice Paddy，则将来铺管时油管应尽量避开， 以免一旦管子漏油，会损坏稻田。所以 Rice Paddy 这两个英文字至今犹铭刻在我脑海中。我最初很轻视美制的K&E经纬仪，因为它的底座是4个螺丝的，不如德、瑞的三螺丝底座便于整平，但实践结果证明，在山区测量时K&E 的经纬仪坚固安全。

(我们)受训三四天后便向保山出发，三支测量队分三段施测。各队的分工是由美军总部事先根据他们已有的航测照片选线、分段，每队由一美军工程兵带领。林钟山队长和他进行选点、打桩、施测。每段导线的方位角最初是按磁针走向的。由于山区地质多变，磁针指北方向有偏差。如果每段十公里，每队搬三次家，测100公里后，方向偏差就明显地暴露出来了。后来我发现美军中带有天文年历，我就建议采用北极星定向法确定方向。他们采纳了我的建议，改用观测北极星定位法，于是消除了油管路线的方向误差。

我们第二测量队到达保山以西的怒江某地时，松山尚未光复，惠通桥已为援缅远征军所毁，我队只能在怒江东岸铁索桥附近安营扎寨。当时日本飞机还经常轰炸保山及铁索桥。由于两岸高地都有美军高射炮阵地，敌机不敢低飞，所以没有伤亡。但我们每天都要逃警报，躲进防空洞。

1944年11月间盟军相继光复龙陵、腾冲、松山等地后，滇缅路全线通车，我们开始从大理掉头向西，经怒江、松山到腾冲附近，从K800里程碑向东施测，直到1945年春测绘工作完毕，转为铺设油管的工程。

油管线路测量工作在美军士兵与我方队长商定下进行。有时沿着公路，更常(多)的情况要翻山越岭，跨谷涉溪。每天清晨在坡下驻地帐篷里用过早餐后便开始爬山，所用的经纬仪及视距标尺当然由熟练的测工扛上山，其他木桩、午餐等杂物则由当地雇来的临时工背着上山。背经纬仪的测工最重要，他是班长，要会在山坡上安置并置平经纬仪。好的班长将给观测的工程人员以安全和高效之感。我们的线路过两江(怒江及澜沧江)时是用橡皮艇运载人员及仪器冒险强渡过去的。中午我们都由美军提供军用午餐(Ration)。(我们)整天都在山坡上或丛林中工作，傍晚收工时下山，回到驻地帐篷里用晚餐及整理手簿。当晚就得交给美军，由他们的施工队计划安排这段铺管工作，所以铺管和测量是紧跟着一系列有序的军事计划行动。

这种单调而冒险，有苦也有乐的油管线路测绘工作好像只进行到1945年春季，嗣后我们便在楚雄起转为施工队了。

关怀铺管施工中的劳工

铺管工程对我来说，是没有任何技术性的重苦力劳动，因为扛管和铺管的都是中国劳工，接管的则是美国工兵。我们铺设了两种油管，一种是4英寸的，另一种是6英寸的，长都是20英尺。我们的主要任务是在穷乡僻壤的山沟荒村中，招收农民工。当时的云南，尤其滇西，地形上高山峻岭，气候上瘴气四伏，疾病常生，居民体弱多病(多为疟疾及炎症)，所以招工非常困难。当时国民党对招工有如下规定：每乡或每村强派若干名额的民工，工作若干日。工人应自背行李及口粮，完工后工程队应立即支付工资，但有的工程队(如公路、电讯等)会贪污工资，更谈不到对他们健康、疾病的照顾。美军了解到当地流行的疾病，规定对施工队赠发一定的消炎和治疟的药品，如消炎片和金鸡纳片(Quinine)。每日开工时，由美军士兵和我们监工共同按人点名，美军签了名后由我们上缴给工程处，最后汇总上交由美方结算支付工资。

我当时是身背布袋，内装消炎片及奎宁片。下乡后以爱护体弱劳工的精神向贫困的农民慰问疾苦，先给他们看病施药(这些药品在抗战时期即使在城市也难买到，何况乡下农村)真可说药到病除。我取得他们的好感，俗话说“金杯银杯不如口碑”，我利用药品招工的好事，不胫而走，民工竞相应征，所以招工毫无困难。

施工初期有时也碰到困难。记得在楚雄施工时，曾有几天和美军大兵发生过口角斗争。有一次油管工地远离楚雄公路，我和工人们每晨在楚雄城门口集合，美军司机开大卡车到城门口。我们上车，由小径开到施工段附近，下车后由劳工扛油管，再步行一二百米，到该段埋设或架设，进行施工。美军的行动比较准时，而我们的劳工却是未经训练的乌合之众，难免迟到误时。这就潜伏着中美双方的矛盾，我无力解决。某晨几名劳工晚到了，上车后还没坐稳或站稳，司机便开车了。有一名站在最后一排的劳工的草帽被风吹掉，他倾身伸手去抓帽子，不幸掉下车，摔死了，因此引起纠纷。我批评美军司机，声称要向美军上司报告。司机害怕，他对我说，若我向上报告，他将要打断我的牙齿(I will knock down your teeth.)，但我还是向美军上司报告了，由中美双方通过楚雄县政府进行调解、赔偿处理。

这段中印油管号称世界最长的油管，但使用的时间最短。抗日战争胜利结束后，在印度和缅甸这两段的油管都变成电线杆了。在中国境内长达800多公里的滇缅路上的油管也渐渐被遗忘了。回顾我当年参加油管测量及施工的经历，虽隔65年，但那时的情景犹历历在目，永不能忘怀，并不断给我生活与工作的动力。

同济迁校我见

徐为康[1]

同济迁校是抗战时期教育史上的一件大事，说大事并不是它的色彩多彩多姿或可歌可泣，而是历时三四年五次南北东西搬迁，千里迢迢包括借道越南，结果最后在长江另一端安顿下来。因为生活动荡变化，个人、家庭间生离死别遭遇之悲惨，令人永难忘怀。

对日全面抗战，整个来说是由1937年7月7日卢沟桥战火起端，全面大规模战争却是同年8月13日上海战场所引发，而迁校开始也是“八一三”前数日的事。

是年8月12日，我已在国立同济大学设在江湾火车站前的同济高级工业职业学校机械系读完一年。那天我陪同三弟前去江湾参加同济入学考试，过去同济全部入学考试是在吴淞大学部举行的，所以我有机会得识大学部宏伟的校舍与设备，这次入学考试因为江湾同济高工的大礼堂修缮完竣不久，而距上海市区又近，于是改在江湾举行。

提起这个大礼堂也有一段抗战的典故，在1932年1月28日第一次淞沪抗战时，这个原属国立劳动大学的礼堂就被炮火破坏，但是门前宽阔而壮观的阶梯及墙壁等主要部分仍在。“一·二八”停火后，还在小学的我曾去凭吊，面对着被破坏了的学校和火车站，觉得甚是凄凉。“一·二八”战后劳动大学停办，由同济接管，仿照德国工业职业教育制度，改为国立同济大学附设高级工业职业学校，招收机械土木二科学生各卅人，四年毕业，技术与理论并重。

同济高工办理到第四年(即1936年)才有余力修理这个大礼堂，一方面也因为这临街的

---

① 徐为康，1936年考入同济高工，1944年毕业于同济大学机械系。原载《国立同济大学创校八十周年纪念特刊》。

大礼堂过去二三年来都有保安大队驻守，所以修缮也迟延了。

“八一三”前夕

1937年8月12日早九点多，学生新生入学考试开始不久，我在校门口伫立，只见各式各样漆有其他各县市名称的公车和卡车都装满了全副武装的国军经由校门口往上海方面驶去。那些年轻强壮的军人，非常昂扬地像是去参加球赛似的兴奋。他们好像是在表示被日本欺凌中国多年，终于可以放手一搏，吐出这口怨气似的。

十点钟不到，高工训导主任陈保泰先生(现已作古，曾来台任阳明山管理局局长等职)匆匆自江湾市区急步来校，神色紧张，无暇跟任何人招呼，径入礼堂。因为考试重地，我们也不能跟进去一问究竟，只在外面候看。

不到一分钟，全部考生夺门而出，由三弟口中才知道对日战争一触即发随时会开始，考试改期，望大家赶紧回家等候通知等等。从这一瞬起，同济就开始搬家了。

跟着大群考生们挤上自吴淞去上海的火车。原来我们要在北四川路底天通庵路下车。因为日本军的军事堡垒设在车站旁边，火车不敢停留，急驶而过，径往闸北火车站。下车后见大部分商店已经歇业，有较宽畅的饭店等驻满了国军尽量在喝水啃干粮，当天深夜战事就开始了。

迁校开始

我家正处战区，12日晚匆匆撤退至苏州河东岸法国租界地，失却与学校联络，以致同济补考通知未曾收到而三弟也就未进同济步我后尘。以后他留在上海学习医科。同济在租界临时借驻地丰路地址办公。我去了一次见贴有新生录取名单，同时空房内堆有许多大木箱及电动机等机件，并得知学校已决定迁至浙江省金华县上课，这已经是九月了。

在法租界临时蜗居中，有初中同班此次才考取同济高工的项瑞棠君前来邀约同赴金华，那时战事虽急烈但去内地的火车仍通行无阻，不过闸北火车站已面目全非，进出上海的火车全部改靠南站。我因为全部衣物用具全毁于炮火，孑然一身，亦无足够的费用启程，就请项君先行，后来项君在学校迁至昆明后一次日机大轰炸下被炸毙殉难，也是当初想不到的。

这一段时期我正等待前高工同学毛炳叶君的汇款，他是江湾一年级与我同级同学，杭州人氏，因故转考南京中央工专，我们常有通信。在得知我的困难时，自动寄款助我成行，但因战事关系，此笔汇款始终未到我手，而毛君三年后在四川乐山中央工专就读期间患肺病故世，令我叹惜甚久。最后由曾任台湾纸业公司协理的周文彦父亲协助我才能成行，不过已是11月初了。

去金华上学

上海方面军事，因为敌军在杭州湾登陆包抄后路决定撤退。上海失守，日机大举轰炸撤退军民，南市烟雾冲天，难民四散奔逃。我于11月12日下午日机大(轰)炸时离上海搭船赴浙江宁波，第二天一大早由宁波乘沪杭甬火车至绍兴，沿途但见风光明媚河川清晰，而装盛有名的绍兴酒酒罐堆积河边沿途不断。但因为想起战火在不远之外，而此地终将波及也就无心欣赏了。

到绍兴后住宿一宵，小旅社十分干净饭菜也丰富便宜。早上搭公车赴萧山，萧山与杭州隔钱塘江相对。杭州有铁道桥梁与萧山相连。但因杭州湾的战事桥梁已被炸坏，仍在抢修中。原来自上海搭火车经杭州过桥往萧山可径去金华；现在杭州紧张客车已断，搭火车只能自萧山西南行了。萧山车站仍很安静，去西南的客车票尚有发售。交寄了行李就上车。车上受伤官兵很多加挂车厢增多，车行缓慢。至第二天天未亮抵达金华站。因为行李车变成运输伤患车，行李未能随车运达，无奈步行至金华酒坊巷22号住址，虽天尚未亮透，敲开门找到郑守业同学。是时开学已多天，到八点左右，就随他们前去上课。

学校在住所隔邻，翻过一片短墙就到。原来金华中学已疏散至乡间。乃将校舍借给同济，我们所住地方原为金华中学教务主任的宿舍，所以十分接近。第三天因为衣物行李仍未到金华，在车站行李探询无着落后，即晚搭乘去萧山的火车再去查寻。到萧山站时，在行李仓库寻得我的一只藤箱。那里堆满了千百件行李不能起运，以后局势迅速转紧，杭州陷落，不知有多少人丢失了他们重要的东西。

第二次到金华

杭州在12月中陷落，前线局势不稳，客车已停，只有军车，一般平民不得入车站。我因已在站内，故得挤入军车，但随后好几次为宪兵逐下车来，于是设法把藤箱绑在两车间进出处，自己站在宪兵对面月台外端，等列车开动通过最后月台时就纵跳上去避过宪兵干涉。

沿途已是11月下旬天气，大雨不止，全身淋湿，晚间寒风吹袭更是难受，第三天沿途又不敢下车购食，直耐到第三天上午到金华站回宿舍吃了点心，当天继续上课，亦没发烧感冒真是幸事。

二次迁校

1937年12月中南京失守，杭州危机，中国继续抗战，日机经常轰炸浙赣铁路，金华逼近前线，白日常需赴郊外奔避空袭，于是第二次迁校之议又嚣嚣日上了。

奔赴空袭时常去北郊通济桥，桥为石桥，桥蹬多，桥上有人钓鱼用一长主线，主线两旁有几条支线，线头有钩。抛掷入溪中不久，就迅速拉起，同时有好几条鱼钩上。在上海时从未见过，甚觉新鲜。杭州失陷之第三日迁校开始(此处记忆有误，杭州12月24日沦陷)，我们于12月17日下午在金华车站登车，差不多全校师生大部在同一列车上，携带行李挤在一起。遥望着金华北山，车辆慢慢地向西移动。想起两天前我们才匆匆步行去北山参观了有名的冰壶洞、双龙洞和朝真洞，今日离去不知何年再回来。

因为车厢增加，机车力量不足，车行极慢，尤以上坡时为甚，有时但闻机车喷气，车子反有倒退样子，车过龙游、衢县、江山进入江西省境，然后玉山、上饶、贵溪至南昌，到南昌时已是第二天下午。

到南昌去赣州

车到南昌站，因系江西省会所在，比较规模可观。各自雇了挑夫进入南昌工专。原来同济高工的祝元青老师是江西人，并曾任南昌工专的校长，今该校已疏散至乡间，故校舍暂借同济使用，用膳在该校大餐厅，各人都站着吃饭，站着吃似乎可以吃得快些，而远离自己前面菜碗里的菜也可以一目了然，知道是否还剩最后几根肉丝可以夹取。

在餐厅所见到有几桌饭桌上贴有“免红”字样，不免诧异。经人解释才知，江西人和湖南人嗜食辣椒，每餐不缺，但因战争之故，外省人前来就读的不少，平日甚少食辣习惯，所以特别集中几桌，因辣椒大多为红色，故书有“免红”字样以资区别。

在南昌工专住了三天，所有南下赣州的大量船只都已雇定，每船约住16人，船面舱间两侧各睡八个人抵足而眠，中间有木杠突起也不致在船摇动时滑至对面。船为木质帆船，有舟子一人，另有助手一名，多为十来岁童子。因赣江自南北流，所以南下为溯江而上。船前舱舱面船板掀起有底下空间作为烧炊之用。饭锅及水壶吊在炉子，船有倾侧颠动时会前后及左右摇摆，但不会倾翻伤人。当日因为天色已晚，各船歇在江边预定明早启碇。

是晚江面突起狂风，我们的船没有系牢，被风吹至江心打转，船家小童大声狂呼，颇为惊险，幸船夫颇有经验，止住转动，再行泊定。幸船上同学多在睡乡，一大半至第二日早饭时才知此回事。我船上有高工的郑守业、陆汝恒，另有新生的陈元康、季道樟、张宗泽等福建籍的新生。除我离开大陆到台湾现在美国外，其他各位同船同学好像都留在大陆。

船行水上因冬季北风关系，往南船只使帆机会很多，所以船行颇速。但遇到风平浪静的时候，船家就得用竹篙撑船或拉纤前行。因为中国的城镇都建有宝塔而一般房屋则多为一二层平房，所以老远看到高耸的塔就知道下一个城市不远了。船如升帆时，一个船童可以撑住船舵，船家就进舱煮饭或修补船具。他们有很多顾忌，最忌同学们站在船头小便，经常警告并告诉我们："船头好比人头怎可对着人头小便"，甚为有理。

实际上溯江也不过四百多公里水道，但船行不快，从1937年12月22日上船至1938年1月5日抵达赣南的赣州，前后走了将近两周，好在膳宿都在一处，颇为轻松。沿途经过丰城、清江、峡江、吉安、泰和、万安等县城。记得1938年新年是在吉安过的，我们也未上岸，都留在船上，跟后来在纽约时报广场等候过年的热闹情况，不可同日而语。这个时期在江浙一带的同学家乡，逐渐沦陷，音讯难通，经济来源断绝，口袋中不到几毛钱，故心境十分沮丧。郑守业同学因缺钱拟投笔从戎，当时我劝他说船上伙食已有，再坚持一段时间以看究竟，并替他买些东西才没有中途离去，这事我早忘光，但快四十年后，郑君来信却常提起此事。

在行船两周中，每个同学都十分用功，充分利用时间温习或预习德文、数学等课程，同济因系国立学校，费用极低投考人多，教学严格，新生录取比例战前极严，故被录取者通常都是程度较高，对求学很有兴趣的学生。

抵达赣州第二校址

船抵赣州进入武庙宿舍，主要部分为前后两个大殿，以木架分成两层，上层为地铺，下层离地如床高，床前置木桌作自修用，床下置箱笼什物。睡上层同学也有将书桌搬上去用，好在空间较多尚称方便。另外二抚廊被间隔成许多小间，大学部同学分室而居，每室由四人至六人不等。女同学住在何处，始终未曾知道，当时吃饭问题占了大部时间，故从未探听此类趣事。

上课在旧镇台衙门，大学、中学、高工全在一起，但分三个角落，高工在最后部位，与大学部间有一个小院子隔开；与中学部有一个大操场分开。有时我们还作几场小足球友谊赛。晚上自修，学校在教室备有汽油灯，由商店供应，到九点钟商店派人来收去。这时，除非有火把照明，否则就得摸黑回去。火把为用坏的竹制纤绳，用刀切断约二三尺长点燃照明，有时跟商店打交道，由我们带汽油灯回宿舍代为保管，第二天送回教室，由他们加油再行打气点燃。真真没法时，只得等有火把同学返宿舍时借光跟着走了。须知火把虽十分便宜，但我们的情况除了吃饭以外，其他都要节省。

民食问题

江西省虽比江浙贫乏，但食用品还是相当丰富便宜，在宿舍前面一下子开了五六间饭馆，高级一些的每餐大洋一角，菜里荤味多些。经济一些的每餐小洋一角。大洋是纸币每元兑换十角，小洋是银币每元兑12角。当地的钞票为江西裕民银行所印发，除一元、一角等外，还有伍分、一分的纸币。更可随便用手撕成两半以百分之五十价值使用，颇为别开生面。

另外特别的是一个人付一角单独用膳可有一碟荤菜，如点用煎蛋仅有一个蛋。如果两个人用膳，有两盘荤菜每碟分量增多，如果其中一碟为煎蛋，就有两个蛋，四个人的时候除三荤菜外另有四个煎蛋一碟。其实以当地生活来说，一元钱十人一桌是算很贵的了，即使在上海当时一元钱的和菜也很不差。有时人多等着吃饭，一桶饭上来立刻吃完，看年轻饭店主人立刻再煮，等煮好送上，不到一刻又被吃完，而菜犹未备齐。实在他们临时开饭馆，没有经验，不知道用大锅煮饭，但一般居民的诚朴与生活的安定，确是十分可爱。

迁校姻缘

学校迁至赣州时，我们已是二年级下半年，当时有一位苏州高工的刘姓同学前来插班。苏州高工是用英文课本，同济高工使用德文课本，他缺修一年半的德文，居然能在几个月里赶上而超过一般平均成绩，很是不错。有一天他第一次来我们宿舍找我们问一些材料力学的问题，带了一本德文本的习题而来，当时我正在靠室门的下层作习题，两个人就谈起问题，我把问题要点给他说了。以后我们成了好友，一起以同等学力再考入大学部。而且我们又成了亲戚，他的妹妹成为我的太太，我们在抗战胜利后于1947年的冬天在上海结婚，迄今已四十年，而我们相识也快五十年了，这是抗战与迁校造成的姻缘与友谊。

在赣州自1938年1月5日抵达至同年8月初离开，这一段时间除实习项目因设备及工厂未复原阻碍进程外，其他科目方面和大学部工学院接近，得以知道一些高深一点的应用书本，同时亦能百分之七八十左右直接阅读及了解德文原文工程书籍，可算十分幸运。本来在高工一年级的时候有两位教师同时教我们德文，一位是吴子敬先生，他教会话用的德文入门是他编著的，所以他对里面的问句生字都非常熟悉，每教一课后第二天来就每个人都要问上两三次，把每一个生字和文法要点都用上，问时全部同学把书合上，只准听他问及回答，不准看书。问过后，才指定一位同学回答，所以每个人都小心地听着以防被指名问及时手足无措。

另一位是德国女士陈太太，她教文法比较轻松，因之我们的文法也放松些。所谓严师出高徒是有道理。到赣州时还是两位德文老师；一位仍是陈太太，一位是冯太太，她先生是附中部主任，他们都在德国留学很久。

这段时间同学们相当用功成绩也好，因为家庭音讯断绝，没法返乡度假和其他旅游，留在学校养成自修的好习惯。由于战事扩大，同学们的经济来源成问题，由学校发放给沦陷区同学生活贷金每月六元，如兑成小洋得七72角，中午晚上两餐计需60角，余下12角要作洗衣、理发、购买纸笔等用，因之早餐就得牺牲，而理发就由拥有剪刀的同学免费服务，那时还没有原子笔，墨水用一种紫色复写笔剂粉泡水而成紫色墨水，甚是醒目。

再议三迁，方圆问题

1938年7月间，安徽省位于长江(边)的省府安庆失陷，敌舰溯江可至江西省九江一带，逼近南昌，学校又讨论迁校大事。

这时有理学院院长郭德歆校友因病逝世，另聘黄教授代理院长。学生们与代院长间就方形物体与圆形体之摩擦系数问题也即滑动与滚动在某种条件下的摩擦系数大小问题，发生很急烈的论争。于是有漫画显示一辆四方形车轮的车子在斜坡上领先圆形轮的车辆张贴学校，又有公开辩论与实验求证等等，使我们高工同学们因紧邻关系也开了眼界，了解对科学问题研讨的精神，但对于少数工学院学长们发言的态度欠缺修养，有失学府学者地位颇感不值。

赣州在章水和贡水两河会合之处，城中地面高低相差颇大而对岸两旁自山上可俯视城墙背侧，如果山地被占领，城墙上的举动可被山上看得很清楚，实在难于防守。城中低洼处低于一般路面有数百尺之距。有深井一口，学校用水全部由挑夫每日轮流挑负，平日有挑夫两三人工作以代泵浦，当时以工学院机械系的人才众多，在半学期内也没人制造一具抽水机应用令人纳闷。井旁有教室一座，有英籍教士及家眷多人住居。因我们系用德语教学，德、日、意三国轴心国家叫嚣甚盛，因之英国教士对我们的德国系教育机关没有友谊，同时当地中学生也曾贴了一阵标语反对德国的教育机构。但后来还是有很多江西籍同学考入本校，随后迁移。

三迁广西——108天的水路

由于九江、南昌、武汉吃紧，迁校已成定局，同学们一部分希望安定迁往后方远离前线，可减免空袭疏散之苦，一部分可借机集体旅行花费又少，所以十分倾向搬家。学校决定迁往广西省东部贺县的八步镇，该地离广东边境瑶族、壮族居住地较为接近，但有火力发电厂，有利实习工厂复工，大家也就觉得很可接受。

自江西赣州至广西八步除了过江西广东间的分水岭一段要由陆路外，其他约两千公里的水路，全部可以内地的小木船运输。1938年二年级学年考试过后的暑假，迁校正式开始。因为船小，运输学校设备的船只需要颇多，为保护校产及利用舱面空间，校方征求同学担任押运，每人每日津贴三毛钱，比贷款每月六元多了一半。每船三四人，足够伙食费，当时本人和郑君、刘君、黄君等曾参加押运工作。

是1938年8月3日，我们步行至赣州东门城外章水泊船处上船。这时校产已装妥，等我们到齐就可启程。两千里的水路我们没有预测需要几天，好在校产跟着我们一起走，学校不会忘记我们，也不会处罚我们迟到旷课。因为沿途大城市或转接点都有学校办事处可以联络，就放心起程。谁知一直到同年11月中，才抵达广西八步河边，前后费时约108天，章水差不多是赣江的上游，水流落差大，河床浅，沿途仅用拉纤和撑篙，水急滩多，遇急滩时，两三船船夫，合起来轮流牵拉每只船过滩。平时由船夫用竹篙抵于右肩前，全身倾下至三十度左右后推船前进，每个船夫的右肩前肌肉全变得乌黑坚硬。而他们平时的营养不佳，仅用辣椒蘸盐下饭，偶尔有些蔬菜萝卜，很少肉类，中国一般民众的耐劳耐苦，令人同情与辛酸。因为水流急湍，沿河有众多高大的竹木合制水车自动灌溉水田，日夜不停，甚是壮观。

短短的两百里路程走了两个星期才到大庾，同学们搭公路车在我们走后两星期才动身的，反超过我们前面了。

船到大庾是章水的起源处并为赣、粤两省交界分水岭所在地，界西南为广东，气候和暖，物产丰盛，交通便捷，文化教育程度较高，对国外交往也频繁，而东北边为江西省，比较贫穷闭塞，气候也寒冷些。岭北的水北流入长江，岭南的水南流入南海，两个水源相差几十里以后相距非常远。船只到此必须提货起岸转装卡车经山路入广东省南雄市再装船，在大庾等车多日才能成行。大庾跟南康都有钨矿而以大庾西华山为产地中心，有钨矿公司，有同济校友在此服务，高工校友宋君前来联系租用该厂运矿车为我们运校产过小梅关，于8月底启程当日到达。

南雄为广东省东北边境的小县，临浈水源头，所以水浅流急，校方办事处一面接洽船只一面要等大雨后水涨才能靠河边装货，后来一阵大雨船只得以驶进水门洞口装运货箱。在等候期间我们押船同学除前述数位外又有现在台湾作寓公的钟秀澜君和在国内的何鑫君、董家骏君、钱学铠君等，都寄住在南雄中学并在该校搭伙食，均在一间空教室内席地而卧。

九月初敌机空袭南雄并有战斗机掩护，我方空军升空驱逐，空战剧烈，我空军汪大队长殉职。次日在南雄举行追悼会，我们代表校方参加祭祀。现代战争已没有严格的前后方之分，军人们随时应战为国捐躯。

离开南雄是9月12日左右，因系顺浈水而下，船家们十分轻松而且他们的伙食也好，鱼肉都有，同时用的竹篙是在尾端有一弧形竹托配合肩部形状，这样可以把力量平均分配在肩前各方而不致形成黯黑的死肌，但一山之隔的北边江西老俵船夫们数千年来未曾改良不知何故。夏日水涨流速，不一日就到达粤汉铁路重镇韶关又名曲江。

韶关落水

浈水在此地与武水相并称为北江，船到此间船家泊船河心，另用小划子上岸采备用品伙食，一两日间不致开行，我们也时常撑篙上岸去闲游。有一日在食肆吃一碟辣菜肴，食后肚子痛得肚子不能忍受，才知道吃辣食也需长久锻炼训练才能适应。

一天我和何鑫同学持竹篙撑了小舟预备上岸，不料水流湍急小舟被吸往大船边迅速靠去。我坐在船尾赶紧去推大船，而何君用力将竹篙插入两船间避免船身相撞，不想力气不足竹篙反弹，何君被震入河流。当时有五六条大木船并行相泊，两船一列计为三列。我大声喊叫，钟同学反应迅速闻声自船舱急步行出往两船间望去，见有黑发一丛向上浮起，急忙用手向下猛抓，人类的求生本能使何鑫急忙将右手紧紧捉住，就此拉起。否则，我们在曲江又得停留几天再开追悼会了。现在在台湾以谨慎缓慢著称的钟兄，当年那种生龙活虎和在球场奔驰全场地的情形，真是前后判若两人，令人难以置信。

三水河口

1938年“九一八”纪念日启碇自韶关南下，北江水高，因船速与水速相同，在船上看水面像是平静如镜没有流动，但两岸景物却似飞向后退移。船行英德与清远之间，经有名的飞来峡风景如画，只可惜顺流急行，没法细心观赏，如为溯流而上，就可停留下来好好观察。这段水路水深流速，不几天就到北江、西江、绥江相汇的河口。河口为三水县的一个河边市镇，这一带为广东南方三角洲的精华地带，人口众多，物产丰富，教育发达。船在河口等很久，据说是因为下一段是溯西江而上，河深道阔 拉纤不易，需用拖船拖拉，要等拖船公司安排日期。可能为价钱或人事关系，需等特定拖船，所以船在河口一耽搁就一个多星期。此间的拖船实际是一汽机客船，船后一次拖带八九条木船至某特定点逐一去拖绳自行离去。

因预知拖船前来日期，所以有余暇去广州观光，钟兄可能因救援何兄时有些惊张，先行到广州人医院割除盲肠，我们随后前去探望他。同济在广州有迁校办事处在爱群酒店，同时招考新生。晚上我们就挤在办事处里过夜。在离开上海后再到广州，我们一致认为是中国第一现代化的城市。白天日机空袭，大家就下楼到最低层，可以见到及听到高射炮火自附近大楼如六国饭店的屋顶射出。亦遇到自北方津浦路上员工南调广州护修粤汉路桥梁及海珠大桥。所以除了广东话外，北方话也可偶尔听到。接着空袭加剧，就离广州返河口。广三铁路沿路人口稠密，十分繁荣，我们车过时空袭警报不息，后来才知道日军已准备进攻广州。广州在10月15(22)日陷敌，我们的船在18日才被拖离河口，在途中遇有警报，各被拖木船解缆分散驰避。是时钟兄盲肠伤口新愈，急急跳水泅往岸边避去。本人没戴眼镜，听得敌机机枪声急往生米袋后蹲下，其他各学兄们如何应付也无法看清。等敌机去后，各船再重新聚集系缆再行，钟兄衣履尽湿地返回船上，好在10月南国天气仍热，未患感冒。

船抵梧州前贺江口附近的郁城，在那里解缆离开大船，于市上采购各物后北向进入贺江，在郁城才知道广州在我们离开后仅仅三天就失陷了。

广西新校址

贺江与西江相较显得特别浅狭，两旁多半童山濯濯，仅有几处有树木的山坡，正有人在砍伐，看样子都要砍劈净为止。在河口时也听到有中学部女同学在途中患伤寒故去，同船黄文林同学也患病不能起床，幸好在床上躺着，同学照顾方便而又不妨碍行程，直到船抵八步才用担架舁进病房。1938年8月初至赣州东门上船至11月中开始抵达八步，为时三个半月才完成押运使命，计得酬金32元，而抵校时所有同学均已到达等上课。新校址近电厂及公路，同学们每日在公路上作晨跑，另有大操场沿边挖有深沟可能为雨季排水用。由于广州失守，局势变化较我们行船快多，八步一瞬间也变成空袭目标，而操场边的深沟变成防空壕，一听到机声，就往下跳，有时跳下去会碰到别人的大小便，确实不太好受。

不久发电厂被炸，日军也向广西推进。八步还未复课，又酝酿着再度迁校了，在八步除参加附近伤兵医院慰问活动外，连市区都未曾拜访，又准备搬家了。

学校四迁

在木船上住了三个多月有些腻烦，不想再押运，决定参加步行队而向迁校云南省昆明市，当时内地车辆缺乏汽油又贵，所以搭客车成了奢侈的项目。学校协助组成步行队，每队约十人，由当地政府代雇挑夫按站进行。原来广西省很早实行地方自治组织，当地国民学校校长兼任行政首长和国民兵大队长，负责人均为中学以上受军训的青年，生气勃勃，很有效率，每到一乡即由当地首长另派夫役接替前一站人员，这样每个被派服役的人伕不会离家太远甚至当晚就可返家，而途径又熟悉可以抄近路也知道哪里有打尖地方。我们多半跟着他们走，有时走公路，有时走小路，有时走未完成的铁路路基，第一天下来脚上起了很多水泡，当晚用针挑破继续行走，鞋子变得挤脚，换穿草鞋倒是舒服多了。

步行的路向是八步、贺县、钟山、平乐、荔浦、鹿寨、柳州，再由柳州南下来宾、宾阳，过昆仑关、九塘、大塘到南宁，自八步至柳州约300多公里，柳州到南宁约270公里，计全程约600公里，在美国加州我们自旧金山到洛杉矶计四百里，几个小时车程当天到达，想想那时中国内地在战时的交通情况，实在困难重重。

1938年12月中，刚巧在我们到八步后一个月，又踏上搬家途径前往新校址。这种播迁的方式养成了我日后不能安定的性格，一个地方没住多久，就准备搬另一个地方，而所有的房屋什物也随手购入随手转售或舍弃，同时对于出差却感到十分有兴趣。

八步到柳州三百公里好像走了两个星期，在1939年新年到达柳州，在平乐学校有办事处设有校医一名为我们诊视疾病。给了一些消炎药粉倒在起泡的脚底，这段路非常平稳，不记得有下过大雨，因为地近桂林，途中也常见有类似笔架的独峰山。

柳州难行

在柳州休息几天，似乎是在一个关闭的机关中住宿，于1月5日再度南行，经过后来中日战争有名的战场昆仑关，是一个四面环山甚为险峻的地方。当经过时但觉公路平坦不觉险峻，同时经过日后在战争时报上常报道的地名九塘、大塘，感觉跟以后在四川乡间所见的墟或场差不多，即一个市镇四周围有土石墙，两端或四周有大门，关了大门好像闭了城门一般，同时墙内有碉堡炮楼，内备饮水食物木柴军火。防御小股盗匪颇有效用，但要防备有现代枪炮的日军就不能抵敌了。

广西的公路不是柏油或水泥而是一种泥沙水石混妥压实的路面，如果没有大雨或重压会保持很平整，行来很舒服。到南宁已是1月16日，南宁近乎热带的天气，虽近前线但仍相当安静，在南宁办事处安排下搭汽轮西行赴龙州。广东的西江过了梧州以上就称为浔江，再过桂平称谓郁江，自横县至南宁另有邕江，过了南宁又叫左江，而每地另有其他河流来会则又各有其名。

左江西行

在广西河流算是十分方便的交通要道和灌溉取给的泉源。 在左江行走的汽船是大型的平底船，所以可以过浅滩，每船上雇有一两个特别强壮的水手，在过急滩时用来撑竹篙或使用绞轮，有时汽船加足马力再加大力水手还是上不了滩，就需要几条汽船的人手合作，一条条轮流拉过滩。在某些急滩边上可以看到岸旁削壁上漆有某年某月洪水水位的记号，其高度简直令人难以想象，至少有十多公尺的距离，如果洪水那么高，附近平地一定是大受泛滥之灾。

南宁去龙州不远，又是汽船，预计很快会到，但实际因为急滩浅水行来很慢，沿途因系水浅，河道离岸边屋椽和市铺甚远，致未见经过任何城市。船上有伙食供应，但求一饱，顾不得营养和滋味了。在船上铺了被褥如不是在走道上，一天到晚可躺下休息，在公路上时，要尽快赶路找到宿头，不然小饭摊上的饭菜卖完或睡的地方没有着落。坐船比走路是舒服多多，但走路对身体确实十分有益。

1月20几号快近月底，到达龙州，该地完全是热带气候，虽是冬日仍可在江边洗澡，既不下雪又不结冰，对久居华中的我们来说是很新鲜的事。在广西第一次看到长在凤梨枝上的凤梨，虽说看到过在水果摊上的生果，但长在枝上还是初见，以后到台湾就见得太多了。

出镇南关借道越南

龙州南方的凭祥县与越南交界，距边界的镇南关不远，在龙州有海关及外交部办事处。越南是时仍是法国的殖民地，所以官方交涉全用法文，我校吴子敬老师也通法文，就在此地负责借道越南赴云南省昆明市的工作。借道越南等于出国要办护照，幸好我们不留下观光更不需换车厢，所以就办团体护照，在2月1日搭客车出镇南关至越境同登市，验对文件人数后在同登车站登车南驶。

南宁的纬度和台湾的高雄一样，而镇南关则和鹅銮鼻差不多。进入越南再南行天气更热，虽在冬季白天穿单衣嫌热。车过凉山即为日后越南法国战争要地，也是中法战役黑旗军击败法军的战场。凉山有一部分法国人的市区修筑美观整齐，草地马路衬托可爱，在路旁小山上与筑有法国炮台和军营俯瞰全市便于控制。因为校方已为每一位同学准备水瓶和面包食盒，就不用下车购食物而致脱车，所以一路平安。

我们包的几节团体列车，但快近河内时沿途上车的本地人还是很多，纷纷拥上车厢中塞满行李，所以两端挤满越南人。由于语言不通也不能谈及他们对法国人统治的感想。

河内是北越首府，街道宽畅建筑清新整齐，霓虹灯闪烁灯火辉煌，当时日本势力尚未进入这个地域而欧洲战事也未发生，所以歌舞升平。

车在河内车站停驻很久，至半夜间再行北驰，第二天一大早到达老街，面对一个隧道口，隧道的北端就是中国的云南省河口，办好了手续车就穿越隧道又回到可爱的家国。火车在云南境内经过闻名世界的人字铁桥，桥的人字两脚为插在山谷两旁峭壁上的支柱，在“人”字上端横架桥架穿进两边隧道，事实上人字桥不止一座，不过其中一座较高较长就较有名了。

车过碧色寨有支线去产锡闻名于世的蒙自个旧，由个旧更西南行为思茅等地，傣族等少数民族地区。特别提起这个地名因为日后本校同学现在中华航空公司的林良知同学曾去该地任职中学教席，带回很多有趣的见闻以及当地保有的古时风俗等。开远为沿线大站，日后中学部迁至宜良附近狗街上课。

车抵昆明站时已是很晚，因列车来自越南，在昆明车站要经海关检查有无该税货物始能放行。车站灯光黝暗，站外马路为鹅卵石路面，在站边马路上与夫役讨价还价后将行李挑往昆明市区的一个大殿中，大家找个铺位席地而卧，等候搬迁入新觅校址。

临时宿舍旁有一云贵地区司法书记官训练班，中有浙江金华人氏吴君正在接受训练，因得识同济高工金华同乡，乃发愤补习德文考入同济大学机械系，也是迁校遭遇，在平时可能无此机会。

在昆明复课

校址觅妥，医学院在翠湖近旁之青莲街，工学院在昆华中学地址，中学部在南部狗街。高工在东城外永昌河边牛皮街的一个旧三层木屋中，地板上有十分坚硬的积土，每次进出学校要经过沿河硝牛皮的作场，苍蝇云集，硝味及牛皮味浓厚。河边筑有石围墙，水涨时把门洞关起，以阻束河流。校址第一层是厨房、饭厅、仓库，二层为教室、办公室，三层为寝室，若论卫生环境实在不敢恭维。但因为抗战经年财力不支再加迁来已经很晚，当地也有西南联大、云南大学等，所以也未见十分被重视，但同学们在长途跋涉后安顿下来，却是十分用功求知，每晚都读至十一二点以后才入寝，其中土木系四年级的赵宇馨同学、吴根道同学都是灯火深夜也不息，我们几个机械系三年级的也是与之争晚，除本身高工部专门学科外兼行自修一般高级中学课本以备投入全国大学统一考试。当时已2月，距统一考时间不足半年，所以显得紧张。

1939年夏参加统一考试，如愿考入同济大学机械系，不过中间有一插曲，统考试场在城北云南大学，我们在东门外，距离颇远。连月苦读，第二天早上考外文科，因为没有闹钟，醒来已近八点，只剩几分钟时间。当时既无代步车马，即有也无余钱可雇，赶紧跑步前去，到考场已过了十来分钟，急得脸色大变，进了试场却不见一人，正在诧异，忽有一女助教前来说明，因本试场考试德文者仅只四人，要合并在别的教室举行，以节省监考人员，临时更改，希望我们赶快前去，这样才免了我们的窘相，与被取消考试资格的噩运。所谓“命运”令人不得不信。

进入同济大学部就读

取入大学部后，到昆明五华山北坡八省会馆报到。该会馆甚为宽大，为明清朝时各外省人员来云南聚首之处，除一两间小室外，全部为通舱，数十张木板床并行排列，面窗处，设一长条木桌作为自修用，有电灯照明，中间酬神演戏的戏台改为办公室，后进改为教室及膳所。靠右有一小操场，于是同济本校德文补习班，中学部、高工部以及其他杭州、扬州、青岛、澄衷、肇和、赣县等各中学德文班人马等，入大学部的就全聚在一起，其中赵宇馨同学以后身兼土木、机械两门专长又赴德国深造，现在美国洛杉矶工作。

在昆明时候，工学院有位徐传淮同学擅长数学，能跳踢踏舞，为想赚些零用金，贴了招纸传授踢踏舞，被当地警察认为国难期中提倡歌舞而被捕囚，经校方出面保释，始行放回。所以昆明民风敦厚，没有舞厅、赌场等，而昆明市的岗警兼作司法官，对二造争执人民当场和解及判决并用戒尺将理亏一造打手心数下作为处罚，也是此间特色。

工学院实习工厂租用东门外民生工厂厂址，开始应用，于是经常奔跑工厂与宿舍之间。

昆明的翠湖、滇池、西山以及市区的金马、碧鸡牌坊，护国路的大铁门都是有名的名胜古迹，到过的同学不少。

全面抗战越来越艰难，昆明空袭加多，同济同学被炸死数人，同济校舍散处市区各地又有学生被炸死亡，第五次迁校成为主要讨论题目。因为昆明为一大都市，同学们在附近打工的不少，如任中学教员、在法商雷诺汽车厂工作，甚至远赴泰国边境任教等等。有许多土木系同学去参加滇缅路工程处工作。而参加空军的同学如李祖峰、周亮、戚荣春、林良知等也于此际离开昆明去成都受训。而戚、林两同学在台北中华航空公司服务，李、周两位已为国捐躯。昆明事实上始终安全，后来又有美国14航空大队前身的志愿飞行队前来助战，敌机来袭的次数也大为减少，而学校的迁移有时牵涉到了阶层、人事问题，但大多数同学对此很少反对，认为要搬就跟着搬回去。

五迁四川李庄

迁川既经决定，在1939年冬就开始行动，沿途因军用品运输频繁，由滇缅路来的军用品尽量向重庆方向运去，故运输车辆也增多。而且沿途在云贵边境，比较荒凉，不利步行，又无适当河川可通船只，只能利用公路车辆搬家。经同学亲友介绍在西南运输处卡车上取得车位，前往四川泸州。其间距离约千余公里，车行以每时45公里速度平均速度计算，每天可行三四百公里，三天可抵达。当时公路情况固然并不太好，但也不算太差，主要由于司机们不太热心，行行止止随心所欲，有时下来聚赌或与亲友话旧，耽搁行程一直走了十几天才到四川省的泸州。

搭乘同一卡车的还有一位菲律宾华侨学生黄海梁，他自菲律宾来拟去四川求学，车上运的是木箱装的火药运往重庆兵工厂，车东行经曲靖、沾益转向宣威，经贵州的威宁、毕节入川，并未经过贵阳。以后第二次我在昆明任军中翻译员，回重庆时再取道贵阳，那是1945年冬天的事。

到宣威很想尝一下闻名全国的云腿，结果还是尝到在全国各地可购到的罐头货而非原腿切下来的。车过贵州的威宁、毕节，这些从前在地理书上看到的地名现在亲自到达，颇感兴奋，只是司机不能让我们有机会好好观光一下，就停在城外卡车集中地休息。沿途遇有河流，多用渡船过渡，但在赤水河记得系穿过一座大木桥，桥畔有宪兵驻守，该地在山谷深处，两旁树木苍郁，不似是一般的光秃秃使我印象很深。

入四川境后沿永宁河畔北行，沿途种植面积增多，行人也大为增加。赤水河一大段是四川云南两省的分界线，北行由贵州再入四川省，在合江地方流入长江。入四川境内就见到民众的头上都包了白布，穿了长衫，虽则赤足及穿内裤，长衫还是穿起。在江浙一带穿长衫代表文人或商人，一定穿鞋袜及合适的衣裤。而普通农民工人都穿短衣衫裤不着长衫，但四川不同，任何人都必穿长衫，即使下水拉纤的船夫也穿长衫工作，这是入川的第一个印象。车到泸州，至学校办事处报到。沿途我们都是睡在车上，以节省开支。

李庄中央研究院打工

在泸州陪菲律宾侨生去重庆接洽入医学院事，但以手续未备妥，要教育部核发才能入学，乃搭船直赴宜宾，到校已是1940年1月中了。

到宜宾暂住后来为医学院一部分的房舍等待李庄校舍修缮完峻再行搬去。2月初本级庞永春同学在李庄乡下门头沟中央研究院社会科学研究所觅得一抄写工作，因改变主意由我去，反正李庄日后为学校所在地，先去附近打工也好。该所为一地主私宅，办公室宿舍全部在私宅中，而房东本身仍住该处，可见住宅宽大。我搭铺在我办公室中，办公事就坐在铺上抄写，是一生办公与住家最靠近的一次。研究所原在北平，所以携有北平来的总务厨师等人员，每周除米饭外，轮流有包子馒头卤面，十分合我胃口。在打工期内得识一位北平清华大学毕业的广东籍林君任助理研究员，性颇幽默，年轻好动。

等我辞工下山返李庄上课后，偶尔在路上还见到数面，抗战胜利1948年我去纽约中国领事馆见到他任职领事馆中。以后于1950年在台北重庆南路又遇上他。他告诉我1949年回北平工作，于1950年因故至广州利用球胆充气游水至香港再转来台湾，仍拟赴美。我们在附近小饭馆用膳，说起过去种种以及将来展望。我来美后一直未有机会再见到他，也记不起他的大名，只知道姓林，高瘦个子，有些孩子气的样子。其他助理研究员、副研究员、正研究员以及陶所长都没有再行见到或听到，不知何所终。

李庄校舍多为利用当地寺庙，譬如校本部在禹王宫，理学院在江边的南华宫，医学院(前期)在小书店，工学院在镇西外的东岳庙，宿舍则在庙旁旧的屋宇改建，女生宿舍及理学院一部在慧光寺。学校在3月1日开学，许多同学陆续在3月中到达，我们经常去江边接船引导同学至宿舍，有时汽轮不靠码头由小船转驳。我们到达较早住在一间屋顶较高的正房，共有八位级友，其中三位，我、钟秀渊、陈尚渭后来又在台湾相聚。其他五位，一位张义良友有数理天才，据闻后任教吴淞中学为数学教员，眼睛有毛病不能清晰见物，忻元镇在江西工作，蔡和良、何鑫、杨家干不知在哪里工作，大伙儿在一起差不多住了四年之久。

在李庄我们都自费购用一元钱一张的木制书桌，打开来是一张书桌，叠起来成为一只木箱可以搬运。

迁校五次终于安顿下来，读完最后四年的大学课程，一直到1944年夏天毕业赴重庆工作为止，中间比较少重大变化，其中青年军运动如火如荼，则本人未曾亲见，不克多加报道，希望别的同学如栾安训等多予记述。以后高工同学逐一考入大学部的接踵而来为数不少，而1936年与我同时考入高工在江湾就读一年于1943年再行考入大学部继续深造的同学如王福楹、陈宾墨等，他们属于1946年迁返回上海复校的亲身体验人物。战前在江湾就读了一年高工，于八年后抗战胜利再回江湾旧地重读大三一定感慨更多。

同济复校上海后，因吴淞大学部校址损毁过重暂在江湾上课，于1946年，我又前去探望一番。站在1937年8月12日校门口伫立的老地方，面对车站，那些年轻的国军全副武装不断乘车驰过赶赴前线的景象又复重现眼前。由于他们的牺牲我们完成了学业；由于他们的牺牲，天通庵车站的日军堡垒由我军驻守；由于他们的牺牲，上海再没有法租界、公共租界；由于他们的牺牲，年轻学子又可在江湾原址复学。我对着校门注视良久，看着横题的大字，仿佛由劳动大学变成同济高工再变成国立同济大学，我轻轻对着它说："我们又回来了。"

同济抗战西迁回忆

武忠弼[1]

我们同济(大学)医学院在上世纪30年代曾先后经历过两次“淞沪抗日战争”的洗礼，一次是在1932年的1月28日，那是1931年的“九一八”事变后，日寇乘势举兵南下，入侵上海，受到当年十九路军军长蔡廷锴将军率部抵抗，这就是著名的“一・二八”淞沪抗日战争。在这次战争中，我们学校曾遭到日寇的轰炸，部分校舍被毁，但国民党很快就投降了，战事随(后)以与日本鬼子签订了丧权辱国的“淞沪协议”而告终。另一次“淞沪抗日战争”发生在1937年8月13日。当时，日寇在蒋介石不抵抗主义驱动下，在侵占了我东北三省之后，大举南下，登陆吴淞口，直逼上海市区，我们美丽的校园遂成了炮火纷飞的战场。这时的校长翁之龙错以为战事还是会与上次的“一・二八”抗战一样，很快就会结束，于是决定将学校临时迁往当时法租界上的地丰路暂避，这是母校的第一次迁移，但是这次他错了，最后不得不在1937年底将学校由上海迁往邻近的浙江金华，并在此复课，仍然企图暂避，以便随时回归上海。遗憾的是，这次他又错了。事实是，日寇在久攻上海不下的形势下，不得不转而进犯杭州湾，并从背后与上海的鬼子一起夹攻上海。在这样的形势下，金华受到了战事威胁，翁之龙校长在同学们的强烈请愿下，乃被迫进一步南迁，从而开始了前后历时八年余的“同济长征”。我也就随着学校经历了辗转播迁，最后于1946年春回到上海。

作为母校的一名老学生，深深感到有责任和义务，把亲历的这次母校史无前例的“同济长征”的轮廓，即母校长征的路线加以回忆和追述，供同学们参考。我在地图上大致测

① 教授，1919.3.19~2007.11.8，1945年毕业于同济大学医学院并留校任教。感谢武敏女士支持。

算了母校8年往返播迁的路线，约相当于著名的红军长征，故姑妄名之为“同济长征”。

在金华的短短逗留

我们在金华只逗留了大约6周的时间，1938年春由于受战事的威胁，学校不得不决定经浙赣铁路南迁江西赣州。当我们途经南昌时，当时在四川民生轮船公司担任重要职务的母校工学院毕业校友多人，曾向校领导提出倡议，为了安全和减少损失，他们愿为母校提供足够的船舶，力争一劳永逸地将全校师生员工和校产由南昌直运四川，并从此立足于当时的陪都重庆。这本来是一个很好的建议，但据说是因为校长翁之龙私心作怪，即唯恐到达重庆后他的校长宝座难保，而可能被原来的同济大学校长、当时任重庆大学校长的胡庶华所取代，所以拒绝了校友的好意而坚持南迁赣州。在此情况下，当时在母校工学院读书的冯玉祥将军的女儿，就是被冯将军派人专程来南昌接走的，看来他也不赞同这样的决定。

南迁江西赣州

从南昌南去赣州有一条南北流向的赣江，学校便用木船分组分批将师生员工和校产溯江而上，陆续运往赣州，赣江的江水清彻见底，但因系逆流而上，船行缓慢，我们常跳下江中用力推船前行，终抵赣州。那时，我们医学院的后期则因附属医院的需要而设在赣州以北的吉安，学校的其他各院系则集中赣州。这时，我们还有许多位德国教授随同迁来赣州，其中包括一直陪同我们到全国解放后的生理学教授史图博(Prof. Stübel)。赣州是红军长征时期的老根据地之一，民风朴实，那时的江西全省无一所大学，对于名校同济的到来欢欣鼓舞。但由于条件贫乏，学校只好将当地原有的一些祠堂、衙门、庙宇等略加修缮，供各个单位勉强使用。记得那时我们的学生宿舍就是被安排在一所古庙里，将大殿里的菩萨请出，再用木料搭满双层通铺，入夜，大家或比肩或抵足而眠，倒也别有一番风味。那时的上课则安排在另外的衙门或祠堂里，每天早晚大家一路高唱着“大刀向鬼子们的头上砍去”的《大刀进行曲》，步行往返；课余就上街演唱抗日救亡活报剧，向市民们宣传抗日救国。那时，同学们大多已与家庭失去联系，经济来源断绝，学校就给我们发放“抗战贷金”每人每月7元，勉强维持生活和学习。

但是，好景不长。在赣州只逗留了8个多月，也就是到了1938年的秋天，却由于某些师生的行为不检，而遭到当地居民的厌恶和蔑视，甚至在城外路面上写下要驱逐同济出境的标语。面对这一情况，当时的地下党员、学生会主席陶亨咸(中科院院士，已故)带头向校领导请愿迁校，在同学们的拥护和积极支持下，终于得以实现。这次迁校的目的地定为广西贺县的八步镇。

在八步镇的遭遇

广西贺县八步镇是有名的锡矿区。我们于1938年秋又从赣州出发，跋山涉水，南越大庾岭，经广东韶关、南雄，沿着粤桂线，过山水甲天下的桂林、阳朔而徒步东行，直抵贺县八步。八步只是一个区区小镇，除盛产锡矿外，可谓一无所有，却是日寇轰炸的目标。我们到达后，学校赶建简陋的校舍，我们就住在木板搭成的宿舍里，等待开课。就在此时，鬼子的轰炸机却又悄然光临，不得已，我们只好跑到宿舍旁的壕沟里躲避，而鬼子真是欺人太甚，他们把飞机降到不足百米的低空，用机枪向我们扫射，我们可以清楚地看到鬼子飞行员那戴着头盔的头和丑恶的嘴脸，机枪子弹就嗖嗖地在我们面前不足一米处的地面炸响。

等到鬼子飞走后，回到宿舍一看，我们那木板搭成的宿舍门窗和屋顶已是弹痕累累，惨不忍睹。就在这时，鬼子的军队又直逼广东三水，八步又受到威胁。在这种形势下，我们在八步仅逗留了不足一个月，学校又不得不决定再次迁徙。可能是考虑到想一劳永逸，这次迁徙的目标定在了云南昆明。

西迁昆明途中

从八步西去昆明，当年有两条路线供选择，一条是西越百万大山，经百色而入云南；另一条是经广西南疆凭祥，南出镇南关(后改睦南关，现称友谊关)，再由河内乘滇越铁路火车转赴昆明。当时，鉴于国民党反动派对少数民族的迫害造成的少数民族对汉族的仇视，穿越百万大山和百色多有不便，大家乃选择了经河内入昆明的路线。就这样，我们于1938年11月间，用步行、汽车、轮船相结合的办法，经贺县去梧州，再溯江西上南宁转龙州办理签证入越，最后于年底前到达了昆明。

在昆明的岁月

到了昆明之后，由于无法找到集中的校舍，学校仍不得不分散在昆明市内各处。后来与我们同在昆明的，还有位于近郊的上海医学院和由北大、清华和南开大学联合组成的“西南联合大学”，简称西南联大。

在昆明总算过了两年多的太平日子，恢复了课业和学习，但生活是十分艰苦的。同学们吃的满是砂砾和稗子的米饭，又没有肉吃，在馋得难以忍受的情况下，我们组织了妙语双关的“打狗队”，一是暗指当时的国民党反动派走狗“三青团”，二是指真的到街上打野狗来吃狗肉，聊以解馋。可是，到了1940年，鬼子飞机又经常来轰炸骚扰，空袭警报声不断，到后来大家几乎天天都要“逃警报”。在一次敌机轰炸中，我们医学院的一位女同学因被炸弹爆炸掀起的泥土埋住而不幸牺牲。在这样的形势下，学校又不得不决定再次转移，并把这次的目标定在四川省的南溪县李庄镇，只有医学院后期则因附属医院的需要而定在宜宾市。在这里，我们一直呆到抗日战争胜利后的1946年，成了抗战期间我们母校辗转西迁的最后一站。

母校“西征”的最后一站李庄和宜宾

四川省南溪县李庄镇和宜宾市均位于长江之滨，两地相距不过30里，有班轮联系，尚称方便。李庄在当时也只是个名不见经传的小镇，却有着一系列的寺、庙、宫、殿等建筑物可供改建使用，例如学校的总办公室就设在禹王宫、工学院设在东岳庙、理学院设在南华宫、医学院前期设在祖师殿、图书馆设在王爷庙、女生宿舍设在慧光寺、测量系大地测量组设在文昌宫、德文补习班设在郊外麻柳坪、工学院男生宿舍设在羊街，等等。并且，除了我们同济大学外，还有当时"中央研究院"的几个所也设在这里。一时间，小小的李庄竟成了群贤荟萃、龙盘虎踞的胜地。在这里，我们还于1942年5月20日庆祝了母校的35周年校庆。

从1941年春到1946年，我们在李庄和宜宾整一共待了6个年头。在李庄的时候，我们没有电灯，晚上每个人只好用一个昏暗的菜油灯盏来读书自习，而且为了省钱，基本上只点燃一根用灯草做的灯芯。与现在同学们的学习条件相比，真是有天壤之别。抚今思昔，真是令人既羡慕又感慨。然而，就是在这样的条件下，我们却为四川人民的健康作出一件前无古人的贡献。记得在一个星期六的晚上，宜宾中学的学生们按惯例“打牙祭”(四川同胞对加餐的俚称)，却发生了大批学生中毒事件，表现为身体软弱无力，有的还有呼吸困难，生命垂危，当地称之为“趴病”(“趴”在四川话中意为软瘫)。在接到呼救后，我们当时的校医、后来的医学院院长唐哲教授等立即赶往施救，并立即判定与食物中毒有关，而且症状有些像钡中毒，同时还发现凡当晚喝汤越多者，病情也越重，于是立即决定边抢救，边对喝剩的汤进行化验，结果发现汤中果然含有钡盐，再查食盐，才发现盐中确含有大量氯化钡。后来又反复进行动物实验，确认了在四川为害多年并被称为趴病的这种地方病，原来就是含钡食盐引起的氯化钡中毒。再查这种食盐的来源，却发现竟是四川省五通桥生产的“桥盐”，于是真相大白，我们也都感到能为四川人民除一害而庆幸。然而正当学校准备将此研究成果上报时在重庆的“中央卫生署”时，五通桥盐商却专程登门，又是送礼，又是说情，央求学校不要上报，以免危及他们的“钱”途，我们当然不能同意，最后还是作了广泛通报。与此同时，为了四川人民的健康，我们也向盐商提出了建议，向他们生产的“桥盐”中加入“芒硝”(硫酸钠)，就可使盐中含有的氯化钡转化为难溶性硫酸钡而沉淀下来，予以去除。从此，四川就再无趴病了。

日本鬼子在1945年8月15日宣布无条件投降，大家无不欢欣鼓舞，准备着“复员”回迁上海。这时，我们本来应当是可以乘船直接东归的，但是，国民党反动派在其美国主子的支持下，为了赶往上海及东北各地抢夺地盘和财物，实行他们的“劫收”，霸占了一切交通工具。在不得已的情况下，我们不得不租乘当年的“木炭汽车”。由宜宾出发，辗转经陆路逌(转)返上海，真可谓历尽艰辛。

当年由于汽油极度短缺，长途汽车无法运行，目睹这种困境，母校工学院一位校友和青年教师发明了这种“木炭汽车”，就是在卡车驾驶室门外的踏板上安装了一个圆筒形的炭炉，用燃烧木炭来产生“煤气”的办法，为卡车提供燃料。这一发明，为当年克服交通困难作出了史无前例的重要贡献。遗憾的是，这位校友却在一次亲自试车中，不幸翻落山谷，壮烈牺牲。我们1946年春就是乘坐这种“木炭汽车”，由宜宾北上成都，再登秦岭，出剑门关，经陕西宝鸡转河南洛阳，再经陇海铁路东至徐州，转乘当年的津浦铁路至南京，再转乘京沪铁路返抵上海。

到达上海后，我们才发现，我们原来的宝隆医院已被臭名昭著的国民党特务组织“中美合作所”[①]侵占，并被改名为“中美医院”。而在我专程前往我们原在吴淞镇北的校园探望时，才发现我们美丽的校园已经是片瓦无存，变成了大片稻田。后来才知道，这是因为我们的校园当年曾成为“八一三”淞沪抗日战争的主战场，经过反复的拉锯战，使我们的校园遭到了彻底的破坏，变成了一片废墟，后来被当地农民改种成稻田，只剩下原来大礼堂的地坪，由于是深厚的混凝土浇筑，而得以免遭破坏，成了唯一的历史见证。目睹此情此景，真令人不胜唏嘘，感慨系之！

在这种医院被占、校园被毁的情况下，我们回到上海后变成了贫无立锥之地的“难民”。幸赖时在上海的几位医学院老校友、老名医的积极奔走呼吁，并通过蒋夫人宋美龄的帮助，最后，据说是经蒋介石的“手谕”，才得以将我们的医院收回，但条件有二，一是不得更改“中美医院”的院名，二是要在医院的庭院中为“中美合作所”的特务头目戴笠建立一座铜像，以“纪念”不久前在南京机毁人亡的戴笠。鉴于当时的现实情况和收回宝隆医院的决心，学校不得不勉强答应了他们的要求，从而才得以及时收回了我们的医院，并只得保留了“中美医院”的院名，直到1949年5月上海解放后，才改为“同济医院”。但戴笠铜像的事，则自始至终采取了拖的办法，最后不了了之。否则这岂不成了同济的奇耻大辱。

医院的问题虽然解决了，但医学院的院址和教学用房依然是个难以解决的问题。后来几经努力，才获得善钟路100弄10号汉奸汪精卫得力助手周佛海的住宅，作为医学院前期(基础部)的用房。但学生宿舍则只得在市内另行租房暂用。这就是当时艰难而尴尬的局面。

① 此说有误，编者注。

回忆同济

况礼文[1]

1936年冬，我们正在上海吴淞同济大学附中上课，忽然校门外传来大学部同济同学在校门外呼喊欢迎附中同学参加，响应北京学生12·9、12·16学生请愿大游行。这时各班同学，蜂拥而出，参加了游行，到上海租界区游行、示威，声援12·9和12·16学生运动。但租界紧关铁门，不让大队学生前入。大队便转向北站，要到南京向蒋政权要求抗日。但受上海当局的阻扰，火车司机都不在岗，所幸我们同济职高同学能开火车。于是，便由他们开车向南京进发，到了下午五时许，火车克服重重困难才到苏州。这时，国民党当局派人将苏州铁轨拆除一部分。在火车上，队伍不能前进，相持一段时间，上海市社会局局长来苏州劝阻。这时火车上，同学们又冷又饿，但气势高昂，但前进的意愿仍非常强烈。在又冷又饿情况下，斗志昂扬。所幸，宋庆龄、何香凝派人送来饼干，同学们就拿饼干夹雪来充饥。

时当半夜，当时上海市社会局长潘公展到苏州火车站，向同学们保证同学们所提出的抗日意见一定转呈南京最高当局，绝不食言。同时学校负责人、大学教务处长和附中主任又来劝阻。直到次日凌晨。同学们饥饿交加也只有随他们返回吴淞。

回吴淞后，大学部在翟云朴、陶亨咸、郑宏章主持下，成立了学生救国会，并与上海七君子(当时邹韬奋、沈君儒、李公朴、史良、王造时、章乃器、沙千里等七人)所组织的救国会取得联系。附中在孙永德、杨礼耕、陈琅环领导下，也成立了救国会。同时组成抗

① 1916年出生，1935年进吴淞同济附中，1938年吴淞同济附中毕业，1943年在李庄同济大学毕业，早期地下党负责人。

日救国宣传队赴上海近郊市镇，宣传抗日救国。直至1938年春节开学。

1938年附中开学后，陆振邦主任辞职，继承者余森文为CC分子，非常反动，同时带来了职业学生骆竞渡，原为国民党中央军校学员，与原在附中的CC分子王寿昌共同想抵制附中高涨的抗日救国情绪，高压进步学生。但同济附中有原来进步传统，在孙永德、杨礼耕等同学领导下，仍然抗日气势高涨，常请上海七君子救国会来校讲演，鼓励同学们抗日救国情绪，因而常常与上述骆、王等发生矛盾，余森文担负下，由于进步力量势强，反动组织也难占上风。

余森文在附中，不到一个学期就结束，改由留德归来的冯永植任附中主任。冯主任开明正义，深得同学们拥护，直至迁校昆明方离任，到西南联大任德语教授。

同济大学大学部，在吴淞镇东北约六七百米，1927年后蒋介石在南京建立国民政府，利用上海颇具声誉的宝隆医学院和贝伦子工学院，(宝隆、贝伦子二者均为德国著名学者和工程师)。并于当时收归国有，迁至吴淞成立同济大学，但当时国民党政府规定，大学必须有三个学院，便增设理学院。医学院由德国教授主持，利用宝隆医院实习，工学院设机械、土木、测量、造船系。在学校建有实习工厂(场)，作实习场所，医学院和工学院分前期和后期，前期学基础课，后期设专业课。在吴淞时，工学院学生在实习工厂实习，约半年至一年。理学院设有物理、化学、生物三系。当时由数学系主任李达任院长。医、工学院主持人多由德国人担任。在学校教学楼进厅，有医学院历史介绍并有宝隆相片。工学院的贝伦子也有相片及历史讲述。理学院系新成立，同学较少。

同济大学校舍为1927年新建，有游泳池及多个体育场所，环境清幽。教学大楼前一大水池。当时大学同学较少，约300人左右，前期住集体宿舍，后期约二三人一个房间，有很好读书环境。前期基础课，多为中国人教授，也有少量德国人，后期多为德国教授。从前期到后期，要经过一次由教授组成(多为德国人)的面试，非常严格，通过后升为后期。

当时同济大学教学严谨，毕业学生很少，毕业任职后，都能胜任愉快并得到社会好评。

同济大学在1936年冬上海请愿后，组织宣传队到上海近郊近县宣传抗日活动，直至1937年春开学。开学后学习还是缘正规上课，但在陶亨成、瞿之林、郑洪章等策划和领导下，成立了课外读书会(学习当时抗日救国内容的读书会)。收集了不少的进步书籍，相互传阅，以此团结一些进步同学，直至上海“八一三”抗战爆发。“八一三”前夕，我仍留吴淞。当时淞沪铁路已断，由附中主任冯承植召集当时仍留校教职员十余人，雇舢板由吴淞出发，驶向上海。当时日舰在江上巡弋，险象频生情况下抵达上海。我便在上海，住进上海友人(九江路附近弄堂里，父亲的合伙人刘福田)家，并受到他们监护，随及和他们逃离上海，回到四川重庆家中。

抗战前夕同济大学的校长翁之龙无能短视，“八一三”抗日战争爆发后，同济大学仍在上海法租界租房上课，后因“八一三”后战火蔓延扩大，不得已才勉强迁至浙江金华。这时，德国籍教授大多离开，只有对中国深厚了解的医学院教授司徒博(Stübel)和工学院波兰籍教授怀特(Weit)同至金华，同济大学自上海而至金华，再迁赣州，再经(八步)而至昆明，这两位外籍教授均能同甘共苦，而至四川李庄。

以上为同济大学在上海抗战前夕的大概情况。

同济由上海而金华—赣州—八步—昆明—李庄，多次搬迁，损失惨重，所用教学机械、仪器、教材遗失较多。至李庄时，元气大伤，但同济精神仍较旺盛，直至胜利归沪。

2015年5月1日于成都

同舟共济：回忆我在同济的五年生活

张宝锵[①]

1936年夏，我在广州南海中学读满了初中的六个学期。由于学习勤奋，其中四个学期都考上全班第一，有两个学期还达到要求更高的免缴学费的待遇，退还了每期缴交的三十六块银元，这在当时是一笔不少的资产。

六月末我到了上海，报考当时的名牌中学。由于成绩不俗，报考的学校都录取了，包括同济大学附中、省立上海中学、私立上海中学等。考虑到附中升大学，顺理成章，我入读同济附中，避免高中毕业时，又要过升大的难关。

当时同济大学建校于上海吴淞，靠近黄浦江，与上海有火车可通。附中更靠江边，地域宽阔，有个大操场，可进行排球、篮球比赛，有跑步、跳高、跳远设施。我喜欢排球和跳高，曾跳过自己鼻子高的杆。

大学在市区内，我不常去，仅记得那里有一个阔大的荷花池，开满粉红的荷花，清逸高雅，校舍宏大雄伟。附中和大学，都在接踵而来的"八一三"日本侵沪战争中毁灭了。

那时附中的主任是冯承植，笔名冯至，也是大学里的教授，大学已有校长，附中的校长只能称主任。冯至是鲁迅誉为五四时期最好的抒情诗人，他人虽不高，但面容丰满，戴一顶绿色的毡帽，颇有风度。从1930年10月到1935年6月，4年多里，他先后在德国柏林和海岱山学习，主科是德国文学，副科是哲学和美术史，并于1935年6月在海岱山大学考取博士学位，对德国文学学问湛深。他深受进步朋友杨晦的影响，1935年他从德国留学归

① 1919年9月6日生，1936年9月1日进同济大学附中，曾任两广同乡会会长；1942年同济大学机械系二年级；1942年夏转入武汉大学史学系一年级。

国时，在上海见了杨晦，当晚杨晦便对他说："在外国住久了，会做些不切实际的梦，要睁开眼睛看现实，有多少人在战斗，在流血，在死亡。"他对学生慈爱宽容，很受同学爱戴，有次我和广西转学来的同学在外喝杂果酒，上课时满面通红，冯至走到我跟前询问："schveiben和beschreiben"有何区别？我答曰："schveiben是写：beschreiben是描写"。他看我头脑还是清醒的，便放过了。他为人富正义感，一次星期一纪念周会上，一蓝衣社姓骆的学生质问他，为什么学校里让学生阅读非法的出版物(指萧军《八月的乡村》)？他断然回答说："学生阅读什么，学校不应干涉。"他在自传中也说："我给学生上课，实际上进步学生与反动学生之间的斗争随时都在给我上课。"

我在初中就读的南海中学，当局十分保守，不像进步的广雅中学，连响应北京"一二•九"运动的广州学生在荔湾游行遭受镇压的情况我都不了解。

到了同济情况就不同了，上海的风气开阔明朗。1936年发生了三件大事："两广事变"、鲁迅逝世出殡的宏大场面、"西安事变"。同济附中的同学两广同乡黎大森，受其进步叔父的影响，思想获得提高，他对这些事件都向我说明原委，特别是对西安事变，指出张学良的行动正确，迫蒋停止内战，全国一致同心抗日，意义重大，使我从过去的"两耳不闻窗外事，一心只读圣贤书"的局限中跳出，关心国家大事。并从共产党员周恩来在西安事变中所起的积极作用，对中国共产党有了初步的认识和好感。附中图书馆备有不少进步书籍和报刊，甚至连日本报纸都有，也使我大开眼界，对时局发展，有了进一步的了解和认识。

一九三七年"七七事变"，日本大举侵略中国，在上海爆发"八一三"战争，学校迁到浙江金华。那时日机轰炸我国各地，包括金华，大姐张懿德担心我受轰炸，不让我赴金华就读。事后还率领全家赴香港，不久定居澳门。那时澳门受葡萄牙管治，是世外桃源。在澳门脱离了沸腾的抗战生活，我深感苦闷。学校又自金华迁到江西赣州。1938年夏，又自赣州迁往广西八步。这是暑假期间，黎大森到澳门访我，动员我复学，我于是同黎大森到了广西梧州，中途船停泊罗定时，黎大森与我步行到其罗定家乡，黎对妈妈说，战争中没有被炸，须杀鸡还神，母亲果然杀鸡，我们饱餐了一顿。然后又自梧州步行三日，到了八步。

学校在八步正拟建校复课，但飞机不断到八步轰炸，还低飞扫射，一次我躲在学校操场的一颗小树旁，飞机扫射的子弹就打在离我一米多的前面地上，十分危险。

学校再次决定迁往云南昆明，离家愈来愈远，我担心接济不上，黎大森安慰我说，只要他有粥吃，我便有粥吃。这话使我十分感动，后来一直接济不断，不需分他一杯羹，但对他的关爱，至今我仍感激不尽。我们自八步步行九日，抵达柳州，然后从柳州乘船到南宁。1939年元旦是在轮船上度过的。当时我指着一名同学说19(狗)，三名同学说39(狗)，粤语“9、狗”同音以示谐谑。离开八步前，黎大森请我吃了一顿烧鸡。濒离前夕，我刚巧收到二姐张惠炎竭尽所有自澳门给我寄来的100元。这是非常珍贵的100元，后来她的小女儿“奀公上”患重病，在药剂中有一味名贵中药，因凑钱不齐，未能入药，致不治去世，我事后得悉，痛心不已，至今对此仍深感抱憾。离八步抵贺县时我补回黎大森一顿烧鸡。

我们自八步步行九日，抵达柳州，然后自柳州乘船到南宁，再乘车经睦南关(当时称镇南关，现称友谊关)出境，在越南乘滇越铁路火车抵达昆明，那时已近1939年春节了。

高中二年级是在昆明上课的，但其实只有一个学期。附中的教师都是名牌老师，德语教师冯至，物理教师王世模、数学教师章振邦、历史、地理教师魏建功等，我们学得很扎实。

高二升高三的暑假期间，体育老师是个党棍，借口体育不及格，使一位进步同学留级，冯至和他争吵，声达户外，我在室外亲耳听到。体育老师坚持己见，冯至愤而离校到时在昆明的西南联合大学担任德语教授。接任的附中主任田培霖是CC系(陈立夫、陈果夫领头的组织)人物，训育主任周世辅是CH系(陈诚、何应钦领头组织)人物，他俩为避免同学在昆明受大学进步同学的影响，把附中从昆明迁到滇越铁路中途一个小站狗街，并把预备班的同学安排在狗街附近一个小村庄中，便于控制，他们在那里大力发展三青团员。

当时大学医学院同学吴康志与附中预备班的陶影华恋爱，两人在郊外坐谈时，受到预备班的三青团员包围、侮辱，归来向我愤怒诉说。那时我任两广同乡会主席，为了抵制三青团的发展，一直在两广同乡中大力宣传三青团员的劣迹，如翻阅同学所读书籍，侦查同学思想、活动等，因此两广同乡参加三青团的为数极少，参加了的，也只应付了事，力求摆脱。听了吴康志谈的情况，我便带吴康志到该村殴打其中两三名三青团员，归来后他仍不解恨，我便动员附中包括德文补习班的两广同乡于次日早晨，在该村学员上学的途中拦截，打了其中几名三青团员，一时惊动学校训育主任周世辅到场。事后他出布告把两广同乡颜志人、陶影华两人开除了。我到训育处和周世辅理论，他说，原来决定把你也开除的，但有些教师说你是毕业班，因而保留了，你不要再惹事了。事后我了解为我说好话的有物理教师王世模等人，我对他们深怀敬仰和感谢之忱。颜志人所以突出，因为我们在路上埋伏时都躲在田埂下，他站起来瞭望，因而被三青团员认出了。大学也把吴康志开除了。

在附中我德文成绩较好。一次作文，我写了一篇散文，大意是说，春天来了，我和父亲到了花园，园里各种色彩的花朵竞相开放，引来不少蝴蝶和蜜蜂，地上铺满嫩绿的草儿，湖边的柳树嫩枝，在水上飘忽，几乎触到湖水。湖上燕子飞来飞去，高处还有鸟儿在欢唱。白云在蓝天上舒卷、追逐，空中散发着花儿和泥土的芳香。湖边一个少女正在荡着秋千，忽上忽下，忽高忽低。我指着秋千向父亲说："爸爸，你看，Der Frühling ist da！"标题就是"Der Frühling ist da！"(春天就在那儿！)

德语教师Herr Bauer在把文卷交回我时赞扬说："Sie haben schön geschvieben！"("你写得很优美"！)

Herr Bauer是适龄参军的壮年，后被德国召回，据说参加了坦克部队。

在附中我和丘第魁等组织了个地下读书小组，但坚持不久。1940年夏，附中毕业，我离开狗街，到了昆明，参加全国升大学的统一考试，我报考同济大学，被录取了。在昆明期间，我热心阅读大学里宋鸿鼎、宋鸿鼐兄弟编的壁报，并给它提供稿件，我也参加他们组织的地下读书会。学习社会发展史时，书上说，资本主义之后是社会主义社会，我问他们兄弟俩，资本主义之后是否肯定是社会主义社会？他俩说，肯定是社会主义社会。从此我坚信社会主义社会一定会到来，并为之终身奋斗。这个信念一直坚持至今，七十多年并未懈怠。

当年夏，学校决定自昆明迁校到四川宜宾李庄。

我们自昆明乘汽车北上到达四川重庆。在重庆黎大森与我登岸到交通部拜见他另一个叔父，他与黎大森父亲都是蔡廷锴的同乡，同是罗定人，两人都是十九路军旧部，均拜上校之职，但因不善吹拍，一直升不了少将。他叔父责备黎大森说，你没钱用告诉我便了，为什么竟然在信上，说什么你父亲已是老糠榨不出油！我听了心中暗暗好笑，但不敢露于面色，更不敢笑出声来。及后我们再自重庆乘船上溯到宜宾李庄。到了四川，政治环境大大变了，没有云南龙云那种半独立的、蒋介石号令不及、思想自由得多的环境。四川虽有刘湘、刘文辉的地方势力，但远不及龙云那样显赫。

在李庄，蒋介石的势力强大，三青团的活动更加活跃。

到了四川，我们先在重庆磁器口炼钢厂(对外称莲光别墅)实习，当年暑期，转到李庄升大学二年级。

自重庆返校前，我和丘第魁分别买了些托尔斯泰、冈察洛夫等的文艺书籍，以及苏联出版的德文马恩列斯书籍，拟带回李庄阅读。在重庆朝天门码头上船时，国民党宪兵搜查行李，丘跑在前头，他的行李集中放文艺书籍，我的则放政治书籍，宪兵搜查丘时，他暗示我先走，我趁忙乱之际先行上船。丘携带的书籍被宪兵全部没收了，丘抗议说这是在生活书店里公开出售的，宪兵说，你要讲理跟我们到宪兵司令部去，丘只好放弃了。书籍被没收了，我痛心流泪，同行的黄诞猷同学劝慰说，几本小书，何必如此伤心，以后设法再购便是了，我说我并不是痛心于书的的丧失，而是痛心于国民党政府竟然腐败到连青年阅读进步小说也不允许，今后我决定参与推翻这个政府的工作。

在返李庄途中，当晚夜泊江津，船上风大，虽是夏日，仍觉寒冷，半夜醒来，百感交集，随口吟了一首小诗："吹断客子梦，寒江一夜风。年华随流水，怕听《大东江》。"

到了李庄，我无心于功课，全心全意阅读马恩列斯毛的著作以及进步的文艺书籍。那时刚出版鲁迅全集，这也是我的主攻方向。当时教我们微积分的是著名的郑太朴教授，我常常自宿舍捧着红封皮的鲁迅著作到茶馆阅读，与赴课室授课的郑太朴迎面相逢。我至今仍感到未上郑太朴的课，使我未能跨越微积分的门槛，难以了解高等科技的内涵，是一大憾事。

到李庄不久，便发生了"皖南事变"，同班的同学萧庆熹(我估计他是中共党员)告诉我"长期埋伏，积蓄力量，以待时机"的党的方针，宋鸿鼐、鸿鼎兄弟的壁报也不出了，读书会也停止了，我深感无聊。这时我还估计任天润、薛崇本等都是党员，我和他们交往较多。

但在李庄那样苦闷的日子里，仍有欢娱的时刻。当时我住在东岳庙宿舍里，晚上自习我常常与曹和贵、曹卣、欧裕昆、李志学、周建枢、张才磐、丘第魁、黎大森等在一起。其中周建枢是三青团员，但正力求摆脱，张才磐是同济大学三青团的领导，他受表兄曹和贵的影响，倾向进步。他曾说，上级要求他加强对丘第魁的监视。欧裕昆小提琴娴熟，夜自习时他拉响小提琴，演奏难度很高的萨拉·萨蒂的名曲，李志学和周建枢便和声唱起来，十分动听。李志学懂法文，他有时用法语朗诵《茶花女》的片段，阿芒深情响亮的声调，动情悦耳。我们这批人，不满重庆政府的腐败，常常指责其缺点，毫无忌惮，自况是"糊涂大学"里的糊涂人。曹和贵数学造诣甚深，这时正自习一套新出版的、黄书皮的德文高等数学，曹卣常写一些飘逸优美的文章。我则阅读《鲁迅全集》和《列宁选集》，黎大森致力于德文《机械原件》课本。可以说，“糊大”不乏才华横溢的青年。我们这一群，也是欢乐的一群，至今我对他们仍十分怀念。这当中我常购买当地盛产的椒盐花生助兴。这是当地土法制作的花生，加上作料以后，花生在炕上烘干，松脆可口，椒盐熔入花生内，滋味美极了。李庄当地有很多茶馆，泡上一盅茶，可坐上半日。我们也常在茶馆看书，或作纵横谈，吃的也是这可口的椒盐花生。我离李庄后，在全国各地，从未吃过这样味道的花生。当地人不懂得，把这些花生真空包装起来，一定畅销全国。如今也不知这种古法是否已经失传。其实即使失传了，也可深入民间访查，看仍有无尚存于世的当年的工匠，把他们请来，恢复这泡制古法，仍可弥补损失。

那时大学造船系的讲师钟思，按他的设计，雇工匠建造了一条坚固的木船。学生时期钟思就是进步的同学，“一·二八”淞沪抗战时，他参加战地服务团，归来复学时，三青团专门召开会议，研究如何对付他。他是广西人，我们两广同乡都受他的影响。

这时我和李世臣同学，常常两人驾驶这条木船，横渡长江，划过对岸，云淡天高，空气净洁，心情舒畅。我们沿岸用竹蒿撑船，上溯到一段距离，再按斜线把船划回，到达南岸时，往往靠近码头，然后弃舟登陆，返回东岳庙宿舍。在对岸逆流撑船时，我已疲乏不堪，全靠臂力过人的李世臣独力支撑。他后来考上空军，当上了战斗员。

晚上，月圆之夜，尽管功课紧迫，我与黎大森往往仍抽时间赴长江南岸，望着那月色溶溶的东流逝水，无限遐思。

机械系的课程，十分扎实，期考时，由于应付，不得不费力自习，光立体解析几何一门功课，我从头把全书习题计算完毕，已花费了两个星期，不胜负荷。为此我深感烦扰，十分苦闷，萌动了转学文史的念头。但转学须从头一年级重新学起，要牺牲两年学业，两位姐姐节衣缩食助我上学，要让她们多负担两年，实在不忍。增加两年，能否支撑到毕业，尚难逆料，机械系又是铁饭碗，文史课则就业困难，生活前景渺茫，可能终生穷困潦倒，更难接力供给弟妹学费。

我终于决定，离开恋恋不舍的五年同济生活(实际跨越六年)转学到时在乐山的武汉大学去。

离同济前，我备了一本纪念册，请校友题词纪念。陈邕麟为我在扉页绘上画暴风中的海燕图，对我备加赞扬，我深感受之有愧，但这时我也确认自己是一名敢作敢为的闯将。

钟思在题词中写“夜正长，路也正长”，告诫我要有长期奋斗的决心。黎大森提醒“行夜路，得留神”，萧庆喜题写“良贾身藏若虚，圣哲大智若愚”，告诫我不要锋芒毕露，曹卣表示要和我“连袂战斗”，欧裕昆题“及时而生，及时而死”，鼓励我英勇献身。这都使我受到很大的教益，很大的鼓舞。

1945年8月15日11时，日本天皇下诏投降，那时我已是武汉大学史学系三年级学生了。消息传到乐山，已是夜7时左右，那时我与同学廖成溥正漫步热闹的玉棠街，一霎时万民齐欢，声振寰宇，艰苦奋斗八年抗战终告胜利了。我身边的一名中年妇女，眼望天空，喃喃自语说，真像做梦一样。文谈社友韩荣庆、贾道恒在酒店里饮酒庆贺，我与廖成溥却无意庆祝，而且忧心忡忡。因为那时我们正研读毛泽东的《论联合政府》和朱德的《论解放区战》。朱德在著作中列举中共创建的拥有1亿人口的19块解放区，正不断蚕蚀虚弱的日占沦陷区，发展势头很好，有些解放区已连成一片。如今日本突告投降，这种发展势头必受到遏制，这与大局发展反而不利。

果然不出所料，1946年夏，国共两党军队已展开激烈的殊死战斗了。

这是后话，今年是抗战胜利70周年纪念，为了庆贺，不妨多此一笔。

2015年6月5日

回忆抗战岁月

俞载道[①]

自1937年7月7日芦沟桥事变后，上海的局势日趋紧张。8月13日，淞沪之战，吴淞同济大学的校舍遭到严重炸毁，几乎夷为一片平地。正值暑假，祖母、母亲回奉化乡下去收租了，我那时寄居在上海大姑妈家。就在那段日子里，我自己就亲身经历过两次轰炸，这令我整天胆战心惊、忧心忡忡。为安全起见，姑妈让我跟随几个返乡的亲戚一道，暂且回到乡下躲一躲。

赶赴金华

9月中下旬的一天，我的姑妈收到了一封来自同济附中的信函。这封致全体同学的信中说，大学校舍已毁于日寇炮火，学校不得不迁往浙江金华，请各位同学务必在10月20日前赶到金华报到。去还是不去？战争局势下，生死难卜，祖母边抹泪边摇头，坚决不松口。

可是母亲为我的前程着想，从闻知消息那一刻起，她就一个劲地鼓励我前往金华，继续学业，语气无比坚定。如今想来，在我人生轨迹中极其关键的这一转折点上，正是母亲起了极其重要的作用，而后才能成就我之今日，母亲的开明和坚强令我一生感恩不尽、永志不忘。说实话，要是知道我这一去就是漫长的8年不能相见，她们是决然不会允许我离开她们身边的。

“儿行千里母担忧”，母亲满含着泪花，为未出过远门的我打点好行装，千叮咛万嘱咐，并请一位年长我几岁的族兄一路护送我赶往金华。

① 1920~2013，1936年考入入同济附中高中，1944年毕业于同济大学机械系并留校任教。题目为编者所加。

身上揣着一百多元钱，我和族兄一人挑着铺盖卷，一人手提一只旧皮箱，匆匆上了路。我俩先在奉化溪口乘上汽车，经过新昌、嵊县、上虞，到达萧山，在萧山又坐上了开往金华的火车。两三天后，我们带着满身的风尘，终于找到了学校在金华指定的处所，报了到，注了册。好几名同窗已早到几日，此地相逢，彼此感到格外亲切。

当时，学生要自己租借民房住宿。恰巧，我遇到同班同学周孝存，他的父亲是颜料大王，在各地都有分号，即驻地办事处，在金华也有，分号的房子很宽敞。承周孝存协助，我和吴式枢等几位同学就在那里住了下来，印象中吃饭也是在他们那儿搭伙。

10月下旬，坐在金华作新中学的教室里，我们翻开高中二年级的课本，聚精会神地听起了课。

再迁赣州

不久，日本侵略军在(上海)金山卫登陆。原本平静的金华四面响起了激烈的枪炮声。早在9月下旬，同济就有4名工友在金华车站看管校产时，遭到敌机侵袭，不幸身亡。尖锐的警报声时不时骤然响起，安静的课堂已成为一种奢望。在金华开了不足两月的课之后，学校决意再从金华迁往江西的赣州。

我和同学张世能背上铺盖卷，打算先从金华火车站搭乘火车，经浙赣线到南昌，再从南昌由水路去赣州。由于当时军运任务紧，从金华开往南昌的火车一路上行驶缓慢，不长的路程竟走了几十个小时。

学校在南昌设有办事处，造船系1935级的刘应虎学长在校学生会担任职务，协助学校在南昌办事处工作。他让我们在那儿暂时打打地铺住下来，等到其他学生陆续抵达后，再搭伴叫船送我们到赣州。

船只有大有小，小的能坐10来人，大的能装20多个人。我记得我们同船的一伙学生全是男生，有高中生，也有大学生。大家同坐一条大木船，有时伴着“哗哗”的水流声，齐声高唱一支支抗日歌曲，群情激昂。逆水而行，一路多遇急流险滩，船行放缓，摇橹把舵一整天，也只能走上三四十里路，颇费时日。每晚等到船只停泊后，我们就各自打开铺盖卷，蜷缩着身子睡上一夜觉。

在船上，我们同学有时也搭把手，帮着船工撑撑帆，在浅滩处拉拉纤。两地800里左右的路程大约走了二十来天，一身疲态的大木船总算把我们平安送达章河与贡水交汇处的赣州。后来听说，我的同学汪文海所搭乘的那艘木船途中触礁，情急之下只好用随身携带的衣被堵住船上渗水的洞眼，大家齐心协力度过了危难。医学院则留在吉安。

1938年赣州

在赶迁新址的奔波中，旧年已逝，新年的脚步声又已悄悄来临。

1938年1月底，我们在赣州正式开了课。学校各行政机构、图书馆、教室集中在镇台衙门旧址。学生可自租民房居住，租不到的可由学校安排在武庙住宿，这个庙是为纪念爱国英雄岳飞而修建的。在我居住的武庙后面，有当地居民开办的小饭店供应学生吃饭。我记得用一毫子(比一角要少)就可买到一大碗饭菜来填饱肚子，每月伙食费大约三四元。

我们睡的是两层的大通铺，我睡在上层通铺。晚上，只好以铺上的箱子为桌，点上油灯，双腿跪坐下来温习功课。时间一久，两腿就发麻发酸，感觉真是说不出的难受！

为了减少晚间跪坐读书的辛苦，我不仅在课堂上目不转睛盯着黑板，竖起耳朵听讲，全神贯注，就连白天的一些空隙时间都不肯轻易放过，甚至每个星期天也静静趴在教室的课桌前，抓紧分秒读写老师刚刚讲授过的功课。

在赣州，我们度过了半年难得的安宁日子，上完了高二全部的课程。

三迁广西八步

1938年7月，九江告急，形势急转直下，赣州的天空也为战云笼罩。正常的教学再次中止，学校决定第三次迁徙，从赣州迁往广西贺县的八步镇。

大约是10月初，我和同学张世能、杨家玕三人搭车，先从赣州出发，翻越大庾岭，经广东南雄，到达韶关。从韶关出发，有两条路线可选择，一条是北上衡阳，再去桂林，然后乘木船逆漓江到平乐，再步行到八步；另一条是南下广州，沿西江坐船到广西梧州，再往八步。我们三人走的是后一条路线。可是，在到达韶关之后，由于当时军需急，军车多，难民多，客车少又不准时，我们不得不耐着性子，一直要等到有车开来时才能上路。无可奈何之下，我们只好在学校韶关办事处逗留。

如此盘桓了几日之后，有一天等啊盼啊，直到暮色渐浓时，我们喜出望外，终于来了一列铁篷车开进了站。我们三人手脚飞快，赶紧从轨道边把铺盖卷、行李箱往车上一丢，然后两手往车箱的边沿上一撑就跳上了车。这是一列货车，窗户很小，车厢内又闷又热。没有座位，铺盖卷往脚下一撂，就成了我们的临时专座。从韶关到广州，窗外一片漆黑，火车一路停停走走，缓缓向南穿行，在"哐当哐当"声中走了整整一夜。

到了广州，我们不敢多有耽搁，船票一买到手，就马上动身赶往梧州。我们乘坐的那艘汽船上只设座位，没有卧铺，晚上无法在船上过夜。每至夜临，乘客要等待船只停稳泊定后，自己才能登岸找寻旅店投宿。沿西江走了两天后，梧州就近在眼前了。说起来我们还真算是幸运，就在我们离开广州到达八步约半月后，广州即遭沦陷。

在八步，学校借到一所中学作临时校舍。正当对其进行维修、准备复课之时，由于日寇进攻华南，广州沦陷，八步镇不断遭遇敌机空袭，一声声警报常常鸣响。

我也曾亲历生死一瞬间的险境。一天，我们几个同学正在镇外一片松树林地避警报，随着轰隆隆的飞机声由远及近，只见几架敌机在松林上空盘旋，一眨眼的功夫，敌机突然对着地面的人群一下子俯冲过来，并开始用机枪扫射。这一切来得太突然，我们被惊吓得目瞪口呆，两腿发软。好在我们急忙趴下，卧倒在地。就在刹那间，一发发枪弹从我们头顶呼啸而过。若是我们稍有迟疑，那极有可能被扫中，想来真可谓"死里逃生"！

此种局势下，课是没指望开了，学校不得不考虑再迁他处。

再向昆明进发

我们在八步呆了一个多月，接到学校再迁昆明的决定。学校规定学生要么自己走，学校发给一定数量的盘缠；要么由学校统一组织。记得当时男同学组成步行队，这些队伍从八步分批出发，经过半个月徒步行走，先到柳州，休息一些时日后再步行到南宁，改乘小轮船到龙州。

这又将是一趟艰苦的远征！我和张南如、黄致甲、何其兴、陈惠民、余昌贵、龚婉瑛、司徒美英等几人，相约一道"自己走"。我们八人乘上了一辆破旧的公路车，沿途经

1939年昆明

平乐、荔浦、柳州、宾阳、南宁，前往龙州。路面颠簸不平，尘土飞扬，一连用去了五六天时间。随后在那里驻留，等待学校为师生统一办理前往越南的过境护照。

手持贴有我们相片的一张张护照，我们先是坐车到凭祥，出镇南关(今友谊关)。在越南同登验过护照之后，经谅山，再坐半天火车抵达越南首都河内。这也是我们的双脚第一次跨出国门，踏上了异国的土地！

来到河内已是1938年圣诞节前后，当地的气候还是盛夏般炎热。我们脱掉了身上的毛线衫，全都换作衬衣单裤，八人挤在一家小客栈里住了下来。在河内我们停留了两晚，第三天大清早就乘上了仅有一公尺轨距的窄轨火车去昆明。当时滇越铁路只是白天走车，晚上停歇。

第一个白天，车行进到中越边境在越南一侧的老街，在那里住了一晚。第二天天亮后即经由一座铁路桥，走过界河，到河对面云南省的边城河口，再换乘中国境内的火车往昆明。一到河口火车站，我们就穿越了一个幽长的隧道。第二天天黑前，火车开到了云南开远，我们在当地过了一宿。第三天在熹微的晨光中继续乘车赶路，一路上火车就在接连不断的隧道中钻进钻出。

到傍晚时分我们才终于松了一口气，目的地总算到了。这时，已经是1938年岁末，离春节没几日了。

备战全国统考

我们刚到昆明，学校让我们先住在靠近翠湖青莲街的理学院内。当时，学校在昆明市内很难找到一处较大的地方进行集中安置，各个部门只能分散在市内多处，即使是我们附中的各年级也无法安顿在同一个地方。在理学院住了一段时间之后，我们就搬到云瑞中学。

春节一过，朗朗读书声重又响起。大约是1939年2月初，考虑到我们高三毕业班还未上过一天本学年的课，时间再也耽误不起了，学校提前让我们高三班和德文补习班在临江里学校办公处的楼上先上起课来，上课和住地不在一处。高一新生班还要等到3月底才在木行街开课。3月，我们搬到福照街一所商业学校里上课，吃住都在那儿，这样学习生活起来更为方便。

我们同学那时的自学能力普遍都很强。拿我个人来说，对于数理方面的课程，课余我又通过自学钻研，汲取了不少养分，根基打得比较深固。平时我还喜爱上图书馆，找课本之外的一些参考书来阅读，如物理，我当时就读完了我国著名物理学家萨本栋所著的大学丛书《普通物理学》；大代数，曾参考过日本数学家上野清所著的《大代数讲义》等书籍。

尽管战乱频仍，给我们的求学生活涂抹了几笔灰暗，但说起那些随校不停辗转奔波教书的良师们，心底总是油然而生崇敬与感激之情。我们从他们身上学到的不仅仅是丰富的知识，还有乐观向上的精神和积极进取的人生态度。不管是在金华、赣州，还是在昆明，无论时局是如何动荡不安，站在讲台上的老师们讲起课来，自始至终牢牢吸引着我们的目光，让我们有如沐春风之感。他们极其认真负责任，授课内容也很充实，无一点让我们感觉不满意的地方。特别令同学们佩服的是教物理的王世模老师，他进课堂从不带书，一支粉笔讲到底，他对物理课真是熟极了！

后来，因为要参加全国范围内统一组织的高校招生入学考试(解放前仅此一次)，我们毕业班和德文补习班提前一点结束学期，以便集中精力备考。那时的统考不像现在，我们仅知道要考哪十几门课程。除了温习过去所学过的课程外，我们还要参考一本当时专为统考出版的《统考指南》一书，这本书为16开本，很厚，约有六七百页。多亏有了这本书，它对我们帮助很大。为了能顺利通过考试、上大学，我们真是夜以继日地苦读、苦记、苦做题目！

当年我们升读高三时，正逢学校从八步迁往昆明，整一学年实际上只读了五六个月的书。高二和高三加在一起，也不过一年时间而已。在这种光景下，还要参加全国统考，现在想想，最终能顺利考进同济大学，也不是一件太容易的事啊！

我的大学———从昆明到李庄

当一名房屋或桥梁的设计师，是我自小就有的理想。1939年7月，在顺利通过了全国统考后，我被录取为同济大学土木系的一名新生，也可说是圆了儿时的梦。从此，我向往期盼已久的大学生活揭开(了)第一页！

大一校内校外实习

9月，大学生活正式开篇。我们工学院和医学院一年级的新生住宿在昆明市五华山北麓一个叫做“八省会馆”的地方，课也在那儿上。所谓“会馆”就是寄放棺材之地，我住在底层，也就是以前棺木所在地，第二层楼也是学生宿舍。八省会馆共有前后两个大院子，前院当中一大间用作一个大教室，后院中那一大间则作为医学院前期的解剖馆，里面存放着尸体，供上解剖课之用。

记得我们一年级仅仅开设了解析几何、矢量运算以及机械制图这几门课程。每周只有一天去教室，其余时间都是到学校的实习工厂参加实习。实习工厂位于昆明的拓东路上，离学生宿舍很远，午饭大概就在那儿解决。工厂的规模相当大，有锅炉间、机床间、木工间、电工间、打铁间、翻砂间等各类车间。我们工学院当年一百多名大一新生分成几个小组，每周轮流到各个车间亲手操作各式设备，一点点学着做车工、饱工、钳工、木工、泥工、锻工、铸工等各种技工活计。

在每个车间，你会得到师傅们的耐心指点。他们都是手艺娴熟的能工巧匠，负责对学生手把手示范指教。如此密集高强度的实训，不仅使同学们将来上专业课时，能对书本上一些概念的认识和理解更为直观、形象、具体，而且有助于他们熟稔各种设备性能和操作流程，提高实战能力，一旦学成毕业就能很快适应各种工程岗位的要求。同济大学在教育教学中一贯重视培养学生的动手实践能力，在教学的各个环节都贯穿并体现了这一传统特色。

一年级的下学期，即1940年春天，该到校外实习了。实习地点可由我们自己选定，如果学生联系不到实习点，则由学校统一安排。我的同班同学黄钟琏认识昆明一个营造厂的老板，这个老板承接了滇缅公路上的一项工程，为当时西南运输处的司机沿途建造夜间休息的房子。我们班一共去了十几个同学，在滇缅公路上全线布点，印象中有禄丰、楚雄、下关(大理附近，洱海之滨)、保山、芒市、遮放等好几处实习点。

我和黄钟琏同在最远的遮放。遮放离中缅边境已经不远，为傣族人居住区。不久前，我们几个老同学小聚，忆起一件件学生时代的往事时，黄钟琏还笑着说，他曾救过我一命。他提到，有一天，我正在工地宿舍专注地看书，一个傣族汉子酒醉后，趁我不备意欲行凶。幸亏黄钟琏及时发现，对我大叫一声，我才得以侥幸从刀口下逃身。此刻回想起来还令人不寒而栗！

我还记得在那次实习期间，在前往遮放途中，我曾在水流湍急的澜沧江畔的功果住过一个晚上。澜沧江是云南“三江并流”中的一条，在功果那一段，江面狭窄，宽约50来米，又处深山峡谷之中，而且比降陡，因此江水奔腾下泻，咆哮如雷，十分凶险。入夜，听到从峡谷中传来巨大的轰鸣声，心里直感害怕，整宿都无法入眠。实习即将结束之前，我和黄钟琏还一同到滇缅公路的终点——缅甸的腊戌去玩过一次。

2006年4月5日中午，我随手翻开《文汇报》11版的“笔会”版，看到了作家宗福先撰写的一篇纪念其父亲宗之琥的文章《九二老父西南行》。文章追述了他父亲当年在滇缅公路上工作时的一些经历，那些事情居然正好发生在我当年实习的同一个时间、同一个地点(遮放)。读后令我思绪万千，当年的一幕幕情景再次浮现在脑际！

到1940年7月，一个学期的实习任务圆满收尾，我们回到昆明。不久，昆明也未可幸免地遭到了敌机的狂轰乱炸，整个城市阴霾密布，警报声经常拉响，弄得人心惶惶。

为了躲避危险，那段日子里，我们同学每天都是一大早就拎上背包，带上一点干粮，急匆匆赶往几里之外的昆明城郊。八省会馆处昆明城北，我们多是跑往北郊。工学院学生的包里多是放着计算尺、画图仪器和一两本书，医科学生则是携带着三大本砖头似的德文原版大部头解剖学书。

到了郊外，听不到凄厉刺耳的警报，我们悬着的心暂时落了下来。在空地上，我们席地而坐，或静静看看书，或相互说说话。在这相对轻松的气氛中，时间过得很快。有时，耳畔传来一阵“轰隆”声响，也会看见一架或几架敌机在上空一飞而过，我们就赶忙俯身跳到旁边一条十几米长的壕沟里蹲一蹲，躲一躲。看天色渐晚，我们三五成群地又开始往回走，两腿就像灌了铅一样异常沉重，一份惶恐又压上心头。

敌人的反动气焰越发嚣张，日机频繁侵扰昆明城，严重威胁着同济师生的安全。同济理学院一个名叫胡津祥的女生倒在敌机轰炸之下，随后高职机械科学生项瑞棠在小坝附近被日机炸死，两名学友的不幸遇难令全校师生无比震惊，大家深感岌岌可危，生命难以得到保障。时任同济大学校长的周均时刚刚履新，为师生人身安全着想，他做出了第五次迁校的决定。

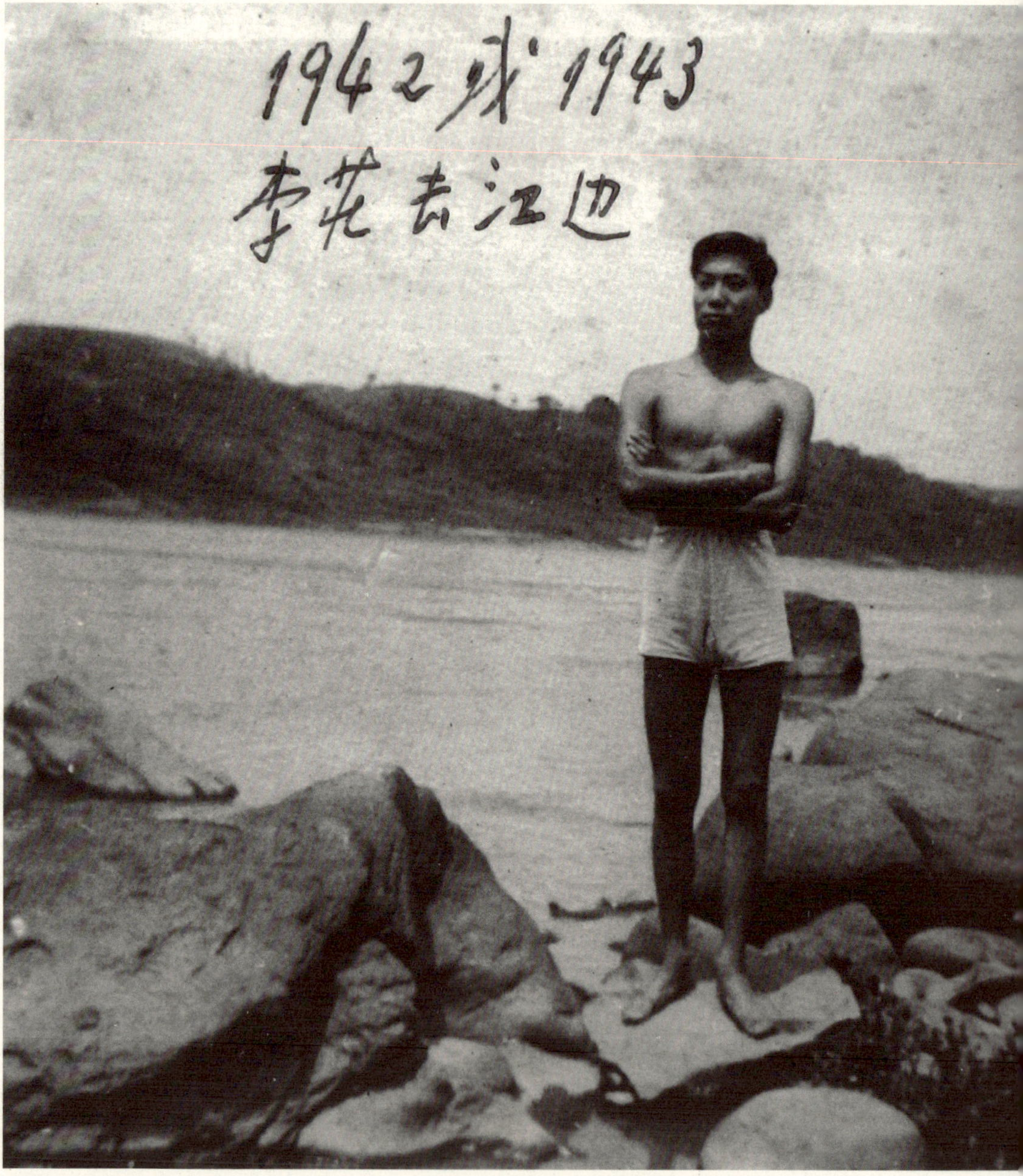
1942或1943
李苾去江边

迁转四川李庄

茫茫乱世中，何处是归途？地处四川省宜宾下游不远、长江北岸边上的中元纸厂厂长钱子宁，是同济1930届机械系毕业的校友，学校便委托他在川南一带寻觅一处安静所在，确保同济的教学活动能得以持续下去。

这一消息传到李庄镇后，百姓反响热烈，他们愿意敞开大门，欢迎同济师生到来。特别是当地一些思想较为开明的人士，在多次磋商后更是达成共识，认为一方面李庄有能力接纳大学的迁入，各种生活物资方面也能做到保证供给；另一方面，他们更是认识到，此举将大大促进当地的文明进步和地方青少年的教育成才。

很快，同济大学就收到了来自李庄地方上发出的十六字电文："同大迁川，李庄欢迎，一切需要，地方供应。"这十六个字给漂泊中的同济人带来了莫大的温暖！

1940年10月底，搬迁工作正式开始。当时有两条路线可供选择，一条是经川滇公路(昆明—曲靖—宣威—威宁—毕节—赤水河—四川泸州)，另一条是经滇黔公路(昆明—曲靖—盘县—黄果树—贵阳—遵义—娄山关—重庆)。我的同班好友黄致甲的哥哥当时在重庆工作，他认识在昆明的一些隶属于资源委员会管辖的工厂负责人，这些工厂经常有运货的大卡车往来于昆明、重庆两地。通过他的关系，经厂方同意后，黄致甲让我和张世能两人先走一步，搭乘一辆这样的大货车前往重庆。这真是帮了我们一个大忙。

我们走的是第二条路线，一路上大部分时间都在崎岖险峻的山道上爬行，所到之处满目都是崇山峻岭，层峦叠嶂。卡车满载着一车货物，在山道上缓慢行进。我们坐在驾驶座后面，身体饱尝颠簸之苦不说，精神上更是说不出的紧张，真担心车子遭遇什么不测。途中要经过贵州境内的晴隆，这里群峰林立，多为悬崖峭壁，山势十分陡峭，从山脚到山顶一共有24个"之"字形的弯道，有所谓"二十四弯阎王路"之说。卡车就在这一个个弯道上小心翼翼地迂回盘旋，我们也真是一路上提心吊胆，连大气也不敢出。

后来我听说，就在贵州境内的毕节一带，学校装运仪器设备的卡车就翻了车，幸无人员伤亡。我的同学汪文海途中也遭遇过一次翻车事件，好在不是学校装载设备的卡车，他的身体只是受了点轻伤。

大约是熬过了一个星期左右的颠簸劳顿之苦，我们好不容易平安抵达四川重庆。在重庆，我们两人又乘上一艘轮船，逆长江而上，经江津、泸州，最终踏上了宜宾的土地。我们兴冲冲地赶到学校在宜宾设立的办事处报了到，这时大部分师生还没有到。学校安排同学们先在黄州官街住了下来，我还记得睡的都是地铺，大家的身子一个紧挨着一个。

这时秋风渐起，落叶纷飞，日历已翻到11月份的最后几页了。

大约过了将近一个月以后，同班同学吴式枢(中元纸厂厂长钱子宁的内侄)来到宜宾对我们讲，他的姑父想邀我们几个德文学得较好的同学，趁眼下还未开课的这段空档期，集体为他翻译一部德文版的造纸工业的图书。我和陈理中、黄致甲、忻元镇、庞永春等几人爽快地答应下来，然后和吴式枢一道去中元纸厂干上了这个活。

这一去就是两三个月时间，记得连1941年的春节都是在纸厂度过的。在那儿，我们免费吃住，生活上享受了不少优待，有时早餐还能吃上美味的排骨面，真有归家之感!

学习与生活环境

春节过后，1941年2、3月份，学校基本完成搬迁，重又开了学，中断了近半年之久的教学在李庄慢慢开始恢复。我们几位在纸厂的同伴闻知开学消息，急忙赶到了李庄。之前，一些早到的同学早已为我们几个在羊街宿舍安排了床铺。由于迁校花去了差不多半年，我的大学二年级实际上只读了这一个学期。

李庄镇有许多古老寺庙、宫殿可供使用，同济各单位大部分都安排在这些寺庙中，少部分租用私人房屋。学校的总办公厅设在禹王宫，工学院设在镇最西面的东岳庙。我们工学院的男生全部住在东岳庙东侧的羊街宿舍，羊街宿舍里有两个大的三合院，呈E字形，大门朝北，中间一排同属两个三合院，双向开门，分别朝西、朝东。我住在中间一排，门朝东开。宿舍内的陈设极为简单，学校仅供应一张木板床，在每一张单人床边，都摆放着一张自购的白木小写字桌，用来看书温习功课。

和我同住一间宿舍的有吴式枢、张南如、朱允鑫、黄钟琏、毛启鳞、陆豫桢、沈莺雏这七个室友。这里我不能不提一下吴式枢。他不仅在我们几个室友中年龄最小，也是我们同届工学院级友中最小的一个，可他后来在学术上取得的成就可称得上是同届学友中最高的。我印象很深的是，当时我们称自己是“念书”，而称吴式枢是“吃书、啃书”，可见他有多么地勤奋！他是机械系学生，在大学期间他就攻读了两本柯朗-希尔伯的数学物理方法，才学过人。毕业后他先是留理学院任助教，1947年赴美国伊利诺大学深造，1951年获博士学位。回国后历任大连工学院、吉林大学物理系教授，为我国著名的理论物理学家，1980年当选中国科学院学部委员(现称院士)，是我们1944届毕业级友中唯一的院士。

距羊街宿舍不远，就是我们上课的东岳庙，走路也只需几分钟。东岳庙的中间为办公室，两边多为教室，教室内只有条形课桌，没有坐凳。同学们都是自己购买竹凳，去上课时，就将竹凳翻转过来，面朝下，课本、笔记本、墨水瓶统统放在它的底座，然后像挎菜篮子一般挎在胳膊上。到了教室，放下再坐人。下了课，又将它这么一路挎回到宿舍。这已成为小镇当时街面的一道风景。

我那时写字用的墨水，是用紫色的铅笔芯冲泡而成的。当时瓶装的墨水只有到宜宾才能买到。于是，我买来一把紫色铅笔，抽出一根根细细的笔芯，用开水一冲，就成了满满一瓶墨水，可用上好长一段时间。用这种墨水书写的作业，在我的书柜中仍有一本留存。

在我记忆中，那时讲授基础课的老师还能保证，专业课教授有时比较难以请全，如果一旦聘到了临时兼职的教授，就即刻给学生开课。如果教授临时兼职的时间短，每周安排的课时数就会比较多，往往是刚刚学的知识还没来得及消化，新的知识就又开了讲。这种填鸭式的教学有时让学生难以适从。

印象中是在大四时，当时在重庆市工务局工作的刘百铨教授受邀，临时为我们讲授圬工结构课。每天四学时，连续上了个把月课就回去了。他每天一堂接一堂地讲，很辛苦，我们也听得头昏脑胀。不过，同学们也并无多大的怨言，因为大家都能理解时局下聘请教授的困难，既然有人教，有书读，就感觉自己已经十分幸运了。

教师授课通常是一半中文、一半德文，讲一段之后，会念一段德文讲稿，以强化学生的德语听写能力。有的教授也不一定是这样，由学生自己来记。记笔记里头也大有学问，这其中的功夫也要经过长期训练才能得来。老师总是鼓励我们课外多跑图书馆，多翻阅一些经典的参考书，并要求我们将看书后的所思所想及时补充到课堂笔记本上来，再反复揣摩，举一反三。在这种教育方法的培养启发之下，我们的自学能力都特别强。还有一点，就是我们当时做笔记时，所有插图都是直接手绘，不用直尺，因为这是成为一名合格工程师首先必备的一项技能。

在大学五年的学习中，令我终生忘不了的老师主要有以下三位：一位是魏特教授，我毕业后就做了他的助教。一位是朱振德教授，他教过我三年的结构力学，对我爱护有加，也是我人生一个转折点上的关键人物。有一次，我因病错过了结构力学的期末考，朱老师非但未让我参加补考，还根据我一贯表现为我打上了90分，可见对我的厚爱。60多年来，师生之情从未中断，直至今日，每年仍有贺卡、信件往来。第三位是当年教我木桥结构及道路工程的罗云平教授。在我临近毕业时，他非常热情地为我推荐工作单位，亲笔写了不少介绍信，让我带去重庆找他认识的人。还叫我放宽心，说找工作的事包在他身上。虽然我后来留校任助教，没有再烦扰他，但他这种对学生的真切关爱，令我至今仍然感念不忘。

当时，同在李庄的还有中央研究院所属的史语所、社科所以及中国营造学社等机构，荟萃了不少学术名流。学校有时也会延请一些知名专家学者来同济兼课或作学术演讲。我记得社科所的巫宝三先生曾给我们上过国民经济课，中国营造学社的刘致平先生为我们讲过建筑课。中国古建筑专家、大名鼎鼎的梁思成先生也曾应邀来校作过几次演讲。巫宝三先生的夫人孙家琇教授曾作过关于莎士比亚四大悲剧的报告。

一到晚上，羊街宿舍里的一个个房间就会透出昏黄朦胧的灯光，那是同学们用火柴点亮了一盏盏菜油灯的灯芯，开始了夜自修。菜油灯是我们每晚须臾不可缺少的陪伴。你只需找来一块陶瓷片，倒上几滴菜油，再放入两三根细细的灯草，点燃灯草，小桌前就一片光亮。

伴着一颗颗如豆摇曳的火苗，同学们目光专注，都伏在案头静静读书。这样的学习机会是多么难求啊！在李庄，我们何其有幸地寻找到这一张“平静的书桌”，哪还有什么理由不珍分惜秒、不埋首读书呢！直到今日， 60多年前那“青灯黄卷苦读”的动人情景依然清晰印刻在记忆中，每忆念及此，心中仍不胜羡慕、感慨之至。

在李庄，我们工学院的伙食是由学生自己负责，大家轮选伙食委员会委员。我也曾轮到一次，负责管理一个月的伙食。当时，大米是按学生人数定量配售，每天两顿饭的菜金也有规定，所有伙食费都由政府发贷金来支付，不得超支。因此，必须精打细算，前紧后松。如果轮到你值班了，一大早你就得提着大篮子，和厨师一道出去到菜市上买菜。每天两顿饭，每八人一桌，一桌有四个菜，素菜多荤菜少。没有凳子，大家都站着吃。到了下半个月，如果估算菜金还有宽余，就可以酌量增加一点荤菜，或者等到月底大家打一次牙祭解解馋。

吃的大米多半是有砂石的，经常硌到牙。在我印象中，当时没有饭勺，大家用碗直接在木饭桶里盛饭。吃下来的经验是，通常第一碗饭要盛得浅一点，这样等吃完后还有机会弄到第二碗饭，否则等你第一碗饭吃完，饭桶早已经见底了。那时的早饭，一般是照得见人影的稀粥和几条萝卜干，多数情况是填不饱肚子的。有时同学会自己买上一两只水煮红薯来充充饥，当时不知，红薯是极好的保健食品。

用水是从长江边挑上来的，放在大水缸里用明矾来沉淀泥沙。学校只向学生供应烧开的饮用水，而且每天是定量的，只有那么一两次，用的水全都是凉水。李庄镇上没有浴室，一到冬天，我们根本就毫无办法洗澡。只能是等到遇上某一个晴天，稍稍暖和些的日子，用毛巾浸过冷水之后抹抹身子，美其名曰“干洗”。晚上临睡前，也不能保证泡得上脚，这要看你摇一摇自己的热水瓶，还倒不倒得出一点温水了。

漫长的冬春季节，没法洗澡，时间一长皮肤就发痒，浑身极不舒服。记得有一年春夏之交，约莫4月下旬的一天午后，我们几个同学实在是身上痒得难受，于是一个个抱起脸盆，赤膊短裤，一口气跑到东岳庙前的长江边。蹲下身子，舀上来满满一盆江水，端起来就往全身浇了个遍。那时的江水还很凉，身子一下子冷得直哆嗦，可我们呵呵气咬咬牙也就挺过去了。总算是洗了个冷水澡!

李庄镇的茶馆也是我们大学生活中离不了的一部分，可说是我们读书和休闲的首选场所。小镇虽说面积不大，可茶馆却不少。提到李庄的茶馆，脑海中就会跳出若干个温馨的场景。逢下午没课，我一般喜欢夹上两三本书，到一家茶馆坐上一个下午。茶馆里的跑堂(当地人称“幺师”)见到我们这些学生，总是笑脸相迎，大声招呼，依我们个人喜好，或泡上一杯茶，或倒上一杯玻璃(水)(即白开水)。尽管我们一来就要占一个下午的座，跑堂的师傅仍是满脸笑容可掬，从没给过我们脸色看。茶馆里虽然吆喝声、谈笑声不断，难得有片刻的清静，但这丝毫不影响我看书的专注。

文化生活有声有色

寒暑假对于我们来说，是读书和休整的大好时光。对我来说，假期主要是读一些数理方面的书籍，这是我的兴趣所在。但这并不是说完全不读专业方面的图书。专业上，我比较侧重于结构力学、钢结构和钢筋混凝土等方面的图书，这些德文原版的专业书，都是从图书馆里借来的。假期读书，一般是安排在白天，晚上较少，这样也可节省一些灯油。

在冬天，李庄多的是橘子和花生。一年四季，橘子是我们唯一的水果，李庄的哑巴花生很出名，这两样东西十分便宜。假期里，我们兴致好的话，时常约几位好友到镇南的橘树山上吃橘子。只要你不把摘下来的橘子放进口袋带走，李庄的橘农是允许你就地随便摘吃的，完全是免费享用。其实去一次，最多也不过吃十来个，主要是为了爬爬山、寻求一些乐趣罢了。我们有时也买些橘子和花生，在茶馆喝茶，摆摆龙门阵，像这样悠闲的场景也会出现在晚上的学生宿舍里，同学们聚在一起，有说有笑，开心极了。

暑假里，通常是在上午读书，午睡后再读一会儿。到下午三四点钟时，我们就一同到长江边去洗澡，会游泳的就舒展双臂，尽情在水中畅游一番。在那儿初识水性的我，有一回傍晚在江中游水时被急流冲下，幸亏同伴及时发现，用力将我托举，才有惊无险。

盛夏的晚上，我们总喜欢到长江边上走一走，坐一坐，纳纳凉。在东岳庙前有个大草坪，暑假里，当地人开办夜间茶馆，草坪上摆放许多方桌和长条板凳。我们几个好友总是喜欢坐在最靠近长江边上的那排桌子，因为在那儿可以听到大江东去昼夜奔腾不息的水流声。

隔江北望，可见桂轮山黑沉沉的剪影。抬头可望见北斗七星、北极星。再仰高一些，又可见南北向的银河。浩渺苍穹，满天繁星闪烁，织成了一幅美丽迷人的夏夜图。这种如诗如画的景色，生活在都市里的人们是难得见到的。我们手执芭蕉扇，赶着蚊子，边喝茶边聊天。我们不用带表，只要看看北斗七星绕北极星整个儿逆时针转了多少，再望望仙后星座(W字形排列)以及宝瓶座在东方是否已上升到我们所认为的高度。如果到了这一高度，约莫晚十点左右，我们就开始起身回宿舍睡觉。成语“斗转星移”，对我来说，并不光是描写时光流逝的华丽词藻，而是身临其境的切身感受。时至今日，我对这个夏夜江边的露天茶座仍是念念不忘，尽管一晃已经过去60多个年头了。

这个夜间作露天茶座的草坪，白天用作运动场所，爱好运动的同学们下课后常在这里踢足球、打篮球。我们班上自己组织了一个球队，取名“流星群”，并在年级间比赛，结果把全校各班级都打败了，后重新组队，取名“济光”。我记得寒假期间，由班上周孝存同学出钱购买船票并负担食宿费，我们球队去重庆与各大学球队进行友谊比赛。我们以1比0胜过当时的中央大学，接着又赢了重庆大学，连有过去国家足球队贾幼良参加的联队，都败在我们这支队伍脚下。打篮球，结果4胜2负，输给有过去“南开五虎”之称之一的唐宝堃参加的联队。到重庆征战能有此战绩，我们已经感到非常满足了。

音乐也是我的所爱，尤其对古典音乐情有独钟。贝多芬、舒伯特、莫扎特这些大师的许多作品，我都十分熟悉。我记得在李庄第一次聆听交响乐，还是在营造学社，他们那儿有交响乐的唱片。我们几个志同道合的音乐爱好者还自发组成了一支男声合唱队。造船系的张南如同学很有指挥天才，他任合唱队的指挥，队员有我和黄致甲、陆豫桢、余传文、罗君宏等，我唱男高音。有时在夜自修开始前，我们几个常常在张南如指挥下，高唱抗日救亡的歌曲。大约在毕业前一年，机械系汪文海和王昌厚在禹王宫举行婚礼时，我们这个合唱队还为他们合唱瓦格纳所作的《婚礼进行曲》，这倒成为当时李庄举行西式结婚仪式的一个先例。

当时，工学院内曾石印出版过一本名为《云雀》的歌曲集，集子中都是五线谱的西方古典名曲，舒伯特所作曲目占了绝大多数。这其中的很多歌曲我都会唱，唱歌成为我当时解闷休息的最好伙伴。现在我仍保存着《云雀》的翻印本，可惜如今我已经唱不动了，只能是只有自己才能听得见的低声哼哼了。

阅读中外古典文学名著，也为我们的文化生活增添了几抹亮色。托尔斯泰的《安娜·卡列尼那》，屠格涅夫的《前夜》，罗曼·罗兰的《约翰·克利斯朵夫》，巴尔扎克的《人间喜剧》，还有《红楼梦》等一本本经典著作，都让我们如获至宝，一读为快。这些蕴涵着思想和情感的好文字，如滴滴甘露滋润着我们年轻的心灵。

记忆中还有许多轻松愉快的时光。晚饭后、夜自修前的这段时间，我们常去四方街散散步，那是由正街、小春市街、禹王宫后门前东西向的短街，以及在镇南与短街平行的那条去麻柳坪的街等四条街道共同围成的街口。黄昏时分，暮色渐渐弥漫，同学们(包括医学院前期、工学院、理学院等学生)三三两两，或手挽手，或肩并肩，在街头随意漫步，说说笑笑，有男生，也有女生。大家也顺路看看禹王宫总办公厅后门黑板上的新闻，有时也顺便去购买点灯的菜油。这也成为李庄镇傍晚时分的一道特色街景。

在李庄的几年里，我记得只有一次规模较大的校庆活动，那就是1942年5月同济大学成立35周年的庆典活动。那时，丁文渊刚来接任校长不久。庆祝大会在禹王宫举行，当时的教育部长朱家骅也亲临大会祝贺，应邀参加的还有梁思成、傅斯年、李济等在李庄的一些文化名人、专家学者，以及当地一些士绅们。医、工、理三个学院分别展出了各自学院的教学仪器、教学成果。在东岳庙的大草坪上还举行了全校性的运动会，由丁文渊校长的德国夫人来授奖，真是热闹非凡，盛况空前！校庆当晚，在禹王宫的大戏台上还上演了话剧《雷雨》。

同窗情深亲同手足

在阴霾蔽天的日子里，我随学校不停迁转多处，一路漂泊无定，家中亲人该是如何地牵肠挂肚！我料想，她们一定每天倚门翘首，望眼欲穿，时刻盼望着来自儿孙的一纸音讯。因此，每迁新址，刚一落脚，我就会赶紧给远在奉化的祖母和母亲写封信，向她们再报个平安。那时邮路虽未中断，但邮件传送极费周折。我印象较深的一次是在李庄时，我和家里通信一来一回竟长达半年之久！当时也无电报可打，只能依靠两地书信暂缓心中的思念之情!

在那样远离家园、远离亲人的两千多个日日夜夜，共同的境遇将我们同学们的心紧紧连在一起。一年年寒来暑往，我们以校为家，朝夕相伴，哀乐与共，见证了彼此的成长，在患难中结下了亲如兄弟姊妹般的同窗情谊。你手头拮据，我会掏出仅剩的几块钱和你共享；我情绪低落，你会耐心为我解开思想疙瘩；他学习有点掉队，我们会主动伸出手拉他一把……如今，回忆起往昔那些情同手足的日子，一股股暖流就会在心头涌动，人的一生中能拥有如此深厚真挚的友情，是一件多么幸福温暖的事!

从1941年3月大二下学期开始，到1944年7月，一共三年半时间，我在李庄度过了物质生活虽极其贫困艰苦、精神生活却极其充实富足的大学时光。带着对未来的憧憬，带着对往昔的依恋，我们与五年的大学生活正式作别。吃过谢师宴，学子分离的那一刻终到来，我们工学院108个同学(机械系65人，土木系26人，造船系6人，测量系6人，电机系5人)在一声声的互道珍重中握手话别，各奔前程。多数从此一别后就再也没有机缘见面，有的几年后还偶尔碰到过，经常能见上面的同学只有那么几位。

留任助教

毕业前夕，同学们都各自忙找工作。我的同班同学中，不少机械专业的同学都在重庆附近的兵工厂就业，还有一部分同学在四川、云南等地就近联系，盼望尽快谋到一职，解决生计问题。我们土木专业求职不难，当时，这方面的专业人才极为缺乏，加上同济工科本身的声誉和实力，毕业生还是挺受用人单位欢迎的。

教我们公路课程的罗云平老师有副热心肠，他为我写了不少推荐信，我本来也打算在重庆公路总局或工务局等单位就职。

毕业前的一天，教我们钢结构的魏特教授在下课铃响后，径直走到我桌边，以商量的口吻跟我说，他的助教蒋德敬刚刚离开学校，他看到我大学的功课学得很扎实，德语也不错，特别是对结构课程怀有浓厚兴趣，成绩突出，他希望我考虑毕业后留下来工作，做他的助教。

魏特教授是我十分尊敬的老师，他讲授的钢结构是我非常喜爱的一门课，留在学校，就意味着有更多学习钻研的机会，本是我求之不得的好事。我没有丝毫犹豫，当场就做出了决定，魏特教授高兴地笑了。

这里有段小插曲，不妨提一下。依照留校手续规定，此时，魏特教授要向工学院呈交一份书面申请报告，请示学院领导批准同意我毕业留做他的助教。可当我将工学院的这一要求说与魏特教授听时，他直摇头，说让我将他的意思转述给工学院领导即可，可工学院院长表示并非不相信教授的话，只是要依照程序办事。我感到左右为难，心急之下甚至想放弃留校的念头，在彷徨中耽搁了几天。

正在我心急如焚之际，有一天当我从工学院刚出来，迎面正好碰上了教过我们三年结构力学课的朱振德老师，他本人也是同济1937届的毕业生。我特别喜爱上结构力学这门课，曾在两次大考中获满分，比较受朱老师器重。他见我眉头紧锁、神情焦灼，便关切地询问我的毕业去向。等听完了我对这一经过的讲述之后，他拍拍我的肩膀，让我尽管安心。

后来，他找到工学院院长薛祉镐，帮了我的忙，留校手续很快办妥，我就这样成了同济土木系的一名助教。那时在这个系任教的还有刘百铨、罗云平、余家洵、魏泽、黎嗣林、倪超以及后来任工学院院长的江鸿等教授。当时，我们这一届留校的毕业生还不算少，除了我，还有机械系的吴式枢、程高楣、霍励强、余传文、朱允鑫等几人。

给魏特教授当助教

毕了业留了校，我从羊街的男生宿舍搬出来，住进了位于张家祠对面的肖家院子，这里是教员宿舍。起初，我和朱允鑫两人一间，吴式枢与霍励强在另一间。几个月后，机械系的朱世琳也来了，与我住在一起，在那儿一住就是两年。朱世琳1944年夏天毕业后先去宜宾中国纸厂工作了4个月，后又回校任助教。我和他志趣相投，彼此引为知己，在共同的工作和生活中结下了一世的情谊。

史惠顺也与我们同住在肖家院子。还有早我们一届机电系毕业的吴畿康(后改名为吴几康)，也留任助教。他1949年赴丹麦留学，1953年回国，进入中国科学院数学所计算机研究小组工作，是中国计算机事业的开拓者之一，为创建、发展和普及我国的计算机事业做出了重要贡献。

附近的可颐园、大夫第也安置了一部分教师，我记得朱振德老师就住在大夫第。另外，在镇东面离东岳庙较远的官山一带，有学校搭建的教授新村，魏特教授就居那里。当时，学校没有教工食堂，我们单身汉一般都是和学生一起吃食堂。当然，那时我们有了工资，有时还可去留芬饭店打打牙祭。

虽为助教，魏特教授对我也没有作硬性规定，我可以去随堂听课，也可以自由安排。多数情况下，我都是帮助他严格审阅学生的作业，发现错误则要求学生立即改正过来。魏特教授的原则是:“凡是经俞看过的设计图纸，如再发现任何一点错误，即认定完全是俞之失职。”虽如此严厉，我却毫无怨言，从此做事更为谨慎细致。有时，他让我做一些设计计算，作为学生学习的范例。

“一定要多读一些钢结构参考书。”他还时常给我的学习提出不少好建议，尤其鼓励我多找原版经典书来看，以求进一步深钻细研，加深加宽知识面。

那时，对知识如饥似渴的我，对每一个夜晚的到来都满怀期待！在忙完了一天的工作学习之后，夜幕降临之时，我宿舍小桌上那盏简陋的菜油灯会准点亮起。在昏黄的灯光下，我一头钻进书堆，只要一翻开书页就是三四个小时不起身。不少数理方面的德文原版书籍，就是在那些静寂的夜晚不知不觉中啃完的。

我习惯于研读原版专著，这些著作都是从学校设在紫云宫的图书馆借来的。数学方面有复变函数论；物理方面有普朗克(M. Planck)所著的五卷《理论物理引论》；力学方面有普朗特(L. Prandtl)所著的两部流体力学书籍，还有分析力学和弹性力学；等等。此外，出于好奇，还看了些相对论和量子论等方面的书籍。这一方面是源于自己从小对数学物理的痴迷，一方面也是因为身处李庄那样静谧的环境，让你总能了无喧扰，习惯于在一张张书页间流连，乐而忘归。

记得我还和吴式枢一起去理学院，听谢苍璃教授所开的偏微分方程(包括积分方程)的课。这样多方面的积累储备，为我后来从事结构的教学、设计和科研工作，迎接人生的种种机遇和考验打下了非常扎实深厚的根柢。在李庄工作的这两年，我勤学不倦，能感知自己一天天学有长进，工作学习生活既充实又惬意。

1946年1月，魏特教授身染重疾，生命之树过早凋零，我悲恸流泪。作为他的助教，他留下来的钢桥结构这门课自然就由我接手。这个班是1946届毕业生，课程到了4月份就画上了句号。

记得此前，我还为工学院从1944年秋增设的机械工程专修科的学生讲授物理课，为1945年秋入学的德文补习班讲过一学期的微积分，依稀记得董鉴泓教授那个时候为这个班的一员，听过我讲的这门课。

同济人从来都怀有一颗爱国心。抗战到后期，大约是1944年秋冬，日寇只凭少数兵力，孤军深入，打到了贵州独山，引起了大后方惊慌，于是政府发起“十万青年十万军”的号召。那时同仇敌忾，青年学生要投笔从戎。同济学生报名的有七百多人，占学校总人数的三分之一。后经体检合格的有三百多人，他们按照规定到第二年初要赶到泸州203师报到。还有那时刚来同济任教不久的杨宝林教授也报名从军，表示自愿当一名上等兵。这段日子里，李庄不再是僻静的古镇，而成了一片沸腾的海洋！

师生陆续迁返上海

1945年8月，历时8年的中国人民抗日战争胜利结束！经过几天的狂欢庆祝之后，饱经忧患的同济师生员工盼望着早日重返家园，在一个安定的环境里开展正常的教学科研工作。

不久，时任同济大学校长的徐诵明立即组织一个迁校委员会。由于同济原在上海吴淞的校舍已是片瓦不存，徐即派医学院院长蒋益生、工学院院长江鸿以及理学院院长顾葆常三位教授，由重庆飞赴上海寻觅新处。从当年10月起，学校开始谋划迁返上海。因交通不便、经费不足，这方面的工作进展不太顺利。

到了1946年4月，学校结束了在李庄的教学，给教职工发放了一笔返乡费，大规模的回迁工作开始，一般经由水、陆两路。走水路，要先到重庆，再坐船顺长江而下。我和朱世琳结伴而行，归心似箭，4月上旬就从李庄启程。我们想坐船走，来重庆后却一直购不到船票，在那儿滞留一段时间后，无奈之下只好决定北上走川陕公路。

我们从重庆出发，途经铜梁、潼南、遂宁、射洪、剑阁，出剑门关，过褒城，越秦岭而达宝鸡。再从宝鸡坐车，抵达西安。在西安停留了三个晚上之后，我们又转陇海、津浦铁路，坐火车在经过潼关、洛阳、郑州、开封、徐州、浦口之后，再摆渡到南京，再从南京坐火车回到上海，全程整整花去了一个月时间。

5月间的那一天，我的双脚终于稳稳当当地重又踏在了这片土地上。屈指算来，从1937年9月离开到此刻归来，十省两国(越南、缅甸)间的颠沛，八年半的远别，上海，我久违了的城市！想想这期间的几多艰苦辛酸，错综复杂的心绪难以言尽。

回沪后的第一件事，就是先到同济大学工学院的办事处报了个到。然后在姑母家逗留了两三日，就兴冲冲赶往奉化老家，急切地想见到别离近9年的亲人们。直到这个时候我才知道，慈爱的祖母已辞世8年之久，也就是在我离家后的第二年就因病去世了。怕我听说后伤心难过，母亲、姑妈她们在每一次来信中均告以“你的奶奶身体安康，勿念”。我不禁悲从中来，哀伤的泪水模糊了双眼……

好在颠沛流离的日子终于结束了！我们从此又能在自己的家园里过上平静安定的生活！

我们终于回家了！在大规模迁返上海的队伍中，我和朱世琳算是较早抵沪的一批。有不少师生是先回家看望久违的亲人，而后在学校规定的期限前再返校报到。当时，学校的设备、仪器、图书等物资从重庆走水路陆续运抵回沪。

1946年夏，当我从奉化老家探亲回沪之后，我就和朱世琳两人同住在一幢红楼顶层当中的一间房子里。这座楼位于四川北路底江湾路口，是赭红色的三层楼房。当时这栋楼的底层好像是工学院的办公地，因为时任工学院院长的江鸿在那儿办公，吃住也在那儿。这幢红楼在1947年改为同济大学文学院。

大约到了同年秋天，我和朱世琳、霍励强等三四个人搬到外白渡桥下的金山公寓，公寓里有一部分房间为学校租借的临时宿舍。金山公寓也就是礼查饭店(今浦江饭店)的北部老楼，1922年底爱因斯坦来沪时曾下榻此处。

这一带我再熟悉不过了，公寓西对面就是从前我祖父开过的裁缝铺所在地。在那儿居住的两年多时间里，我每天一抬头，即可望见儿时曾经玩耍嬉戏过的地方，总能勾起绵长的回忆。

在刚回上海的那段日子里，我们手头也没有什么具体工作，曾帮助学校在当年9月招考新生，做过监考、阅卷等工作。

学校迁回上海，急需一批校舍。早在抗战胜利后不久，学校就派医、工、理三学院院长赶赴上海。经联系交涉，好不容易才弄到一些房屋作校舍，包括完整接收的原华德中学和大部分接收的原德国医学院。

此后不久，教育部京沪区办公处会同苏浙皖区敌伪产业处理局，陆续拨给同济一些房屋校舍，主要包括日本人留下来的在其美路(今四平路)上的原日本中学(今一二九礼堂大楼一片)及日本第七国民学校(在四平路平昌街，后作理学院)。

后几经交涉，学校还正式接收了已更名为中美医院的原同济大学医后期实习医院——宝隆医院(现凤阳路)。再加上学校为教职工租借的其他居住处所(如金山公寓)，同济校舍在市区内分散十多处，给师生工作生活带来了极大不便。

为解决交通问题，学校每天安排由卡车改装成的车辆分几次定点沿途接送，起点是学校设在善钟路(今常熟路)上的总办公处，终点是五角场的平昌街。

尽管1946年9月招考新生，说是12月开学，但实际上由于回迁工作困难重重，直到1947年2月才开始了正常授课。

八千里路云和月[①]

乐彩臣

我1917年8月出生于浙江宁波镇海小港镇的一户半农半职家庭，母亲种田，父亲当会计。

1929年我12岁左右开始读书。首先就读于慰斗学校，一年后该校停办，转入了小港模范学校继续学习，当时是一边学习，一边做些家务和维持生计的手工，一直读到了四年级初小毕业。

当时社会封建思想严重，家庭内部也比较重男轻女，初小毕业后就被要求分担家庭生活负担，因而就不允许我继续读书了。由于我在校学习时成绩优秀，自己又很喜欢读书，学校的校长张芝兰先生很惋惜，多次到家里来劝学。然而，虽然母亲表示支持，但是父亲态度暧昧，最后由于阿姊的极力反对而未能再继续读书。回到家中后主要做家务及各种手工。夏天多绣花，冬天主要磨锡箔纸，同时还负责照顾两个外甥。我不能继续读书，很不甘心，看到邻居家的同龄人都陆续外出到镇海、宁波织袜厂等地工作自立，自己养活自己，因此自己也不愿再受家庭的束缚，很想独立外出自谋生计，闯出自己的一条人生路。

1935年左右上海市立医院成立并招收一批护理学员。在上海中英大药房学生意的哥哥托药房经理老婆的妹妹(市政府卫生局第三科科长)方静吾介绍我进入上海市立医院，成为一名护理学员。三十年代的上海就是开辟中国新风气、新气象之先河的大城市。由于自己刚从宁波乡下出来，到上海当时这所最大、最现代化的市立医院，难免显得土里土气。甚至还按照在乡下学校里对老先生的礼节，恭恭敬敬地深鞠躬问老师好。这一举止曾让同

① 陈锦书整理。

学们一直取笑到毕业。精明能干，气质高雅的方静吾科长很亲热，她曾来市立医院看望过自己几次，发现我没有脸盆还送来一个很漂亮的新脸盆，这些情况让周围的人很羡慕，使自己在同学们心目中的地位有所提高。因为自我感觉出身比较低卑，所以我一向很勤奋，很谦虚，也很节俭。医院里负责解决吃住问题，单位的伙食是包餐制，八人一桌凑齐了人就开饭，没有职级区别，饭菜比较好，如同在乡下老家过年过节。自己比较满足，从不买零食，也不舍得其他零用。手头总有一些积蓄。同学们有时没有钱了就向我借。不管谁向我借钱我都借给他们，在同学中间我有"宁波银行"的雅号。每次发了工资，借过钱的同学都能及时返还，大家都笑谈说我得了"双工资"。我节省下的一些钱，一块两块地寄给老外婆及外甥明发、明堃读书，姐姐来信说：老外婆收到我的钱直落泪，说怎么能用"小娘"的钱啊！

我在市立医院属于护士助理学员，穿蓝色服装。一边工作，一边学习。还有一批护士学员，身穿白色带蓝杠的工作服。开始没有护士助理不得转为正式护士的规定，工作学习快满一年了，突然院方有人提出护士助理不得转为正式护士，引起了同学们的极大反感，集体提出抗议，得到上级的重视。由于一方面开班初期并没有这一条规定，另一方面我们的工作能力都很强，不论配药还是手术间、病房的护理都能承担起来，完全可以担当起正式护士的工作。除此之外，比起正式护士学员自恃清高，爱摆架子，甚至有些人不服从医生们的指令，我们这批学员更能吃苦耐劳，工作努力，学习刻苦，多干多学，技术、业务熟练，尊敬师长，服从指令。所以很多医生、主任们都帮我们讲话，说我们比那些正式护士们干得还好。最后，院方取消了这条规定。

1937年"八一三"淞沪抗战爆发，同济大学吴淞校区被炸，上海市立医院也办不下去了，同济大学校长(市立医院院长)翁之龙亲自动员学校师生员工和市立医院医护人员，参加抗日救护队工作。他讲抗日救亡工作是整个国家和全民族的共同责任，救亡工作人人有责，但也决不勉强。翁校长还在会上拍着自己的胸脯讲："愿意参加者，除飞机大炮炸弹不长眼睛我们保证不了，工作学习生活我们将负责到底。"我当时正值年轻气盛，无牵无挂，直接听到同济校长也是市医院院长的亲自动员，我热血沸腾决心要去参加抗日救护医疗队。可是，我的父亲不放心，想阻挡我的行动，直接跑到学校询问情况，校方有关人员也给予了同样的回答。由于我的决心已定，因此没能挡住，最后我说服了父母，参加了同

第五重伤医院合影(一排左四李宣果院长，左五章元瑾；二排左三起王卓、乐彩臣、姚一心)

济大学及市立医院组织的抗日救护医疗队。

我们同济大学组成的医疗救护队第一次参加抢救护理抗战将士的工作，是在市区比较靠近前线的一座很大的洋房里，当时成立了“红十字临时重伤医院”。由翁校长亲自任院长，郭秉宽教授任医务长，张静吾、黄榕增、章元瑾、李化民、唐哲等教授和医学院的一批学生都参加了。红十字临时重伤医院设病床120张，主要是抢救直接从淞沪前线转运下来的重伤员。伤员中有很多人都是年轻的义勇军战士，这些年轻战士满腔的热情和不屈的抗日精神很让人感动，但缺少战斗经验，伤亡很大。当初，战事非常紧，伤员特别多，整个院子里都摆满了担架，医疗条件和辅助设施也比较差。临时重伤医院里又缺医少药，众多伤员有时在没有麻醉药品的情况下，仍要进行伤口处理，甚至还要从伤口中取弹片。那些伤员的顽强精神和痛苦的表情及呻吟，让我们这些年轻护士们心痛落泪。医护人员都是不停歇地连续工作。我就曾连续三天三夜工作在手术室和病房中，只是在饿极了的情况下随便吃几口饭，根本就没有想睡觉的感觉。当时也年轻，完全处于一种热血沸腾、精神极度亢奋的状态之中。然而，即使这样不停地工作，仍然有许多重伤员无法救治而牺牲。当时那些死亡战士的尸体暂时存放在一条过道处。我们搬运死亡人员尸体时，手上常常沾满黏糊糊的血液。尸体多时甚至要叠放四、五层高，我们女护士放不上去，还要男护士们帮助。那些场景至今仍历历在目，印象深刻。

后来战事稍有缓和，救治伤员的医疗秩序逐渐恢复，我们转移到了南市区的一家医院里。我也从手术室和病房转到药剂室工作，主要就是配制生理盐水，制作雷夫诺尔凡、士林纱布等。在这期间，日本飞机在大世界附近人流密集区投下三颗炸弹，很多无辜市民伤亡，救护任务又加重，每天都要做到晚上十点钟以后，第二天早晨三点前又要起来继续工作。

随着日本军队入侵上海市区，上面要求医疗救护单位向大后方搬迁，所以我们救护医疗队要带着伤员乘火车向内地转移。一路上在火车里或站台上为伤员们治伤换药。敌人的飞机不断地进行围追轰炸。一天早晨，天刚蒙蒙亮，我们的列车在长安车站遭到日军飞机的猛烈轰炸，整趟列车被炸死了很多人。印象中还有许多逃难的和尚和尼姑。我躲在车厢底下被一个皮箱的把手卡住了脖子，上面还有个人压着，我急呼：“让我透口气，让我透口气。”这一呼救也一直被同学们作为笑柄传说下去。当时的场面惊心动魄，大有与死神擦肩而过的感觉。

日军飞机轰炸结束，我们同济医疗救护队的人员找到一起清点人数，结果是零伤亡，一个人也不少。大家十分高兴，到了杭州，翁校长亲自设宴招待医疗队所有成员，庆贺大难中没有伤亡可喜可贺的成果。

随着形势的进一步紧张，我们医疗救护队也按学校的安排，先后以中国红十字会第一重伤医院(由李宣果教授任院长)、南京军医署所属第五重伤医院(由张静吾任院长)等名称，看护着伤病员不断沿着浙赣线内撤。途经浙江金华等地停留了一段时间，后继续前行抵达江西吉安，一路上为我国抗战受伤的将士们服务。到了江西吉安，我们第五重伤医院就座落在白鹭洲上，伤员们经过一路上的治疗护理基本伤愈，重伤医院工作任务减轻，开始转为当地百姓治病服务。当地百姓能得到我们同济大学医学专家们的诊治，都很高兴，每天病人络绎不绝。

1938年7月我们离开吉安，跟随着学校一路辗转，先后经过萍乡、衡阳、南昌等地，

途中合影(后排左起乐彩臣、?、钱家骧、姚一心)

途中合影(左二起姚一心、傅珂、乐彩臣)

于1939年1月左右到达桂林。我们在桂林停留了较长一段时间，于4月底继续出发，经广西南丹等地，一路跋涉最后于8月左右到达昆明。

自从1937年“八一三”淞沪抗战开始，跟着学校组织的医疗救护队，一路上边工作边学习，又整整经历了两年时间，大大地丰富了自己的阅历和专业技术能力，最后于昆明得以毕业。

1939年下半年根据当时形势，为了抗日要加强边疆的开发和经济建设，当地一位社会知名人士实业家白孟愚先生，受云南省财政厅的委派，为发展边疆经济，经过仔细考察选择了在云南南部西双版纳地区创办一座现代化机械制茶的茶场，在昆明等地招募一些专业技术人员去版纳地区参加茶场的开发建设。由于版纳远离昆明，属于热带雨林地区，湿热多雨，蚊虫繁多，瘟疫疾病也很多见，因此也需要一些医务人员。招募在同济大学里也进行了动员，白孟愚先生的儿子也是同济大学的学生，找到他熟悉的同济医科毕业的钱家骧医生，钱医生又找到我和姚一心，我们都是从上海同济救护医疗队一路走过来的同事，还有一个由医疗队张鸿钧医生介绍的王卓(淑珍)，我们四人作为同济派出的医务人员一起去云南版纳参加茶场的开发建设。确定下来以后，我们就住进了茶场设在昆明的筹备处白塔巷，这里也是白孟愚场长在昆明的宅府。我们在这里着手进行建立茶场医院的筹备工作，购买所需的药品和各种医疗器械设备等物资。

由于白孟愚是当地很有影响的人士，家里的客人很多，许多知识分子如西南联大的白寿彝等学者也都是他家的常客。有机会与那些有识之士一起交流深受启发。他们对我们这些从上海同济来的学生不畏艰难困苦，能去艰苦西南边疆，参加茶场开发建设的精神很钦佩，曾给我留赠言赞赏有加。

经过一个多月的准备工作，我们终于踏上了开赴西南边疆西双版纳热带雨林的行程。我们一起启程同行的，还有兴业银行等共三个单位的人员，当时云南的交通还很落后，运输主要是靠马帮队，物资都由马匹驮着，人也是骑马，三个单位的马帮队伍浩浩荡荡。我们“云南省思普区茶叶试验场”队伍里有我们同济大学的四个医务人员和一位土木建筑毕业的工程师，另外还有广州中山大学毕业的有关茶叶栽培和机械制茶等方面的技师八人及茶场里领导和管理人员等，共三十多人，大家都骑着马一路前行。队伍里共有三个女士，唯有我的骑马技术最差，经常会从马背上摔下来，几天下来我被摔得糊里糊涂，越向前走路途越艰险，在崇山峻岭之中的山路往往要经过许多一面紧贴崖壁，另一面紧临深不见底的悬崖路段。白场长真的怕我这样不断从马背上掉下来，会有生命危险，不得以为我雇了滑杆，这使茶场又增加了一笔路费，场长一路唠叨很是心痛。后来，道路相对比较平坦了些，我又改为骑马，由马夫牵着平稳了许多，这样一直坚持到了最后。整个行程足足走了一个多月，终于到达了云南佛海(今勐海)县境。

到了佛海，我们“云南省思普区茶叶实验场”医疗卫生院被安排在一座祠堂里，房舍还算宽敞。由于当地缺医少药，再加上我们的白场长也是个心地善良的慈善家，他要求我们不仅要为茶场的职工搞好医疗服务，还要为当地的百姓们看病服务。而且规定为当地百姓看病也不收诊疗费，只收一点药品的成本费，所以我们的门诊部深受当地老百姓们的欢迎。当时离我们不太远的同一个镇上还有一个“中国茶叶公司”的门诊部，据当地的百姓讲那里的医务人员很摆架子，故大家很少去那里看病。

为此，我们的门诊部工作量一直比较大，有时一个上午就要处置五六十个病人。我在茶场医院主要负责药房工作，每天除要按医生处方为病人配发药品外，还要自制生理盐水、凡士林纱布、雷夫诺尔纱条等制剂。另外还要定期去南桥(今勐海县勐遮乡)、南糯山、天平山等几个分场巡诊、配药等。虽然工作很忙，但从来没有出现过任何差错。我对待同事和病人也都很热心，一直深受医生和白场长的肯定。我们的钱医生工作很细心，医术很过硬，医治好许多病人。我们的医疗服务受到当地人民群众的好评和爱戴。当地的人们经常请我们去他们家里做客，其中不乏有些镇县长、茶场主等社会名流，他们也为能与

与佛海茶厂家属合影(前排右5李县长夫人，右7茶厂主任夫人；后排左一姚一心，左二乐彩臣)

我们这些来自昆明、上海等大都市的医务人员交流往来感到高兴和自豪。

在缺医少药的西南边疆，有疾病的人群需要我们的帮助，虽然边疆环境艰苦，生活条件十分落后，但总感觉在思普茶场那段工作、生活的经历，还是很充实而愉快的。

由于抗战形势越来越紧张，开发建设茶场的计划与实际进程相差甚远，一年过去，厂房建不起来，制茶机械也没有着落，那些工程和制茶专业方面的技术人员都觉得无所事事，陆续要求离开了茶场，这也影响到我们医务人员。同去的三名女医务人员中，其他两人都要离开，我一个人也不便留下，尽管白场长很器重我，一再挽留，但我还是决定与姚一心、王卓三人一起，于1941年5月启程回昆明。一年过去，云南的交通有了一定改善，记忆中返回昆明时，一路主要是乘汽车，日行夜宿，颠颠簸簸，风尘仆仆，走了六七天才抵达昆明。

1941年6月我们回到昆明，又经同济大学崔医生介绍进入了昆华医院药房工作。这座医院虽不如上海市立医院，但也是当时昆明市里最好的医院。这所医院是由云南大学医学院毕业的医护人员主持工作，属法医派系(同济属德日派系)，管理制度与药物名称等都有所不同，刚刚进去工作自己觉得也不适应，于是自己就一边认真学习，一边努力地工作，很快熟悉了工作环境，药房主任对我很赞赏。

1942年4月抗日战争形势更加严峻，日本封锁了中国沿海港口及滇越铁路等所有与国际联系的交通运输线，滇缅公路一度成为中国抗战大后方陆上唯一的国际交通线，承担着国际援华抗战物资补给运输大通道；也是整个世界反法西斯战争中，中国远征军与国内联系的主要通道。当时“滇缅公路工务局”负责这条运输大通道的维护抢修任务。我们又响应了参与保障抗战交通运输生命线的动员号召，我和姚一心又由同济崔医生介绍加入了“滇缅公路工务局”职工医院的工作。此后我们跟随着滇缅公路工务局，一直转战在滇西南山区，为抢修和确保滇缅公路运输线畅通的筑路工人们开展医疗服务。为抗日战争最后胜利，也为西南边疆社会的发展与经济建设做出了积极的贡献。

从1937年参加“八一三”抗战医疗救护队撤离上海起，经历了十年的颠沛流离和艰难困苦，在各种环境和条件下，始终保持着勤奋和扎实的精神，不断地学习，努力地工作，为民族解放和国家西南边疆的建设发展，尽了自己的最大努力，奉献出了自己的青春年华，直到1947年春返回上海。

抗战时期同济求学记

傅信祁[①]

我是1937年抗日战争开始后才赶到金华进入同济大学求学的。先在同济大学附属高级工业职业学校土木科借读，以后又进入同济大学工学院土木系学习。抗战时期，随着同济大学由浙江金华搬迁至江西赣州、广西八步、云南昆明和四川李庄，跑了半个中国，遭受了敌机的轰炸扫射，颠沛流离，艰难学习，抗战胜利后才又回到了上海。

1937年我17岁，原来就读于青岛礼贤中学高中土木科二年级，暑假乘轮船经上海返回家乡，上船那天正好7月7日，芦沟桥事变已经发生，但我还不知道。

回乡后不久，上海发生“八一三”事变，北方的形势日益紧张，回青岛读书的可能性越来越小。后来教育部发布通告，抗战时期不能回原校读书的学生可办借读证，凭证明到别的学校读书。家里托人为我寄来了借读证，但时间已到了十一月上旬，连忙到附近有关学校去要求借读，均遭到拒绝。

正在我走投无路时，我的二姐收到八一三时一起考同济大学，因时局紧张而没考成的同学徐小姐的来信，说她参加第二次入学考试后被同济大学录取，现已随校搬迁到金华，在同济大学新生院上课了。

我知道同济高职是有土木二科的，而且青岛礼贤中学与同济大学也有协议，礼贤德文班毕业生可直升同济。于是要二姐去信徐小姐帮我联系一下。得到肯定的来信后，我马上收拾行装，乘船到宁波打算乘火车去金华同济高职借读。

① 教授，生于1919年7月，1937年11月进入同济高职就读，1947年毕业于同济大学土木系并留校任教。

一、去金华

为了避开日机空袭，宁波到萧山的火车是晚上开的，到萧山已近晚上十时。到了萧山才知道去金华的火车已停开。是原车回去，还是想办法去金华呢？回去是没有出路的，只有继续向前走，才有可能为我带来希望。于是抱着试试看的心情来到了浙赣路的站台。站台上有一列火车停在那里，天亮后因有空袭警报被告知车不开了。到晚上，正在走投无路时，却有人奔向一个火车头，说这火车头是向金华方向去的，于是就不管三七二十一，爬了上去。火车头可以坐人的地方只有锅炉两旁的长条踏脚板上。我把皮箱平放在踏脚板上，铺盖放在箱子上，人坐在行李卷上，背靠锅炉，两脚悬空，就这样晃晃悠悠火车头开走了。由于两天一夜没有合过眼，谁知一下子就睡到第二天天亮。一觉醒来，发觉脚上一只新鞋子，不知什么时候晃掉了。同时也后怕，如果半夜从火车头摔下去的话，后果不堪设想。

火车头又不让坐了，等在一个小站的站台上，认识了一个和我差不多大的青年同乡，说是要到汉口亨得利钟表行去学生意。两人正谈得起劲时，忽然又发现开来了一列军车。看到有几个人已爬到那列军车的车顶上，这至少是一个非常时期搭车的好办法，于是我们用绳子把行李一件一件吊了上去。车顶呈弧形，中间部位还是比较平缓的，坐在上面虽然开车时风大一点，有时烟灰也不好受，却可能越来越接近了目的地。晚上我们还打开铺盖，两人挤在一起，睡在车顶中段较平缓之处。火车时开时停，就这样颠颠悠悠大约过了两天，那天下午二时左右到了一个大站，一问，原来已经到了金华火车站，真是意想不到，喜出望外。

出了火车站，按二姐给我的地址，找到了徐小姐，在她帮助下，第二天下午终于找到了高职所在地天皇庙。在高职办公室办完手续，同意我到土木科三年级去上课，已是下午第三节课，这堂课是陈庭祐先生的水利课。我进了教室，坐在后排，正在庆幸我又能进入课堂学习时，没有想到，在课程结束时，陈老师突然宣布因时局紧张，日军已打到杭州，金华不时遭到日机轰炸，同济大学决定要迁校到江西赣州。明天起开始全校停课，准备迁校。

学校规定所有学生除自带简单铺盖外，全部行李包括书籍用品打包交由学校统一托运。人员分批等候乘火车到南昌，再换船由赣江上行到赣州，医学院迁到吉安。

在金华，学校没有设置学生宿舍，同学们全是自己借民居住宿的。我很幸运，到金华的当天，就在街上遇到了礼贤中学比我高两班的老同学陈兴，他已是测量系二年级学生。他知道我的情况后，要我到他们那里同他们一起合住。

他们住在离天王庙不远的一条小巷里，房屋由三间正屋及两间厢房组成，后面还有一个小天井和厨房。中间是堂屋，公共活动和吃饭用，西边正间陈兴和另一名电机系二年级同学谭惠然同住，他要我和他俩合住。东面正间是吴家驹和另一同学住，西厢房住医学院二年级吴伯璇和刘铸，东厢房房东住。同学们共同请了一个小大姐为大家烧饭洗衣，很是方便。吴伯璇会拉京胡，还常到我们房间和大家拉琴唱戏，使我也爱上了京剧。

把行李交给学校后，就安心等候办事处的安排乘火车离开金华。

二、赴赣州

1937年11月12日，上海沦入敌手，接着日寇进犯杭州湾，不断空袭金华，学校决定迁校江西赣州，医学院迁吉安。

在金华等了二十余天后，轮到了我们几个同学，乘上火车，经过两三天，才到达南昌。在南昌学校办事处报到后，又要我们等候去赣州的木船。等候期间去过江西工学院，也在赣江之滨去看过滕王阁遗址，观看“落霞与孤鹜齐飞，秋水共长天一色”的意境。在南昌还吃到过一种个头很小的南丰橘子，皮有疤痕却特甜。现在上海也有不少南丰贡橘，皮没有了疤痕，个也大了一些，却好像没有从前的甜了。

去赣州的木船终于等到，是条大船，据说已十年没有去上水啦。船的确很大，净宽4米以上，我们在舱内脚对脚铺设，中间还可留有窄窄的一条走道。这船足足乘了40个同学，船舱中间设有一座大灶，尾部还有船员舱，除老板夫妇外还有近十名水手。船逆水行舟，有风时扯帆，风不顺时拉纤，水浅处用篙。船头还有一个绞盘，赣江中上游，滩多水急，河床都是大卵石，过滩时先用小舢板把竹篾绞成缆绳，把一头固定在上游，用缆圈套在卵石滩上新打入的桩上，再把竹缆索的另一头绕在船上的绞盘上，由四个水手绕着绞盘推绞杠，使绞索紧拉着大船前进。水浅的地方，船底直接在卵石上磨擦，咔咔作响。

在旅途中，学校发给每个学生好像是每天四毛钱补贴。船上伙食一日两餐，吃的是带有红色麸皮的籼米蒸米饭，菜每顿都是已长到两尺多高的雪里蕻菜，几乎见不到一点油星，却要我们每人每天付四毛钱伙食费。倒是有个优点，就是老板娘每次烧饭时，先要把籼米用水烧开，再到蒸笼里去蒸。每到这时，我们都可以喝到一茶缸富有营养的米汤，算作补偿罢。

船行约十一二天，到吉安靠岸，这里是大站，要停一天，我们也上岸走走。吉安县城不是很大，不过沿江有一集市倒是非常热闹，农产品也很丰富。我和谭惠然、吴家驹三人都不满船上伙食，决定自开伙仓。于是集资买了粳米、肉、菜、沙锅、碗筷、风炉、木炭及油、盐、酱油等。回船后第二天开始就在船头自己烧大米饭和红烧肉，吃得有滋有味，很是开心。

过了吉安，赣江的水流更急，逆江行舟越来越难，一天至少要过两三个险滩。每次都用绞盘绞，水手们赤膊上阵，汗流浃背，嘶声力竭，使出九牛二虎之力，才使大船底板，枕着河卵石，艰难地移动着。为了减少吃水深度，以后每次过滩，船主都要把大家送上岸步行一段再接上船。谁知船过万安的第二天上午，在过滩前，船主又把我们送上岸，可是这次过滩却出了问题。正当我们步行的时候，听到“嘣”的一声，舵的主轴断了。船走不了啦，怎么办呢？买木料，加工换舵，至少要十几天。我们在这里等不是办法，船主答应雇一只小船把大家的行李送到赣州我们的学校。好在这里距赣州只有两天的路程，老板要大家赶快吃饭，沿江徒步走，傍晚步行到一个大镇(名字已记不起来)，过江后明天再走一天就可以到赣州。

大家没有别的办法，只好按照老板说的办法吃过饭都走了。可是我们三个却还要自己生火做饭，等吃好饭上路比大伙晚走了一两个小时。我们沿着大路一直往南赶。这一带可能是当年红军战斗过的地方，沿途有一些断垣残壁，有的地方还看到当时战争双方拉锯时残留的标语。记得有一条“白匪是杀人放火的强盗”，而其中第一个“白”字已经多次反复地覆盖成“红”字。

这条石板大路，相当好走，每几里就有一个村子，可是，每当我们来到村子里的时候，都会引来狗吠，此起彼伏，令人生厌。起先每人找个棍子自卫，后来就改由沿江的卵石滩上走，可避开村庄，可是这样又多走了许多冤枉路。冬天，天黑得早，待我们三人走到那个大镇时，已晚上七八点钟，筋疲力尽。镇上漆黑一片，好容易找到一家还有灯光的店铺，给我们吃饭洗脚，最后用门板搭铺，和衣而卧。

第二天早上和大伙一起渡江，沿着大路直奔赣州。下午两三点钟到达赣州西门外章水的浮桥，进城找到同济大学所在的镇台衙门，再找到学生宿舍武庙。武庙的大小几个殿都用木板搭了许多双层统铺作为学生宿舍。由于我们来得比较晚，前边几个大殿基本都已住满，我们三个只得住在最后面一个新开辟的小殿。晚上虽有公用的马灯，但我们还要自备蜡烛才能看书。小殿旁边就是老虎灶，用水倒也方便。武庙前面有好几家居民为学生新开的小饭店，伙食还不错，记得每月包伙约四元多一点。

赣州夹在章水与贡水合成赣江的汇合处，是江西省除南昌以外第二或第三大城市，四周城墙仍保持完好。市内无电，也无自来水供应，但也相当繁华，记得有一家利民百货商店，还有一家戏院，好像童芷苓、童寿苓也曾组班在那里演出过。

学校所在的镇台衙门有相当的规模，校部、理工学院在中部，附中在东南角，我们高职在后院。在赣州1938年1月正式上课，记得当时三年级有倪超的铁道工程学、陈庭祐的水利工程学、李国豪的桥钢结构、朱振德的结构力学等课程和设计作业等。李国豪先生第二学期就公派到德国留学去了。第一学期上课两周即举行期终考试。由于这些课程大部分内容都是在金华时上的课，我没有参加，多数课程又没有教材和讲义。我在原来礼贤中学又没有学过这几门课，因此无法参加考试，只好改在二年级下学期继续学习。二年级下学期的课程记得的有唐英的房屋建筑学，陈庭祐的钢筋混凝土，沈传良、郭惠生的测量学，姚可昆的德语，其他可能还有材料力学和高等数学等，暑假前还到贡水东岸进行两周的测量实习。由于宿舍很挤，学校只好晚上在每间教室吊一只汽油灯，作为复习或作业绘图等使用。

唐英老师上课生动风趣，在赣州他有两堂课深入浅出，至今记忆犹新，终生难忘，同时也决定了我以后的工作志向。其中一堂课是他教会了我怎么做建筑设计。题目是小住宅设计，他分析了题目要求后，要我们跟着他一起做设计，他和我们一起分析了每个房间的功能要求，并进行了总体组合，又谈到了房间的构造和形体，一边和我们讨论，一边在黑板上画，在课堂上画出了小住宅的两层平面、一个剖面和一个正立面，整个设计过程一气呵成，活泼生动，虽然是他在做设计，却使我们好像每个人都是自己在做设计，因此印象很深，至今不忘。

还有一堂课是建筑透视画，他只用了两节课的时间，他在黑板上一面画一面讲，深入浅出，生动形象，使我很快就学会了建筑透视图的画法，在以后工作和教学中得益匪浅。

在赣州同学们组织了话剧团演出抗日剧目，募捐慰劳前线战士，为庆祝台儿庄胜利等，还参加了几次晚上火炬游行(火炬是用当地竹缆切成1米左右长，一头点燃而成)。

上海沦陷以后，不少同学失去了经济上的接济，经济困难的学生可以向学校申请贷款，每人每月八元。我失去家里接济后也开始贷款，但后来家里不知通过什么办法，寄来了一些钱款，就把以前的贷款都还清了，可是快活了没有几个月，口袋又空了，只好再次向学校申请贷款。

在赣州除普通的纸笔以外，我们学习的书籍和用品都无处购买。幸亏同学们采用互相调济的办法，使我由同学的出让中购得一本土木工程的工具书*Hutte*、一支小型计算尺和一副明胶三角板，而且都是德国出品，对我学习帮助很大。

1938年7月九江危急，赣州已不是安全的后方，学校决定第二学期结束后再次迁校到广西贺县的八步镇。听说八步虽只是一个镇，却有工厂，利于学生实习。

三、过八步

从赣州到八步，学生也是和上次一样把行李书籍交由学校集中搬运，自己只要带一个小铺盖。开始时有部分同学是步行到韶关。后来学校商借大庾钨矿矿务局大卡车来运送，我们经过大庾岭当天到达广东南雄，住一晚，第二天到韶关，再乘粤汉路火车到湖南衡阳市，换乘新建的湘桂路的火车来到广西桂林。在桂林待了几天，游了七星岩，有个大山洞，当时集十几人花一元桂币，由导游点一个火把领着大家进洞讲解。这是我第一次看到由石灰岩形成的溶洞，钟乳石和石笋瑰丽多变，千姿百态。在桂林还尝到了当地特产沙田柚子、三花酒等。

在桂林玩了几天后，又乘木船顺桂江南下，在阳朔过一夜，第二天到平乐，再步行到八步。八步的学校在一所中学内，中间一个大操场，四周有原有的楼房，又有新搭建的木造平房，学生住的是木板床，比以前的双层统铺改良了许多。

学校东边数里外是座电厂，学校也有了电灯。学校西边是八步镇，镇上有些厂，还有一些咖啡馆、电影院和舞厅等娱乐设施。由于学校托运的行李和书籍还未运到，同学们只好三五成群到镇上或近处山野去走走。广西的山很特别，很多都是像桂林独秀峰一样，从平地突然升起，而且多数山上还有溶洞，会不会是远古时代由海底升起来的？

八步附近有个山峰，也有大溶洞，至少有三层楼高，里面有个深水潭，水色青绿，可能含有铜质，深不可测。稍远处还有一山，有个观音洞，洞口不大，可是很深，有三个大厅，每厅之间连系的小洞，却要匍匐前进。

当时广西使用的是桂币，国币兑换当地桂币的比值1:2，也就是说，我们每月的贷款费八元国币，这里实发16元桂币，当地生活水平不高，学生的生活很宽裕。同学们去镇上的人多了些，出手大方，未免引起居民一些看法，认为当地小学校长也不过十几块钱一月，而你们大学生每月却有16元收入，不好好读书，却整天到镇上闲逛摆阔，引起争端，甚至闹到校门口。

10月下旬日军已在广州大鹏湾登陆，不久广州沦陷，八步也有了空袭警报，有警报时我们都逃到校外农地。有一次警报后我们正在农地闲聊，不一会日机真的来到了八步的上空，我和另一个同学一面很快跳进一个沟里，一面又伸出头来瞭望。看见几架日机列队飞来，飞到附近的发电厂排成一字纵队，一架一架向下俯冲，每一次投下一枚炸弹，轮番轰炸一阵后向东逸去，炸后电厂大火冲天。事后听说，发电厂部分炸毁，经几天修复，又可以发电了。

空袭警报几乎天天都有，开始还天天跑到郊外躲避，后来习以为常，就不常出去了。谁知有一天警报后正在宿舍看书，却听到了轰隆轰隆的飞机声，我和同学们赶紧奔出宿舍，连忙卧倒在两幢房屋之间，近围墙的草地上。这时又听到连番的炸弹声，看到电厂那里又冒烟火了，炸声刚停，不料敌机轰隆轰隆地又飞到了我们学校上空。还没有醒过神来，敌机又是排成一字纵队，对着我们学校一架接一架俯冲下来，嗒嗒嗒地扫射起机关枪来了。吓得我把头埋在手臂下，好像魂灵出壳，趴在地上一动也不敢动，只好听天由命。敌机轮番反复扫射了一阵后，又向东飞走了。同学拍拍灰土，站起来一看，有几个篮球场大的操场上，由西向东一条条的弹坑十几条，每个弹孔的间距从30公分到1米左右，逐步放大。一座楼房的墙上也有几处弹痕，其他房屋都没有受到损害，最可喜的是操场周边卧在地上的同学，竟一个人也没有受伤。那座墙上有弹痕的楼房，二层楼是临时病房，高职的徐达同学正有病睡在里面，却也无人受伤，只是有点后怕。这次敌人只对准学校中轴线十几米宽带状地带进行扫射，两边排列的几幢房子竟然没波及，对我们来说是大幸，而对敌人来说真是太笨啦。事后听说打下的敌机中，发现他们地图轰炸目标中，标有八步同济大学。

在八步，行李和书籍还没有运到，形势越来越险恶，1938年冬不得不又决定迁校云南昆明。

四、上昆明

从八步出发，我们先是步行到柳州。由于广西当时在李宗仁、白崇禧的统治下，省内的民兵组织很严密，学校与当地政府联系决定步行时由民兵帮我们挑行李，每人只可带一条被子的小铺盖，一个民兵挑4个小铺盖和我们同路行走，每天走一站，换一批民兵继续向前挑。两个星期到达柳州，我们自己也背一个小书包带些日常用品等。开始走的几天，几十里走下来也相当吃力，后来习惯了就越走越坚强。路上多数住小店，这些小旅店一般叫“鸡鸣早看天”，经常是统铺，住宿管饭，菜自备。我班八个同学一起步行，张长高、严义顺两同学走得较快，他们先到后，总买些菜，有时还有肉，先烧好了等我们后来的同学一起吃晚饭。

大约走了两个星期，到柳州，安排住在一个电影院内。我们到得晚，在大厅座位的中间走道水泥地上睡地铺，人来人往，又潮又脏不好受。后来和我班同学祝修琪在近处小旅店两人合住一小间，每人出7毛桂币，倒还可以。

从柳州到南宁本来说是乘电船(小轮船)的，可久等没有着落，同学们又组织了步行队，按以前的办法继续步行。我买了一双新的布鞋和同学们一齐上了路。广西的布鞋样式和江南女鞋一样有一条横襻，轮胎内衬底。想不到，穿了新鞋很不舒服，脚底越走越痛，傍晚到了驻地，脱鞋一看，两只脚底都有个大血泡。同学教我用热水烫脚，再用头发穿进

去把泡内血水引出来，睡一夜就好。

第二天一早起来，血泡果然瘪下去了，可走起路来却还是钻心地痛。出发后，同学们都走到前头去了，可是我只得忍着痛，一步一步向前挨，就这样挨了一段时间，回头望望，距离原来出发的地方还在眼前。这样走下去，天黑也走不到预定的前一站。怎么办呢？一个人走回柳州去不可能，这样慢慢吞吞挪动也是死路一条，只有加把力，忍住痛向前走，才有可能与同学们会合。于是就忍痛迈出了大步，谁知大步快走，脚底逐渐地热了起来，几里路以后，越走越顺，竟不觉先前那样的巨痛了，及时赶到了驻地。从此有了经验，只要每天出发时忍住疼痛，大步走路，脚板一热就会逐步忘记了疼痛。一星期以后，血泡处的皮增厚了，就又可以和以前一样正常走路了。

两个多星期到达南宁后，从左江乘小轮船到龙州，再乘汽车到镇南关(今友谊关)，步行出国过关到越南(当时称安南)同登，乘窄轨火车，过红河铁桥到达越南首都河内。

当时越南还是法国殖民地，河内是越南的首都，商业区相当繁华，街道两旁都是一层或两层的瓦顶木构房。商铺毗邻连接，十分热闹，也有不少是华侨开的铺子，但多数听不懂普通话，要笔谈。商业区背后有片湖及热带树林，风景美丽，当地还有孔庙及关帝庙与我国文化相通。听说当地还有“八擒诸葛亮”的戏。

在河内吃饭也很便宜，我们几个同学在一家小饭店吃饭时要了一盘炒蟹，上来一看满满一大盘，像上海面拖蟹一样烧法，可是量多个大，味道不亚于上海大闸蟹。

第二天一早我们又乘窄轨火车从河内到达边境的老街，住进由当地华侨开设的赌场内，睡在赌台上。从老街走过一座木桥，过了国界就到云南边城河口，再乘窄轨火车去昆明。车上伙食就是学校办事处发的每人几个硬面包和几听沙丁鱼罐头。

云南境内山多谷深，火车要通过无数的隧道和高架铁桥。有一座有名的人字桥架在两个隧道之间，非常险要。传说一位设计这座桥梁的法国工程师，当他亲眼看到火车神奇地从山洞穿出，经过人字桥又巧妙地进入另一个山洞时，却高兴得笑死了。火车日行夜停，两日到达闻名已久的春城昆明。

到昆明约在1939年春节前，住云瑞中学大礼堂(系大殿改造)内，摊地铺。这里的布局和房子气派很大，正义路上还有一座云瑞牌坊，可能原来是前清的什么衙门，或者什么庙。学校后面就是文庙公园，古柏参天，白鹭成群，会不会就是孔庙？学校前面原来可能是影壁或莲池的地方，建造了一座大逸乐电影院。正前方是文明街，有不少饭铺，饭菜很便宜。一碟大头菜炒肉丝只六毛钱，饭不知怎么盛的，满碗不说，还在上面堆了一个很高的圆锥体。当时一元国币可换十元滇币，就是说只要花六分多钱国币就可吃一餐满意的饭。这里水果也很便宜，不称斤，论十卖。有名的宝珠梨10个才三四毛滇币。在这里我刻一颗7公分高的象牙图章才二元二毛滇币，至今还在用。我和同学胡松林各人花三四元滇币买了一架京胡，学校行李还未运来，在云瑞中学旁边的夹道内每天学拉琴，自得其乐。

开春以后，我们高职在城东盘龙江边上木行街的一幢三层木架房屋里上课，中间一个小天井，光线很不好，下面污水满地，环境很差。可是我们的学习还是很认真，和张长高等同学，大家自己写文章自己刻腊纸、油印、装订，竟然出版一期定名《学习》的刊物，文题记不得了，那可是我第一篇发表的“论文”呀!

学期结束后，我们迁到原来是女子师范学校的双塔寺上课。这里像样多了，前后三个院子，前院一幢房子底层办公，二层为唐英主任住宅。后排原来是大殿，作礼堂和食堂之用，边上为学生宿舍，住双人铺。我们已是毕业班，在中院西侧一座三面走马廊的二楼上，座位宽敞、光线明亮，十分欢悦，舒适。东边还有一幢对称的楼房为机械科的教室。

同济高职的学制是四年。当时大学部正在迁校四川李庄，内地合适的师资不容易找，我们班最后一学期作为实习。名曰实习，实际上是提前一学期毕业，下一届起学制就改为三年了。

根据我们的学科和后方实际情况，学校为我班同学找到的实习基地，分为水利、公路和房建三个方面。张长高和严义顺分配在西北水利部门；潘昌乾在滇缅公路下关段，汤镜高、高学诗好像也分在公路上；房建方面记得：胡松林分在重庆江北兵工厂，张延柏分在海口51兵工厂，而顾善德、黄汝骏和我分配在宜良52兵工厂筹备处，1940年2月底前去报到。

五、工作

52兵工厂在中越铁路的风鸣村站进去几里的山谷中。为防止日机轰炸，厂房依山而建，主厂房在山洞中，生活用房建在外边向阳的山坡上。我和顾善德都分配当房屋的监工，每天跑工地，黄汝骏在砖瓦厂。高我们一级的邵祥洪来厂已近一年，主要是采购建筑材料工作，还有一名校友胡国城曾为52厂设计过厂长和总工程师的联立住宅等。筹备处的制度很严，每天上下班都要签到签退，每天还要写房屋施工进度表，马虎不得。来厂一年，房屋已造好不少。三月的一天小顾约我和机械处另一青年同事一起决定到路南县的石林去旅游。

来云南后，石林已久闻其名，小顾讲当时由同济附中所在地狗街过去比较方便。狗街也在铁路线上，约两小时就可到，利用周末和星期天去一游，可能问题不大。于是我们星期六下午叫同事代为签退，偷偷地乘火车来到狗街。当夜住同学宿舍，第二天一早雇了三匹马，去路南县，想不到要翻过三座山，傍晚才到。路南县是一个在山岙中的县城，很小，可以说是在我见过的最小的县城了。从南门进城，站在横街的中心，向东向西望去好像每边都不到五六十米就可望到东西两座城门。城内都是平房，沿街有几家小店，我们在一间小饭店里吃了晚饭，住宿就按照附中同学指点的，在县城前不远一座叫土主寺的里面。这座土主寺与其他寺庙不同，好像供的是十二生肖，还相当新。傍晚很少见人，我们就在厢房二楼的地板上，铺上报纸和衣而卧。第二天一早马帮又来把我们送到石林。当时石林还没有通公路，只有步行或骑马才可到达，那天游客只有我们三个。其实那时的石林，其貌不扬，入口一片黄土地，还有个小小的积水塘，两块石峰间窄窄的一个入口，一边石块上刻有不大的“石林”两字。进去后才发现是一群石峰如一个个笋状，平地而起，有的上面还叠着一块或两块形状各异的石块，重重叠叠，甚为壮观。内部基本已有一条导游路线，顺着它，上上下下，忽高忽低，上面还有个亭子，可以休息，吃些干粮和水。回来还是在路南住一晚，第二天经狗街乘火车回到52兵工厂，已是星期二的傍晚，等着我们的不知会有什么样的结果。

当晚工程处副主任来找我和小顾，告诉我们，主任知道后认为我们两人不请假，私自离厂游山玩水，旷工两天半，情节严重，应各记大过一次，通报全厂。那时我们年少气盛，听到这个处分，第二天就辞职回到了昆明。听说以后接我班的是同济大学土木系毕业的王叔厚同学。

后来，1964年出差昆明时又去过一次石林。这时昆明到石林已有了公路，我们乘吉普车前去，单程要七小时。路上在可保村湖边一座电厂处曾中途休息。我下车看了一下地形，觉得这里很熟悉，旁边有条公路可直通当年我工作过的凤鸣村52工厂。那时我曾来这里鹅塘镇的温泉洗过澡。一早出发到石林已过中午，这时石林入口前面有一座招待所，可住宿可吃饭，石林正门和内部都已整修过，比当年像样多了，可是回到昆明已晚上九时多了。

从52厂回到昆明后，小顾先有工作，半年后他到四川李庄同济大学土木系读书去了。两个月后，经人介绍我进入了公利工程司工作。公利的创办人奚福泉先生曾留学德国，回国后在上海成立建筑设计事务所公利工程司，抗战开始后进军昆明成立分所。他曾应唐英先生邀请担任我们高职的建筑课，后回了上海，我进公利时的负责人是张轩朗工程师。

进公利第一项工作就是张工要我设计一品好像是18米还是20米跨度的木屋架。当时事务所正在进行一项影剧院的设计。原来的昆明市只有一所大逸乐电影院和几家老式的剧院。当时大逸乐除国产电影外有时也放映原版片。这影院不大，没有楼座，奇怪的是在右边墙有一个不大的挑台，凡是放映原版电影时，阳台上总是坐着一位老人用云南话作同声翻译。至今还记得一句：“玛丽娅，我爱你。”

抗日战争爆发后，外江人大批拥来，昆明市在南屏街北面建立一所由赵琛先生设计的南屏电影院，另外在庆云街由奚福泉先生设计的昆明大戏院，都受到好评。大逸乐电影院也不知什么原因迁到了南屏街的南面青年会对面的地方，也由赵琛先生设计。影院造好不久，谁知在一次昆明大轰炸时，有一颗炸弹正好落在距大逸乐电影院山墙外约5米处。影院前面看不出有多大的损伤，可是后边的山墙却一天一天越来越向后倾斜。听说赵先生曾通知过大逸乐的老板，山墙危险赶快修理，但老板却为了赚钱，每天照演不误。不幸有一天晚上正在放映电影《少奶奶的扇子》的时候，忽然惊天动地"嘭"的一声，影院的山墙向外倒塌，拉动屋顶，使整房子坍塌了下来，当场死伤二百余人，损失惨重。

后来业主决定请公利来重新设计，改为影剧院。当时昆明钢筋水泥奇缺，只能用木材和砖瓦来造房子。为了吸取坍房的教训，业主规定屋架下弦只许用木头，而不能用钢拉杆；屋架只许用木柱而不能用砖墙来支承。根据这些要求，我们设计了木柱支承的豪式木屋架，用夹板作45º斜撑，砖墙只做围护结构，楼座的看台也用木柱和三角形木桁架，木搁栅木地板(现在看来消防是不合格的)。我不但在张工那里学习了不少结构实践知识，同时，也帮邹惠生建筑师画了如大厅顶棚、舞台台口、楼座挑台以及进厅园梯等详图，学到一些实际的建筑构造知识，得益匪浅。

不久缅甸被敌人占领，我们国家西南的国际运输线受阻，当局决定从云南边界到印度的加尔各答，开劈一条中印公路，以解眼前之急。原高职梁文翰老师担任公路大段长，要我们已毕业的同学前去帮助他工作。出于爱国热情，我和高一届的徐达、吴焕华以及同济护校毕业，老吴的女友刘京都参加了报名。由于张工的再三挽留，我没有去成。谁知他们出发才一个多星期我就得到噩耗。他们和其他几个员工，乘坐半载物资的布篷卡车内，由滇缅公路去边境工地时，在下关附近，卡车翻入山旁深谷中，徐达、刘京不幸当场死去。吴焕华逃过一劫，却大腿摔成骨折，回到昆明已成瘸腿，连工作也没有了，只得另起炉灶，才渡难关。不久日寇从缅甸侵入我国边境怒江后又到达了澜沧江，要建造中印公路的说法也就没有下落了。

六、到李庄

1943年夏，已在同济大学土木系读三年级的老同学顾善德来信说，听说同济要开办建筑系，他知道我对建筑有兴趣，叫我赶快到重庆再去李庄参加同济大学首届建筑系的入学考试，并告诉我原来高职我班八个同学中张长高、胡松林、严义顺、潘昌乾和他五个人都

云南石林(1941.3)

已在李庄读书了，要我快来。我知道后赶快托人买飞机票，两星期后乘上了这架战时还能从昆明至重庆对开的中央航空公司飞机，是螺旋浆双翼飞机，只可乘八个乘客，飞的时候机身微微振动，噪声很大。经过的滇、贵、川三省都是山区，每次飞机下沉时我都呕吐不止，乘在里面很不舒服，犹如大病一场。

到了重庆连忙乘船赶到李庄，原来知名的建筑教育家夏昌世、龙庆忠等教授(好像还有一位姓李的教授)准备来李庄为同济大学开办建筑系。不知为什么不办了，只留下龙庆忠老师一人为土木系上建筑课。我到李庄后，只得考了土木系。入学后，记得龙老师还在他家里专门为我们几个爱好建筑的同学开课。好像有西洋建筑史、中国建筑史、建筑设计、建筑构造、建筑表现以及中外园林等，整整一年有余。

李庄在长江上游，距金沙江与岷江汇合的宜宾约40里，是靠山临水的一块平原。校总部在禹王宫，工学院在镇最东面的东岳庙，学生宿舍在东岳庙西侧近羊街。内有三个大院子，西面院子多为早期来校的同学居住，每室住四到六人，单人铺。中间院子及东面院子后来扩建的宿舍多为双层铺。我有幸住进西院，与高职同学孙德祥合住。其他高职土木科的同学上大学的尚有蔡学彬、吴忠道、赵宇馨、沈兆鹏、谢处方、顾善德、张长高、胡松林、潘昌乾、严义顺、胡国城、钱昆滋、胡盛源等人。后来王叔厚也来到李庄，他京胡拉得很好，又让我有机会接近京剧。

东岳庙内，中间为办公室，两边厢房多为教室，后面西部还有食堂。教室里只有条形课桌而无坐凳，学生都自备40厘米高的竹凳，每次上课时带来。每天课前课后，同学们每人都反挎着竹凳，凳里放着书籍文具，沿街一行走来，可谓困难时期上学的难得一景。

李庄无电无自来水供应(后来学校为当地发过短时间的电)，晚上都点菜油灯盏读书和作业。这种灯是一个毛竹筒上放一个约六七厘米圆铸铁锅形灯盏，放上菜油和几根灯草，点上火就可照亮。平常我们只用三根灯芯，如果要画图就点五六根以加大亮度。有一次，我画图时，不小心把灯盏打翻，弄得图纸上全是菜油，重画已来不及，只好交了上去。宿舍条件实在太差，同学们也常到茶馆去看书。那里晚上有汽油灯，旁边还有温热的盐水花生供应，有时还可以打打桥牌，调剂生活。

在李庄每个同学每月可以拿到一张米票(后来问黄明昭说是2斗3升7合米)，把米票交上去就可搭伙。可惜，工学院食堂伙食实在太差，8人一桌，只有一大碗青菜。我每次吃饭，吃不了两口就没有菜了，只得吃白饭。附近小店包伙不很便宜，只好把米票换钱，几个同学合伙轮流烧饭，费时且质量不易保证。有的同学校外租房几个人合住，合作开伙，也是一个办法。多年在外奔波，第一年春节买了糯米粉，包了些汤团，请要好的同学共尝，以解思乡之情。此外同学们常利用同学会、同乡会等名义聚餐，来打牙祭改善伙食。我原来就读的青岛礼贤中学的同学栾安训等也组织了一个同学会。这里有家留芬餐馆，川菜鱼香肉丝、夹沙肉以及当地小吃醪糟蛋至今不忘。

在李庄夏天同学们也常到长江中的沙岛去游泳。我不会游泳，有时也随他们摆渡过去在江水中泡泡。江水中有许多水母，养在瓶中，像透明的降落伞一样，在水中游动，甚是可爱。

李庄南郊还有一个观音洞，曾和顾善德、孙德祥一起去玩过。我们由李庄出发，在平原上向南走了约十余里后发现有条高于平原几公尺的台地。爬上台地见座庙宇就是观音洞。正门关着，边门虚掩着，推门进去是个侧院，有一平房，可能为住持所住，但人不在，旁边猪槽中的一头猪却饿得嚎嚎直叫，看来主人外出已很久了。我们三人从侧门进入庙中一看，前边是大殿，后边靠山有个山洞，即观音洞。

孙德祥找了些竹篾，自己编了个火把，并放了几毛钱，以作补尝。我们三人点了火把就进洞看个究竟。洞不高，地下较潮湿，进去的路由不大的石块按步垫高两三寸。孙、顾两人在前，我在后，进去十余米，隐隐约约看到前面有座观音像。但就在这同时，我却突然发现湿地上有好几条蛇，正四面八方向火光发射方向游来。我连忙通知他们两人赶快撤退，没能进到洞底甚为遗憾。

在李庄土木系先由余家洵后由刘百铨担任系主任。一二年级多为基础和基础技术课，记得有郑太朴的高等数学，陈一荻的德语，李本文的投影几何等。三年级有朱振德的结构力学，龙庆忠的房屋建筑，叶雪安的测量学，魏特的钢结构，刘百铨、黎嗣林、江鸿等也教过一些专业课。其中魏特是波兰籍犹太人，用德语上课，每次都是他先讲课，再念教材让我们记笔记作为讲义，助教是俞载道。但是只讲了一学期课就不幸于1946年1月病逝。我还按照片放大，为他画了一张遗像挂在追悼会上。

当时中央博物院、中央研究院历史研究所和中国营造学社等，战时都迁入李庄办公。他们在李庄都办过一些展览。营造学社的刘致平，在龙庆忠来校前也曾为同济大学开过建筑课。梁思成也为我们作过几次学术报告，记得有一次谈到建筑的比例和尺度时，曾在黑板上画了同样大小的两个房子的透视图。他在一个房子上画了窗和门以及台阶和几个小人后，他说这是一幢住宅房屋。在另一个房子的山墙上画了一个洞口，并在旁边画了一只狗，他说这是一个狗窝。于是他就总结说，可见一样的形式，由于比例尺的不同，可以形成不同的建筑。

在李庄我班同学王德华和其他系一些同学组织了一个话剧团，要我帮他们设计布景，合作的还有毛安澜等同学。起先他们想演的什么剧名现已忘记，只记得是一堂医务室的内景，与毛安澜用木框蒙布作景片有门有窗，围成一个医务室。后来他们改演《原野》，于是再加做几个假柱和隔扇，使它成为一堂中国式厅堂的布景。另外，毛安澜等人还做了森林密布的原野外景。话剧在李庄禹王宫中的戏台上演了几场后还到宜宾去演过。

1944冬，蒋介石利用青年爱国热情，发动知识青年从军抗日，我校富有正义感和爱国心的同学纷纷报名从军。老同学张长高、孙德祥等都报名入伍，开往泸州集训。日本投降后，孙德祥返校复学，张长高被调到印度加尔各答接受美式训练，抗战胜利后调到东北沈阳要他参加内战。后来听说他跑了出来，回到上海参加党的地下工作。

七、回上海

1945年8月抗日战争胜利后，在内地流离颠沛，环绕了半个中国，渴望赶快回到上海，重建家园，能有一个安定的教学环境，好好学习，报效祖国。但是事与愿违，当时国民党接收大员和富商们飞来飞去，我们学校的回迁却困难重重，进展迟缓。我们只得继续上课直到1946年4月中结束课程，学生才开始分批启程东返。

我和陈宾墨等几个同学，是比较早的一批离开李庄的。我们先乘船到重庆，听说水路去上海比较困难，而且曾有木船出过事，于是决定向北走陆路。由川陕公路经剑阁出剑门关到陇海铁路的宝鸡，一路不少三国时的遗址，看到了古老的张飞柏树林、栈道、关口等。到了陕西宝鸡好像从这里可以坐上火车了，但路基不好，昼开夜停，其中潼关到洛阳好像还得改乘一段公路长途汽车，再乘火车到江苏省的徐州转津浦铁路再转沪宁铁路，终于回到了久别的上海。

到上海后，听说学校已接收了分散在10处的房子，记得的有：①善钟路(现常熟路)100弄10号，好像听说是汉奸陈公博还是周佛海的住宅，学校作为医学院前期教育用房；②四川北路近虹口公园的红楼作校部办公及文法学院用房，好像后面还有两条平房宿舍，后来又在空地建了一幢两层教室楼；③其美路(现四平路)一所原日本中学作工学院用房；④平昌街近国权路原日本小学及附近的一所幼儿园作为理学院用房；⑤邯郸路近五角场一所原技术学校，作同济高职用房；⑥原江湾市中心的图书馆作同济中学用房；⑦后来又有白克路(现凤阳路)中美医院作医学院后期用房。另外还有，⑧同孚路附属医院；⑨北外滩金山路的礼查饭店四五层，作教工宿舍；⑩静安寺一所住宅等，共计10处。

近一个月的颠簸，1946年5月中旬到达上海，等我班同学全部到齐，已在下半年，但学校迟迟未能上课。我自己不要紧，已有两处建筑设计事务所要我帮忙，并为他们设计了某汽车装配车间及小住宅等几处建筑。可我当时是班长，当知道学校已聘请刚回国不久的李国豪先生为土木系主任时，就到上海市工务局桥梁处找他，他答应每周一个下午到其美路的工学院为我们班补课。

在毕业这一年里为我们上课的有冯纪忠的建筑艺术、李国豪的桥梁等。李先生还带我们到外白渡桥下面实地观察，因上海大厦沉陷而使北堍桥墩外倾，有可能把钢桥支座拉出要实施补救措施，得到了形象的实地教育。毕业前夕，李先生又亲自带领我班去杭州进行参观旅行，实地参观了钱塘江海堤和钱江大桥等工程。

1947年7月毕业，留校任助教，同时留校的还有潘昌乾、严义顺、范祖尧等人。

以上这些已是60多年前的事情了，但很多当年的事常在我脑子里回忆，有的很清晰，有的已模糊，还可能记错。现在零零碎碎地记下来，作为回忆，也可作为同济大学在抗战时期从学生角度经历的一些历史片段，供参考。

2003年12月记

我随同济大学逃难

冯姚平

写下这个题目，若有人问我，那时候你多大？答曰，一岁三个月。若再问：你有什么资格写这个题材？我说，我能写，父亲的文章、母亲的回忆、大人们的讲述、和同济人的接触，还有，改革开放后那些同济老同学热情洋溢的来信都给我提供了丰富的素材。

一、“八一三”在上海

那时候我父亲冯承植(冯至)在同济大学当教授，兼附设高级中学暨德语补习班主任，母亲姚可 在同济附设高级职业学校教德语。我们家租住在吴淞镇的一座小楼房里，离附中不远。这里空气清新，生活方便，小街上能买到各色各样新鲜的海鲜和青菜。父亲上班，母亲每周四次乘小火车去江湾高职上课，我的奶妈(母亲产后生了一场大病，没有奶，为我请了奶妈齐桂兰女士)忙完家务，就用小车推着我去黄浦江边散步，那是多么安逸美妙的日子。

好景不长，七七事变发生了，紧接着的是日侨撤退，日本军舰驶入扬子江，平津陷落。我的表姑陈蔼民清华大学毕业后也来到上海，住在我家。全国的情绪一天比一天紧张，上海一旦打起来首当其冲的就是吴淞，母亲每次去江湾上课，就看见戴钢盔的士兵在路旁隐蔽着，形势已十分严峻。镇上的居民先是三三两两，最后是成群搭伙地离开了，我父母也在上海法租界霞飞路22号临时租了两间房，让表姑、奶妈带着我和简单的行李住进城里，暑假母亲也搬进城来，只剩下父亲在吴淞忙招生的事。这座本来繁华的吴淞镇一下子变成了一座死城。8月12日下午当父亲离开时，吴淞到上海的小火车已经停驶，只得跳

父亲在吴淞家中工作

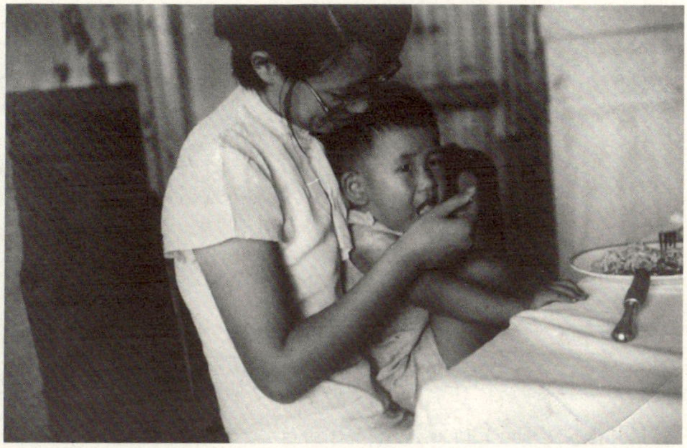

母亲和我在吴淞

上一条小民船。黄浦江两边停靠着的都是日本军舰，舰上的大炮已经退去了炮衣，甲板上日本军官手拿望远镜不时向四方瞭望，小船就在这种阴森恐怖的夹缝中穿行，到达上海时已是万家灯火。八年后，日本宣布投降的那天晚上，父亲在《八月十日灯下所记》一文中详细描述了当天的情况，我在网上“吴淞”条目下读到过这篇文章，这可能是对战争爆发前吴淞镇最后的写照。

听说小火车已停，眼看着天黑了不见人回，霞飞路上急坏了我的娘。听着外面“那里那里被炸了，……大世界也炸了”之类的传言，我娘吓得要命，非要出去找我爹。劝不住，表姑只好陪她去，她们刚要上电车，后面一把被人抓住，回头一看是我爹，他说“这种时候，你们还要上哪儿去。”好悬啊！此时，闸北一带的炮声隆隆响起，悬在中国人民头上多年的这把利剑终于落了下来，拿在手中了，四万万五千万中国人长出了一口气。

8月14日，中国空军第一次出动轰炸日本停在黄浦江上的军舰，父亲站在凉台上望着飞机的出没与回旋，忘记了一切，从傍晚直到夜深，最后飞机早已飞回不见了，他还是舍不得下来。抗日战争全面展开，人心振奋，从此可以洗清多年的民族耻辱，兴奋的心情支配着上海市民，把各阶层的男女老少融为一体，大家同仇敌忾，有钱出钱，有力出力。

同济大学的师生组织起来，日以继夜，忘我的投入抢救伤兵和难民的救护工作。8月末，日本飞机接连轰炸吴淞地区，同济大学惨遭破坏，我们那可爱的小家也未能幸免。父亲最后离开时，想带回点什么，环顾四周，无从下手，只是从墙上摘下他心爱的“塞纳河畔无名少女”的面模和几个镜框，里面镶着他在罗马买的《奥尔弗斯》和《爱神的诞生》浮雕的照片。伤心的是，这辗转万里，历尽艰辛始终未离父亲身边的面模没有逃过文化大革命；欣慰的是《奥尔弗斯》至今还陪伴在父母灵前。我们的全部家当只剩下事先带进城里的两只手提箱、两个装铺盖的大行李袋，都是父母从德国带回来的，轻巧、结实耐用，在我们颠沛流离的日子里它们立了大功，如今都还“健在”，只不过早已“离休”了。

上海战事更为激烈，同济大学决定搬迁(不知道当时有没有“搬迁”这个说法，反正我小时候只知道“逃难”)。9月中旬，一岁另三个月的我开始了我的逃难生涯。此时表姑偕同她的同学陈明绍(后来成为我的姑父)去了兰州，她的父母在那里。我们一家四口在一个月明之夜登上了开往金华的火车。皓月当空，敌机来袭，警报频传；半夜，快到钱塘江时，列车停下了，旅客们下车步行过江。母亲能干，一手提一只箱子，奶妈抱着我，一家人心情紧张地匆匆走过钱塘江大桥。此时，无人欣赏皎洁的明月，恐怕心里还埋怨她只顾显示自己的冰清玉洁，不理会民间疾苦。

到了金华，首当其冲的是找地方落脚，好尽快开学恢复上课。当时以为战争打不了多久，这儿离上海近，先在这里稳定一段时间，等战争结束就迁回上海，谁又能料到这是一场持久战呢。我看过一封附中老同学潘世和于1978年底写给父亲的信，谈到在金华找房子的事。那时他随着家人也来到金华，刚在醋坊岭大街租上两间房住下，日本飞机来轰炸，他母亲害怕，就又迁往乡下，他仍住在城里。他说：“有一天，在街上遇到老师和姚先生。你们刚来金华，一时找不到住处。我正好有一间空房，就转租给了你们。这样，我们共居了一段时间”。后来我家在芝麻山头租了三间房，门外不远就是李清照“只恐双溪舴艋舟，载不动许多愁”的双溪。金华是个好地方，山奇水秀，清洁整齐，居民和蔼，物价低廉，没有大城市的喧哗冷漠，却有小城的安宁亲切。父母爱上这个地方，甚至相约将来老了到这里来度晚年。

又是好景不常，11月12日，上海沦陷，日寇紧逼杭州，日本飞机不断空袭金华。在频繁的警报声中，已经不能正常上课。同济大学不得不再次搬迁，这次的目的地是江西赣州。这一路《同济大学校史》是这么介绍的：“从金华到赣州，迁校工作，困难重重。由于当时军运频繁，火车从金华开出，需费时四、五天，才到南昌。再从水路乘木船，溯赣江而上，一路滩多水急，部分师生员工押运校产历时20多天，方到达赣州”。

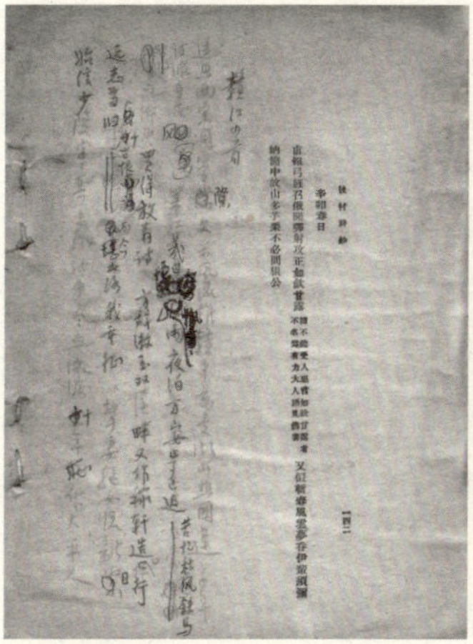

父亲写在《宋诗钞略》后面的诗《赣江四首》

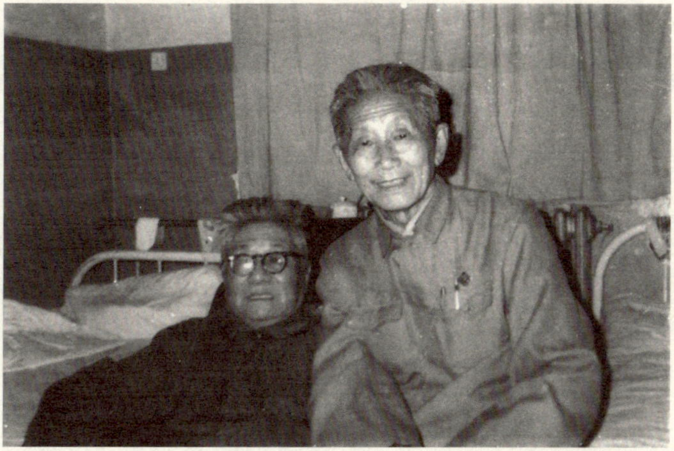

1985年郭惠申(《在赣江上》提到的"郭君")来京出差，到医院看望父亲

我们也是几家人挤在一条木船里，船篷低矮白天直不起腰，晚上大家并排而睡。只有当船停靠码头时，可以上岸舒展一下筋骨，观赏一下市镇风光。船行六七天，到达赣州。这一路，真所谓"同舟共济"，大家共办伙食互相帮助结下深厚的友谊，沿途也体会到民间疾苦。我父亲随身携带了一本日本袖珍版的《杜甫诗选集》，他翻来覆去地读，越读越深入。感叹自己虽然生逢乱世，却不自觉，一直做着太平梦，不能理解杜甫，如今"携妻抱女流离日，始信少陵字字真。未解诗中尽血泪，十年耻作太平人"。这是他进一步认识杜甫，走近杜甫的开始，是他萌发研究杜甫，为杜甫写传的源头。这一路，所到之处，处处引发他对南宋爱国诗人的怀念，正是"方辞漱玉双溪畔，又作稼轩皂口行，远志当归千古恨，而今此路我重征。"船泊万安，在一个小书店里买到一部《陆放翁集》，他说"寒江几日凄风雨，夜泊万安岁已迟；苦忆秋风铁马句，街头买得剑南诗"，对他们的苦恼、悲愤感同身受。条件所限父亲把这几首诗(《赣江四首》)写在一本《宋诗钞略》的后面，日后收入《冯至选集》时文字稍有改动。

二、我讲一口地道的上海话

1938年1月，同济大学在赣州开学了，生活好像也暂时安定下来，实际上却是暗波汹涌。父母总说，噩梦般的赣州是最不堪回首的地方。直到父亲去世后，看了一些当年同济附中老同学的来信和文章，我才多少有些明白。

35年底，36年初，正值全国掀起抗日救亡运动的高潮，青年学生们热血沸腾，同济附中的学生当然也积极响应，要求政府停止内战，北上抗日。而学校当局却开除了领头的学生，一些普通群众也接到学校训导处的警告函。为控制同济大学，国民党派了一些分属复兴社与CC派的特务份子以学生身份到同济来。上同济需要用德语，他们不会，只得先上附中。这些人来了积极发展组织，不断抓住一些鸡毛蒜皮制造事端，所以当时同济的政治环境相当恶劣和不平静，反动势力猖獗，压制打击进步学生。而父亲正好这个时候到同济任职，初到同济的他对同济复杂的政治形势茫然无知。

1935年9月我的父母从德国留学回来，船到上海首先去看望父亲长兄般的老友杨晦。父亲向他述说了自己几年来的思想状况，杨晦听后严肃地对他说："不要做梦了，要睁开眼睛看现实，有多少人在战斗，在流血，在死亡。"给了父亲一个当头棒喝。到同济后，父亲邀请杨晦到附中任历史教师，杨晦结合教学对学生进行爱国主义教育，主张抗日，反对法西斯，深得广大学生的欢迎热爱。父亲一直专心读书做学问，缺乏政治头脑，但他为人正直，秉公行事。他爱护学生，支持学生爱国、要求抗日的正义活动。"附中学生课外组织救国会、读书会、话剧团、歌咏队以及举办形势报告会、出版刊物等，他均采取支持的态度。"(张宝锵《冯至在同济大学附中》2007年)"冯至主任平易近人，诚挚厚道，对同学也像陆振邦主任(注：附中前任主任)一样关怀爱护，同学们都敬爱他。特别可贵的是他对政治上的善恶是非敢于过问，发生在学校里、同学之间的正义与邪恶的言论、行为，他敢于分辨正邪、曲直，在他力所能及的范围内给予支持、保护或抑制。"任慰堂先生这样写道。他还举了两个例子：有位同学画了张希特勒耀武扬威，狂叫战争的漫画登在进步同学的壁报上，被实习工厂的两个德国管理员路过看到了，就向几个德国教授汇报，说是侮辱了他们的领袖，提出抗议，甚至有人扬言要罢教，父亲受到的压力不小。最后父亲妥善处理了，壁报内容不变，只是把张贴的地点移到走廊另一头德国人经过看不见的地方。一场风波平息了，以后壁报照样如期出版，画漫画的同学平安无事，同学们都很高兴。另外一件事是这样的：一位同学不小心把一本名叫《第四军》的小册子带到课堂里去看，这本书是描写东北抗日联军李延禄领导的第四军奇袭和伏击日寇的事，被班上一个复兴社分子看到，就偷走，层层上交到吴淞镇党部。“星期一上午，他(冯至)正主持总理纪念周例会，突然蓝衣社学生骆竟度站起来厉声质问为什么让一本非法出版物在学生间流传。一向温文儒雅的冯至，这时站在台上勃然大怒，他拍桌子说，描写抗日斗争的书籍为什么不能看？我当时听了也颇为激动，觉得特务学生太无耻了。”张宝锵先生这样回忆，“但是”父亲接着说“不要在上课时间看，今后一定要禁止在上课时看别的书。”

“逃难”过程中，同事之间、师生之间的关系密切起来，常有学生来家闲谈，增进了解。学生们组织战时服务团，通过剧团、歌咏队、宣传队进行各种抗日救国活动，非常活跃。一部分在金华常见面的同学在赣州不见了，一打听，知道他们离开学校奔赴各地参加抗战去了。张宝锵的文章中提到在从赣州迁往八步期间，父亲曾资助进步学生王昌维奔赴延安，这使我想起解放初期的一件事。那时许多过去“突然不见了”的学生都出现了，来看望父母，父亲很高兴。但是这个“王昌维”(我当时常听大人念叨，心想怎么和唐朝大诗人的名字一样)却音信全无，到昆明后还曾收到过他的来信，父亲黯然神伤，战争是残酷的。

1938年，学期结束快放暑假时，同济大学翁校长收到一个包裹，包着两个手榴弹，还有一封信写着：冯承植、杨晦是第三国际派遣来的，若不解聘他们两人，我们就要以手榴弹对待。校长收到信，不找父亲谈，却把信交给赣州地方专员，这是一个反动透顶的家伙，说是求他“保护”，实际是交给他处理。父亲听说，非常气愤。正好那天晚上，高三毕业同学开联欢会，父亲发言说，抗战以来，大家本该齐心合作，但赣州这半年来却是明争暗斗不断，有人用卑鄙的手段陷害别人。在这样的环境里不能继续工作了，他要辞职。全场愕然，广大同学不知发生了什么事，个别人却在暗笑。没过几天，朱家骅从武汉给他拍来电报，约他到武汉去谈一谈。父亲在北大学习时，朱家骅曾担任北大德文系主任，他们有师生之谊。同济大学属于朱家骅的势力范围，他重视延揽人才，注意收罗留德学生为他所用，父亲到同济去工作就是同学好友蒋复璁通过朱家骅给推荐的。

父亲去武汉，进步同学都很担心。后来翟立林(他当时是大学高年级学生)告诉我，大家担心特务会在路上加害于冯先生，特意安排一位正好毕业要去武汉工作的同学与父亲同行，这位同学身体壮健，好像还有点功夫。同学在码头为他们送行，大家千叮咛万嘱咐要警觉，要小心。到武汉，朱家骅无论如何不让父亲辞职，还劝他加入国民党，那时朱是国民党组织部长。父亲也觉得若离开同济，困在闭塞的赣州确实也无路可走，不如暂时先答应他，再另做打算。因为那时同济大学已经在酝酿着再度搬迁，不妨先跟着同济走，将来再找机会。不过离开同济的决心此时已经下定了。

父亲去武汉来回大约十来天，母亲整日提心吊胆，焦虑不安，既担心父亲的安全，又为今后的生活出路犯愁。现在不只是他们两个人的事，还有我和奶妈；奶妈背井离乡，远离亲人陪着我们逃难，母亲要对我们负责。这种环境严重损害了母亲的健康，她病倒了，生了一场莫名其妙的大病。先是阿米巴痢疾病了很久，刚有起色却来到了鬼门关——十天十夜不省人事。她手脚冰凉，僵卧床上，牙关紧闭，不吃不喝，只是心头一息尚存。医生也说不清是什么病，只是竭尽全力地维系她的生命，据说曾有一夜打了3次强心针；父亲一直拉着她冰凉的手守护在她的床边。就在大家都认为她将死去的那个夜晚过去后，第十一天清晨，父亲感觉握着的手好像有点动，定睛看时，似乎母亲的眼睛在看着他，多日的疲困使他精神恍惚，以为是幻觉。忙过去打开窗户，只见母亲的眼睛跟随着他的行动，两颗大泪珠滴落在枕头上。父亲狂喜，大声叫奶妈："姚先生哭了，快来。"爱情和顽强的生命力战胜了死神，母亲苏醒了过来。"大难不死，必有后福"，她后来恢复了健康，活到99岁，这是后话。要说母亲的福气，不能不提到同济那位医术高超，认真负责的校医唐哲先生，我从小就对这个名字感到一种莫名的亲切和尊重。耳边总听到父母对他的赞誉，要知道那是77年前，什么点滴输液补充蛋白质的手段都没有，而且在逃难期间，药品必然是缺乏的，他要做出多么大的努力才能保证这支队伍的健康啊，甚至像我母亲这样的重症病人。上世纪90年代初我到武汉出差，联系上同济医科大学，请求拜望唐哲老校长，唐老在医院病床上热情接待了我。我说："唐伯伯，我是姚可 的女儿，您还记得她吗。""记得，记得。你的父母都好吗。"我向他转达了父母对他的问候和怀念。不敢多劳累他，虽然只聊了一会儿，却是非常的温暖。

母亲的重病牵扯着许多人的心。同院住的理学院院长王葆仁的母亲是一位有慈善心肠的好奶奶。父亲不在时，有一次日本飞机来轰炸，母亲带着我们躲进了一个土坑，出来后才发现是个刚刚挖走棺材的墓穴，所以她认为母亲的病是误撞了鬼魂作祟。知道父亲不信这些，她就自己请了人来为母亲作法驱魔；大家都认为母亲要过不去的那一夜，她怕有事发生父亲应付不过来，就请了两位工友呆在传达室以防万一。这些事我的父母都是事后才知道的。

我长大了，父母爱和我开玩笑："知道吗，你小时候说的是满口地道的上海话，整天'阿拉'呀，'sa ning'啊的。"原来母亲生病很长时间，父亲和奶妈只顾忙病人，顾不上我，我就整天在传达室跟周师傅家的哥哥姐姐们玩。玩累了躺在地上就睡着了，周师傅抱着把我送回家。饿了，大概也没少在周师傅家吃东西。正是学说话的年龄，我讲一口上海话是很自然的事，可惜现在一句也不会了。想想好笑，原来我的"母语"是上海话。工作以后我去上海出差，办完事只要有空总要去同济三村看望翟立林，我叫他翟老师。有一次他告诉我，他见到周师傅，周师傅问起："冯先生家的那个小女孩怎么样了。"我很感动，周师傅还记得我，我说下次来上海一定要去看他，可惜没能兑现。

同济大学又搬迁了，目的地是广西八步，就是贺县。家属们都已陆续走了，只剩下几家等着我们。10月下旬的一天，母亲被抬上一条民船，在赣江上顺流而下，五天后到达吉安，母亲居然能起来下船走路了。从吉安改乘长途汽车到衡阳，再上火车到达桂林。一路上条件很差拥挤不堪，母亲的身体却逐渐恢复，在桂林能够和大家一起游山洞，逛市容了。半个月后他们(我还不懂欣赏美景)畅游漓江、阳朔，到达平乐。父亲的散文《在赣江上》记述了这次旅途中有趣的惊魂一夜。

父亲到八步去勘察校址，我跟母亲、奶妈暂住平乐。在这里我们收到辗转寄来的两封家信，第一封是我爷爷在病中写的，信中有这样的话："儿等贤孝，父死无遗恨。惟念及小乖乖，仅匝月相处，何缘之浅也。"小乖是我，都说爷爷特别爱我，说我乖，叫我"小乖"，这就成了我的小名。第二封信是我伯父写的，告知我爷爷在北平病逝的消息。父亲非常悲痛，爷爷苦难一生，他未能尽孝。所以父亲说，1938年是他最倒霉的一年；赣州是他最厌恶的地方。后来他告诉我，当时他曾暗下决心，万一母亲有个好歹，他要弄个瓶子把骨灰装在里面带着走，绝不能把她孤零零的留在那种地方。当然现在的赣州一定是光明的、美好的，我倒很想回去看看。

日本鬼子步步紧逼，八步频频遭到轰炸，同济不得不放弃八步，改为迁校昆明，我们又要离开平乐了。临行前，平乐一位认真、信守承诺的裁缝令人思念，发人深省，父亲怀着深情写下散文《忆平乐》。这两篇散文后来收入他的散文集《山水》。

我们由平乐经柳州、南宁，出镇南关(现在的友谊关)，进入越南国境。在河内停留两天，又乘滇越铁路的火车经老街、河口，到了昆明。那是1938年12月21日，一年零三个月的“逃难”生涯就此结束，大家总算松了一口气。

三、离开同济，友情长存

昆明山青水秀，温暖如春，民风淳朴，尊重读书人。同济大学高年级同学吴祥光是昆明人，非常热心地为我们在报国寺街租好房子，我们生活上安顿下来，好像有了家，感到温暖。虽然在这两年患难与共的生活中父亲与大学和附中的许多教师和学生彼此增进了了解，建立了深厚的友谊，但是他离开同济的决心没有改变。到了昆明，他就努力另谋出路，不只是为了寻找一个只教书不管行政的地方，内心深处更是为了摆脱与朱家骅的关系。这种心情别人不知道，只有好朋友曹礼吾有所觉察，曾有诗句谈父亲的苦闷：“强令诗人作党人”。

虽然决心离开，但他仍然忠于职守。从他简略的日记可以看到，1939年1月3日，翁校长到昆明，7日他们就“晚至兵属第二十二厂周自新处讨论同济校务至夜十二时。”周自新自同济大学毕业后留学德国，在昆明任第二十二兵工厂厂长。“9日　下午三时开建校委员会。”“12日　下午建校委员会决定校址昆明。”13日开始勘察校舍。接着是“新生发榜”、“附中正式迁入福照街上课。”4月翁校长辞职，新校长赵士卿从重庆来接替他的职务。大家认为同济在昆明市内零敲碎打地借地方上课终非长久之计，最好在郊区选址建校。5月29日至6月2日父亲陪同赵校长外出勘察校址。2011年，同济大学校史馆喻大翔教授曾邀我同去昆明寻访当年同济人的痕迹，但昆明市内变化太大，旧址几乎无存。后来我们按照父亲的日记去郊区寻访：“29日，早八时登舟出发赴海口，夜宿灰湾(又名凤阳村)文庙中。30日，午至观音山，登潮音寺，风景绝佳；晚至海口，宿中滩第五十一厂办公室，即李泗将军庙。31日，勘察可作为校址者五处。6月1日，夜间大雨，早十时始晴，登舟言旋；舟上遇雨，至观音山，风浪甚大，不能前行，宿小学内，董氏家祠也。2日，风未止，浪大，舟不能行，乃步行，午饭灰湾，下午四时至高桥，微雨时作时止，路泥泞不堪，共行约五十里。在高桥买舟，晚七时半至小西门。八时　至家。”这是父亲的日记。令人惊喜的是，“日记”中提到的地方居然都“健在”：登潮音寺依然“风景绝佳”，但“寺”十分雄伟壮观，汽车可直达山顶；董氏家祠保存完好。是村民重要活动的场所，小学校建在村外大道旁，是

父亲与邻居廖作新摄于昆明节孝巷怡园巷4号(1940)

全村最高最好的建筑。李泗将军兴修水利造福人民，深得百姓爱戴，遂在中滩建庙祭祀，现在是文物保护单位。我猜想当年第五十一厂大概也是刚搬迁过来，所以借将军庙当办公室，而且厂里一定有同济校友能给以帮助。果然，吴祥光的小儿子吴在喜(是他开车陪我们去的)熟悉这里，说这边工厂有不少他父亲的老同学，可惜如今均已作古。

1939年6月23日，西南联大外文系主任叶公超来访，说西南联大的北大方面拟聘父亲为外文系教授，特来与他商量下学期能开什么课程，并约他为一部分联大教师组织的《今日评论》写稿。7月26日，父亲向校长提出辞职，校长说恐怕无人接替；8月3日日记有“收骝师信”字样，骝师就是朱家骅，不知来信说些什么，要他继续留下，还是对他失望。8月5日父亲向校长推荐留学德国回来的田伯苍接替自己，辞去了同济大学的职务；14日工作交代完毕，他在日记中写道：“交代附中职务，一身轻快，好朋友都来庆祝。”父亲接到北大聘书，到国立西南联合大学任外国语文学系教授，开始了他最自由、舒畅的一段生涯。

后来同济大学又迁往四川，有些朋友留在了昆明，如生物系教授石声汉、附中国文教师曹礼吾、测绘系助教郭惠申(就是《在赣江上》一文中的“郭君”)；还有一些大学高年级学生毕业后留在昆明的，那时我父母也年轻，他们成为朋友，甚至终生的朋友。翟立林是学土木工程的，知识渊博，对哲学和时事很有见解，与父亲非常谈得来。他创办儿童剧团，宣传抗日很受欢迎。当时昆明医药非常缺乏，同学们集资开办了西南大药房，我的父母和奶妈也入了股，大家推举翟立林当经理，我最高兴的是他从缅甸采办药品回来，听他讲述途中的惊险遭遇和种种奇谈怪事。常有人来家打听同济同学，父母就叫我带客人穿过大半个昆明城到西南大药房去，那时的昆明不大。

有一阵几位同学在我家搭伙，母亲做饭，父亲洗碗，那时肺结核是不治之症，为了避免交叉感染，各人自备有特色的碗筷，我印象最深的是，在造币厂工作的苏嘉穗特意到湖南饭馆曲园去吃了一顿饭，“偷”了一双湖南的长筷子来，引得哄堂大笑。吴祥光自己办工厂搞实业救国，他结婚时要我为新娘拉婚纱，这是我生平头一次担当重任。我还记得，在杨家山(这里是吴祥光父亲经营的林场，为躲避日本飞机轰炸，我们曾住在这里)，同济的同学们常来玩，一次他们在大树下唱抗日歌曲，父母听到，催促我，“快去跟他们学，他们在唱《义勇军进行曲》！”我唱歌就是这么学的，因为我的父母都(用父亲的话说)“歌喉不会婉转”。

翟立林每次到北京，都要来长谈

改革开放以后，父母已近耄耋之年，当年的学生也都年近古稀，但他们都还以旺盛的精力奔走在祖国建设的各条战线上。特别令我感动的是，家里经常见到几位白发苍苍的老人结伴来看望同样白发苍苍的两位老师，他们畅谈往事，无限怀念。翻看父亲的日记常有这样的记载："(1988年)10月23日，……下午当年同济同学杨民（上海印刷机械公司)、范冠海(首都钢铁公司)、柴宏业(复兴门外会城门铁道部宿舍90栋11号)来访，畅谈同济往事。"还有那一封封情真意切的来信，记载着跨越了半个多世纪的真诚友谊。

2015年5月30日

回忆抗战中的几个片段

刘葆樑

国破家毁

今年是抗战胜利七十周年。

1937年我正在无锡辅仁中学初中三年级上学。8月13日后某天的午后，日机突然偷袭，投弹而去。回家途中，我专门到火车站附近察看空袭的后果，日本投的炸弹太小。屋顶炸穿，窗玻璃粉碎，但炸弹并未把楼板穿透，楼下地面还是好好的。

从此，我全家暂住在(无锡近城乡的)冯松生(堂房姐刘风宝之夫)家，又过了一些时(候)，日机只是在无锡上空飞过，从未轰炸。

辅仁中学通知：学校即将在“陆区桥舜耕农场”复课。我们按时到校，但是，到校的学生不多，教师也不全，我们只能“等”！

不几天的午夜，日机又突然夜袭无锡。多批次，连续轰炸。并投下许多照明弹，此熄彼亮，似白天一般。我们躲在照明弹光的阴暗处，认为这样，飞机就看不到我们了。如此折腾了整整一夜。天色渐明，又下起“毛毛雨”！

早晨，冯松生、我姐刘道珍等来到舜耕农场，把我接走。原来我家为躲避敌机轰炸，根据我侄女刘定锦和道珍姐的建议，决定到宜兴和桥谈巧英家暂避。

谈巧英是刘定锦在上海“立达学园”的同学。因是知己，每学期开学或放假的往返途中，谈巧英和其妹谈志英都在无锡转车，并在我家小住，在无锡的名胜景点玩几天。同时，刘定锦和道珍姐也曾同赴宜兴和桥，在她家“过年”(谈巧英，刘定锦两人现已改名为

① 教授，1922~2015，1946年毕业于同济大学测量系，1948年底重返同济测量系任教。

谈明倩，刘恬)。

到了和桥，待谈家安排好以后，再船驶到谈家。

不想就在那一天的午夜，突然，枪炮轰鸣，火光冲天。逃难人说："日军快要打过来了。"

这样，我们认为在谈家也不宜久留。黎明，全家重新登船，当天过了和桥、夜息高塍镇。突有一船停靠在我家船旁，原来就是谈家的。有谈家的俩老、谈氏姐妹和一个小孙子。从此，我们二船同行同息，一直往西北行，离沪宁铁路越远越好。可是，谁也不知道"要去何方"？最后与谈家的船一起，躲在苏浙皖三省交界处社渚镇的一个河浜里，该河浜河道曲折，与外面的大河并行，相距约500多米。可是从外却看不到小河浜内的船(前 后总共约四五十条)。

我们在船上住了很久。她们几位女士或躺在河岸边晒太阳聊天，有时也同到社渚镇上去玩耍，(吃)"小吃"，并带一些回来供船上人们食用。

这时，外界却发生了很大的变化。

日军受阻在昆山一带，向日本国内求救。但其救兵并未直接前往支援，却从浦东金山卫登陆，从太湖的南岸，沿江浙两省的交界处，向安徽方向进攻，从西、南两方向包围南京。我们若继续向西北行，可能遭遇日军。

我们在小河浜里，也并不太平。日军的小汽船耀武扬威在外面大河中往来。只是日军人太少，不敢随便轻易上岸。

后来才知道，蒋介石先通过德国大使与日本和谈，因不敢承认"满州国独立"的日本(和谈)条件，即离南京飞武汉。日军从此由南北两面会师南京。开始屠城，杀我军民同胞三十万。

在社渚镇的河浜里，经过了这一段时间，估计(已被)日军烧杀抢掠过，天气也开始寒冷，快要过"年"了，大家都怀念"家"的情况，(便)各自分别回乡探望。

我家也请冯松生回无锡去探望一下，回来说："我家已被日军全部焚毁。所有库房中的存粮，全被日军劫夺而去。"

对我父亲和全家来说，损失惨重，其打击是很大很大的，使我家无家可归，无房可住。

谈明倩的父亲特来我船，邀请我家仍与他家一起回和桥，住在他家。我父亲先谢谢他们的好意，并说："回去是肯定的，可是，想回到无锡的近城乡，便于照顾家务。"于是，两船各自分离，回去。

最后，我家回到无锡陆区桥与戴溪桥之间"尖岸上"，到米行的"戴姓"客户家，住在他家的老宅内。楼上共有三间明亮大房。

过年了，根据戴家的建议，也杀了一头猪，"苦中作乐"过了年。

过年以后，(情况)就不好了。整夜从四面八方传来的枪声不断。在战争中，军队抛弃的枪支子弹、手榴弹太多了。且有传言：指名要"绑票"怀孕中的我嫂洪桂宝。

无锡回不去，此地又住不得，于是决定去上海租界中居住，可是上海的情况又不明，怎么办？

于是派刘恬和我两人，由冯松生护送，先到上海永和实业公司顾风贞家试探一下。(我家有永和公司的股票，顾风贞称我父亲为姑夫，而刘恬的生母是顾风贞的大姐，刘恬母去世前，曾将刘恬托孤给顾风贞)。

我们从常州的戴溪桥上船，那是由小汽轮拖着的运米船。经过五天平安到达上海。冯松生立即回无锡，再把我全家顺利地接到上海。

我父亲刘兰溪(1869~1941)，本出身贫寒，自幼即到无锡谋生。先作学徒，次与人合伙买卖，最后独资开设宝源米行，买卖麦、米等五谷什粮，逐步成为闻名于无锡的四大米行之一。

他每天清晨步行至米行，早餐，开始一天的商业活动。晚上又需亲自查核所有经营账目。财务的出入均由他亲自管理，然后约于七八点钟回家。

他早年曾因跌伤脚腕，虽仍可自由行走，但需求助手杖。人称"刘瘸子"。如此，早作晚息，几十年如一日。直到晚年，才由人力"包车"代步。

资金的多少往往决定买卖规模大小。有了资金，就可购买一些价廉质良的粮食储存起来，然后待价而沽。由此需要粮库，即兴建宝兴碾米厂。除粮食加工设备外，有一个大晒场，晒场的四周均为库房，可储存许多粮食。

他任命冯松生为主任会计，管理宝兴碾米厂一切事务。由此，进一步扩大了我父的经商资源。

每年当小麦上市时，临时在市郊运河边，另辟一收购点，并驾船沿河迎接由农村运来的小麦，立即验货议价收购，并转运给申新等面粉厂，又是一个进财的来源。

我家先在无锡江阴巷购得宅基地一块，占地0.7亩许。前、后共有旧房五造，每造间是天井，有前后门出入。

约在我出生前，即将其最后的第四、五两造旧屋，翻建成朝东、朝南各两开间的两层楼楼房，中间是厨房和天井，并由楼梯、通道连成一体，其天井上方是挡风雨的明亮玻璃天棚。朝东房的楼下是主庭堂，楼上由我哥、嫂及侄女刘恬居住，而朝南屋为父、母及我姐、弟共四人居住。其南面是一个大天井，称“新房子”。

约在1934年，我家再一次翻造旧房。将第二、三造房屋建成一所大楼房。前后有水泥阳台。前后左右共房间四个。另有一个南北向的大厢房并有水泥走廊 楼梯，把上下前后，与“新房子”连接成一起。

这样，珍姐、刘恬和我就住了进去，还为我等选购了相应的新家具。

父亲平时克勤、克俭，诚信待人，烟酒不染，积数十年的艰苦拼博，刘家逐步成长为一个殷实的小康人家。

孤岛生涯

在上海赁屋(吕班路万宜坊)而居，从此进入孤岛生涯。

可庆幸的是，全家无一人伤亡。尚有一麻袋的纸币(逃难中一直藏在船底的稻谷中)，可以度生。

我到上海时(约1938年初)，大家都歌唱着《歌八百壮士》，歌颂“八一三”抗战中，为掩护国军撤退，谢晋元将军为首的 800壮士，孤军奋战在苏州河畔的“四行仓库”，杀敌几百人。可是800壮士却无法撤退。

由于苏州河的南岸是公共租界，租界的负责人怕日军炮轰四行仓库，殃及租界的居民和房屋。在日军的胁迫下，谢晋元将军为首的800壮士退出四行仓库，被囚禁于延安中路的哈同花园内。或潜逃，或死亡，最后谢晋元将军为首的800壮士烟消云散(此处记忆有误，800壮士退入租界后，被囚禁于胶州路。1941年4月24 日凌 晨5点，谢晋元被刺杀身亡。1941年12月8日太平洋战争爆发，日军随即占领上海公共租界，孤军营里的八百壮士沦为日军俘虏，分别被遣送各地做苦役)。

后在同济的同学吴硕麟，当时曾和一些热血爱国救亡者，横渡苏州河进入四行仓库，慰问孤军奋战中的800壮士。

后来，有一些人鼓吹要吴继续参加活动，并一起去延安等等，但被吴拒绝，说“我要继续上学”。其实这些人都是国民党的特务。

后吴硕麟读同济附中，毕业后进同济工学院电机系。直到“文化大革命”后期，上海交通大学党委经过“清理阶级队伍”，查明吴硕麟是一位“革命的勇敢青年”，与国民党特务没有丝毫关系。

他后来非常愉快地将这件事告诉了我，并说：真没有想到，党组织把几十年前“慰问孤军奋战中的800壮士”一事，查得清清楚楚。这是后话。

1938年初，无锡的辅仁中学也已迁到上海南京路大陆商场的高层楼上复校，并说：“凡去补课者，均可继续升级”。1938年秋，我在辅仁高中一年级上课。

到上海不久，我哥嫂带着他们的子女和一些钱回无锡去了，说是要重建被焚房屋和经商。

谈家姐妹(谈明倩、谈志英)不久也到上海，准备上学。可是仅有一间 房，她哥嫂(谈冠英、陶瀛孙)不便与两个小妹同住一室。这样，她俩就住到我家。刘恬伴谈氏两姐妹同住在我哥嫂的原住房中。约一年余后，她哥嫂处另觅到一个“亭子间”，她俩就住回去了。

刘恬和谈明倩与谈志英仍就读于立达学园(因战事，停学了一年)。立达学园在下午上课，而辅仁是上午上课。

还有赵君启(他是我母亲侄女之子)，想谋取中学毕业文凭，以便找寻工作。所以也到上海来上学(也可能他因在江阴参加了革命行动，其他许多人都已过江去苏北了，独一人不宜留江阴久居)。在上海时，我曾与他一同去过若干地方，见过一些不认识的人。

那一段日子，我家有许多年轻人，同去看电影等，非常热闹。

经过抗战的劫难，我父亲勤奋一生的积累，付之东流。对我父亲来说，这一打击是非常沉重的。他深感年迈、力衰，经历多年的风风雨雨，再也没有“东山再起”的勇气。我大哥涵初是个游手好闲、好逸恶劳、挥金如土、深染鸦片的瘾君子。钱到他手，有去无回，终日赖鸦片度生。长我八岁的道珍姐，也无法支撑这个家业；我年仅15岁，更何堪此任？

虽然，随身来沪带些钱。因商业上的往来，凡欠人家的都上门来索取而去：而人家欠我们的，却无“人”、无“处”又无“能”将其讨回。这样，在只“出”不“进”的情况下，物价飞长，唯有“坐吃山空”一途而已。

我父母间有一个无法解决的矛盾，那就是“我的出路”问题。父要我走他自己的“老路”，当学徒，学做生意。但又认为我已长大，过了当学徒的年龄，又怕我与我哥涵初那样“不争气”。我母亲却主张：要多读一些书，学一点真“本领”，做一个能自食其力的“人”，如医生等。我自己同样想多读些书。

上海这个“孤岛”，继续读书有可能吗？这是值得怀疑的。尤其，在读了《最后一课》的课文后，(课文描述：当德军即将占领原属法国的“莱茵河”西岸，学校不得不上完法文的“最后一课”后告终)。若日军冲进租界，我们岂不是也将上“最后一课”了吗？也将当“亡国奴”吗？。

持久抗战，一时胜利无望。又听说在内地读书不要钱。内地不是有许多亲朋好友吗？其实，并不尽然！

可是我当时却非常勇敢，一点没有很好思量，急于奔赴内地。

在我这一生中，离家去四川读书是“很关键”的一步，也是无可奈何的一步，更是必然一步。可是行前全不考虑：“持久抗战”何时才能胜利回家？在大后方的岁月中，将何以为生？离家后的生活、起居怎么办，一切都要我独立自理，独自谋生。所有这些，全然漠然无知，亦未深思。

祝贺完我父亲七十大寿以后，各奔前途。道珍姐独自一人先到了昆明。

时值1940年的清明，正在读高二的我，年尚不满17岁。为了自己的前途，不得不辞别衰老的父母，毅然西去四川求学。

行前，家里给我与定锦两人各2000元。其中1000元是上海至昆明的路费，另1000元购买了衣、衫和生活用品，以备在内地长期使用。

临行前，我父亲还从身上取出七个银元(那时银元不常见)，嘱我：今后，在万不得已的急难中使用。可惜，我全不理解父亲的深切含意。就在越南河内的几天中，为了购买我所喜爱的物品，七块银元全都化光了。后来，困难中，每念及此，追悔莫及。

我们离沪后，上海的“家”，就只剩下我父母两人。

约在1940年底(公历1941年)，我父亲一人，由涵初哥接到无锡。他随身不离的一只小箱子突然不见了，其中是全家仅存的最后财物。估计被涵初哥、嫂偷偷拿走了。因此，到无锡后不几天，我父亲即在悲惨中去世，结束了他勤俭、艰苦拼博的一生。

此事，过去家中一直没有告诉我们，我在1946年从四川回到无锡后才知道。

负笈西行

当时，武汉、广州均已被日军占领，中华锦绣山河，只剩西南一角。去内地只能路经安南(今越南)一途。

谈明倩的表哥王达时在昆明郊外的中山大学任教，回宜兴办事毕，要回昆明。我就与刘恬、谈明倩一起，随其表哥(共四人)同行。经香港、海防、河内、老街、河口而到达昆明。到了河口，见到了中国的国旗，真的非常开心，又回国了。

到了昆明，真正尝到了“寄人篱下”的味道。

我不得不住在昆明郊外资源委员会下属的中央机器厂，我姐姐道珍在该厂子弟小学任教。厂里曾开过一个追悼会，悼念中央机器厂的工程师管中一。他与他妻子卢琇都是同济医工学院毕业生。由于战争关系，无法进口汽油。当时的口号是：“一滴汽油，一滴血!”管中一因而研究发明出“木炭汽车”，他于木炭汽车的试车途中，路崩翻车牺牲。该汽车被命名为“‘中一’汽车”。在‘大庆油田’开发以前，木炭汽车在中国广泛应用。

我住在中央机器厂的另一目的是：想以“同等学历”直接投考大学，请一位交大毕业的工程师糜若虚补课。可是招生处却认为“还是中学毕业以后，再考大学为宜”，不准报名。

大学考不成，又与我姐二人，约在昆明三个月后，同到重庆青木关，住在我表姐高徵粹家。她是个能干、睿智，识大局，有主见的人，在我一生中，帮过我许多忙。

一到青木关，我就病了，可能因路上风寒所致。表姐高徵粹为我焦急，道珍姐也为我焦急，其实我自己何尝不急？离家寄居在外，幸而不到一星期病就全好了。

道珍姐经表姐高徵粹介绍，在国立十八中学教书。

我考入国立第十四中学。十四中的校长吴学增，是个仁慈长者，像父亲一般，无微不致地照顾我们的学习和生活。尤其把我们的伙食办得很好，晚夜还到宿舍来察看我们睡好了没有，早晨与我们同出早操。

十四中学毕业后，我考取同济大学工学院的测量系，于是立即到李庄同济大学报到。

船到泸州，夏坚白教授上船了。有人介绍我是测量系的新生，他很高兴，给我讲了许多“经天纬地”的测量知识，再从箱子中取出了许多由测量研究所出版的《测量》杂志给我看。其中包括《大地测量学》《天文测量学》《航空摄影测量学》《重力测量学》《地图投影学》，等等。最后他说：测量有理科性质，很有发展前途。他就成了我的启蒙老师。虽然，当时我还不完全信服。可是，我竟为测量干了一辈子，且其乐无穷。

李庄地处长江南岸，介于南溪和宜宾之间。上下都是六十华里。每天有名叫“长远”的小汽船往返。约上午10时，自南溪来李庄，除旅客外，还有我们所盼望的书信，汇款、报刊等，约中午到达宜宾。然后再经李庄返回南溪。这是李庄镇的唯一交通工具。到重庆，有不定期的舱船往来，上水走五天，下水走三天。

李庄是一块很大的冲积平原，也是一个极其富饶的地方。沿江长约8公里，向南的10公里外，均是很高的大山。风调雨顺，物产丰硕。除水稻等粮、油作物外，还有花生、李子，橘子，甘蔗等。庄外的邻近，则是水田和仅三五十米高的小丘陵，其边坡是层层梯田，像慈母般怀抱、滋养着我们这些为躲避战火，负笈到此的莘莘学子和忠诚于教育事业的老师和国家栋梁。

李庄素有“米仓”之称，这就是我们五年间学习和生活的地方。与昆明的情况相比，就大不相同了。

许多教师、学生的宿舍分布在李庄全镇。如羊街的可颐园，姚家大院，钟家花园，羊街8号(罗南陔家)，麻柳坪，水井街，范家大院，等等。

后来，在江边增设了轮船码头。

由于同济大学的到来，李庄的邮局升为“二级所”。

每逢3、6、9日，是李庄镇的集市日，四面八方云集李庄，进行贸易买卖活动，热闹非凡。

后来，同济大学又在李庄镇的东端田野里，建造了同济附中、机电实习工厂以及教职员工的教授新村、医务室等。

机电实习工厂厂长倪文馨组织员工，将从上海搬运来的电机等发了电，使所有的机床等都能转动起来，除学生实习外，也提供了李庄全镇照明(李庄镇所以能电灯照明，仍因镇上居民、商户自愿出资，由同济工厂帮其安装的)。可惜，学校缺乏经费，无法树立许多电杆，并拉电线到(分布在全镇的)全校各家各户；提供教职工、学生的宿舍及其教室等照明，晚上，我们只能赖油灯生活。

同济师生喜爱歌唱欧洲古典名曲，尤其是德奥名歌，喜读海涅等的诗歌。个别同学拉小提琴，其中以测量系的高时浏最为出名。如《莱茵河女神》《流亡者》《蓝色的多脑河》，等等。

我还有一位也爱好歌唱的同学就是吴硕麟，比我高二级，早我一年毕业。幼年患过小儿麻痹症，起路来一跳一跳地，不用手杖(回到上海后，才以自行车代步)。

同济理学院生物系主任吴蕴瑞教授的夫人，虽非学校的教职员工，却是一位专门研究莎士比亚的专家，擅长话剧的导演。在禹王宫上演过话剧多次。有许多男女同学参加，又有小提琴伴奏，台上台下有灯光照明，全由实习工厂的师傅临时拉线安装，全李庄及镇外人员都来观看。这是李庄难得的娱乐活动。剧后，电灯电线随即收回工厂。

石声汉教授的学术报告

同济工学院有一次学术报告，据说报告人是武汉大学的政治学教授石声汉。当时的武汉大学在乐山，他怎能与王葆仁教授等一起住在李庄呢？这就不知道了。

他讲的题目大意是“日本偷袭珍珠港后的形势”。其要点是：

① 美国开始重新认识日本。正确对待中国。

② 随即与苏英中结为同盟，共同向德意日三国宣战。

③ 虽然承认美国的强大，但要最后战胜日本，并不容易。带有一定的悲观情绪。

日本一面派遣两个使臣访美，乞求废铜烂铁等军用物资；同时日本军部却于1941年12月8日，派遣海军联合舰队偷袭美国在太平洋的主要海军基地珍珠港，使港内的许多航空母舰及军舰非沉即伤，又炸毁了飞机跑道，以及其军用设施等。几乎使珍珠港完全坍毁，损失非常惨重。若日军进一步登陆，美军真将不堪设想。

日军又偷袭英国的新加坡军港，几乎炸沉英国的全部军舰。随后登陆安南(越南)、缅甸等。

由于日本发动对英美荷等国在太平洋殖民地的进攻，英美同时向日本宣战。12月9

日，中国也正式向日本宣战。从此，苏德战争和太平洋战争连成一片，第二次世界大战向更大规模发展。

1942年1月，同盟国决定成立中国战区(包括越南，泰国等)，由蒋介石任陆海军最高统帅。接着美国又给中国贷款5亿美元。美国政府还应蒋介石要求，派史迪威将军为驻中印缅美军司令，以及中国战区参谋长，是罗斯福总统的代表。

史迪威将军虽曾在印度为蒋介石训练了多支军队，如杜聿明、郑洞国、廖耀湘、张灵甫、邱清泉的部队等，但在对待中国共产党的态度上，他与蒋介石的意见不合。最后，蒋要求罗斯福将史迪威撤离中国。

石教授又说：每一个美国工人，在工作中，似有若干匹马力的动力相助；而一个中国农民，面向土地、背朝天地工作，一匹马力的力量都不到。虽然美国工业强大，难与匹敌，但要短时内战胜德、日帝国主义却是相当困难的。这是他当时的悲观情绪。同时他也没有看到人民的真实意志和力量。

"抢饭吃"是工学院所特有的严重问题。医学院前期，可能女同学多一些；新生院新漏棚(女同学也不少)都没有"抢饭"的问题。

没有抢到饭只能挨饿，甚至(抢不到饭瓢，就直接用饭碗抢)抢得碎碗片把手划破，满手流血。

于是，我们自动组合，3~5人组合，共同开伙。

"多吃些菜，少吃些饭"，以省下的一些米，改善菜的品质和数量。添置锅、炉、柴、盆等均是暂时的、常用的，目的是使大家能"吃好""吃饱"。

生火、煮饭，不用消耗许多时间，大家轮流干。每月的贷金完全足够。

自我住到老宿舍后，一直自己作饭，人可更换，合伙煮饭始终坚持不变。一直干到毕业离开李庄为止。

二年级后的暑假，到重庆江北相国寺地政署的测量仪器厂实习，共两月。实习由龚谨学长(测量系第二届同学)负责指导。增长了许多见识；参观了在其下游寸滩的水工实验所和其附属水工仪器厂。那里原是生产测流速仪等水工仪器的。纪增觉、施象周(都是测量系第一届同学)，成功试制出中国的第一架水准仪。

1943年，中研院地理研究所下属中研院地理所大地测量研究组从重庆北碚镇搬到李庄。从此，李庄集中了许多测量人才，继续撰著、出版《测量》杂志，大大活跃了测量的学术空气。

李庄的天气很好，冬天不太冷，热天又不太热。只是对患肺病的人不好，过于温湿，不利余家洵、卓励之教授等疗养。

人生难免患病。医务室的唐哲医生，除在医学院授课外，还给全校师生治病，也包括李庄的当地人民。如(高我一班的)张海根同学患伤寒症，经唐哲医生精心治疗，不日康复。我头上也曾长出一个浓泡，开刀后，很快痊愈。回上海后，唐哲任同济医学院院长，率全院师生迁到武汉，名为武汉医学院。

同济大学理学院的童第周教授及其夫人叶毓芬，用一台从旧货店买来的显微镜，以金鱼作实验，写出高质量论文。1943年英国著名学者李约瑟到李庄，访问童第周夫妇，看到科研成果，被惊呆了。连声赞道“奇迹”！当李约瑟邀请童第周教授去英国做科研时，童答：“我是中国人”，就这样婉言谢绝了。

川南人民的食盐中含有氯化钡，致慢性中毒。使多人患有“麻脚瘟”，又称“软病”，被视为一种不治之症。同济医学院的杜公振教授、邓瑞麟助教，经过反复研究，终于获得治疗之术，造福当地人民。为此，获得教育部1943年度的科学发明奖。

1943年末，日本帝国主义从衡阳起，大举进犯桂林、柳州、直达贵州省独山县，国民党当局极大震惊，提出“一寸山河一寸血，十万青年十万军”的口号。同济师生多人，踊跃投笔从戎，其中有我班的陈鳌同学和测量系助教毛启麟等。1946年陈鳌复员返回上海同济，继续上学。

平时，李庄的新闻讯息非常闭塞，最新的报纸，都是7~10天以前的。同济的同学组织起来，每天通过无线电摘录新闻、通迅；用大字报，公布在彗光寺前。成为李庄镇的一个“看点”。凡有机会上街，一定都要去读一下当日新闻，其中也包括住在山村中的中研院人士。

离川返乡

1945年8月，日本投降的消息从无线电、大字报中，传到李庄。那天晚上，大家不约而同，自觉集队，手举火把，绕街游行。转了一圈又一圈，真是其乐无穷。等待已久的

“抗战胜利”，终于可实现，将可回家了。

那一阵消息很多，毛泽东赴重庆谈判，上党战役的胜利，昆明的闻一多父子等被特务所杀，西南联大等校争民主学潮等，这时大家一心都想回上海。

可是，回上海的最大困难是校舍问题。同济原在吴淞“一·二八”事变后重建的新校舍，已被日军再一次夷为平地。同济回到上海后，将无房屋供师生居住，无教室上课。虽派理学院院长顾葆常等人组团赴上海洽办，却无功而回。

校长徐诵明自斟无力把同济大学迁回上海，极力反对全校师生员工回上海的强烈要求，一心想把同济留在四川。

全校经讨论：“同济是否仍留在四川”？最后，留四川的意见被否决。徐诵明立即辞职，离开李庄。

1946年3－4月，我在李庄毕业。全校师生(包括我们毕业生)领到了还乡费后，都开始离李庄回上海了。

我离李庄，到重庆。同济大学在重庆设有中转站，可供居住。

要回家，真难!回家的路共有三条：

① 飞机　全由要人，接收大员飞乘，非我等所能使用。

② 走陆路，汽车经成都，到宝鸡，乘火车往东南行。路途很长，几达半个中国。

③ 船出三峡，顺流而下，最为方便。可是，为了打内战运兵，一般是买不到船票的。

我正无法可想时，突遇王时炎。他对我说：“他有办法，可买到回上海的船票，想找一个伴同行，问我原意？”我正无路可走，真是“求之不得”。

王时炎也是测量系的，比我高一级，同是无锡人，我曾继他任无锡同乡会会长，在李庄同居一室约两三年。

行前的一天晚上，民生公司的人把我们两人先送到船上，藏在船头的锚舱里。很大的锚舱只住我们两人。

第二天早晨，乘客上船了，同时也检查乘船人是否有允许乘船证件。无证件者，立刻被驱逐下船。我们早已被嘱咐，千万不要出锚舱。锚舱是行船的工作要地，非工作人员是不准进入锚舱的。直到开船以后，我们才买船票，并可到驾驶室前锚舱上的船头玩要，观赏两岸风景。

从此，一路顺风，出三峡，到宜昌。

因为王时炎有民生公司负责人的介绍信，可以继续买票。但被告知：再走，没有船了，若有船，再给我们买票。

这样，在宜昌共等了两个星期。船不是没有，天天都有，只是运兵出川的。陆续到宜昌等船的，一天天地多起来。有崔希璋教授全家，俞浩清、黄席椿教授及若干电机系的讲师、助教等，共约卅余人。

最后，有一条为避日机轰炸而从江底捞出的船，要去上海修理。正好把我们一直送南京下关。在南京上火车回到了无锡。

到家见到尚健在的母亲，以及哥嫂诸侄多人。我是第一个回家的人，而且大学毕业。劫后重聚，非常开心。只是父亲已于旧历1940年底去世。

到家后，发现家中的经济情况已经一落千丈，比我想像中的更差。必须尽快参加工作，以解决我母子二人的生活问题。

没有很好地选择工作单位，犯下了饥不择食的错误。我的第一个工作单位是上海市地政局，在霞飞路，离万宜坊很近。

到地政局后发现：根本就用不到测量。相反，腐败、贪污成风。我想我不能在此白白浪费光阴，一定要自拔于污泥，急于另谋工作。

经过多方努力，最后陈永龄师同意我进交通部铁路测量总处工作。

同济大学迁校一事由继任校长董洗凡(任期1946~1947年)完成。我认为，同济大学回上海复校，董洗凡是有贡献的。

利用他的影响，通过接收敌产。把在四平路的一所日本中学作为工学院，把四平路平昌街的日本小学为理学院，将其旁由日本为殖民而建造的房屋，作为同济教职工宿舍。再把已改成中美医院的原宝隆医院收回，仍作医学院的附属医院。原学“德医”的“同德医学院”作为同济医学院的留上海部分。同德医学院在同孚路的校舍，改为“同济医学院前期”；其学生如赵华月、王兆椿、王太仪等，按学历，插入同济的相应班级。把善钟路的(敌产)花园洋房作为医学院后期，医学院图书馆和师生宿舍。此外，又把四川路底的红楼作为学校总办公处，等等。

这样，同济大学回上海的校舍，全都解决了。

回上海后，我也曾参加在善钟路召开的“同济大学同学会”。到会的老校友真不少，如金问淇、吴之翰、陆振邦等。后俩位原是同济大学在吴淞时任负责工作的华人教授，大概随同济到了金华，赣州。当德裔教授奉命回国，也正是同济较困难的时候，他两人不怕做亡国奴，竟回上海去了。抗战的八年中，在上海租界内编纂《德华大字典》。

那时，他们发起了对同济大学进行募捐，正是同济需要用钱的时候。可惜，我才毕业参加工作，工资尚未拿到，无法捐募。我想：他俩人似欲“邀功请赏”，谋求仍回校工作。其后果如何？不得而知。

在那次会上，我见到了董洗凡校长，他汇报了迁校的情况，并决定同济按时上课。从此自1946年秋季(该年12月1日才正式开学)起，学校走上了抗战后的教学正轨。

李庄琐忆

黄世德[①] 於宗俦[②]

我俩是1943年秋考入同济大学测量系的。1945年日寇投降，1946年底同济复员到上海，我们也就随之离开李庄，回到上海。在李庄生活了三年。弹指一挥间，70年过去了，但当时的有些情景仍历历在目。

初到李庄

李庄是四川南溪县的一个小镇，但在抗战时期不仅同济大学、同济附中，而且中研院的部分机构也都迁到了该镇，因此这个小镇就成了抗日大后方的一个文化教育重地。该镇地处长江南岸，那里江面很宽，长江的主流靠北岸，李庄江边与主流间有很长一段是水流平缓的“回流”，底下是细软的沙滩，从重庆来的大客轮不能在小趸船处停靠，只能停在江中心，由小舢板把乘客接到岸边。

我们都从重庆出发乘船到李庄，到达时就是这样被送到岸边的。因为是初次来到李庄，同济大学校本部在哪里、如何办理入学手续等等都是一无所知。我们上岸后都东张西望，茫然不知所措，就在这时有几个学长主动前来打招呼，并热情地帮我们拿行李，带着我们去办理入学手续，并一直送到“新生院”。这正是“同舟共济”校风的生动写照啊，学长们的热情相助，我们至今难以忘怀。

当时正值抗战期间，学校设备简陋，生活条件十分艰苦，学长们向我们叮嘱，开课前必须自备几样东西，即自修桌、凳子以及宿舍里用的油灯、灯芯草等。这些东西学校是提

①、② 教授，1948年毕业于同济大学测量系。

供不了的。那时教室里也只有课桌，上课都要自带凳子才行。

新生院(SK)

德语是同济大学的第一外语，而当时中学外语学的都是英语，所以进了同济，不论是学哪个专业，第一年都要集中在新生院补习一年德语。

新生院设在离李庄镇下游方向约三里处的一个村子里，那里只住男生，女生和老师都住在镇上，每天八点前来上课，十一点下课后即回镇，下午则是自学时间。

出了新生院，在田埂上走约百余米就是江边，这里也和李庄一样，处于“回流”区，水流不急，江底也是沙滩，可谓是一个天然的游泳池。老乡们，尤其女同胞是不会到那里去的，因此，那里就成为我们男生们游泳洗澡的好地方。

去洗澡时每人带个水桶，先提上一桶浑浊的江水，用明矾搅动几下，慢慢地就变成一桶清水。然后大家光着身子下水，游完水满身都是泥沙，上岸后用清水冲洗一下，就完成了既洗浴又游泳的“流程”。

新生院旁边住了当地的老乡，有时周末或饭后散步到他们那里去玩玩，并和他们聊聊天。他们也知道我们大多数都是来自“下江”，家乡或已沦陷或是临近日占区，因此对我们当时的处境也都深表同情，态度非常友善。我们发现当地老乡，大多数头上缠绕着很长的一条白布头巾，不知何故。他们说如果不戴上这块布，头就要发晕，人会感到不舒服。后经分析，川贵地处高原盆地，常年雾霾瘴气很重，因此头缠布巾也是防御瘴气危害健康的一种手段，通过接触交谈，我们感到当地老乡都很朴实憨厚，和气可亲。

李庄的生活

李庄镇里的商铺都集中在一个呈方形的街道两旁，有杂货铺、小餐馆、邮局，比较多的是茶馆，据说，老乡们大多有在茶馆饮谈的习惯，特别是在旧社会还存在姓氏之间的帮派活动，他们每隔一定时间在茶馆里集中活动一次，茶馆门前挂个大灯笼，茶馆里人声鼎沸，热闹非凡。

高年级的学长们也有坐茶馆的，要么休闲，要么边喝茶边做作业，看来个别学长已是茶馆的“老顾客”了，他们把茶杯盖侧立在桌上，然后用一个手指尖压在盖子的顶端，并借手尖的力量可以将茶杯盖在桌面上快速自如地旋转好几分钟，我们见了都啧啧称奇。

在新生院的一年里，除了周末偶而去镇上买点东西或闲逛一下之外，平时很少到那儿，李庄镇有一家“哑巴花生”是颇有名声的铺子，老板是个哑巴，由于他烘烤的花生火候适切，因此吃起来香脆可口，我们去了镇上往往买一点，享享“口福”。另外，在镇的旁边有个小吃店，有时大家去吃碗担担面或者抄手，这已经算是“高消费”了。

新生院有集体食堂，同学们只能在这里就餐。在新生院学完一年之后，就搬到镇边上的学生宿舍了，那里食堂就餐的人多，质量较差，所以同班同学就自行组织一个小集体在附近村民家包饭。那时大米是由学校按月定量免费供应的，所以每个月还得拿着米袋去校本部领取一次大米。米饭由村民事先煮好，生菜洗净切好，下课后由我们自己动手下锅炒熟，几年下来大家也多少掌握了一点烹调的技巧。

除了上面所讲的一点活动之外，平时没有任何文体活动，唯一的例外就是大家可以在宿舍里玩玩扑克牌，几乎每个人对打桥牌都已基本“入门”，仅此而已。

“罢 课”

1945年8月间，突如其来的大喜讯，日寇投降了，抗战胜利了！我们在热烈欢庆了一阵子，平静下来后，却又渐渐躁动起来了。

吴淞的老校舍，被日军炸成了一片瓦砾，学校在上海的“根基”没有了。同济往何处去？校委会几乎天天在开会讨论，会上争论不休。这些也慢慢地传到我们学生耳中，几个主要是四川籍的老教授主张搬到成都去，因为那里有些学校迁走后，校舍空了下来。非四川籍教授们则坚决主张返回上海，但究竟怎样回？心里都没底，所以此事一直议而不决，同学们听到这些消息后就闹起来了，“罢课”！坚决要求搬回上海，包括大多数四川籍的同学也都赞成迁回上海。

于是学生们用电报向教育部请愿。罢课的时间不长，很快得到了教育部的回复，同意搬回上海。消息传来一片欢腾，马上复课了。由于人心已经浮动，已无以往那种安心教学的氛围了。所以1946年上半年学期提前结束，开始迁校，我俩是六月份离开李庄的，乘船到了重庆后按照学校安排，转乘汽车经过壁山、广元等地，到达宝鸡，再坐火车，经西安、郑州、南京等地，终于回到上海。

刚到上海时，除了医学院之外，大多集中在四川路底的一栋“红楼”里，后来工学院搬到了四平路从日本人手上接收过来的一栋二层楼房里，理学院迁到离五角场不远的平昌街，那时，四平路两旁都是一片荒野，没有房屋，从学校到上海市区，都是租用自行车骑到四平路口，然后才能搭上公交车，后来上海市公交公司在同济对面设有了停车场，四平路也开始有了公交车。1956年院系调整，我们从上海迁到了武汉，在我们离开之前，同济已相继兴建了文远楼、西南楼、南楼、北楼等一大批建筑，面貌已发生了较大变化。经过近几十年的建设，母校不仅校园扩大，面貌焕然一新，而且学术地位也居于全国前列。

岁月沧桑，情怀不泯。我们作为同济的老学子，衷心祝福母校与时俱进，长盛不衰，永葆青春！

回忆抗战中在红十字救护总队的经历

张涤生[①]

我于1941年6月毕业于前中央大学医学院，随后被分配到贵阳图云关中国红十字救护总队部(下简称红会总队部)报到，开始做外科医生工作。红会总队部总队长是从北京后撤的前协和医学院生理学教授林可胜，他是一位爱国华侨。红会总队部医疗骨干也都是协和各科的主任教授，故此总队部的医护技术质量都属上乘，有“小协和”的美称。林可胜总队长毕业于美国哈佛大学医学院，后又曾参加过美国西点军校培训，故此对战时卫生救护勤务工作极为熟悉。他获得了美国医药援华会(ABMAC)(American Bureau of Medical Aids to China)的支援，从美国运来大量战时急救物资及药品、运输车辆等支援红会总队部。林可胜凭他的聪明才智、组织能力，组织了一百多个医疗小分队，分赴全国抗日各战区(包括延安两个小分队)，协助当地部队，开展救死扶伤急救工作。总队部拥有单独的运输总队，各种卡车、救护车等200余辆，专职输送人员和医药物资去各战区。我到贵阳后，编入常驻图云关的18医疗小分队，师从协和外科主任张先林教授学习。不少抗日战争前线送来的晚期创伤病员，源源不断送到贵阳，接受晚期整形治疗，从此我与整形外科结下了不解之缘。

贵阳图云关红会总队

那时贵阳图云关红会总队部真是一个得天独厚的战时医疗单位，美国医疗药品直接运

① 教授，1916.6.12~2015.8.19，1949年任教同济大学医学院，原载《战地红十字：中国红十字会总会救护总队抗战实录》，题目为编者所加。

输到这里，再从这里分送到全国各地使用。故此我有机会在1941~1943年间，在全国第一个使用了刚问世的青霉素和全身静脉注射新药——硫苯妥钠等。

我们18小分队，居住在图云关茅草构建的宿舍中，队员20余人中，大都是来自全国各地新毕业的医生，内外各科都全，他们都曾为抗日战争出过力，作出过贡献。解放后大部分成为上海第二军医大学和长海医院的医疗骨干教授，如骨科的屠开元教授(后来曾任第二军医大学副校长)，内科的龚念慈、霍笑足、许月娥教授，口腔科陈约翰，泌尿科马永江教授，放射科孔庆德，检验科叶天星教授等，以及北京30l医院的口腔科洪民、周继林教授等。其中外科计苏华是中共地下党员，解放后曾担任中央保健局局长，北京医院院长等职务。此外还有在运输股工作的章文晋同志，后来成为周总理的秘书及外交部副部长。岁月无情，现在他们大部分早已去世，只留下陈约翰、周继林二位教授尚健在，斯人往矣，录下他们姓名，以志纪念!

在这个阶段中，1941年12月日军突袭珍珠港，发动太平洋战争，太平洋战争开始。次年日军先后占据了东南亚各国，侵入缅甸，以图切断我国由缅甸通我云南省的滇缅公路。中国根据《中英共同防御滇缅公路》协定，应英国要求成立中国远征军，以支援缅甸。

中国远征军

国民政府任命孙立人将军率领新38师出国远征。由于孙立人和林可胜都是西点军校同学，故此邀请林可胜伴同入缅，担任军医处长，林遂带领一个救护分队随同入缅。但由于英军最后采用了“弃缅保印”的决策失误，节节败退，一部分7000余人被日军包围，断粮缺水，陷入绝境。中国远征军应缅甸战区英军司令的请求，命令新38师师长孙立人将军前往援救被困英军，结果成功解围，创造了扬名世界的仁安羌大捷。但最后，英军放弃了缅甸，日军最后还是攻占了缅甸全境。当时部分退入印度的中国远征军，包括林可胜教授带领的医务小分队在内，经过缅甸北部的野人山区，艰苦跋涉撤退到印度东北部的阿萨姆省，在里多建立了中国远征军的司令部，加上美国各种部队，由史迪威将军担任总司令，林可胜担任卫生勤务部的领导。盟军在印度蓝姆伽建立丛林战训练基地，培训从中国空运去的士兵和医务人员等，准备反攻缅甸，重新打通和重建中缅印公路，以解除日军的封锁线。担任这项史无前例的空运任务的就是闻名遐迩的陈纳德将军的飞虎队。

1944年春，反攻准备成熟，远征军开始从印度东北部出发，跨越野人山区的高山丛林无人区，攻入缅北胡康河谷，经历了于邦、孟河、孟关等几个大战役，日本军队节节败退，一直到收复缅北野人山南麓——孟关。由于反攻缅甸的目的是开通中缅印公路，解除日军封锁圈，故此，美国工程筑路部队紧随中国远征军之后，开始开筑中印公路，可说我们打到哪里，他们的机械化工程队就跟到哪里!战争的现代化，在二战时已可见一斑!

飞往缅甸前线

缅战开始不久，(和)我在图云关一同工作的协和毕业医师薛庆煜，在1943年8月就被林可胜召唤去了印度，担任新38师医务处长，主管前方的卫生勤务。一待远征军跨越野人山区到达缅北战场，新38师改编为新一军，孙立人担任军长，薛庆煜升任为新一军军医处长。他深知我有志于抗日事业，故此在1944年10月从印度召唤我去远征军参加工作。我那时已在贵阳工作了三年余，对创伤外科已有相当成熟的基础和技术，加上那时孑然一身，家人远在千里之外的沦陷区，故此毫无考虑地答应前去，得到红会总队部的批准，很快我就只身离开贵阳图云关，经过昆明远征军办事处报到后，第二天便搭乘飞行队的C-38型运输机，飞越驼峰，到达印度里多。

第二天清晨，一位美军中尉，驾了一架双人小飞机，把我从里多接走，飞越缅北野人山区上空，送上了前线。飞行高度较低，依山傍水而过，可以清晰地看到地面，丛林和荒山，说来这一切都令我新鲜和好奇，但更多的是略带紧张的心态，此去前线是祸是福，多少磨难，多少不可知的事情在等待着我，是一种期待，更是一份对生命的考验。

飞行约一个多小时，我们在崇山中一小块平地上降落，一个美国大兵驾驶一辆吉普车把我送到新38师师部驻地报到，又立刻再送往前线的一个野战医院住下。这样，了解了情况，我便开始工作。原来我已身处缅甸北部野人山南麓的第一大城密支那郊区前线，这时日本军队正在密支那依靠由北往南的伊落瓦底江和我们成对峙状态。

第一个前线之夜是在炮声和机枪声中度过的，几乎是个不眠之夜。一个星期下来，周围的情况和条件都已摸清，也认识了师部美军联络官利德上校(Col. Leed)。我们用英语交谈起来，他得悉我是正规大学毕业的医生，而不是部队的一般军医，故此就指派我参加了由美军直接指挥的43流动手术组(43rd Mobile Surgical Unit)。这是一个在前线团队附近移动性很大的急救小组，由一位来自美国纽约市肿瘤医院的主治医师Dr. Sunderland担任队长，另有两名助理医师，原是医院中的实习医师，此外还有护士数人，连同厨师二名，共十余人。由于这个小组直接参加战斗，故此危险性亦大得多，但我已毫无害怕之心，反而感到兴奋和激动，原因第一是我有机会直接在前线处理战伤伤员，第二是我已不是在师部工作的“文职人员”，而是真正地做了一名战斗员。

我们日夜投入救治从前线用担架抬下来的伤员，这些伤员都是直接在前线受伤后简单地包扎一下就用担架抬下来的。来到我们这个离前线很近的，用降落伞架起来的帐篷里来做进一步手术处理。我们位置很接近火线，故此常常有日本军队的炮弹从我们头上飞越而过。有一次我们还经历了“炮弹之劫”。那是一个明朗的傍晚，天色未黑，那时我们正在帐篷做抢救手术，帐外有两名中国士兵蹲在地上休息，他们忽然听到有“嗖嗖”的声音临近，立刻抱住头部，倒伏在地。那两枚炮弹果真在他们近处穿入地下，可真幸运，那两枚炮弹没有爆炸，钻入地下就不声不响地在泥土中“休息”了。如果发生爆炸，不要说他们两人，就是我们十多个在帐篷内工作的人，不死亦伤。上帝真正保佑了我们这个手术小分队，幸运地逃过了这一劫。

在工作休闲时，我们还可以“欣赏”美军飞机轰炸日军阵地的表演，原来那时日军在太平洋战区战况紧张，把印缅战区的空军调往太平洋战区。故此，在战况紧张的密支那上空，美国空军掌握了制空权，轰炸机每天定时轰炸日军阵地。想想我年前在成都重庆时，日机每日飞临上空前来轰炸时，老百姓四处疏散，躲避空袭的狼狈情景，真有股扬眉吐气的高兴劲儿!

战地见闻

被我军包围在伊洛瓦底江畔的日军，在坚持两个月后，彻底崩溃了，终于在一个夜晚，弹尽粮绝，几百个日军沿江边向南方逃逸撤退，我们听到的只是一夜机枪声不断，战斗激烈。清早时候，消息传来，半夜里日军撤退了，很快大批我军伤员陆续送下来。第三天早晨，我们几个年轻人想去参观一下密支那战场的残迹，得到批准后，我和三名翻译(他们也是北京某大学毕业后来参加远征军充当美军联络官的翻译的)就徒步前去密支那市区。为了预防可能有极少残留日军在暗中进行偷袭，上级给我们每人发了一把手枪和一杆冲锋枪。这种冲锋枪我可从来也没有碰过，扣一下扳机可以连发几十颗子弹。

进入市区，一路断壁残垣，不见人影，有些地方还在冒着余烟，整个市区也难见一处完整的房屋。到处有沙袋堆起的“堡垒”，是日本部队筑起来进行反抗的。我们也偶尔见极少数做警戒任务的远征军士兵向我们主动致敬。我们向他们挥手致意!最后来到伊洛瓦底江畔，不觉“哇”的一声惊叫起来：原来是我们发现了一大堆日本兵的尸体，四个绑在一起成串状，我们问了留守士兵，原来是日军在每个战役中如有阵亡者都要把尸体运回去处理。但这次溃败时，这些死尸已来不及拖回去了，只得遗留在河滩上，永远成了战死他乡的怨鬼野魂了。

密支那战役后，我们在当地休息了约一个月，然后又开始下一个战役，南下攻克了重镇八莫，然后又是南坎等几个小城镇，直到接近缅甸中部的畹町。日军开始放弃缅甸南端海港仰光而从缅甸撤退。我们远征军终于完成了打通中印缅交通大动脉的战斗任务。我在美军43手术队工作了约8个月，也以胜利而告一段落回归新38师师部工作。在1945年初，我们随大部队飞回到密支那附近集合休整了一个阶段，再飞回祖国——抵广西南宁，准备东进反攻广州。

1945年8月15日日军宣布无条件投降，抗日战争及二次世界大战胜利结束，我们欢呼，我们雀跃。我们奉命去广州接受日军投降，我也因此参加在广州举行的日军司令的投降仪式。孙立人将军、林可胜将军代表当时中国政府接受了日军的投降，在日军投降仪式上，当日本中国战区南方侵略军总司令——一名中将带领他的全班高级军官严肃地向我们鞠躬认罪时，我心里充满了兴奋和自豪，但又对面前这群侵略者们痛恨不已。

李庄学习往事

金士翱①

七十年前那段时代虽然倏忽过去，却也难忘。我有幸来到同济母亲的怀抱，得到亲切的滋养教导，不仅打好扎实医学基础，也赋予我今后走向和塑造。李庄三年间耳闻目睹那个时代的风云变幻，学会如何了解世界，更体会大学生学习的艰苦和今后如何发展。愿向年轻人介绍。

一、高中毕业后向往同济大学学习德国医学

1943年初我毕业于国立第九中学。这是一所于抗日战争年代建立起来的中学，位于四川省江津县对岸德感坝。抗日战争期间，逃难至四川省的青少年学生众多，当时政府在四川省几个县境内筹组临时中学，收容大批逃难学生。在德感坝的这所中学称为安徽第二中学(后更名国立第九中学)，收容从安徽逃难出来的学生，我随兄长进了这所中学。1939年初，时年16岁的我被编入初中三年级春季班，直至1943年1月高中毕业。

二舅父舅母单向枢、黄震全是留学德国的医学博士，抗日战争发生后也离开芜湖赴重庆挂牌行医。后来为躲避日本飞机对重庆的大轰炸，移居江津县应诊。我在九中高中时，几乎每周日要至舅父母家，听他们讲述在德国学医的往事，给我深刻印象。临走时还要带一瓶荤菜回校。很自然地受舅父母影响，中学毕业后要学医，向往同济大学学习德国医学。

事也凑巧，表兄单明翔(大舅父舅母的儿子)正在同济大学工学院土木系读书，且被选为学生会主席，与学校部门熟悉。他要我立即去李庄同济大学申请参加德语学习快班(称为SK，

①教授，生于1923年，安徽人，1943年8月进入同济大学医学院学习，1949年毕业并留校任教。

李庄古镇

是专为用英语考入同济大学的新生设立的)作为旁听生，以便当年夏秋季大学招生时用德语应试。到达李庄后被编入陈一荻夫人(Frau Edith Chen，1890年出生于德国，曾在武汉大学教授德语，有丰富的教学经验)教学班。我努力学习，当年八月我顺利地用德语考入同济大学医学院，成为正式生，不用入SK，而且德语发音准确，对日后学习和工作有莫大帮助。

二、同济大学在李庄的布局

同济大学于抗日战争期间，1940年第六次迁校，从云南昆明迁至四川省南部李庄镇和宜宾县。李庄位于长江南岸，在宜宾下游25公里处，依山面水，镇中心地带东西相距约1公里，南北宽约500米，是长江(注：从宜宾开始称长江，宜宾以上称金沙江，岷江于宜宾汇入长江)开始后第一个古镇，当时属下游25公里的南溪县管辖。从重庆乘轮船沿长江上驶来李庄的路程约需三天。轮船快到李庄时就会远远地看到李庄的标志性古建筑、带有尖顶的奎星阁。古建筑大师梁思成将其誉为李庄的“四绝”之一。奎星阁建在江边的突出部位，从来往的船上看去，奎星阁好似浮在水面上，起导航作用。李庄气候温和，无酷热、严寒，夏天毋需扇子，冬天不用穿棉衣。

同济大学和一些中央学术研究机构近千人迁入后，李庄父老乡亲非常友好，将许多祠堂庙宇、宫殿腾出来供给使用，生活上必需用品充分供应。除因无发电设备无法照明外，

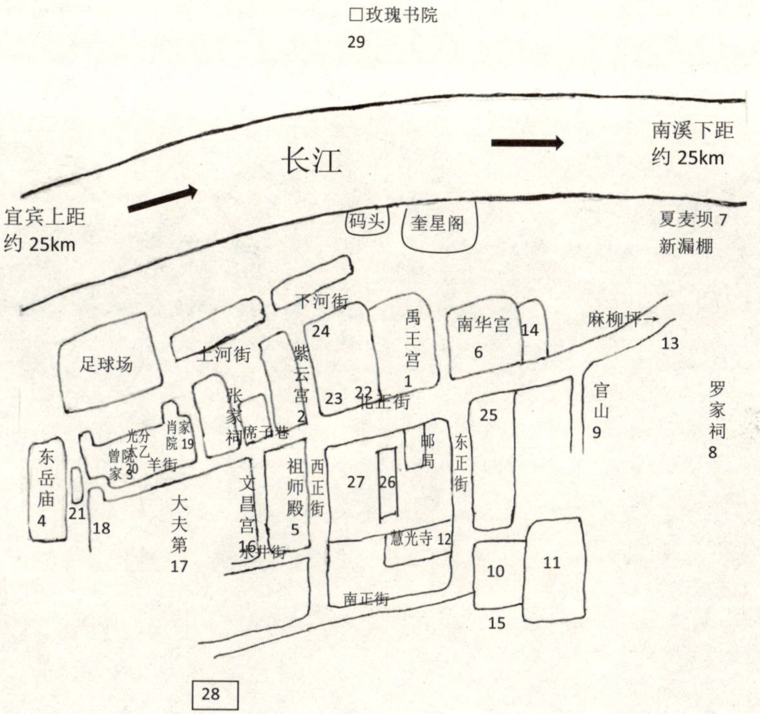

1940~1946 年同济大学各院系、部门在李庄位置

1. 禹王宫：同济大学总办事处
2. 紫云宫：总图书馆，阅览室较小
3. 曾家院：体育组
4. 东岳庙：工学院
5. 祖师殿：医学院前期
6. 南华宫：理学院
7. 新漏棚：新生院，夏麦坝（部分教授住处）
8. 罗家祠：附属高级工业职业学校
9. 官山：附属中学
10. 医务所门诊
11. 附设工厂
12. 慧光寺：大学女生宿舍
13. 教授宿舍
14. 职工和部分学生宿舍
15. 教授新村，部分学生宿舍
16. 文昌宫：测量系大地测量所
17. 大夫第：教授住处
18. 工学院男生宿舍
19. 肖家院：教授住处
20. 光分太乙：学生宿舍
21. 流水男厕所
22. 留芬餐馆
23. 墙报新闻
24. 蒸肉馆
25. 哑巴花生店
26. 左罗氏民坊
27. 花圃
28. 省宜宾中学
29. 法国教堂——玫瑰书院

李庄街景

同济师生觉得与昆明相比，李庄提供了安静、稳定六年的教学和科研环境，从内心对李庄父老充满感激之情，半世纪后将李庄誉为“同济大学爱国荣校教育基地”。

同济大学在李庄的总校部设立在镇中心北正街的禹王宫，医学院前期设立在镇中心西侧附近子巷的祖师殿，医学院后期及附设医院直接由昆明迁至宜宾女学街和西郊花园。工学院位于镇西边距李庄镇中心约半华里的东岳庙；理学院则设立在镇东侧的南华宫。全校女生宿舍均安置在镇中心禹王宫对街的慧光寺内。当时学校虽有男、女生集体宿舍，并不排斥散居在居民家内，如羊街、席子巷、水井街等处。我住在羊街10号，是工学院毕业同学离校后空出来的。羊街，顾名思义，石板路狭窄，只能牵一头羊走过，但古色古香，有另外一种情调。

20世纪40年代迁入李庄的机构除同济大学外，尚有中央研究院历史语言研究所、中央博物院、中国营造学社、金陵大学文科研究所等，一批全国知名专家如李济、傅斯年、莫宗江、陶孟和、吴定良、梁思成、林徽因、梁思永、刘敦祯、董作宾、夏鼐、周均时、童第周、牛满江、王之卓、叶雪安、夏坚白、谢苍离、郑太朴及德国教授斯图博(Hans Bruno Stübel)、褚华南(Bernhard Stürwald)、魏特(Herrmann Adolf Weit)、韦贝尔(Weber)等云集李庄，使李庄名声大噪，成为抗日战争大后方四大文化中心之一(另外三个文化中心是重庆、成都、昆明)。李庄古镇因此热闹起来。位于李庄镇中心的北正街人来人往，尤其热闹。一是因为同济大学总校部禹王宫在此，其次是抗日战争期间大家关心的时事新闻墙报也贴在北正街，更受大家欢迎的是“留芬”餐馆也在北正街上。口味鲜美，价格合理，是名人、师生常去之处。学校各部门的布局安排可参见前述示意图中的数字说明，就可略知当时同济大学在李庄的梗概。

三、上课前的各项准备事项

1943年初到达李庄时住处和饮食均由表兄妥善安排。作为同济大学正式学生后，教育部通过学校发给每位学生2斗4升7合容量(旧制)的粮票，现在粗略计算约为48市斤粗粮。我将粮票交给住处居民去街坊粮店换成细粮作为主食，再加副食和房租费用就可以维持生计。另一项重要事项是将晚间室内照明准备好，因为李庄无电灯。我的羊街住房是工学院毕业学生留下来的。室内已经有一盏竹筒作为底座的小瓷盘桐油灯和打油壶。

开学伊始，上课之前，各学院均安排老教授向新生介绍校史和院系特点。医学院是由附设医院外科主任章元瑾教授(同济大学医学院1931年毕业，留学德国，获医学博士学位，教育部部聘教授)向我们介绍，他个子很高，约1.8米以上，很有风度，讲话随和，微操安徽东部和南京一带乡音。他是特地从宜宾乘轮船赶来李庄欢迎新生，参加开学典礼。我隐约记得他除了介绍同济大学医学院具有德国医学的特点外，特别提出培养出来的毕业生医学学术水平、技术能力与德国大学医学院毕业生相当，得到德国政府的认可。此外，同济大学医学院培养出来的医生，不仅德语讲得好，英语也不差。七十年后的今天，我自己实践体会，基本如此。

正式上课前还有一件重要的事项——准备书款购买德文医学书籍。医学院前期学生最重要的书籍是解剖学、解剖学图谱、组织学、生理学和生理化学。我当时购买的德文书籍有：

F. Sieglbauer: Lehrbuch der Normalen Anatomie des Menschen

正常人体解剖学教课书，全书全系文字叙述，共852页。

Rauber-Kopsch: Lehrbuch und Atlas der Anatomie des Menschen

人体解剖学图谱教课书，分五卷叙述：(1)总论：细胞学、组织学、皮肤；(2)骨与韧带学；(3)肌肉和血管；(4)内脏器官；(5)神经系统和感觉器官。全书1896页。

H.K.CORNING: Lehrbuch der Topographischen Anatomie。

局部解剖学教课书，文字和图谱，共788页。

J.möller u.P.Müller: Grundriss der Anatomie des Menschen

人体解剖学概要，复习用书，460页。

S. Schumacher-Marienfrid: Grundriss der Histologie des Menschen

人体组织学概要，主要用书，165页，最好背熟。

R.Höber: Lehrbuch der Physiologie des Menschen。

当年购买的德文书籍

人体生理学教课书，618页。另外由H.REIN编写的未能购得。

此外，我还买了一本英文本生理化学，业已遗失，非常可惜。

M.Henke u.G. Trojan: Latein für Mediziner, Einpraktisches Lehrbuch

医学生实用拉丁语教科书，134页。

我读的解剖学(Anatomie)、组织学(Histologie)、生理学(Physiologie)，这些书籍已捐给同济医学院和同济医院的院史馆作为历史文物保存。

同济大学在上海吴淞时代，这

些原文书籍是由私营万昌书局、龙门联合书局、宏文书局等经销供应。有图谱者均为原版，文字者则为影印本。抗日战争开始后这些书局并未内迁，致购书困难。同济大学的李庄时代，这些德文原版或影印书籍都是高班学生在通过医学院前期考试后贴出布告转让的。随着学生增多，有些高班生要将书籍留作参考或作纪念，随时间迁移，这些经典书籍愈来愈少，愈觉珍贵。

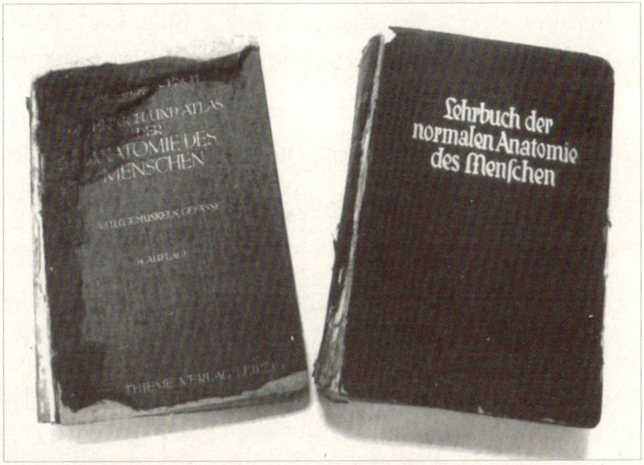

解剖学和生理学影印本

作为医学院新生要准备足够的购书款(特别是原版解剖学图谱价格不菲)和随时注意转让书的布告，以免错过机会，影响学习。我在72年前向高班生购下的这些德文原版和影印书，在通过前期考试后与它们很有感情，未舍得转让，保留下来，随身带到宜宾，后又带至上海，1954年底又带来武汉。

四、医学院前期学习的回忆

医学院修业年限为六年。医学院前期，即临床前预科学习(Vorklinikum)和医学院后期，临床学习(Klinikum)各两年半，实习一年。医前期学习两年半末(即学满五个学期)进行临床前预科——医学基础课总考试(Physikum)。通过医前期考试才能进入医学院后期临床医学学习。第五年期末进行毕业考试(亦即国家考试——Staatsexamen)，及格后才能进入临床实习年(PraktischesJahr，简称PJ，通常为一年)。实习期满，经过考核评定合格，才算毕业，授学士学位(der Bachelor)。

我的医学院前期学习两年半时间，从1943年9月1日至1945年12月底是在李庄度过的。主要课程及主讲和辅助老师：

人体解剖学(含胚胎学和组织学)：主讲老师方召教授(同济大学医学院1933年毕业，当年在同济大学任解剖学的瓦根赛教授[Prof. Dr. Ferdinand Wagenseil]是他的老师)，他讲课完全用德语，不带讲稿，而且很有条理。辅助老师沈尚德教授(同济大学医学院1935年毕业，也是瓦根赛教授的学生)主要负责指导尸体解剖和组织学切片的显微镜镜检学习。

生理学主讲老师是史图博教授(Prof. Dr. Hans Bruno Stübel)，他还负责指导生理学实验。助教是陈夏丰和吴新蔚。听他讲课要非常用心，不仅对人体生理学知识的认知提高，而且对德语水平的提高有很大帮助。史图博教授对人种学很有研究，曾去海南省研究黎族人的情况。他于1924年39岁时来到上海同济大学，之前是德国耶拿(Jena)大学生理学副教授，是反对纳粹(Nazi-Nationalsozialismus，国家社会主义，即纳粹主义)的学者。当年给我们讲课时已58岁。在李庄他住在新漏棚东首夏麦坝教授宿舍，风雨无阻，每天从夏麦坝步行约40分钟去祖师殿上课。某日因下雨路滑跌伤了腕骨，学校安排滑杆被他谢绝。然而，当时校长丁文渊，与他同年，也住在夏麦坝，去禹王宫上班，均乘坐滑杆。相比之下，在艰苦条件下史图博能克服困难，众口称赞。而丁文渊却摆出一副高高在上的官僚架势，臭名昭著。

生理化学由梁之彦教授[①]讲授。1943~1946年，教育部安排他去美国耶鲁大学医学院生化系任客座研究员，改请中央研究院生化系王友竹教授讲课，王巽义任助教。王友竹教授用英语讲课，不时夹用中文。

医学院前期课程除上述三门主课外尚有三门辅课。生物学由童第周教授讲课。医学拉丁语(Latein für Mediziner)由褚华南教授(Prof. Dr. Bernhard Stürwald)讲课。急救学(ErsteHilfe)由校医唐哲教授讲授。

三门主课解剖学、生理学和生理化学，内容丰富，是医学基础课，同济大学医学院非常重视这方面的教学。为此，特别是解剖学和生理学，学生要重复地听两遍课，而且教授完全用德语讲授。解剖学各器官结构组织，除德文名称外还有拉丁文名词，它是很有规律的。因此，学生学好拉丁语，对理解人体解剖学有莫大帮助。新生在听第一遍课时是坐在高班学生的后面，而在听第二遍课时才能坐前座。讲授生理学的史图博教授讲话声音低，第一遍听课又是坐在后座，只能隐约地听一个大致内容，更需要课后研读参考书进行复习。在听第二遍课时，讲课内容包括细节都可理解。这种同济大学医学院前期的特殊教学模式是根据二三十年来在上海吴淞时代对中国医学生用德语讲授医学基础课积累的教学经验而延续保留下来。我体会最大优点，其一是打好扎实的医学基础课解剖学和生理学；其

① 同济大学医学院1924年毕业，1927~1929年赴德国基尔(Kiel)大学深造，获博士学位。

二是熟练和巩固德语“听”和“阅读”以及“说”的能力，提高德语水平，这对于日后进入临床医学学习阶段会有莫大的帮助。

医学院前期两年半学习中，三门主课平时不进行考试，仅在实习、实验，如解剖学中的尸体解剖(Autopsie)、组织切片检查(Histologische Untersuchung)、生理学或生理化学实验中提出一些问题，让同学解答以加深对讲课的理解。

五、医学院前期考试(Physikum)

同济大学医学院前期学习共五个学期，即两年半时间。三门主课解剖学、生理学和生理化学于第五学期结束时(1945年12月底)进行前期总考试。总考试采取口试方法，有一定难度。这种口试不仅考学生学科内容掌握的深度，而且考学生德语表达能力和拉丁语名词的运用。1943~1945年生理化学由王友竹教授代课，他采用笔试考试，不像口试那样紧张。我获得92分。

解剖学总考由方召、沈尚德两位教授主持。考前学生4人一组，然后抽签排序。一组学生进入教授办公室后先进行理论问答。第二项是抽取一张没有标字的挂图，考生要像教授讲课那样用德语讲解挂图中器官结构的来龙去脉。第三项是在模型或挂图上讲解12对脑神经名称、部位、走向和支配的器官。第四项考试在尸体上进行，让你解剖出某一神经、血管、肌肉或一专门命名部位如膀胱三角(Trigonum vesicae Lieutaudi)，讲解其结构和紧邻关系。最后一项是选择一张未标字的组织切片放在显微镜下，让你阐明切片的组织结构。我记得解剖学总考得80分。

生理学总考由史图博教授在他于李庄夏麦坝的住处进行。助教陈夏丰、吴新蔚进行安排。我体会这次生理学总考是一次生理学课程的德语对话。只要你平常认真听课，课后复习，多多少少都会回答一些内容。除非你过于紧张，答非所问，未能通过考试(durchfallen)。生理学总考我获80分，算是不错的分数。三门主课总考，有一门课不能通过就留级，不能补考。

六、国外学者来李庄访问讲学

抗日战争时期作为后方四大文化名城之一的李庄古镇，受到国际科学界和医学界的注意，曾有两位名人前来李庄访问讲学。李约瑟(Joseph Needham, 1900~1995)，英国生物化学家，1928~1933年任英国剑桥大学生物化学教授，其间于1929年被美国加利福尼亚州斯坦福大学聘请为生物化学客座教授。1942~1946年担任英国访问中国科学代表团的团长和驻中国大使馆(重庆—南京)科学顾问。1943年6月4日他来到李庄访问，当时我正在同济大学德语班旁听。他用德语向同济师生作了一次学术报告。据说当年童第周教授在欧洲留学时与他相识，此次在李庄重逢极为高兴。他对童教授和夫人叶毓芬博士在李庄艰苦条件下进行的胚胎学研究有极高的评价。另一位前来李庄讲学是美国医学专家里欧·埃洛瑟教授(Leo Eloesser，1881~1976，胸外科专家)。约在1944年秋天他来到李庄，讲学题目“胸部解剖学和生理运动功能”，用英语讲，由陈夏丰医师翻译。后来陈医师专门从事临床胸外科工作与此不无关系。

七、李庄中学生食物中毒的诊治

在我去李庄的前两年——1941年春，位于李庄镇的宜宾中学，在一次会餐后有37名学生出现食物中毒，当地过去也发生过，称为“痹病”或“麻脚瘟”，死亡率很高。这次食物中毒发生后，他们立刻请同济大学校医唐哲教授去诊治。唐教授(1905~1993，同济大学医学院1930年毕业)对有关中毒、急救很有研究。经他检查后，认为中毒学生食物中含有氯化钡，所有能溶解的钡(Barium，化学符号Ba)化合物均是毒物。中毒学生经唐教授救治后，转危为安。后来经同济大学医学院杜公振教授(同济大学医学院1933年毕业)、邓瑞麟助教(同济大学医学院1941年毕业)进行动物实验研究，认为四川省五通桥盐含有氯化钡，不能食用。此项研究获当时教育部1943年的“全国应用科学学术发明一等奖”。

八、李庄学习时的课余活动

李庄古镇偏僻川南一隅，无任何游乐场所，但茶馆众多。当地老乡们常坐茶馆聊天论事。虽然墙壁贴着“莫谈国事”布告，但老百姓私下谈论仍旧有对国民党政府的不满情绪。同济大学迁来李庄后，许多大学生，特别是工学院男生课后也学会坐茶馆，除漫无边际地闲扯外多半玩桥牌(bridge)游戏。我们医学院学生有时也参加进去。我学会桥牌中的叫牌和出牌，均用英语，如one, two, three, four, five, little slam (小满贯，能拿到12蹬牌)，

grand slam(大满贯，全吃13蹬牌)；牌面花色从低到高的顺序为club(梅花)，diamond(方块)，heart(红心)，spade(黑桃)。也学会计分。桥牌是一种训练参加者如何通过对方和我方"叫牌"和"出牌"来衡量牌局，以达到我方取得赢牌的游戏。可以培养记忆力和判断力。

医学院学生去茶馆大部分还是在复习功课。当时在紫云宫虽有图书馆，但阅览室中坐位不多，集体宿舍中也无书桌，复习有一定的困难。因此，有些同学夹着大厚本参考书去茶馆内看书。虽然茶馆中人声嘈杂，但想读书的有心人，将棉花塞在耳朵内，也就不闻天下事了。

此外，当时同济大学除学生会组织外还有同乡会的组织，如广东同乡会、安徽同乡会、湖南同乡会、广西同乡会等。这是一种不分院系但带有省籍关系的群众性团体。开学不久，就见墙报上贴有各省同乡会欢迎新生聚会的布告。老学长给新入校同乡介绍学校概况、趣闻或某一方面奇特讯息，很能引人入胜。老校友还能帮助新生解决许多生活上、学习上的困难。同乡会不像正规聚会那样拘束，可以随时插入趣闻介绍或文艺表演。大家最为乐趣的是边吃花生边开会。坐落镇中心东正街的哑巴花生店，同济师生无人不知。这座黄老板经营的椒盐花生作坊，以其哑巴技工韩师傅而闻名。他技术精湛、心灵手巧，生产的花生炒得火候恰到好处，吃得有味，至今还难以忘怀。

去留芬餐馆加餐是同济大学师生的重要活动内容。餐馆中师傅做的几样经典菜肴如炒肉丝、肉片、红烧肉(Fleisch)、红烧牛肉(Rindfleisch)、炒鸡丁、红烧鸡块(Huhn)、炒鸡蛋(Ei)和炒鱼片、红烧鱼(Fisch)等，不但味美，而且价格合理，很受师生欢迎。几位在李庄的德国教师经常光临这家餐馆，他们只要讲出德语名词，师傅已知晓中国菜名。我们学生则在参加同乡会后或前期考试通过后必定去留芬餐馆加餐。1945年8月15日我国取得抗日战争胜利，同学们也去留芬餐馆加餐庆贺八年抗战胜利。

坐落李庄对岸、离江边约5公里居民村旁的玫瑰书院——法国天主教堂，是同济师生课余又一个去处。教堂内牧师会讲不流利的当地语言。据他们说是十多年前来到中国内地进行传教活动。

九、李庄时代同济大学的音乐艺术熏陶

早在1938年我15岁时就在英国驻华大使馆(重庆)内聆听过唱片音乐欣赏——贝多芬(Beethoven，1770~1827)《F大调第六交响曲"田园"》。当年还在重庆街头听过我国小提琴

和作曲家马思聪演奏他不久前创作的《思乡曲》。高中时代我还参加由音乐老师瞿安华组织的“国立九中合唱队”，经常演唱抗日歌曲如《旗正飘飘》《我所爱的大中华》《游击队歌》《在太行山上》等。正由于中学时代的音乐基础，1943年初当我到达李庄就有一种音乐升华的感觉，李庄具有浓厚的音乐氛围。不少高班学生和年轻教师在操场或江边放声歌唱德奥艺术歌曲如门德尔松(Mendelssohn)《乘着歌声的翅膀》(*Auf Flügeln des Gesanges*)、莫扎特(Mozart)《五月颂》(*An den Mai*)、西尔舍尔(Silcher)《莱茵晚唱》(*Loreley*)以及许多舒伯特(Schubert)艺术歌曲如《流浪者之歌》(*Der Wanderer*)、《菩提树》(*Der Lindenbaum*)、《小夜曲》(*Ständchen*)、《魔王》(*Erlkönig*)、《野玫瑰》(*Heidenröslein*)、《鳟鱼》(*Die Forelle*)和《圣母颂》(*Ave Maria*)等。这些经典艺术歌曲，对于我们初到李庄的高中毕业生来说，好像进入音乐学院殿堂，歌曲不仅悦耳好听，又提高了德语水平。

后来了解，工学院、理学院学生，课程不像医学院前期紧张、繁重，有课余空间可以组织音乐社团如云雀社、鸿雁体育会音乐组和同济大学1950年毕业同学会音乐组。1943年云雀社在李庄收集整理世界名曲101首的乐谱(五线谱)和德文、英文歌词，名为《云雀歌曲集》(*Die Lerche*)，以手写石印出版，堪称空前创举，轰动整个校园。鸿雁体育会音乐组干事毛树章在会友廖忠雯、李光谟的协助下，特别是李光谟提供1936年于德国柏林出版《Das Goldene Buch der Lieder》(金色歌曲集)以及褚华南教授(Prof. Dr. Bernhard Stürwald，教授医学拉丁语)口授录写12首名歌，在中国地理研究所大地测量组石印出版《鸿雁第一集》，亦是当时一件大事。当时在李庄积极参与传诵德奥和西方古典音乐的同济人，除上述几位外尚有青年教师钱国祯(擅长拉小提琴)、李克群(擅长吹口琴)，学生李志学、周建枢、廖晓帆。很多德奥艺术歌曲歌词均由廖晓帆译成中文，这是很值得称赞的。廖晓帆还将经他德译汉的23首名曲编印成册。由于歌词大部分系德国诗人海涅(Heinrich Heine, 1797~1856)诗集《回家》(*Die Heimkehr*)，因此这本歌曲集称为《还乡曲》。

在同济大学兼课的中国营造学社、著名中国古建筑大师梁思成教授和夫人林徽因教授也酷爱西洋古典音乐，他们从国外带回许多著名古典音乐唱片。一些同学在钱国祯带领下，常去梁教授家听唱片。林教授多次向同学介绍音乐作品内容和时代背景，使同学加深对作品理解。1944年，李庄镇中心四方型街道在同济大学工学院师生帮助下开始发电，商店和街道居民晚间能以电灯照明，禹王宫同济大学总部也能受益，引起古典音乐爱好的师

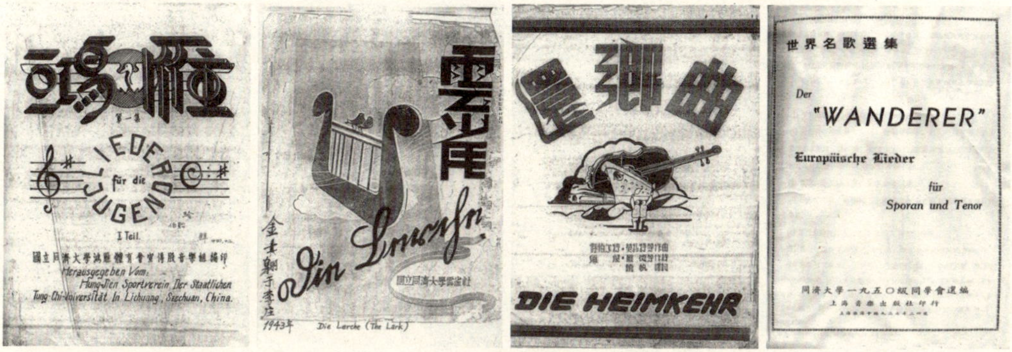

当年的歌谱

生期望，利用这一有利条件举行一次西洋古典音乐欣赏晚会。他们向教授们借来电唱机和唱片，在禹王宫大台上播送古典乐曲，通过扩音器将声音放大。大台上张开白被单作为银幕，配合乐曲内容，用幻灯放映相应的景观，同学们反应极佳。第一次播放的乐曲是贝多芬《第六交响曲“田园”》、巴赫(Bach)《G弦上的咏叹调》和舒伯特(Schubert)《小夜曲》《圣母颂》等。《第六交响曲》是一首情趣盎然、诗意浓郁的田园风光音乐作品，贝多芬将自己追求自由和憧憬大自然的美好未来融入其中，这种感情在我们这些处在抗日战争中、蒙受颠沛流离苦难的大学生引起共鸣。自此以后，古典音乐欣赏已作为课余活动一项重要内容，不可或缺。实际上古典音乐欣赏还有德育修养的涵义。正如德籍英国作曲家亨德尔(Händel 1685~1759)说过：“假如我的音乐只能使人愉快，那我很遗憾，我的目的使人高尚起来。”贝多芬指出：“音乐应当使人们的精神爆发火花。”

同济大学1950年毕业同学会音乐组，为珍惜云雀社编辑出版的经典歌曲集《云雀》行将失传，乃精选其中56首名曲，在艺术家丰子恺先生、张梦麟先生和中央音乐学院谭冰若教授的帮助下，增补音乐作曲家介绍和歌曲解说，歌词含德、英两种文字，于1950年由上海音乐出版社印行出版，定名为《世界名歌选集》(*Der Wanderer*)。我手头有一本留作纪念。

我的艰辛求学路

冯新为[①]

1941年2月，我从东吴大学附中高中毕业后进入东吴大学理学院生物学系医预科一年级就读，准备1943年毕业后赴北京协和医学院续学。那时，因为抗战中苏州已经沦陷，东吴大学及其附中被迫迁往上海公共租界的慈淑大楼和慕尔堂等处继续坚持办学。当年12月8日，太平洋战争爆发，日本与英、美开战，上海公共租界陷入敌手。由美国教会主办的东吴大学及其附中，勉强维持到1942年初学期结束后，宣告停办。

同年2月，我考进了位于上海同孚路(现石门一路)82号的上海德国医学院C班，等于又从一年级读起。该校的老师，几乎全是德国人，科目虽然繁多，但主课是德文。由于我成绩优异，德文学习进步飞快，院方对我特别优待，不仅向我提供免费午餐，授予我拜耳奖学金，而且在该学期即将结束时宣布，暑假后准予我与同班的另一同学孙骏八破格从C班(一年级)跳班到A班(三年级)。这当然是一个绝好的机会，但是我令人意外地放弃了，因为德国医学院与当时占领上海的日军当局常有交往，有一次竟然让日本驻上海的“使节”来院作演讲。那天，我愤怒地作了一天单人的罢课。你既然与我国的死敌日寇如此亲密，那么你待我再好，我也不屑一顾。于是，出于爱国热情，并经过我母亲的大力帮助，我毅然于1942年11月告别亲爱的父母，跟随一位商人胡汉文及其全家，跋涉数千公里，历尽艰险困苦，终于在当年12月23日到达陪都重庆。

胡汉文的大妹妹胡文娟，是当时正志小学的老师，与我母亲冯张蕙英是老同事，感情甚好。胡汉文那次从重庆回上海接其家眷到重庆去。经我母亲与胡文娟联系，再经正志小

① 教授，生于1923年2月9日，1947年2月进入同济大学医学院四年级学习，1949年毕业并留校任教。

全家福(1941)

学董事长杨志雄先生(杨先生曾是胡汉文的弟弟胡汉武的老师，而且杨志雄对我母亲非常器重)的介绍，又加上我的迫切要求，胡汉文终于同意让我跟随他们全家赴渝。胡汉文当时似也只三十多岁；胡家随其赴渝的有胡汉文的父母、胡汉武的妻子王维乐以及他们七岁的儿子和五岁的女儿、胡汉文的大妹胡文娟、小妹胡素娟。同行的还有福建商人陈旭南和他的妻子、重庆大资本家杨管北的姨太太和胡汉文在重庆一位朋友的夫人周太太和她十岁的女儿。所以，这次同行的，连我在内，共有男女老小14人。

1942年11月3日，我们从沦陷的上海，搭乘一艘客轮离开黄浦江向南靠岸边行驶。4日清晨抵浙江省舟山群岛附近的封锁线。我们目睹日寇士兵登上附近的其他轮船进行检查。我有点提心吊胆，因为我是青年学生，肯定会是日寇盘问和检查的对象，会发生什么事，我不知道。感谢上帝，日寇没有上我们的轮船来，就放行了。当天一早，我们的轮船就到达了舟山群岛的沈家门，一个小镇，也是一个有名的渔市场。这里已经是大后方的自由区了，我们不禁大大松了一口气。胡汉文一家老小和其他几位同行人住进了沈家门的一家旅店，我则被安排住在一艘相当不小的木制帆船上，有不少的舱位和一个大统舱。那些船员都是身体粗壮，态度和蔼的福建籍男性青壮年，他们都有丰富的航海经验。这些船员对我非常友好和关心，一日三餐，都由他们笑容可掬地送到我手里，不是红薯稀饭就是红薯干饭，似乎没有什么下饭菜肴，但是我吃得很香。船员们的闽语，我一句也听不懂，我们之间只能用手势来表示友好、感谢和问安。从甲板上远眺，有两座青山，隐约隔水相望，一群群海鸥在海面上飞翔，我十分爱看它们雄健的英姿，爱听它们嘹亮的鸣声。我在船上十分思乡，每天都要写一封家信，上岸付邮。虽然我只学了一个学期的德文，但那时我已经会用德文写信。我写了一封德文信寄往上海家中，让我的大哥冯大为(他那时是德国医学院的助教)转交德国医学院当局。后来听说，我的德文老师还把我的这封德文信在课堂上当众宣读。

我们在沈家门暂留的目的是等风，等西北风一起，我们便可畅帆南航，目的地是福州。

果然，1942年11月14日，西北风大起，胡汉文一家老小和几位同行人，上船来各自进入房舱安顿下来；我则住在船底的统舱里。各就各位以后，船长下令，船员们就扬起满帆，劈波斩浪，向南疾驶。稍顷，海浪滔滔，船身颠簸，有人开始呕吐。入夜，风浪更大，呕吐的旅客更多，因而往往不能正常进食，也难以安然入睡。

夜半，忽然听到船顶上有好几个人来回急促的脚步声，持续了好几分钟。当时不知道发生了什么事。第二天，船员告诉我们(旅客中有懂闽语的陈旭南先生)，昨日深夜，他们发现有几艘海盗船追赶我们。船员们即刻转舵，让船向大海方向逃避，因为他们知道，海盗船小，不敢进入大海，好不容易才甩掉了它们。感谢上帝，让我们逃过了一劫。如果被海盗追上，非但我的大学梦难以得圆，就连全船旅客的性命都难保全。真是好险。

一连三天三夜，帆船都在大风大浪中颠簸前进。旅客大多数呕吐连连；我因为睡在船底，晃动较轻，所以还能忍得住没有吐出来。有一次大白天，我爬到甲板上去透透空气。四面一看，不是天就是海，一个个小山似的大浪，似乎随时都可以把我们这艘一叶之扁舟吞下肚去。一个巨浪扑面而来，把甲板前半部都打湿了，这更使我吃惊，于是赶紧回舱，还没到船底，忍不住也呕吐起来。

1942年11月18日清晨，旅客们忽然同时都感到船身不再颠簸晃荡，似乎是风平浪静了。原来，帆船已经离开大海而到达闽江口了。大家自然是非常高兴。

闽江口南侧一字儿排着许多小舢板，每只小船上站着一位笑容可掬，双手握橹的年轻姑娘，不知道她们是摆渡的还是做小买卖的。

帆船在江口抛锚停下。几个身穿绿色军装的国军士兵上船来做了例行检查，便准予放行了。

那时虽然已是初冬，但是福州仍然是温暖如春。是日天气晴朗，风和日丽，帆船在碧绿澄清的闽江中缓缓逆流而上。两岸青山丛林，城镇村落，历历在目。北岸山腰里，福建协和大学的建筑群，也清晰可见。未几，帆船到达本次航行的终点——福州。我们一行十余人，随即住进预订的中南旅行社，该社位于市区，条件相当好。最初一两天，我们都感到身子仿佛还是在晃荡，好像还是在帆船里"乘风破浪"，而且，我身上多处皮肤上出现了拇指头大的红疹，中间还形成水疱，奇痒难忍。胡汉文看了，说是身上"发出来"的"湿气"。后来才发现，这是我在帆船底舱的几天里，被跳蚤钻进来叮咬所致。经过适当的灭虫和止痒处理，红疹随即消失。

不知为何，我们在福州耽搁的时日不少。在这段时间里，除了频频写家信外，我常常在市区街上漫步。几乎每天都是蓝天白云，晴空万里。市内空气清新，街道整洁，店铺林立，百业兴旺，鲜闻嘈杂喧嚷之声。许多地方都悬挂着青天白日满地红的国旗；街上行人不多，车辆更少，我似乎没有见到过公交车辆。走近闽江岸边，便可闻水声潺潺，不远处鼓山山麓，林木如洗，山巅云雾缥缈，令人神往。福州人和蔼可亲，彬彬有礼。半个多月之内，我未见到过一次争吵骂架之声。小吃店里的糯米甜食，价廉物美，常常是我下午爱吃的点心。福州还有一样名产漆器。我选购了一套正宗沈绍安兰记(据说这是福州首屈一指的漆器工厂)生产的精致烟具，如今我仍完好地保存在家中。虽然我并不吸烟，但我很喜爱各种工艺品。福州给我留下的印象是一座幽美、宁静的南方城市。尽管那时抗战的烽火已经燃遍了我们的半壁江山，然而在福州，我们却感觉不到一点战争的气息。

1942年12月1日晨，我们一行搭乘轮船溯闽江逆流而上前往南平。一路上我对两岸青山相对出的美景虽然也很欣赏，然而，最令人难忘、最让我惊异的是那碧绿透明、清澈见底的闽江水，水底的鹅卵石，竟然历历可数。我出生以来，还是第一次看到如此干净的江水！

翌日抵达南平，从此结束了我们这次旅途的水路行程。在南平耽搁了一夜，翌晨便乘大型客车沿公路南行，中午到达永安；午餐后，继续登程，客车转向西行，行经闽西的长汀而进入江西省境内，驶经瑞金后继续西行，于日暮抵达赣州，住进新赣南旅行社的旅馆。

这一路上风尘仆仆，相当劳累。然而，托胡府之福，沿途的伙食非常丰盛，几乎餐餐都是酒席，满桌都是鸡鸭鱼肉等美味佳肴，而且还有侍者帮着添饭。我那时正值青春十九，特别能吃；饭菜似乎进口就"化"。不大不小的饭碗，我可以连吃七碗装得满满的干饭，连我自己也觉得不好意思了。不时也有惊奇的目光向我投来。还是胡汉文的老母亲为我作了解释："碗小嘛。"

在赣州住了一宿，次晨继续登程，大客车这次目的地是西北方向的湖南衡阳。半途，一名国民党的谭局长携夫人牵着一条大狼狗上车来与我们同行一程。胡汉文与谭局长夫妇似乎很熟识，听他们有说有笑地欢谈了好一阵子，谭局长他们下车了。

下午三四点钟，客车抵达衡阳。

我们正在旅社休息，忽然响起预行空袭警报和大喇叭的广播："敌机十二架，从零陵方向向衡阳飞来。"大家一下子心情就紧张起来。不久，又传来了凄厉的紧急警报。我们赶紧躲进附近的防空洞，心怀忐忑。大约半个小时后解除警报。感谢上帝，这次敌机没有在衡阳投弹轰炸，否则，即使在防空洞里逃得性命，如果旅社里的行李、证件被炸，我恐怕也难在内地圆我的大学梦。

翌晨，我们的客车开始从衡阳向南行驶，傍晚抵达广东的韶关。歇息一宿之后，次日一早又向正西方向进发，日暮抵达广西重镇桂林。那时已经是1942年12月中旬了。我们在桂林歇息了好几天。在此，我还生平第一次看到从地面垂直拔地而起，宛如墙壁的山峰，包括市中心的独秀峰。和福州相似，桂林彼时也温暖如春。我们曾去温泉沐浴，也曾去著名的七星岩游览，据说这个溶洞可以容纳10万人。

朝辞桂林，车向西行，约申时抵金城江。在此，我又看到不少拔地而起，宛若墙壁的雄伟山峰。在此留宿一夜之后，翌晨继续登程。西行不久，便折而向北，进入贵州境内。从此日行夜宿，经独山、都匀、贵阳、息烽、遵义、桐梓和川南的綦江，于1942年12月23日到达此长途旅行的终点、我国当时的陪都重庆。

在这次陆路行程中，从南平到桂林，我们客车的燃料还是汽油。大概是因为抗战时期汽油供应比较紧张，所以在桂林以后，特别是在贵州境内的行程中，燃料有时是酒精，有时是木炭。木炭提供的能量，当然不如汽油，所以木炭车的车速也稍逊于汽油车。别小看木炭车这种“老爷车”，还不失为我国抗战时期的一大发明，为我国节省了大量的汽油以供军事需要，实在是功不可没。

我在初中上地理课时，便听说贵州“地无三里平”；有人甚至说“地无三尺平”。果不其然，这回我们的客车一上贵州境内的公路，两旁便都是崇山峻岭，气势雄伟。这虽然只是祖国锦绣江山的一小部分，但也足以使我肃然起敬。客车行驶在当时名声赫赫的西南公路上。这条公路，是抗战时期我国大后方西南部分的一条大动脉，在客货两运，特别是军事人员和物资的运送上，起着非常重要的作用。这是一项伟大的工程，惊人的奇迹。公路好像一条望不见头、也望不见尾的巨龙，蜿蜒曲折，匍匐在千山万壑之间。行经闻名遐迩、蔚为奇观的七十二弯时，客车的前后左右，四面八方都是望不尽头的公路。我们只是感觉到车子忽而向左、忽而向右、忽而向前、忽而向后、忽而上坡，忽而下坡，就像一个甲壳虫，故意捉弄它在迷宫里爬行一样……在这段旅途中，我们还看到公路边两辆大货车面对面相撞在一起，还没有人来收拾“残局”。我们还要经过一个令人生畏的险地——吊丝岩(谐音“掉死岩”，就是掉下去就死的意思)。这里公路险阻，下面就是深谷；据说这里出过许多车祸，汽车坠崖，死过不少人。同车乘客都捏着一把汗。感谢上帝，我们终于安全通过了吊丝岩。可是，就在这附近，我们在一瞬间突然感到客车向左侧稍微一个倾斜，继而听到司机加大油门的声音，客车也就迅即恢复平稳行驶。事后司机告诉我们，方才在一个急转弯处，客车左侧的后轮在刹那间已经凌空，如不立即加大油门，后果不堪设想。也难怪我们在嗣后好长一段时间内都心有余悸。感谢上帝，让我们脱此大难。

那时西南公路上的汽车司机，是有名的“老爷”，谁也不敢得罪他们，因为自己的安全、性命，都“在他们的手中”。他们驾车经验丰富，也十分认真负责，对乘客也不刁难、不耍态、不“敲竹杠”。他们有一行“副业”——“带黄鱼”：有些人半路拦车，要求司机允许带他们顺路到他们要去的目的地，一般都是短途。酬劳当然是归司机。“黄鱼”带得愈多，司机的收入也愈多。所以，那时的公路汽车司机，都比较富裕。

在这个五十多天的旅程中，我每天都写旅行日记，而且都是用文言文写的。到重庆后，胡汉文先生曾在黄桷垭家里的庭院中，细读了这份日记，并且颇加赞赏。可惜这份旅行日记没有保留下来。

在上海当了大半年“亡国奴”后，竟然遂我所愿地到达了抗日战争大后方的中心，重新看到青天白日满地红的国旗到处迎风飘扬，我的心情自然十分兴奋和欢畅。重庆市许多地方依旧赫然可见成群的断垣残壁和瓦砾场，这是日寇战机向和平人民狂轰滥炸的铁证，中国人民永远也不会忘记这笔血债。然而，重庆市秩序井然，各行各业，各得其所；小贩叫卖之声，不绝于耳，人民镇定自若，安居乐业，丝毫没有惊慌失措的迹象，这就大大增强了我抗战必胜的信念。

我来到重庆后不久，胡汉文先生陪我到重庆南岸去拜会一位重庆实业界巨子杨管北先生。杨管北与上海正志小学董事长杨志雄是老相识。杨志雄曾要求胡汉文把我带到重庆后，要去见一见杨管北，意思是要让杨管北对我有所照应。使我意外的是，我们到达杨府与杨管北相见时，杜月笙也正在杨府做客。那位赫赫有名，曾在上海市叱咤风云的大人物，却依然是土里土气，一副乡巴佬的样子，与我在上世纪30年代上海正始中学上初中时见到的他，一模一样。正始中学设于上海当时的法租界善钟路(现常熟路)108号，由杜月笙创办并任该校的董事长；他曾到该校做过几次讲话，给我留下的印象是笨嘴拙舌，噜里噜苏，丝毫也引不起学生们的注意。

此后，在重庆的两年多时间里，我与杨管北之间没有丝毫的联系。

1943年2月，我考进了位于重庆北郊北碚镇的国立江苏医院。

那时，北碚是重庆郊区著名的文化区之一。碧绿的嘉陵江，贯穿全境。在嘉陵江西岸，除了苏医(在镇江时称江苏医政学院，抗战时 迁至北碚，改称国立江苏医学院，即今南京医科大学前身)及其附属医院外，还有从北京迁来的中央地质研究院；中等学校则有重庆师范、兼善中学和重庆歌剧学校。在嘉陵江东岸，则有从上海迁来，与苏医隔江相望的复旦大学。

素有小上海之称的北碚镇区，街道纵横，店铺林立，屋舍俨然。虽然都只是两层楼建筑，可是举凡饮食店、服装店、书店、文具店、水果店、炒货店(常卖炒花生、炒蚕豆)、百货店、寄售商店、茶馆、银行、邮局、照相馆、供游客和贵宾住宿的具有相当规模的旅社兼善饭店等等，可谓一应俱全。此外，还有一家新华日报社，一个小小的基督教堂。

在镇区南侧，有一个不小的民众剧院。虽然是平房，而且相当破旧，仅足以挡风挡雨而已，可是它内设的一排一排的木制长椅，可以容纳近千观众就座。

别看它破旧，业务却十分繁忙。当时国内文艺界的一些泰斗、知名人物，都曾来此作精彩的演出。我和王敬良、董文正等几位同学都是文艺爱好者，每次看到精彩节目的海报，就必定前去欣赏。那时观众都是免费入场，而且场内秩序井然，没有喧哗嘈杂之声。

给我留下最深印象的文艺节目有：

著名小提琴演奏家马思聪的小提琴独奏音乐会，由他夫人王慕理钢琴伴奏；著名舞蹈家戴爱莲和吴晓邦的舞蹈表演，吴晓邦的舞蹈节目《思凡》，生动刻画了一个和尚思凡时坐立不安的焦躁内心世界，戴爱莲的舞蹈《我的青春小鸟一样不回来》，使我不禁又想起了晋代诗人陶渊明那首著名的诗："盛年不重来，一日难再晨；及时宜自勉，岁月不待人。"

著名女高音歌唱家郎毓秀和管喻宜的独唱音乐会；著名男低音歌唱家斯义桂的独唱音乐会，他演唱的那首《伏尔加船夫曲》中，纤夫们那种由远而近，又由近而远哀怨低沉的歌声，十分动人。

此外，在该剧院演出的话剧也很多，记得有女明星舒绣文主演的《祖国在召唤》，陶行知先生编剧的《小主人》；苏医师生演出的《天长地久》，反映1941年香港陷入日寇手中后的种种情况，反映洪承畴叛明降清的话剧，反映武则天和上官婉儿故事的话剧，纯粹讲四川方言的话剧《啷格办？》；由苏医学生主演的讽刺话剧《升官图》，郭沫若编剧、苏医师生主演的古装话剧《金凤剪玉衣》，我在该剧中还扮演了一个跑龙套的角色。我和同班同学王劲良扮演了两个狱卒。当我俩刚走出布幔要上场时，我忽然意识到忘了拿手中应该拿的一副手铐，不由得心中一怔。怎么办？退回后台去拿？不行，因为已经"露了脸"。于是只得硬着头皮做了一些假动作，居然，"混"了过去，总算没有被观众发现，没有被"喝倒彩"。"老爷尊姓大名？"我没好气地大声回答道："老子没姓没名，四眼狗，无常鬼，高兴就随你叫！"台下观众一阵哄笑。

在剧院南面，嘉陵江畔，是一个宽广巨大的公共体育场，其西侧小山上，有个小小的公园，供游人免费休憩、游览，园中还有一个小小的动物园。一支电影放映队，常常在周末傍晚，来体育场放映电影，供居民和学生们免费站立观看。一听说有电影放映，我和几个同学一定前去观看。放映的一般都是反映抗日战争的影片，给我留下最深印象的是由当时的"电影皇帝"金焰主演的《中华儿女》。片中的主题歌，我至今还能一字不错地吟唱。

我们是中华的儿女，我们是黄帝的子孙，
日寇的暴行只增加我们的仇恨；
鬼子的炮火毁不了我们的决心。
轰炸，屠杀，掳掠，奸淫，
后方前线同样牺牲，倒不如拿起枪杆，
去和鬼子把命拼。

也有些影片反映当时欧洲战场的战况。我还记得其中一部电影，片名为《我们为什么要战斗？》(*Why We Fight*？)片中还有希特勒的瞬间露面。我觉得，这些影片，增强了人们抗战必胜，反法西斯战争必胜的信念。

大约是1945年春夏之交，抗战胜利前夕，我在嘉陵江边的山坡上，还参加了一次北碚千人大合唱，参加者大多是当地大中学生，唱的都是振奋人心的抗战歌曲，其中之一是这样的：

我中华英勇的青年，快快起来，
起来，一起上前线。
四万万觉醒的大众已再不能忍受
这横暴的摧残。
满腔的热血已沸腾，满眼的热泪终不干。
不将暴敌杀尽誓不生，不将国土收复誓不还。
难道黑暗世界长存在，永远不能到明天？
快赶上前！ 快赶上前！
快赶上前！ 快赶上前！
前面有无数的同志们正在抗战，
看，胜利就在眼前。
帝国主义已经到了最后瞬间，
新中华已露出光明一线！

除了激动人心的抗战歌曲外，在北碚的两年半时间里，不论是在校园内，还是在民众剧院，所听到的都是一些中外名歌名曲，或者是一些著名的抒情民歌、京剧唱段、曲艺唱段等等。例如，用唐代伟大诗人李白的名作《春夜洛城闻笛》谱成的歌曲，用宋代名将岳飞所填的《满江红》谱成的歌曲，我国著名音乐家黄自作曲的《本事》，刘半农作词、赵元任作曲的《教我如何不想她》等。我们的一些高班同学也曾在苏医的教学大楼内用留声机播放过法国大音乐家比才(Bizet)所作的歌曲《卡门》中的一首用男中音演唱的名歌《斗牛士之歌》，等等。

高我两班的一名苏医男同学章克，很喜欢西洋古典音乐，而且弹得一手好钢琴。他知道我有同样的爱好，因而多次约我在周末步行一两里路到重庆歌剧学校去，一则，让我听他弹钢琴；二则，他要我唱一些名曲，让他用钢琴伴奏。他的琴声美好，沁人心脾，令人神往。我最爱听他弹奏由波兰著名作曲家、曾任波兰总理的帕德雷夫斯基(Paderewski)作曲的小步舞曲(minuet)。那抑扬顿挫、绕梁三日的琴声，至今犹在耳畔。几乎每一次，他都要我用德文吟唱德国伟大音乐家舒伯特作曲的小夜曲(Staendchen)，由他钢琴伴奏。

高我三班的男同学王震宙，我的同班同学王敬良、董文正和我都是京剧爱好者。王震宙嗓子很好，唱的是梅派青衣。王、董二位只爱听，不会唱。我常给他们唱一些京剧唱段，例如高庆奎的须生唱段《逍遥津》，周信芳的麒派唱段《追韩信》，梅兰芳演唱的《霸王别姬》选段、《打渔杀家》选段、《玉堂春》选段，马连良的《甘露寺》选段等。

此外，我还是半个苏州人，因为我母亲是苏州人。我从小就喜欢跟着母亲听苏州“评弹”(评话与弹词的统称)，特别是弹词，说的多是才子佳人的故事。除故事十分动听外，弹词还有许多“开篇”，那都是文字优美的短篇文章，用琵琶弦子伴奏，弹唱起来十分引人入胜。我特别喜欢弹词前辈名家徐云志唱的开篇《狸猫换太子》，早就学会了全曲，一字不错地吟唱这个抑扬顿挫地开篇。在北碚，我也常将此曲唱给王敬良和董文正听。

我当然也爱听、爱唱赞美诗，特别是圣诞歌曲。每次听，或唱赞美诗，心灵都得到一次净化。

在北碚的这两年半中，我没有一次听到过低俗歌曲或靡靡之音。可见，同学们尽管物质生活艰苦，却依然桃李芬芳，弦歌不辍。

有些当时的要人、名人，也到北碚来演讲。给我留下最深印象的是国民政府军事委员会副委员长冯玉祥将军的演讲，地点是在重庆师范大礼堂，里面座无虚席。冯老将军一身灰色粗布棉袄棉袍，笑容可掬，平易近人。他的讲话直率豪放，而且风趣幽默，会场气氛十分活跃。演讲内容离不开抗战这个主题。演讲完毕，全场观众报以长时间的掌声。他的讲演中有两句话我至今记忆犹新：“抗日战争中，前方是浴血奋战，后方是顺嘴流油”。

由于我当时尚未学过人体解剖学，所以不得不第三次从一年级下学期读起，一直到1945年秋四年级上学期时离开苏医为止，在该院学习了两年半。

从1939年开始，重庆六所大学：中央政治学校、中央大学、复旦大学、重庆大学、江苏医学院和四川教育学院每年都要联合举办一次大学生国语演说竞赛和英语演说竞赛。1943年早春，苏医选派三年级女生钱倩，一年级女生王俊和许懃安参加第四届重庆六大学大学生国语演说竞赛，五年级男生陈德献，一年级男生王敬良和冯新为参加第四届重庆六大学大学生英语演说竞赛。演说时间规定为10分钟。

苏医的6名参赛人都尽早开始作认真的准备。我的演说题目是“有关沦陷区的一篇报道”(A Report about the Occupied Area)。稿子写成后请北碚教会的美籍传教士董师母过目。她只改了几个个别的单词，讲稿就告通过。

我还记得陈德献的讲题是关于张自忠将军的事迹，钱倩的讲题是“我们是青年”，王俊的讲题是“继往开来”。

英语演说竞赛于1943年5月29日在复旦大学大礼堂举行，会议由复旦大学校长章益主持，到会听众六百余人。评判由蔡宁总主教驻渝代表费悦义、美国驻华大使馆秘书祁德森和郑天泽三人担任。六大学18名代表按照次序先后上台用英语发表演说。评判规定，取

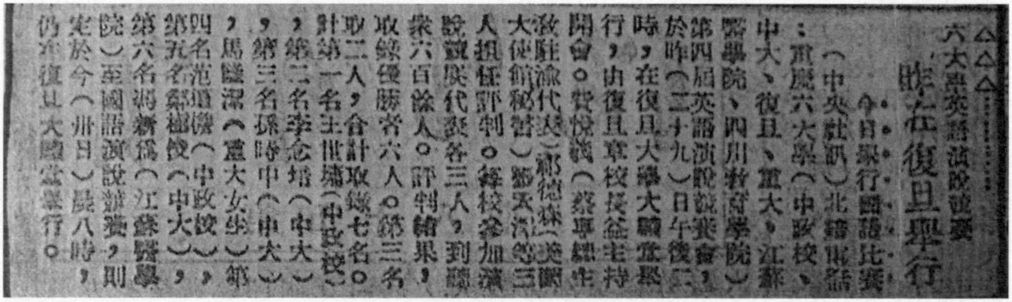
六大學英語演說競賽
昨在復旦舉行
△△△……今日舉行國語比賽

（中央社訊）北碚電話：重慶六大學（中政校、中大、復旦、重大、江蘇醫學院、四川教育學院）第四屆英語演說競賽會，於昨（二十九）日午後二時，在復旦大學大禮堂舉行，由復旦章校長益主持開會。費悅義（蔡寧總主教駐渝代表）、祁德森（美國大使館秘書）鄭天泽三人擔任評判。每校參加演說競賽代表各三人，到聽衆六百餘人。評判結果，取錄優勝者六人，第三名取二人，合計取錄七名。計第一名王世墉（中政校），第二名李念培（中大），第三名孫時中（中大），馮隆潔（重大女生），第四名范道瞻（中政校），第五名鄒德俊（中大），第六名馮新爲（江蘇醫學院）。至國語演說競賽，則定於今（卅日）晨八時，仍在復旦大禮堂舉行。

《新华日报》1943.5.30剪报

录优胜者6名。结果是，有两名代表的分数相同而并列为第三名。我原来在18人中名列第七，却因此而上升为第六名，列入优胜者七人之中。我对这个评判结果是完全口服心服，因为前面的几位优胜者，的确都比我讲得好。

我夺得了一面奖旗回院，引起了全院不小的轰动，因为苏医此前还从未在六大学大学生英语演说竞赛中得到过奖励。

六大学大学生第四届国语演说竞赛于翌日上午在同一地点举行，结果如何，我院的参赛者有未获奖，我都记不得了。

那时，正值抗战后期，国家、学校经济都有困难，然而，学生不必交纳任何费用；学杂费、伙食费，全由国家负担。当然，师生们的生活都很清苦，学生的伙食十分粗劣，不过，每个月的某一个中午，照例会要打一次“牙祭”。这时，学生食堂里每张饭桌中央都会放一个盛满了大鱼大肉的脸盆，让同学们一见就直流口水，他们便可以敞开肚子，狼吞虎咽地大吃一顿。我注意到，每逢“牙祭”，饭桌的一角，都会放一大碗红烧牛肉。原来，我们同桌的八个男同学中，王平宇是个回民，他不吃猪肉。这碗牛肉，是专门为他准备的。

“打牙祭”全由政府埋单，学生们一分钱都不用花。不过，“打牙祭”的营养价值看来并不很高，因为，第二、第三天我上厕所时，自己和别的如厕的同学，都噼里啪啦地拉起稀来。好不容易吃到的高蛋白高脂肪营养品，相当一部分落进了茅厕。大概是因为，长期习惯了“素食”的胃肠，一时应付不了突如其来的大鱼大肉。

那时没有电灯、自来水，上晚自习用的是鬼火般的桐油灯。图书馆、实验课的条件也相当差；有时，空袭警报一响，大家还得进防空洞躲避。尽管如此，衣着朴素的清贫教授们，教学却非常尽责。莘莘学子们的学习，也十分认真；课余饭后，教室内外弦歌之声不绝于耳，特别是那些慷慨激昂的抗日歌曲，令人精神振奋，这也从一个侧面反映了中国人民，特别是年轻一代夺取抗日战争最后胜利的坚强决心。

每年暑期，我都要到重庆南岸黄桷垭胡汉文家中度假。每逢这段时间，好心的胡先生总要介绍我到附近的一些富商家给小学生当家庭教师，从而使我得到一些收入；那时我的二哥在昆明工作，也按月给我寄一些零用钱来；此外，我因为学习成绩优良，也得到过中正奖学金和林森奖学金。因此，我在经济上有能力购买一些文具、煤油灯和灯油，一些营养品和必要的日用品。

1943年11月，报载中、美、英三国首脑蒋介石、罗斯福、丘吉尔在埃及首都开罗举行会议，商讨了联合对日作战计划、击败日本后如何处置等问题，并签署了《开罗宣言》。这个特大喜讯，使我和许多苏医同学都欢欣鼓舞，因为：第一，大局已定，抗日战争的最后胜利已经是指日可待；第二，我国的元首，在世界历史的紧要关头，参加如此重要的国际会议，在我国的历史上，尚属首次，我们为此而感到无比的自豪。

两兄弟合影

1944年秋，侵华日寇垂死挣扎，在我国南方又发动进攻，并侵占了广西的桂林、柳州和贵州的独山，嚣张气焰直逼贵阳，重庆也感到震动，当时还有迁都的传说。苏医的师生们也觉得气氛紧张。

为了加强抗日的力量，当时我国政府号召青年们参军，直接加入打击侵略者的队伍。北碚镇街道上多处悬挂着“一寸山河一寸血，十万青年十万军”的大字横幅，塑造着一种壮怀激烈、共赴国难的悲壮情怀。苏医当时有王锡琏等好几个男同学响应号召，投笔从戎，加入到这股铁流中去。我对他们的爱国行动和英雄气概，感到由衷的钦佩。

1945年5月8日，纳粹德国无条件投降。美、英军队集中力量在太平洋向日军进攻，迅速夺回了许多被日军占领的基地和岛屿，日益迫近日本本土。曾经是不可一世的日本帝国主义，此时已是末日将临。也就是在那一段时间里，我们常常看到成群的巨型战机，从西向东，掠过苏医的上空。后来听说，那是美国空军的B29空中堡垒，从成都起飞，专门去轰炸东京的。

抗战胜利前夕，时任中央电工器材厂电机工程师并被公认为模范青年的冯勤为，我的二哥，特地乘飞机从昆明来到重庆，然后搭长途汽车到北碚苏医来看望我。

二哥看到我第一句话就是：“啊，Changed！”意思是我改变了。是啊，我和二哥上次在上海分别时，是1941年的7月，那时我才18岁。这次重逢是在1945年7月苏医刚放暑假时，我已经22岁。在这样的年龄段，一个男青年在形象上，自然会有些改变，有些chang的。

因为暑假已经开始，家在本地或近处的苏医同学，有的已经回家。男生宿舍，空床有的是。二哥就在这里住了几天。兄弟异乡相逢，说不尽的欢乐，说不完的知心话。我也陪着二哥在苏医参观了一番，又去北碚镇闲逛了一阵并在照相馆拍了一张兄弟双人照。

有一天，我和王敬良、董文正一起，请二哥在北碚镇的松鹤楼餐馆吃了一顿丰盛的午餐。席间，宾主从学习、工作、家庭、人生，到国家和世界大事，特别是抗战的大好形势，世界反法西斯战争的大好形势，几乎无所不谈。欢声笑语，不绝于耳。那次，二哥还教我们唱了一个很有趣的轮唱又合唱的歌：

那边池塘里，有个青蛙高声叫，咯咯咯咯哈哈哈咯咯咯咯咯咯咯咯咯咯咯咯咯咯咯咯咯咯咯

那边池塘里，有个青蛙高声叫，咯咯咯咯哈咯咯咯咯咯咯咯咯咯咯咯咯咯咯咯咯

那边池塘里，有个青蛙高声叫，咯咯咯咯咯咯咯咯

四人先是轮唱，最后以齐唱结束，大家都不禁哈哈大笑起来。

翌日，还是我们四人，到嘉陵江边去欣赏两岸的景色。那时正是炎夏，我和两个同学都不会游泳，只能脱光上衣，穿着短裤，在靠近岸边的浅水中戏水。二哥却光着上身，穿条游泳裤，跃入江中，劈波斩浪，从容地在嘉陵江中横渡了两个来回。我们三人只得啧啧称羡。

二哥返回昆明前，要去沙坪坝办事，我陪他同去。沙坪坝是当时重庆的主要文化区。中央大学、中央政治学校、重庆大学等高等院校都设于该区，尽管校舍简陋，师生们的生活都很清苦，但学术氛围却很浓郁。二哥办完公事，便取道重庆而返回昆明，我就在重庆与他依依惜别。

除了沙坪坝，我还去过另一文化区九龙坡。记不清是1944年还是1945年的暑假中，我应邀去九龙坡与东吴大学附中的几个老同学王师杰、张希仲、陈同圻等相聚。他们都在由上海迁至该处的交通大学续学。那时，交通大学是国内赫赫有名的优秀高等学府，许多当年的高中毕业生，都以能考取交通大学为荣。迁至九龙坡后，该校仍然坚持其办学的一贯作风，为国家培养出了多种专业的优秀人才。与老同学们欢聚畅谈了两三天后，我便去重

与苏医同学董文正(左一)、王敬良合影(兆丰公园, 1946.10.17)

庆黄桷垭胡汉文先生家度暑假了。

1945年夏，我照例在重庆南岸黄桷垭胡汉文先生家度暑假并担任家庭教师的工作。

8月6日和9日，美国空军在日本的广岛和长崎先后各投下一颗原子弹。这些消息让我十分震惊。我在报纸上详细阅读了原子弹巨大威力和有关新闻的报道，我的第一个反应就是日本帝国主义的死期到了，我国军民八年抗战的最后胜利就在眼前了。

8月8日苏联对日宣战。这个消息当时使我十分愤怒。

1941年春，正值我国的抗日战争进入最艰苦的时期，中国人民正在遭受重大苦难的当口，你们苏联的外长莫洛托夫却于当年的4月13日在莫斯科与日本外相松冈洋右签署了《苏日互不侵犯条约》，当年4月25日起效，有效期为5年。条约规定："苏日双方保持和平友好关系……如果缔约一方成为第三者的战争对象，另一方应在整个冲突中保持中立。苏方同时承认满洲国的独立地位及领土完整，日方则承认蒙古人民共和国。"这不是肮脏的政治交易还能是什么？正是这个臭名昭著的条约，才使日寇毫无后顾之忧，更加肆无忌惮，更加残暴地屠杀中国人民。也正是这个罪恶联盟，才使日寇敢于在1941年冬发动太平洋战争，不仅重创了美、英在太平洋的军力，一时间削弱了二战中盟军的反法西斯力量，而且还侵占了香港、马来亚、新加坡、缅甸、菲律宾、印度尼西亚、关岛、威克岛等地，残酷杀害和奴役当地的人民。面对这一笔一笔骇人听闻的血债，一件一件令人发指的暴行，你，平时素来恬不知耻以解放者自居的苏联，能逃脱你那份帮凶，助纣为虐的历史罪责吗？

请看，正当我国军民不怕流血牺牲，与侵华日寇决一死战的关键时刻，我们这个庞大邻国，不仅不伸出援手，助我一臂之力，反而与我们的死敌如此"和平友好"，还承认"满洲国的独立地位和领土完整"。这个庞大的邻国，能说是我们的友邦吗？敌人的朋友，能是我

与苏医同学在照相馆合影，王敬良(左)、姚祚颐(右)、董文正(坐)(上海，1946秋)

们的朋友吗？我想，有一点良心的中国人都会说不，都会感到愤怒。说它是帮凶，见死不救，坐山观虎斗，不是正合适吗？

再说，那年5月8日，纳粹德国投降，西线已经无战事，你为何不能像英、美那样立即挥师向东，攻打日军，而一直要等到广岛原子弹爆炸，美、英大军对日已经兵临城下，日寇已经走投无路的时刻，才装模作样地在“苏日互不侵犯条约”的有效期内于1945年8月8日向日本宣战。这是“反法西斯”吗？我看不是，而是想在不费气力的情况下抢“摘桃子”，夺取远东的更多的利益。可惜它晚了一步，未能占领日本全国，只强占了日本的部分领土北方四岛，至今不还；而且还抢走了日寇在我国东北苦心经营了十余年的所有工厂的几乎全部机械设备。

1945年8月15日，日本无条件投降！

这个消息震动了全世界，震动了全中国，震动了全重庆，震动了黄桷垭，当然也强烈地震动了我。历时14年(从日寇侵占我东北的1931年算起)的第二次世界大战，长达8年(从日寇1937年发动卢沟桥事变算起)的我国军民八年抗战，这场噩梦，这场造成几千万军民死亡，让全世界经济和物质文明蒙受毁灭性破坏的史无前例的人为大灾难，终于结束了！过去了！我那时22岁，可以说，自我懂事以来，还从来没有过那样的狂喜，那样的激动，那样的心花怒放。黄桷垭沸腾了，我相信，全中国也一样沸腾了。欢呼声、鞭炮声，响彻云霄，无数彩色气球，升向晴空；满街满巷，墙上、树干上、电线杆上，到处是五颜六色的欢庆胜利的标语；人们笑逐颜开，载歌载舞，许多人的眼眶里，噙着欢乐的泪水。报纸上，每一则新闻，每一篇短文，报道的都是胜利，折射的都是喜乐。日本鬼子完蛋了，沦陷区自由了，我们又可以回到阔别多年的年迈父母身边承欢膝下了，又可以与诸多亲朋好友倾吐衷肠了。这一切，都不是梦境，不是幻想，而是现实，活生生的现实！

为了减轻还乡时行李的重量，我和黄桷垭的另一些下江人一样，把我那只大行李箱拿到路边打开，把一些过多的旧衣物平价出售。可惜的是，光顾者不少，购物者寥寥。

1945年8月28日报载，陕北中国共产党领导人毛泽东等人来渝与国民党当局商谈战后国是。对这种国家大事，我当时很少关心。

1945年9月2日，日本向同盟国签署投降书，二战正式划上句号。

9月上旬某日上午，我收到大哥从上海寄来的航空快信，惊悉父亲在那年4月突发脑溢血，深度昏迷，右侧半身不遂。经治疗，神志已恢复清醒，但仍卧床不起，不能自由行动，深切盼望二哥和我早日返沪省亲。震惊之余，我深思熟虑之后，断然决定，暂时放弃在苏医的学业，尽早回家。当时暑假尚未结束，我尚在黄桷垭胡先生家度假。

开学后我一边在苏医四年上学期上课，另方面想方设法，寻找还乡的机会。

在那一段时间内，学校里欢庆胜利的热潮已经过去。平静中却传来一些令人极不愉快的信息：报载重庆市出现了一批所谓“吉普女郎”——不少打扮花枝招展的年轻中国女子，分别坐在由美军驾驶的吉普车的副驾驶座上，在重庆满街招摇过市，逛舞场，进酒店，到夜总会鬼混……为了区区一点物质利益，就不惜尊严，不顾人格，不惜出卖灵魂，出卖肉体的可耻行为，实在令人鄙夷，实在是丢尽了中国人的脸！

回家的机会终于来了。还是带我来渝的胡先生一家，那年的初冬要回上海了。1945年

11月下旬，我随同他们搭乘一艘长江轮船顺流而下。船行很慢，中途还一度搁浅。途经武汉停泊时，我们登岸小憩，漫步；但见到处都有当年保卫大武汉战役中留下的断垣残壁。1946年1月6日，轮船才驶抵上海港。赶往家中看到阔别三年有余，而且卧病在床的慈父时，父子两人都十分激动。与家人团聚了将近半年，亲爱的父亲于当年6月21日因第二次脑出血治疗无效而去世，享年62岁。他的离世，使我和全家人都异常悲痛。

1946年，我几乎整年失学在家。是年秋季，我参加了上海国立同济大学医学院的四年级插班生转学考试。嗣后久无录取消息，我乃于12月赴镇江江苏医学院四年上学期复学，该院已在抗战胜利后复员到镇江继续办学。

将近年末，发生了一件震怒全国的事件。据当时报载，北大一名女生沈崇，被美军士兵强奸！全国因而爆发了一次强烈的反美怒潮，镇江也不例外。苏医的大批学生，包括我在内，参加了镇江市的反美大游行和示威。我们高举反美旗帜，高呼反美口号："美帝国主义从我国的领土上滚出去！"当时的国民政府如临大敌，几个国军士兵头戴钢盔，在镇江市的高处架起了机关枪，枪口对着示威民众，却始终没有开枪。

不久，我收到母亲从上海来信，悉我已被同济医学院录取，乃于1947年2月正式转学返沪插班进入该院四年级下学期就读，直到1949年7月在同济医学院毕业。

当时，国立同济大学医学院是我国著名的医学院校之一，其声望远高于国立江苏医学院。所以，我能从苏医转学到同济，感到十分高兴，我的母亲和哥哥们也为我高兴。

那时，我和母亲住在静安寺路(现南京西路)1699弄1号二楼东厢房(我家在此作为三房客租居了二十多年)。我的大哥已经结婚并育有两个女儿。他们一家那时住在静安寺路赫德路(现常德路)附近的金城别墅。

同济医学院前期校舍，在善钟路(现常熟路)100号，那里还有女生宿舍。我所在的四年级，由三个部分的学生组成，一是抗战胜利后从内地随迁校返沪的学生，占大多数；二是原德国医学院的学生，占少数；三是转学插班生，就我一个人，共计85名同班同学。我们班都在白克路(现凤阳路)中美医院(原宝隆医院)上课。从内地返沪的男生宿舍在附近的成都路，女生宿舍则在善钟路100号。原德国医学院的学生以及我这个插班转学生，家都在上海，因而都是走读生。

每晨7点多钟，我就在家住的弄堂口候车。一辆中美医院的救护车，载着十几位从善钟路100号上车的我班女同学准时开到我家的弄口接我上车后，直驶白克路的中美医院。

中美医院有A、B、C、D、E五栋楼房。A楼是医院的主体，共有六层，一楼是门诊部和急诊室，二楼以上是各科的病房，还有手术室、检验科、放射科、心电图室；中心供应室、营养部、行政部门、财务科、病历室；社会服务部、尸体解剖室、电话总机室；还有两个可容纳一百多个学生的梯形教室。B楼共三层，一楼是内科门诊部，二楼是内科病房，三楼是矫形外科病房。C楼共三层，一楼是口腔科和整形外科；二楼是病理科，其任务除尸体解剖外，还接受来自临床各科的活体组织检查和报告的任务；三楼有个大教室，供四年级学生上课用，此外还有不少供住院医师居住的宿舍。D楼共五层，一楼是个大食堂，附有相应的厨房；二楼以上是护士宿舍。E楼共三层，是实习医师和部分住院医师的宿舍。五栋楼房之间是一个不大不小的院子，墙边有布告栏，另一边有个车棚，棚下可以停放医院的救护车。

中美医院还利用同孚路(现石门一路)82号原上海德国医学院的教学楼，设立了一个分院，专供妇产科使用。

1947年2月开始，我作为插班生在中美医院C楼三楼大教室与同班八十多个同学一起上课。那学期除了前期课程病理学、微生物学、药理学(由原上海德国医学院院长Öttel教授和一位中国教授讲课)以外，还有内科学、传染病学、妇产科学等后期课程。除了Öttel教授和内科过晋源教授用全德语讲课外，其他教授都是用中、德双语教学。由于我在上海德国医学院打下了扎实的德文基础，所以听课、做笔记都毫无困难。我们的内科老师，还曾带领我们四年级学生到中美医院内科B2楼病房进行见习教学，指导我们对病人做触诊、叩诊和听诊的检查。病人肺部各种呼吸音、啰音，叩诊时的清音、浊音、实音，心瓣膜疾病病人的各种典型的杂音等，都给我留下了深刻的印象。这学期的学习让我感到，同济医学院的教学，不论是理论上还是实践上，都使我十分满意。那年暑假，我和部分同班同学，还到公济医院(现上海第一人民医院)去见习。学习任务主要是跟着院长和高年内科医师查病房。此外，我们也练习了给病人作静脉注射。

那学期，母亲和我都在金城别墅大哥大嫂家吃中饭，晚上就在静安寺路家中与母亲共进晚餐。托同班女同学(她们住在善钟路100号的女生宿舍)的福，我上、下午上课、下课，都搭乘她们的便车(中美医院的救护车)代步。

1945年前后的简况

朱百里[1]

我1945年6月从南京模范中学毕业，景仰先贤詹天佑工程师的高风亮节，立志做一名土木工程师。詹工程师以坚韧的毅力和渊博的知识，依靠国人之力在地质条件复杂的崇山激流中建成了著名的(北)京—张(家口)铁路。我有心以先贤为榜样，像他那样修建铁路，逢山开洞，遇水造桥，以此来报效祖国，遂于1945年6月报考中央大学土木工程系。后来，接到录取通知书，知道已被录取，中央大学的新生录取名单也刊登在当时的《中央日报》上。

当时正值暑假期间，接到录取通知书后我回到家乡江苏省仪征市，等待开学上课的通知。为了贴补家用，经友人介绍去扬子小学从事刻写钢板、印制新课程表、开会通知、准备新学年教材等工作。校长王恩庆先生在《中央日报》上看到中央大学新生录取名单，其中有我的名字，感到我还是一个小小的人才，就安排我去扬子中学担任数学教师，分别为初二、初三年级讲授代数及平面几何。(我)在生活上能与学生打成一片，参与他们的课余活动与体育锻炼，在学习上以身作则，对学生严格要求。由于学生们的勤奋与睿智，校方对学生们的优秀数学成绩感到满意及赞许。

1945年12月初，接到中央大学的开学通知，知道大学学习生活即将开始，与朝夕相处的扬子中学学生依依惜别，去南京报到。校址在南京鼓楼区的金陵大学，即后来的南京大学。

当时，侵华日军已经投降，南京中央大学的教师们似乎有自知之明，自动下岗，并停止了教学工作，由重庆沙坪坝中央大学的官员、教师接管一切教学工作，并向录取新生发出开学通知。成千上万的重庆职工及家属等待乘船返回苏、浙一带，等待时间很长。为

① 曾用名朱辉逵(1927.1.3~2015.6.5)，1946年入同济大学新生院，1951年毕业于同济大学土木系并留校任教。

了争取时间早日上课，只好安排教授们乘机东返。为我们一年级新生授课的英语教师高关初、数学老师张学铭、物理老师施士元、化学老师李酉开、材料力学老师卢孝侯等，后来他们成为东南大学或南京大学的教授。

学校的全名是南京临时大学补习班，而不是中央大学。我们是凭录取证及开学通知报到的，那些没有大学录取证的高中毕业生则编入“先修班”学习，他们的学习评定情况和出路不详。由于开学时间太晚，为了抢回一些宝贵的学习时间，1946年初不再放寒假，到当年3月底完成第一学期，紧接着从4月到7月是第二学期，结业时，每人收到一张有本人照片及学校关防的“临时大学补习班结业证书”，等待分配到其他大学继续学习。

为了得到“分配通知书”，我并未返回家乡，而是暂住在临时大学宿舍里，经常去教育部门口打听消息，大约是1946年8月，终于在教育部的布告栏里看到发榜名单。我与张兆兴、何德生、袁国幹、李庸定等五人被分配到同济大学土木工程系，另有很多人进入交通大学、武汉大学、中央大学(南京大学和东南大学前身)、浙江大学继续学业。那些经过不正规途径进入临时大学的学生则进入金华的英士大学或大夏大学、暨南大学。

抗战时期迁到云南、四川一带的大学很多，胜利后都急于回到原来的城市。图书、仪器、设备、师生员工等的内迁需要很多运输设备和时间。同济大学到1946年11月才迁回上海，原来吴淞同济路上的校舍已在日军侵华战争中毁于炮火，不得已只好因陋就简，寻觅一些房屋安置，如医学院在常熟路，工学院在四平路，理学院在国定路，文法学院在四川北路，新生院(德文班)在新市区图书馆等等。直到1946年12月各学院方才正式上课。

2015年2月10日

抗战胜利在大后方——片断回忆

肖友瑟[①]

欢庆抗战胜利的临洮

1945年8月15日，浴血奋战的中国人民终于迎得了战争胜利的喜讯，穷凶极恶的日本侵略者宣布无条件投降。当时正值兰州中学放暑假，我回到了与兰州关山相隔约200里的家乡——临洮。

在临洮县城中心县政府所在地，俗称衙门口东侧有一所教育馆。该馆馆内有小广场设有浪桥、滑梯、双杠等供青少年活动的简易器械；馆门口的墙上悬挂着一个大喇叭，它是小县城唯一的新闻传播设施。当抗战胜利的消息通过大喇叭传出，一时全城沸腾，锣鼓喧天，鞭炮齐鸣，商铺纷纷挂灯结彩，一派节日景象。

当天晚上，全城举行了灯火游行。虽然正值暑假，但临洮中学、临洮师范学校、临洮女子师范学校、乡村师范学校仍然聚集了数百人的学生队伍。依稀记得，当时我也手提灯笼加入了临洮中学的游行队伍。

以学生为主的游行改变了传统闹新年(春节)、元宵的场景以庆祝胜利的灯笼、标语为主的形式代替了传统的踩高翘、船姑娘、跑纸马等。队伍高呼欢庆胜利的口号，歌唱抗战时期的流行歌曲：如“打到日本，除汉奸”、“向前走，别后退，牺牲已到最后关头……”、“前面有东北的义勇军，后面有全国的老百姓”、“大刀向鬼子们的头上砍去”。加上街道两旁看热闹的男女老少，在这边远的小城也是盛况空前，热闹非凡了。

我记得大概是庆祝游行的第二天，在教育馆门口的墙上贴出了以“万急延安”为抬头

① 生于1928年7月4日，1951年毕业于同济大学机械系并留校工作。

的国民政府蒋介石致中共毛泽东主席的电文。电文中邀请毛亲赴重庆，共商国是。旁边还贴了一张延安抗日军政大学的招生广告，但很快就被撕掉了。老百姓企盼天下从此太平。

抗战中的兰州中学

暑假后，当时抗战胜利的欢庆日子已过，我回到了号称甘肃省第一的兰州中学。

在抗战早期，学校为了躲避日机的轰炸曾一度迁至位于兰州与临洮中间的洮沙辛甸镇避难。作为甘肃的省会兰州曾屡遭轰炸。当时的兰州并无起码的防空设施，只能任凭日机出入，老百姓的人身财产安全只能听天由命，政府也无能为力，唯有拉警报让人们就地躲藏。1942年前后，随着战争的发展，日机已无力再轰炸像兰州这样的边远山城，兰州中学才得以迁回原址复校。当时，一些沦陷区的人士也纷纷逃难到兰州。就在我所就读的班级中也不乏流亡人员。特别是任课教师，他们大多有名牌大学毕业的学历或丰富的生活经历。如教我们语文的是位40岁左右的女老师，据说是北京师范大学毕业的，她只身在校执教，讲课深入浅出，改变了诗词赋及古文学的枯躁乏味。她在讲授庄周的著作时引申了庄子击鼓庆妻子死亡的故事，使我终生难忘。又如地理老师分析战局头头是道。再如体育老师，他引进了叠罗汉、打棒球等新鲜课目。毫无疑问，抗战胜利后，他们都面临着如何寻找失散的亲人或返回原籍团聚的问题。

我们已是毕业班，同学中也面临离校后的去向问题。同学基本上分为两类人、四种情况。其中一类是从沦陷区来的同学，他们中个别人是达官显贵的后代(如有人的父亲是省政府部门的厅长，有人的父亲是西北行营的将军)，他们在父亲的荫护下不担心毕业后去东部沿海地区深造的问题。而大多数从沦陷区来的同学，特别是有些从黄泛区流亡到兰州的，面临毕业后有家难回，何去何从的问题。另一类为占绝大多数的本省籍同学。其中大多数基本保持稳定。少数同学热心打听战时内迁的高校在抗战胜利后回迁的情况，以便在投考高校时有所选择。

从兰州到上海

我从小有志读书成才，学习成绩一直名列前茅。从兰州中学高中毕业后，我准备赴东部地区选读著名高校，但面临两大问题：其一是如何赴东部地区；其二是要进哪所理想的大学。

如何从西部到东部地区的上海。首先遇到的是交通问题。抗日战争时期，国民政府为阻止日军西进采取了将黄河在花园口决堤的方法，造成河南地区成为黄泛区，陇海铁路也因之中断。抗战胜利后，西部地区的人们东行最方便快捷的就只能选择乘坐飞机，但机票价格昂贵、航班数量很少使得购票相当困难。我的家境并不富裕，购票费用主要来源于我哥哥将其岳母家的住宅出卖所得，其岳母膝下无子就被接到家中赡养。机票的购买则借助于我的同班同学，其父亲是当时西北行营的高官将军，他家住在行营所在地——兰州有名的风景区五泉山，由于平时他常邀请我们去他家温习功课，因而熟悉了他父亲的副官。这位副官年轻热心，不仅帮我和同行的另一名同学购得了机票而且送我们去了机场。我们经过旅途颠簸终于到达了上海。

当时东部高校在兰州不设考点，政府为照顾西部边远落后地区，采取择优保送入学的方式。我与其他几个先后到达上海的同学一同前往南京教育部，领取了各自的入学通知书。我与另外两名同学经教育部高教司保送进入同济大学。同济大学在那个时候是隶属于教育部的高校，入校后即给予我们全公费待遇，深造的学校与食宿皆有了着落。

进入同济后，按照惯例第一学期必须在新生院学习德语。我被编入第一班，教德语的是郑寿麟教授(他同时兼任新生院院长)。抗战结束后同济从四川李庄回到上海，而位于上海吴淞的校舍已毁于战火中，当时的校舍只能分散在各处。新生院设在位于翔殷路原旧上海的市图书馆里，低矮的书库变为学生宿舍，里面放置了密密麻麻的的双层铁床；二楼两旁原来的阅览室则作为教室。食堂就设在临时搭建的木板房内。

新生院是不分理工医混合编班的，经学习考试合格后升入本科按各自的专业进行学习。1947年暑假后，通过新生院的德语学习，我顺利地升入了同济工学院机械系学习直到1951年毕业留校。

从李庄到上海

曾昭耆[①]

我在李庄六年

我的老家是宜宾，但是中学六年是在李庄度过的。初中3年在四川省立宜宾中学，高中3年在同济大学附属高中。可以说是先后从外面和内部了解同济大学在李庄的一些情况。近距离感受到它给予李庄带来的的科学文化熏陶。

1940年我小学毕业，考入四川省立宜宾中学。那个学校原来在宜宾城内，抗战初期为躲日寇轰炸迁到李庄。省宜中是当时四川南部最好的中学，教师队伍很强，设备也很好，我的哥哥姐姐都是在那里念书的。

宜宾是四川南部的主要城市，地处金沙江和岷江汇合处，其下游才真正被称为长江。李庄地处宜宾下游30公里的长江南岸，原来是一个宁静的小镇，主要是几条排成日字形的街道，居民不多，却散落着十几座庙宇，民风淳朴。在我这个宜宾城里人的眼里，它也算是乡下了。

省宜中迁到李庄后，李庄似乎没有发生太大的改变。我想那是因为，省宜中学生大多数来自宜宾或附近县乡，与原来的居民差别不大；学校在小镇南面好几里路的乡下，而且校规很严，学生平日不大能离校到镇上去。

1940年，同济大学开始从昆明迁到李庄。据我所知，当时李庄的士绅和老百姓对此是

① 1928年10月生，1943年入同济大学附中，1946年升入医学院。“1.29”运动被“勒令停学”，1948年9月复学，10月入党，任医学院学生自治会理事长。解放后曾任同济大学校务委员。1952年毕业，在解放军第二军医大学进修，1954年到中央保健局做中央首长保健医生、北京医院心内科主任、大内科主任、教授。1993年离休，投身发展全科家庭医学事业至今。

非常欢迎的。他们将大多数庙宇和一部分民房让出来，作为同济大学校舍。于是，整个李庄镇就几乎成了同济大学的校园。随后中央研究院历史语言研究所等单位陆续迁入，大量“下江人”(抗战期中，四川人把从外省逃亡到四川的人，不管从东北、华北或华南来的，统统叫“下江人”)、各式各样的大小知识分子，甚至外国人随之来到，不但使一个人口不多的小镇，忽然间拥入许多人，带来不同的穿着、不同的说话口音，不同的习惯，从而在经济上、文化上形成了巨大的良性冲击，李庄人的生活习惯和思想意识也无形中受到影响，展现出一派欣欣向荣的局面。

我那时十二三岁，还是一个初次离开家、没有见过什么世面的人，对李庄的那种日新月异的“巨变”也是充满了新鲜感。

1943年暑假，我在省宜中初中毕业，考上高中，已经交了学杂费、伙食费，上了两周课。听说同济附中还在招生，不需要交任何费用，还有公费管吃饭不要钱，自己就马上决定去考。当时主要动机是家里生活实在太困难，物价飞涨，老爸工资越来越不顶事，两个哥哥上国立大学，免费，但我和弟妹们都要交学杂费。虽然省宜中也是个很好的学校。但是，上同济附中可以减轻家里的负担。

当时完全没有料想到，那次临时决定的“转学”，对我的一生具有多么重要的意义。没有那次转学，我不可能到上海进入同济大学医学院，后来是什么样的命运，谁也不知道。何况从那时家里经济条件看，如果在省宜中，我高中毕业后能否继续上学都是未知数。

同济附中在李庄镇东边，沿江边有一条大约一米宽的石板路。向前走，左边是一些散落的民房，右边先是一栋栋小平房组成的教授新村，房屋周围有花草树木，环境幽静，其中还有一个医务室，唐哲教授带着几个医护人员，为师生治病。往前走是“高职”(同济大学附设高级工业职业学校)，再过去就是同济附中了。

其实，从物质条件看，同济附中比省宜中还差。省宜中基本上是利用张家大院那个硕大的地主庄园，附加一些临时建筑。而同济附中仅仅是在推平了一个乱坟山后盖起的几个简陋的平房做校舍。进门正对着两排房屋，迎面是个大草棚作为食堂和厨房，后面是一个教室和办公室，右面两排是学生宿舍，左面两排是教室，墙壁只是在竹蔑上糊一层泥土，刷上石灰浆，学生宿舍都是紧紧排列的双层床。宿舍的尽头是简陋的厕所。因为大多数是“流亡学生”，不收任何费用。吃饭是国民党政府发的“公费”，吃得很差，八个人围着一桌子站着吃，每周有两天午饭有点肉。饭是仅去掉谷皮的发霉的机米，里面常有沙子、小石子，甚至偶尔有老鼠屎。

但是，从学风、教师特点和学生的成分来看，同济附中和省宜中确实是两种不同风格。省宜中的教师水平也很高，但重要的是，初中穿“童子军”制服，受模拟军训；高中开始穿类似军装的制服、系腰皮带、打绑腿，受军训，清晨出操。星期一早上是“纪念周”，背诵《总理遗嘱》和听校长“精神讲话”，每天出操前背诵《军人守则》，男生剃光头，没有放学不许出校门等。而同济附中则是像大学那样管理，虽然名义上也有军训教官，住在男生宿舍的第一间房屋里，但什么也不管，从来不出操。学生随便穿衣服，没有统一着装，可以留长头发，不规定作息时间。更特殊的是，老师上课从来不点名，去不去教室也随你便，随时都可以离开学校，夜里不回来也没人管。在这个学校，得靠有自觉性，努力学习，因为考试很严，弄不好就被淘汰，留级的人不少。

学校里，学生来自不同地方。和我同班的就有梁思成和林徽因的女儿梁再冰、中德混血儿廖忠霈(他的两个哥哥也在附中),“文化大革命”后当国家体委主任的张彩珍。同学中还有中央研究院一些大知识分子和同济大学教授的子女、归国华侨子女，可以听到各种方言；接触到许多省宜中没有的新鲜事物，如不同专业的大学生，用各种语言讲课的老师，德国教授。

廖忠霈是廖馥君教授的小儿子，妈妈是德国人。刚到李庄时，他也上过省宜中初中，和我同班同桌。突然来了这个混血儿，同学们感到很新鲜，下课时我和他打过一架，什么起因完全记不起了。但后来我们成了朋友，附中又同班。到上海，他好像进了文学院，我们就很少接触了。许多年后，他是北京经贸大学教授，因肺癌晚期，住入北京医院，正巧是我管的病房，他是在那里去世的，等于是我为他送了最后一程。

附中虽然学习很紧张，但课余生活还是满活跃的。男生宿舍前面有单杠、双杠架，我记得张荣昌、曹利溥，还有几个同学经常在那里锻炼，他们个子都不高，但一身肌肉非常健美。此外，常有学生一边走路一边哼着洋曲子，后来我慢慢知道，那些都是西方古典音乐的片段，像巴赫、贝多芬、舒伯特、瓦格纳、柴可夫斯基等名曲片段。还有人有唱片或自制吉他、尤克里里(一种4根弦的弹拨乐器)甚至小提琴等，打桥牌，这些都是在省宜中没有的新鲜事。

我们几个比较“土”的四川学生，和那些“洋气”的事物不大沾边。虽然没有多少钱，但生活内容还算丰富多彩。曹利溥家里稍富裕些。他在学校附近租了一间民房，我和几个同学张荣昌、蔡明德、周佩莲、王碧玉等课余去那里聊天、唱歌，偶尔还买些食物做了一起吃。还曾在附中办过一张“壁报”(小字墙报)。张荣昌和蔡明德是地下党员，多少灌输一点进步思想，我也写过几篇稿，属于文艺和学习心得性质，主要负责画刊头和花边。

李庄镇西边几里路的板栗坳，另有一个张家大院，是一个更大的地主庄园，九进大院，周围是筑有炮楼的高墙。那是我妈妈的堂妹妹(我叫她张九)的家。那时姨夫已经去世，只有她和一个女儿还有几个佣人住最后一进的正房。当时的中央研究院历史语言研究所，用的就是他们家的大部分房屋。我在那里曾看见过傅斯年、董作宾、李济等大学问家(李济的儿子李光谟也是我的同学)。

因为附中是为同济大学培养接班人，老师都是大学的知名教授。例如，鼎鼎大名的生物学家、同济大学生物系主任童第周教授，居然教我们高中的生物学。物理、数学也分别是大学理学院物理系、数学系主任教我们。

40多年后，一天我在北京医院出高干门诊，童第周教授来看病。那时他的夫人已经去世，是三个女士陪来的，听说都是他的学生和助手。童教授对我非常客气，我说：“您不认识我了，我是您的学生，当年在李庄，您老人家还是我的生物学启蒙老师呢。”他的一个助手说：您看多好，今天诊室里全是您的学生。

德语是同济附中的主课之一。因为当时大学有一些德国教授，中国教授也常用德语讲课。附中每周7课时德语，2课时英语，数理化当然也是重点(没有音乐、绘画等课程)，其他科目无所谓，好像是有教师就开，没有教师就不开。有过历史课，老师是一个胖胖的女士，广东人，她上讲台第一句话就说：“中国历史是帝王的渣(家)谱”，至今我还记得她那个神态。三年级时，还来了一个国文教师叫李丕涛，是个跛子，据说曾经是个抗日游击队队长。他的课在同济附中也不大受重视。

我们在一年级时的德语，是一个德国天主教神父教的，他叫Stürwald，原在西北传教，二次世界大战时期被国民党政府怀疑为德国特务关押，经同济大学校长保出来的。他那时生活很清贫，一年到头只有一套布西服，一件毛背心。会几句带西北口音的中国土话，基本不会教语法。有一次让同学说句德语，他认为说的不正确，就说：“这个嘛，味道不对，德国人不这样说。”但他只能告诉应该怎么说，不会讲解为什么要那样说。Stürwald

是独自一人住在附近老百姓家，晚上我们常去和他试图用德语聊天、瞎侃。

上世纪80年代我在德国工作期间，曾打听Stürwald下落，一个神父告诉我，说认识他，可惜两年前去世了。

二年级，是个一句中国话也不会说的德国女人Frau Chen(陈太太)教德语，她是一个已经去世的中国教授的遗孀，带着一个女儿。上课就是给我们讲故事，多数是格林童话集的内容，也教唱德国民歌或儿歌，她讲课时像妈妈对孩子那样不断提问，但不许用中国话回答。

她讲过一个故事："一位老夫人生病，找一个犹太人来给她输血，价格应该是100马克，但她给了120马克；第二次输血时，她就只给了100马克；第三次输血后，她却只给人家80马克了，你们知道那是为什么吗？"大家不知道怎么回答，她说："因为她开始时很可怜那个人，愿意多给他一点钱，后来她身上犹太人的血愈来愈多了，所以就越来越吝啬了。"典型地反映了当时德国人对犹太人的歧视。

直到三年级才有中国教授廖馥君(我1、2年级时廖教授是附中校长，3年级是方召做校长)，开始讲语法。现在理解到，这种安排就和德国孩子学说话的过程差不多，先只是让你听和说，最后才讲语法。那样学德语，基础较扎实。荒废许多年后，上世纪80年代我到德国工作，还能很快重新会说德语，跟随我工作的年轻德国医生问我："您的德语怎么那么好？"我说：因为我学德语时，你们都还没有出生呢。

英语老师也是一个教授的夫人，是纯正伦敦音，而不是"四川英语"。但我们许多四川同学反而不习惯，背地管她叫Madam Ideal，因为她念ideal的发音和"四川英语"大不一样。实际上是人家发音正确，但四川学生总觉得是她发音怪怪的。

同济附中的物质条件很简陋，但内在的环境却似乎充满德国风味、德国式教学，接触的是饱受德国教育熏陶的老师和大学生。

其实，同济附中那种不强调校规，甚至不管你是否上课，只是给学生安排最好的老师，加上严格的淘汰制度，是为了给大学培养接班人，一方面从外语和专业上打好坚实的基础，另一方面又考验学生的自我约束能力和学习的自觉性。

再一点，就是学生心态上的不同。省宜中学生念到高中三年级往往有老大哥思想。而在同济附中，我们面对的是大学教授和满到处的大学生，自己好像成了幼儿园的孩子，一点也不觉得有什么神气。

随着同济学生的到来，整个李庄镇成了同济大学的校园，街上常见大学学生抱着厚厚的书上下课。镇里有各式各样的小商店。比较高级的是一个留芬饭馆，还有个很大众化的王春和饭馆。前者卖正规的四川菜，我曾经跟着比较富裕的同学去吃过一两次；后者主要是为有钱人家承包宴席，把宴会上不合用的肥肉放大锅煮了贱卖，那正好合我们一些穷学生的消费水平，馋极了可以去撮一顿，打牙祭。也有几个像咸丰酒店那样的小酒馆，更典型的是和四川其他地方一样，有几个大茶馆。还有李庄有名的“哑巴花生”。大学许多同学早上就带上书到茶馆，要一碗茶，买点花生，可以从早坐到下午。茶馆老板知道他们是没有地方做功课，所以也理解，让他们待着。

我们年纪小些，不大去，但是长江边，树林里都是我们练习德语的好地方。

江边有块大平地，是同济大学的足球场，比赛时观看的人很多，场面也很热闹。

校本部禹王宫有图书馆、阅览室，还有一个戏台，偶尔有同学演一些抗日小话剧、还有唱京剧的，我那时还不知道京剧的内容，对其中一次演出印象较深，一个瘦高的大学生演旦角，唱得很好听但形象实在不佳，后来才知道唱的是《四郎探母》。

我偶尔去图书馆找一点参考书，顺便翻翻报纸，不过那时我还是一个光会念书的学生，只看《副刊》的文艺作品，基本上不看其他新闻。

有一班小火轮早上从南溪经李庄到宜宾，下午从宜宾开回南溪县。每天下午四点左右轮船从宜宾来。靠岸时，不少同学会等在位于魁星阁的码头边，有的是接人，大多数是看热闹，那也成了一种课余的消遣。

30公里，是一个不长的距离，据说现在已经有了高速公路，十多分钟就可以从宜宾到李庄了，但是那时在我心中却是有点遥远。那六年，除了寒暑假，我没有回过家。而且，为了省钱，极少乘坐轮船，通常是坐小木船(从宜宾到李庄是顺水，比较快；回宜宾是逆流，差不多要一夜)。如果带的东西不多，有同学做伴，我们也有几次徒步走回家。

当时的同济大学校长丁文渊，他是个学者，但受纳粹德国影响很深。同济大学40周年校庆，会场布置也和纳粹德国相仿，好几面中国国旗都做成了长条状，从顶棚挂到地。他作风霸道，住在李庄镇外，每天乘滑竿上下班要经过附中(生理学教授Stuebel也住那附近)。其实路很近，丁校长纯是摆架子。他两眼朝天躺在上面，学生路上碰见他都要行礼，偶有没行礼的，他就突然质问：“你认不认识本校长？！”但在外面却毫无条件地袒护学生。听说有一次在去重庆的轮船上，学生和船员闹起了纠纷，他马上站出来，板起面孔训斥船长："我的学生是绝对不会错的，你必须处罚你的船员！"

抗战胜利前，同济大学校长是徐诵明。学校迁回上海后，丁文渊又回来当校长，这时他就不袒护学生了，成了镇压"一·二九"运动的人。同济学生自治会的领导人杨前坤、杜受百、何长城等同学都是被他开除的。

还有几件值得一说的事。

一、医学院解剖室许多大玻璃罐里有各种人体标本，被当地人发现，还有个农民无意间看见尸体解剖，加上中央研究院一些研究所还存放着考古获得的人骨头标本，大惊失色，后来被传说成为"'下江人'杀人""吃人肉"，弄得风声鹤唳，人心惶惶。最后只好举办一场公开展览，讲述那些标本的意义。解除了公众的恐惧情绪，进行了有效的文化科学知识教育。前往参观的人非常踊跃，有些人是从别的县乡赶来的。当时我还在省宜中初中，老师也组织我们去参观。那些宝贵的标本，不但省宜中没有，恐怕四川省也没有，真是受教育，开眼界，长知识。我想，李庄普通居民的文化知识水平，也因而提高了一个档次。

二、宜宾城里原来只有一个美国教会办的仁德医院和一个法国教会办的公济医院，规模都小，而且医护人员可能只是一些牧师、神父和修女。设备简陋，技术不高。仁德医院就在我家附近，幼年时，母亲曾带我去就诊过。学医后我回忆，那些处理水平真的很一般。一次是很重的结膜炎，高度红肿，"眼屎"糊得睁不开眼，医生仅仅是给我用硼酸水冲洗；还有一次急性扁桃体炎，医生不过就是给局部涂了一些碘甘油而已。恐怕比现在一些农村的卫生室还差。

同济大学医学院在宜宾办了个正规的同济医院和护士学校(我的一个堂嫂就是同济护校毕业生)。除了供医学院后期学生实习外，也为老百姓看病，改善了当地人民的健康条件。我1946年离开宜宾，至今没有机会回去，但多年后老家亲戚来，还有时提起同济医院，表明它存在的时间虽然不长，但在老百姓心中却留下了深刻印象。

三、有一年，突然老百姓中新出现了一批"趴病"患者(四川话，"趴"是软的意思)，当地老百姓叫"麻脚瘟"，有人死亡。经同济医学院教授研究，确定是由于某处生产的井盐中含有氯化钡，引起急性钡中毒。找到了根源，治好了患者，解决了这个重大疑难问题，在群众心中树立起崇高的威望。

四、同济大学在李庄时期，政治气氛不浓。虽然有国民党和三青团、军训教官，也有共产党地下组织，但看不出多少活动。我猜想，外部原因是独处李庄，远离重庆、成都、昆明等大城市，较少受到外界影响；内在原因是当时同济大学只有医、工、理三个学院，加上中央研究院等，也主要是科技人员，不大关心政治。我只记得李公朴、闻一多被暗杀后，禹王宫门口曾有过一张揭露真相的大字报，但很快就不见了。

五、上世纪40年代初，抗战形势很危急。日本从南亚切断了补给线，国民党政府两次号召学生参军，一次是“远征军”，一次是“青年军”。蒋介石提出的口号是“一寸山河一滴血，十万青年十万军”，带着极大的煽动性。同济大学的声势也很大，许多学生踊跃报名参军。我们一些人也很激动，待不住了，只是因为我们年纪不够，没有资格报名。

同济大学那些参军的人，当初都是爱国青年，是为了抗日。到青年军后编入同一个师。在军队里，他们逐渐认识到当时国民党的腐败，抗战胜利后要求集体复员回校。同济迁回上海后，那些复员青年军倒成了一支主要的进步力量。

但是也有倒霉的，我的附中同班同学张荣昌就是典型。他本是中共老地下党员，参加了“远征军”，在缅甸抗日。复员回校后，1948－1949年担任地下党的秘密交通员，经常来往于上海和皖北解放区，输送人员和情报。他每次回到上海都是由我给安排临时住处。他个子小，但非常结实，解放初期报名当上了解放军空军，工作表现很好。但“文革”时，参加过“远征军”却成了重大政治历史问题，被清洗离开军队，贬到四川边远地区的一个煤矿，受了好几年罪，最后死在那里。

2004年夏天，李庄镇几个现任领导来北京，热情看望和宴请当年曾在李庄念书的同学，向我们详细介绍了李庄的现况，照了不少照片，并赠送了我们每人一本《发现李庄》。

从宜宾到上海

抗战后期，我家经济条件更差了，老爸的工资远远跟不上飞涨的物价。我的两个哥哥上国立大学，和我一样都有公费，但弟妹们上学仍要花钱。每当开学前准备交学杂费，老爸都要焦头烂额地想办法筹钱。

1945年8月15日，抗日战争胜利，全国一片欢腾。1946年夏天，我在同济附中毕业，准备直升医学院。放暑假前，学校公告即将迁回上海，要我们在家等待，收到学校发的路费后各自动身前往上海报到。

那个时候，也可以说是“几家欢乐几家愁”。外省同学们高高兴兴地准备回老家。有人兴奋地印了一些德文的《回乡曲》(*Rueckkehr*)歌篇散发传唱；有些外省同学把暂时不用的零星物件送给了四川同学。而不少四川同学，却像我一样忧心忡忡。因为，当时在我们四川年轻人心里，上海是个遥不可及的“纸醉金迷”的地方。那时从四川到上海，有点像改革开放初期去外国留学，不但路途遥远，而且前途莫测。特别是比较穷的学生，一面向往着到上海继续学习，但眼前难以解决的却是经济困难的问题。

那段时期，我开始与两个同学到小酒馆喝闷酒，互相倾诉自己的苦恼，真是“以酒浇愁愁更愁”，总想不出解决办法。

有个家在乐山的同学，因为当时武汉大学抗战期间已经迁到在那里，他认识那个学校的训导长(那时一般大学的训导长都是“中统”特务)，那人怂恿他去庐山参加夏令营，说公家出去庐山的路费，这样就能够把同济大学发的路费省下来自己派别的用场。这个同学很高兴地告诉我，他终于有办法了。后来才知道，虽然省了钱，其实是上了人家的圈套，被骗进了三青团。

我家老爸是有点名气的矿冶工程师，老妈也是个当时少有的知识妇女，他们一贯重视子女的教育培养。老爸常说：“我没有钱留给你们，只能供你们上学，学知识，长本领。”可是到1946年，他实在顶不住了，希望我别去上海了，也许找个工作，或者至少帮他管管弟妹和家务，也好减轻他一点负担。但我当时特别渴望学习，心想：“我一定要去上海念书，你不让我走，我就偷跑。不相信会饿死在外面。”

姐姐支持我，为我出远门做了充分准备，还特地为我缝了一个黑色帆布旅行包，用白线漂亮地绣上我的名字、同济大学和学号几个字。除此以外，我的行李就只是一个小羊皮箱和一个铺盖卷。怀着去上海念大学的理想，我心情无比激动。

离开家那天是晚上上船(第二天清早开船)。吃完晚饭，老妈让我临行到祖宗牌位前磕一个头，我当时有点逆反心理，坚决不干，负气走了。后来认识到很不应该，给老人增添了心理负担。因为那时我还不到18岁，一个人离家到那么遥远的上海，妈妈不放心本来是可以理解的，磕个头让她觉得有祖宗保佑，可以比较放心些有什么不好呢。许多年后，她甚至认为我到上海后的一些“坎坷、波折”，都是因为没有磕那个头的缘故。

因为学校发的路费不多，自己也没有钱，我从宜宾到上海是一个相当艰苦的过程。当时正是抗日战争刚胜利不久，国民党政府官员和许多外省老百姓都急急忙忙从四川复员回老家，从宜宾去上海的人确实很多，车船非常拥挤。

可不是吗？当官的，带上太太、小姐、少爷乘飞机走了；有钱的，用“黄鱼”(金条)买黑市机票飞了；有门路的，让飞行员偷偷带上飞机走了。反正是“八仙过海，各显神通”走人，剩下一大帮穷人和我们这样的学生挤船走水路。当时川江只能白天走，傍晚停航，加上船小人多，本来是沿长江顺流而下，但也开不快。何况我为了省钱，买的是五等舱票，里面拥挤不堪，空气污浊。从宜宾乘船三天才到重庆。在枣子岚垭一个难民收容所住了一周，才买到一张去宜昌的五等舱船票。舱的位置在水面以下，里面也同样十分拥挤，人们随处铺开行李躺下，空气特别闷。第一晚宿忠县，第二晚宿云阳。第三天要过三峡，我头天晚上索性把行李搬到船顶，睡在救生艇下面，空气好，看三峡也是最佳去处。一出三峡，马上感到江面开阔，水流缓慢而平稳，两岸再也没有大山了。对我这个从没有离开宜宾一百里以外的四川人来说，这样的情景简直使人耳目一新，有豁然开朗之感。

下午到宜昌，扛着行李，仍是住难民收容所(空地上几十个帐篷)。又等了1周才搞到船票到汉口，住的还是难民收容所，又等了好几天才有船票，仍旧都是五等舱，每顿饭是一碗米饭加一小块像酱豆腐大小的臭咸鱼，没有别的菜。但当时要求很低，觉得臭咸鱼和臭豆腐差不多，很下饭。

住难民收容所有个好处，就是除了免费住宿外，还可能吃饭不要钱。如果不管饭，就自己随便买点便宜的食物填填肚子，除了买车船票外，尽量不花钱。

离开四川后，船可以夜航，但晚间要停1、2小时(大概是加煤)，头晚停靠九江，第二晚停靠芜湖。第三天到南京下关。坐小火车到中华门，扛着行李到我哥所在的60兵工厂，他那时也是住集体宿舍，我是哪儿有张床空着就睡哪张床。

在南京住了大概1周，我哥哥送我到火车站，乘坐夜班火车去上海。在火车站站台上看见一群花枝招展的家属送一个阔人上火车，我哥悄声告诉我，那就是荣毅仁。

提起荣毅仁先生，还可以说一个小插曲：大约1962年，我和耳鼻喉科专家徐荫祥教授一起去上海，给李维汉同志治病，同行的还有统战部一个干部陪着。回京时人家给买了3张软卧票，上车才知道第4个人就是荣毅仁。他是大资本家，民主人士，又是高干，餐车特别照顾，每次都与其他乘客错开吃饭时间，准备的全是高级饭菜。因为他也是在我们北京医院看病的人，和我已经熟悉了，每次吃饭他都邀请我们和他一起吃，当然都是荣毅仁出钱。那时才上海到北京要20多小时，在车上吃三顿饭。最后一餐饭前，徐教授和我商量，说是不是应该我们也请他一次。我说：不必了，我们谁都没有他那么多钱。他说：那怎么办呢？我说：吃完了说声谢谢就行啦。

再回头说从南京到上海的事。

那时车行缓慢，从南京到上海差不多一整夜，车上人多得很，我坐的硬座车厢里，连坐处也找不到，到处是人挤人，我是一直站着，偶尔抬起一只脚，就马上放不回去了，因为不知什么人的脚已经占据了那个地方。天亮前最难受啦，头晕腿胀站不住。好不容易到了上海北站，找到同济大学接新到学生的校车，拉到其美路工学院，那原本是沦陷期中的一个日本中学。医学院一年级和其他学院的新生一百多人，暂时挤住在工学院一个放满双层床的大屋子里，那里原来是日本中学的室内体育馆。医学院二年级暂时住在五角场附近的理学院，原来是个日本小学。医学院后期在城里善钟路。学校的校车每天有几班在其美路和善钟路之间免费来回开，我们到市里多半蹭校车。

这一路，费了一个多月，见了世面，也吃了不少苦，大约九月下旬从宜宾动身，到上海已经是十一月了。但是心里也充满了兴奋和胜利的满足感。

还记得那年过新年的惨象。我到四川路底同济附中去看望下一班同学，看见校园里有个德国工人拿了些美军罐头叫卖：“Beef，pork，sardin！(牛肉、猪肉，沙丁鱼)”可是谁都买不起。学生宿舍门口贴着一副对联：想当年在李庄，偷鸡杀狗，总还有吃；到如今居上海，缺衣少食，实在可怜。

回到上海的同济学生，在思想状态上很快发生了变化。当年在李庄的平静和谐被打乱了。上海本来贫富差距大，国民党“接收大员”在社会经济上加剧了两极分化。那时，上海有个国民党特务控制的“青年军联谊会”，企图把一些来自其他中学的反动青年军复员安插进各大学，控制学生自治会。同济大学也拥入了不少青年军，可是由于同济学制的特殊性，他们不能上一年级，只能进入“S.K”(Schnell Klass,德语速成班，也称“新生院”)学德语，当时住在“飞行馆”，与大学本科学生基本隔离。从同济大学参军的复员青年军，思想进步，倒借此掌握了学生自治会的领导权，积极投入学生运动，很快成了上海学生运动的“民主堡垒”。难怪当时有一张进步报纸，把刚刚从宜宾迁回上海的同济大学称为是突出奇兵的“黑马”。

1946年我进入医学院一年级，就当上了级长。客观地说，当时选我做级长，主要是因为我在附中期间功课比较好，但那时我对上海那种两极分化印象很深，自己显然处于底层，已经产生仇恨国民党的思想，从1946年底的“沈崇事件”开始，我就决心参加学生运动。1946-1947年，我只是用我当时会画漫画、唱歌的特长，在学生自治会的领导下干一些零星活儿，并动员一年级同学参加游行聚会等活动。以后是带队做街头宣传，成了骨干之一。于是，就开始受打击。先是“5•20”游行和街头宣传回校在公共澡房洗澡时，光着身子被几个特务学生打了一顿，以后又在宿舍被特务指使一批广东人打了一顿。

那是1947年上学期，医学院一年级和其他一年级学生100多人，还是挤住在那个摆满双层床的原来的日本中学体育馆里。我们第二天要考植物学，但有一帮其他学院的广东男女学生在嘻嘻哈哈地用电炉做饭菜聚餐。有同学来找我这个级长，希望我去叫他们安静些。我很礼貌地告诉他们说我们要复习功课，准备考试，请求他们注意安静点。当时看样子是安静了，但不久就来了一群人，带头的是个姓黄的广东人，特务学生，恶狠狠地教训我，接着一群人就拥上来动手打我。其他学生都不敢说话。这事引起四川学生愤怒，说我们比广东人多，明天要狠狠打他们一顿。但老地下党员肖荣峥(宜宾人，我叫他肖大哥)深夜找我，说这是特务想要挑起打群架，破坏学生运动，叫我千万不要上当。

可是他们恶人先告状。第二天早上，姓黄的找上门来对我说：“听说你不服气，要告我们，是吗？！”我按肖大哥的嘱咐，说不告。他恶狠狠地说：“你不告，我告！”接着，训导长、医用物理学“教授”、中统特务王成椿把我从考场叫去，一口咬定说是我和同学打群架，“本来应该开除你，但教授们说你是好学生，所以我从宽处理”，“记两大过两小过”(按规定，如再加一个“小过”，就要被“开除”)。再下一步，就是医用物理考试让我“被不及格”。当时，医用物理学并不算主课，他的教学水平也不高，主要是拿来整人。我自己算过，那次考的成绩中等，至少可得80分，但他只给了58分，让人一下子就明白他的动机了；补考，出了10道题，让一个钟点交卷，我估算至少对了8题，结果给59分；让我星期天上午10点去他家再补考。去后他绝口不提考试事，说知道我在附中就是好学生，问我：是哪些人让我当级长的？我说：不是哪些人，是大家选的。他不再说什么，让他女儿(复旦学生)陪我聊天，然后请我和他们家人一道吃饭。饭后仍不说考试事，我提出要考，他说：口试吧。他每问一题，我答后马上问他：对吗？他只好说对。虽然回答得都对，但最后还是只给了我60分，总算及格了。

还有一些值得叙述的事。

学校回上海后，上海沦陷时间的德国医学院并入同济大学医学院。德国医学院规模不大，学生不多，但其中有些思想素质很好的学生。特别是对辗转迁徙、离沪多年的同济大学重新融入上海，起了良好作用，包括两地学生中的进步力量汇集，甚至四川地下党与上海党组织的“会师”。例如，当时同济大学地下党总支书记乔石、总支副书记庞其方，都并非来自李庄，而是上海的地下党员，庞其方原来就是德国医学院学生。

1947年秋冬，我仍是医学院二年级级长。“一·二九”运动前期酝酿全校罢课时，庞其方向我分析了医学院的严峻形势：高年级功课重，一年级(就是去年的“S.K”)成分复杂，叮嘱我一定要尽力争取二年级罢课成功，那样对外就可称医学院罢课了。我通过努力，圆满地完成了任务。

“一·二九”后我被“勒令停学”。1948年夏天，解放战争形势好转，丁文渊、江鸿、王成椿都跑了，夏坚白做同济大学校长。我8月回到医学院，插入下一年级(就是庞其方说“成分复杂”那个年级)。9月，我建立起秘密进步组织“G”，经地下党总支副书记庞其方和医学院支部书记耿光锦考察研究，承认“G”为党的外围组织，10月，庞其方介绍我加入了共产党。紧接着，党组织指定我通过公开竞选，做医学院学生自治会理事长，领导同学“应变”，迎接上海解放。解放后，我与夏坚白(校长)、李国豪(工学院院长)、夏正行(工学院学生)等人被任命为同济大学校务委员。1949年8月，我又作为学生代表参加了第一届上海人民代表会议。

2008年，“一·二九”事件60周年。1月，同济大学党委派人来北京向在北京的当年“‘一·二九’运动的领导骨干”表示敬意，宴请我们。指名邀请的有杜受白、洪枚青、薛玉昆等十多人，代表党委隆重赠送每人一个水晶纪念牌。医学院只有我和耿光锦二人被邀请参加。都是80多近90岁了，何长城、王江等同志已去世，庞其方也去世了。洪枚青的近期记忆力严重衰退，有几个是老伴孩子陪着来的，薛玉昆是让儿子推着轮椅送来的。

回忆抗日战争

胡久安[①]

1937年7月7日，卢沟桥日寇发动进攻，同年8月13日又在上海发动侵略战争。全国人民惶惶不安！紧接着听到南京大屠杀的消息，使人万分震惊！

近几天来，听到父亲和三位叔叔多次商议，决定逃难。离开生我养我的胡家塘，预备雇佣四只大木船，每户一艘，第一站决定逃往西隔湖边的灵台村，看情况再向宜兴、溧阳方向的山区进发。三位叔婶都同意立刻动身。

父亲和母亲舍不得辛劳一生创建的家业，决定留下，三哥庆元也表示不愿逃难，要跟父母留下来看家，叫我跟大哥大嫂坐船逃难去！二哥与二嫂当时还未成亲，听说黄家塘二嫂家要把女儿送过来。傍晚时分，大家正忙着搬运食物和生活用品的时候，果然二嫂家把姑娘送来了。一阵欢笑声中，年轻漂亮的二嫂手里拎着一个小包，身着浅灰色的旗袍，脚上穿了一双自制的新棉鞋，头上没有戴帽子，梳着短发，颈项上围了一条较长的土红色羊毛围巾，在一位手提皮箱的中年妇女的陪同下，来到了胡家塘，先到我家拜见父亲母亲，然后跟着搬运工直接走到河边码头上。那位陪同的妇女一边走一边说："家里去拜见过公婆了！"来到码头，大哥大嫂马上迎了上去说："景元，快点来，新娘子来了！"大哥又说："老二在后舱呢！快来迎接新娘子！我们是第一号船，当心走好，马上要开船了。"

隔船的三家叔叔婶婶听说新娘子来，都站在船头表示欢迎！一番寒暄之后，大家上船安定坐好！

---

① 教授，1927年2月1日生于出生，常州人，1947年毕业于苏州美专，1956年进入同济大学建筑系美术教研室工作。

此时，每家的船底层都装了几担大米、猪肉、鸡鸭蛋、青菜、盐、糖等等食品及一切生活用品，像真的预备出去过日子。这天大家早早地都吃了晚饭。临走时，母亲塞给我一个皮夹子，里面放了点钱，教我带在身边，“当心，不要丢了！”父亲平时比较严肃，不随便嬉笑怒骂，这时他只说了一句：“一路当心！”

天色渐渐暗淡下来，父亲和母亲走到河边，站在码头上，三哥跟在身后，目睹着一、二、三、四号船慢慢摇离了胡家塘！“咿呀！咿呀！”的摇橹声音，把我送入梦乡！

第二天一大早，叔叔和婶婶们就说：“到灵台村了。”在灵台的远方亲戚，早就到我们四只船停泊的码头来了，而且还邀请我们上岸去他们家吃早饭等等。盛情难却，我们只好去他们家吃早饭！在用餐时，他们给我们两个消息，一、昨天西村的顺荣去宜兴卖鱼时，已经看见日本鬼子了！二、据说，昨天潘家塘有两只逃难船给强盗抢了！

大家听了这两个消息，顿时就议论开了！怎么办？敌人已超过我们，逃也无用。

于是决定返航。自已能走路的，走回去，不能走的，仍乘船回家。我第一个提出，自已走回去。灵台村到寨桥镇大约二三里路，一忽儿就到了，寨桥离家也只有五里路，所以上午十时左右我就步行到家，见了父母亲和三哥，他们很惊奇。我立刻把得到的消息一五一十讲了一遍，大家都说：“只好回来了！”一夜逃难到此结束，四只船陆续回到胡家塘，我家多了个新娘子(二嫂)。

从此我们家变成了“日本军的占领区”，天天提心吊胆提防鬼子来侵扰。奸淫烧杀的消息实时传来！于是母亲和婶母们白天一大早就拿点食物躲到水车棚里(离家约半里路)河边树丛里，像小孩子捉迷藏似的躲藏起来，夕阳西下，再回家烧饭吃饭。持续了好几天。

得到父母的同意，大哥和二哥决定步行到“后方”去。两人做了些准备，轻装逃难，走到宜兴的徐舍，和当地的农民兄弟一交谈，知道没有关系根本无法进入“后方”，只得返回老家，从此断了去“后方”的念头。

不正常的生活，度日如年。父亲说：“我家以农耕为生，田间活不能不管。”因此不管日军来不来，渐渐地都下去干农活了。大约在1938年的春天，田里长着小麦的时候，一小队日本鬼子真的下乡来了，大家非常惊恐，妇女小孩都躲起来。从树丛中看到日本兵排队行进中，队伍最前面的一个鬼子手里举着一面太阳旗，东张西望，耀武扬威，向鼎舍街去了。忽然听到几声枪响！大约又过了一小时光景，我家的看门狗也叫起来了。农村家犬的狂吠，一定是有陌生人闯进了家门。果然，日本鬼子已闯进胡家塘，挨家挨户走了一遍，抓了许多人。首先把父亲和叔叔们几个男丁聚拢在一起问道："有没有新四军？"父亲答："没有！"一个鬼子马上就把步枪倒置着朝父亲的大腿上斜触过去，父亲立即后退半步，叫了一声："噢哟！"鬼子又骂："不老实！"父亲补充说："新四军前几天来过，现在不见了。"鬼子们将父亲和叔叔们反绑着双手，押到鼎舍街上，再去问那里出来接待日军的人，异口同声都说父亲等是良民，不是新四军。这才放了父亲和叔叔们。我们早在村口等着父亲，母亲急忙问腿上伤了没有，父亲说："幸亏后退半步，躲得快，受点轻伤，无妨，能走路！"但伤疤永远没有消退！

事后，据目睹者口述：那天日本鬼子兵初进鼎舍街时，一只庙里的看门狗汪汪乱叫，叫个不停，被鬼子一枪打死了！庙里看门的那个工人，见鬼子来，躲躲闪闪，鬼子起了疑心，也被鬼子打死了！鬼子看见人家养的鸡，便捉去，抓了好几只鸡，弄得鸡飞狗跳！日兵当天在鼎舍街吃过饭，就回前黄镇去了。

此后几年，日军在前黄、曹桥、和桥、苏南一带都有驻军，而且建起了碉堡，新四军也时常活动。1941年春，日本侵略军进行"扫荡"，围剿我抗日武装，强拉民夫，构筑前黄至寨桥的军用公路，在我们家门口经过，遭到新四军的破坏、阻挠后，日军恼羞成怒，于2月8日纵火鼎舍街，房屋被焚烧77间，强抢我家中木料数百斤，茶几一副，桌、凳、农具无数，损失很多！

1943年秋，晴天霹雳，父亲病逝，母亲受刺激中风，全家万分悲痛，遭此巨大打击，终日惶惶！曾庭训："王师北定中原日，家祭无忘告乃翁！"永记心头。

1944年春天，美术老师储先生带我去宜兴夏坊镇参观江南美专，引发了办学之心，于是我无心读书，异想天开，跟随储先生办学，预备专门学画，亲友竭力反对。然事在人为，后来居然与苏州美专校长颜文樑先生取得联系，并得到支持，家庭也不反对了！

于是便四处找寻校址。首先选定宜兴和桥中学，有人说：和桥中学校内空房很多。去联系后，他们一口答应，后来我们住进去了，正预备设立临时办公室，当时镇上有个大汉奸，名叫曹德威，他有两个儿子，年约二十左右，穿着纺绸衬衣裤，成天在大街上闲逛，和鬼子兵时常混在一起，有时也跑到学校来玩，看见我们就"吹牛"："有什么事情找我爸爸，一句话！"我们一看情况太杂，环境不安静，决定重找校址。

经人介绍，又看了几处房屋，最后决定：宜兴分水墩山上小学的空余房为校舍，协助储先生创办了“苏州美专宜兴分水墩分校”，约请几位苏州美专校友刘堃罔、凌皙型、吴汝莲来教绘画，革命前辈潘汉年的堂弟潘鸿年来教语文、诗词，等等。一切就绪，便贴出广告，招得学生30余人，定9月1日开学，还请了当地几位有声望的先生为特聘教师来校讲课。第一学期结束，还办了一个成绩展览会和文娱晚会，名声大振！物极必反，教师产生了矛盾，凌老师要自办画室，潘老师另有高就，学生四散，学校似难维持。储先生和我商量，决定同去上海请示颜校长，以实相告，听从安排。

于是我们立即筹备经费，首先我向家里要了三担米钱以作赴沪路费。当时家里虽然困难，但还是竭力设法支持。又请谢勤一、郁雅琴、杭玲秀三个同学提前交下学期的学费，他们都欣然允诺。

决定1945年1月赴沪，当时过外白渡桥，日本鬼子兵还站在桥头岗亭内要过往之人鞠躬行礼，嚷道：“哪里来？”储先生立刻从衣袋里拿出一些零钱(相当于现在的一百多元)塞给岗亭内的日军，鬼子看见钱，马上讲：“哈伊！哈伊！开路！”我们随即走开了！

当时颜文樑校长住在苏州河畔老唐家弄，清晨我们去拜访，有点不好意思，到了门口，犹豫片刻，又想特殊情况，也就不顾一切进去了。但是颜师非常平易近人，连声说：“没有关系！”立即介绍师母和振康兄出来相见，请坐，还陪同我们在家里吃了早饭(泡饭和酱菜)。国难时期，这顿早饭非常不易，厚恩永世不忘！

在颜府早餐后，颜师便带我们到四川路企业大楼七楼“苏州美专沪校”参观，见到李森先生和徐近慧同学等。颜校长立刻书函请孙文林教授出山，并说：“孙先生完全赞同我的教学思想，在沧浪亭执教多年，德高望重，为抗拒日寇侵扰，现在隐居在农村，如能请他出任，学校一定能办好！你们不妨直接去与孙先生商谈。”于是储先生带着颜文樑校长的亲笔信，星夜登程，奔赴沙州杨舍孙家湾。我独自回到分水墩分校。孙先生看了颜校长的信，详细询问宜兴分校的情况，表示：既然学校已经办起来了，学生缺人教导，没有日寇扰乱，环境比较安定，我愿意去，经济困难没有关系，国难期间，不饿肚就行！真是清风高节！

1945年2月，孙先生布衣布鞋，雨伞一把，自带简单的行李，果然跋山涉水，来到宜兴分校，我们非常感动。孙先生到校后，要求教学正规化，强调素描基础的重要性。学校焕然一新！孙先生要求添置教具，购买石膏像。我们和颜校长联系后，知道沪校可以支援一部分，上海大夏大学也有一些石膏像转让，于是设法筹措经费，再次赴沪搬运石膏像，沿途受尽敌伪军人多种阻挠，所幸石膏像未受破坏。对教学大有帮助！

1945年9月，抗日战争胜利，全民欢腾！宜兴分校全体师生带着喜悦的心情迁苏州沧浪亭复校。交通不便，只能雇佣木船搬运，非常麻烦，非常艰苦！到达无锡后，得知苏州沧浪亭校舍尚未接收就绪，迫使我们无法前进，不得已便在无锡停留两个多月。孙先生原是无锡美专毕业留校任教的老师，在无锡有许多朋友和学生，如沙白、陈柳生、吴荣康(无锡画院院长)、钱静碧、钱殷云、钱松嵒等等，承蒙他们帮助，借无锡县中部分校舍，暂作栖身。又在无锡当地招收了十几名学生。上课一周后，欣逢国庆节，无锡全城挂灯结彩，普天同庆，舞龙舞狮，各影剧院、文艺会堂都举行庆祝会、联欢会，炮竹声声响彻云天，大中小学和政府机关均放假三天以示庆祝！人民欢腾之心没齿难忘。

1945年11月底，苏州美专宜兴分水墩分校回到苏州沧浪亭复校，断垣残壁，满目疮痍，师生协力同心，整修学校，逐渐恢复面貌。

八年抗战·天亮前后

朱照宏①

1937年夏，七七卢沟桥事变，中国守军奋起抗击。日本帝国主义对我国多处进行疯狂轰炸，日军并于8月13日在上海市郊金山卫登陆(此处记忆有误，1937年8月13日，淞沪抗战爆发，11月5日，日军在杭州湾登陆，11月6日，占领金山)，沿沪宁线直向内地进攻。反抗的炮火，把中国推上了抗日民族解放的道路。从此，开始了全国抗战时期。

我时年10岁，宣弟8岁，都在无锡东林小学读书。大姐已经考入县女中。尚有两幼年妹妹。我全家父母兄弟姐妹共七人。母亲家务忙碌，另雇保姆协助每天送幼女上学和处理家庭一切杂务。父亲任无锡辅仁中学数学教师，并任教务主任，早出晚归，忙于校务。在无锡东门附近租屋居住，自购新家具，家道温饱小康。正过着幸福的童年时代，而日本侵略军发动了罪孽深重的战祸。

1937年暑假，父亲当时由江苏省教育厅安排，在上海交通大学高中教师进修班学习，适遇“八一三”战事爆发，日本侵略军正计划着进攻华东区域，未待结业，进修班宣布中止，各自携带行李回家。到秋季9月，在无锡，辅仁中学、东林小学相继开学，师生都已经料到沪宁沿线即将发生战事，思想极度混乱。10月6日，日本飞机对无锡进行了第一次轰炸，大量炸弹落在无锡城北火车站附近。是日上午，我在城东东林小学五年级教室上课，老师让我们藏在桌子底下，说可避弹片。10月7日起，学校已停课，大部分市民启程去乡村避难。辅仁中学早已有所准备，将校舍迁徙至无锡城西南郊的张舍，与城市相距不远，供住读。我家因为与父亲工作有关，必随辅仁中学迁校作进退。经过筹划，于雨夜，

① 1928年生，教授、博导，1952年院系调整进入同济大学结构工程系力学教研组工作。

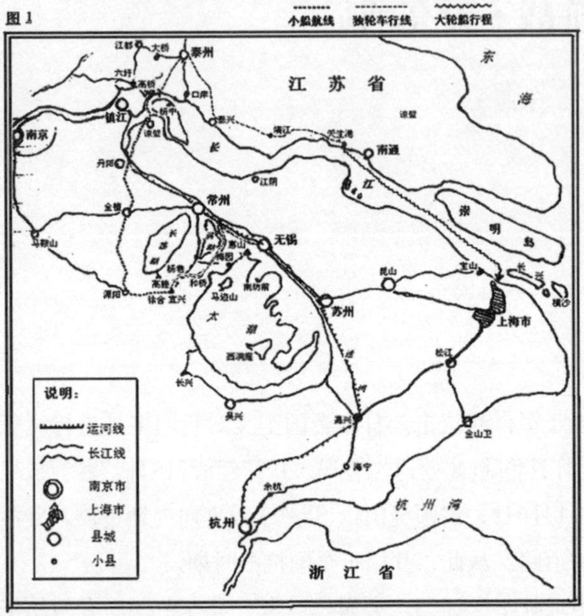

长三角地图

去无锡通汇桥，出13元的贵价钱雇到一只小船，我们全家和伯父的家眷，共16人。随身只带睡的被褥，穿的衣服，吃的米及咸菜等。迁居至南门外杨墅乡板桥镇，离辅仁中学张舍校址较近，可于几小时内往返。父亲平日上课，住在张舍校内，周末回到杨墅乡板桥镇家中。当时想法，是在乡间暂避炸弹，未能料到日本侵略军猖狂进攻，政府军节节败退。日飞机连日轰炸，侵略军直奔苏州、无锡而来。辅仁中学上课坚持到11月15日，不得不宣布解散。

11月以来，无锡城市居民大多散入南面乡村，如太湖边的南坊前，在很短时间内，变得热闹非常，几无空屋可租居。日本侵略军的日益迫近，头顶上飞机炸弹不断，人心惶惶，家家都在讨论如何避难。如想远行，我家没有这种经济条件。到11月22日，经避难南乡的几房亲戚们共同筹划，决定协同雇船西行。我们朱家两房，会同我姑母江家两房，另加我的外婆、五舅和其他亲戚，共约60人，雇用小船三只，拟沿运河西北行，先到镇江，或许渡过长江去苏北。三舟首尾相接，船首还挂起了一面难民旗帜，待天晚返向无锡城中行驶，过南桥、中桥、北桥，都有地方上民团派人上舟盘问，一路无事，半夜出无锡西城门。这时两旁的房屋都已被炸，左右倾斜，全无灯光，辨不出西门何地。总之，在日间是敌机已轰炸过的地方。我们卷曲在舟中，每船20多人，饮食、睡眠、大小便都在舟中。一天吃两餐，每人得饭一碗，略有点饥饿，不能求饱，大家也满足。

11月23日黎明，舟抵洛社。忽有一个逃兵强登我们的一只船，命令摇船人载他去常州。这兵身负长枪，腰悬手榴弹，衣袋满装的不知什么东西，背上一个衣包，自己的兵服中露出一段女人的彩色皮袄面子。我们不敢和他讲理由，他自己也很怕有人看见他，只想向船尾内藏身，口里高声说："摇我到常州去，不肯就打死你们。"船近杨墅园，岸旁有几个宪兵。经我们报告，宪兵队就把这个逃兵捉出来带走了。为避免轰炸，不敢走大运河，从小河绕道。

11月24日，到运村，过统星桥，停舟于一个小村旁河边又过了一夜。25日，过高塍、宜兴，又过徐舍，到杨行。一路船过的村庄，都散乱少人。只有扬行，还是热闹的，这扬行镇四面环水，尚有来来往往运货的船，店面生意也很好，我们船停下来，都上岸去购物。此地没有受兵扰乱，也未遭到敌机轰炸。可说还是一个安乐的地方，在此过夜。

11月26日，向甓桥前行，沿路兵船很多，难民船杂在兵船中间，也有土匪乘机劫夺过路船只。这里没有宪兵管理，有抢劫，看见也不可说。入晚更加可怕，所以连夜不停前进。摇船只有男女两三人，力已疲倦，不能再摇。我们自己派人帮助上岸拉纤。四家的人，闷声不响，坐在黑油帆做的船舱内，不敢露面向外看，两岸没有闹市，只见门户不全的村屋，都没有人住了。

11月27日早晨，到达金坛县，一座金坛城，已成死城，岸上不见行人，穿城河进南水关，出北水关。城内房屋倾倒，出北门，见岸旁有半截的尸体，有上身而无两脚，弃置不埋葬，看了不寒而栗。忽听见城中警报又拉几次，飞机真的来了，砰砰炸了石头有声，高射炮也轰轰声不绝。又闻头顶上有机关枪咯咯声四射。我们三只难民船上的人，都伏在船内不敢稍动，河内着弹处浪花四溅，巨大声响震耳欲聋。在炸弹和机枪的弹雨中经过一小时，才寂然无声。岸上有人报告，击落敌人飞机一架。船内检点人数，幸皆安然。惊心动魄的景象过去了，急催舟行。但船主因危险又辛苦，不愿前往。后以船钱加倍，才答应前去镇江。

11月28日，到了丹阳。看远处战火连天，丹阳城内外，有屋5处正在燃烧。白天朝镇江方向行驶，只见从镇江退回来的船逆向而来。相互问讯，得知镇江正在被猛烈轰炸。尤其在长江渡口，据说有千百只难民船，围集在沿江边处，交通已经阻塞，因为日本飞机轰炸民船，已有许多船被击沉，毁灭许多生命于江中。我们听到这样消息，几乎绝望。后有人熟悉镇江地方情形，告知可以通过小港入长江，这地方叫谏壁。

11月29日，天还未明，原雇小船已不肯再行。部分亲戚决定上岸，另想他法。我们两只船，船内容纳我们朱家和江家的人约40多个，经过研究，拟从谏壁渡过长江。就于谏壁江边找到一只大木帆船，后面还拖一小船，雇定拟渡往扬州。大帆船向北开到江中的一个三面环水的半岛上芦苇丛中，船上人说："要候顺风待二天再开船。"岛上有个小村庄名太平村，离船不满一里路。我父亲等几人，上岸想在小村上购置食物。遇村中人，询问如何到扬州的行程，听村人指点，对照我们帆船上船夫言论，甚有可疑点。我父亲下船后，大家密商。适逢我家同行的保姆，同船家一女子同居于大船后面的小船上。该女子愁眉不展，因为遭到大船船夫痛击，口出怨言，私下告知了我家保姆该大船的来历。该女子云："这只大船是打劫来的，不是现在船夫的，我的丈夫已被他杀死，现在强占我为妻。"我们听见这段事实，现在又把船停在这江中野地，实为可疑。若不先想办法，岂有坐以待毙。我父亲等几位当家人，立刻再上岸去向村上呼人救援。在乡公所，找到乡长陈某。陈乡长愿意相助，但说要等明天有了人才可动手。目下先移船近岸，唤了七八个村上身大力强的男人守在岸上，要我们守住船只，不要睡觉。却不知当主要人员上岸后，大船船主即刻下手，命令其手下同伙人，解船缆绳开船，但自己不小心，跌入江中，险遭淹死。我们船中的人听到有人落水，大呼"救人"。救出船主，没有死去，事情就显露了。父亲等当家人回到船上，都和衣而卧，终夜不睡，且来往于船内，表示有防备，以防事件发生。岸上也守有七八个村人，寒夜之中，也甚为幸苦。

11月30日，早晨，救兵来了。太平村的乡长陈某果然派来十余人，将我们船中的行李，大包小包，都搬到岸上，借名检查。船上朱、江两家40余人也都上了岸。船主见来人众多，临时也怕拘捕，乘不备之机，开空船逃走了。可惜我们这时自己都像惊弓之鸟，不及救出小船上那个被劫的女子。险事告一段落，登岸雇了独轮小车20多辆，分载行李向村上乡公所暂居。所称乡公所，不过草屋三间，方台长凳几张而已。当夜一时没有找到屋，允许我们设地铺。我们两家人"虎口余生"，视村上人如亲人。乡公所介绍我们就在村上租屋。

从12月1日起到1938年新春的寒冬腊月，开始了我们的农村茅舍生活。我家和三伯母家两个小家庭，合租三间茅草屋，月租12元，相当于100斤大米，地名大四圩。三伯父单身已随政府内迁，三伯母和其妹八阿姨连同子女七八人占用右面一间，我家父母兄弟姐妹占用左面一间。中间公用。还有我的外婆和五舅，实在挤不下，另租邻近魏家的灶屋居住。江府一家租在尾尖圩姓陆的房屋居住，离我家约有半里路，和大四圩相隔一个圩(注：

江淮间水高于田，筑堤以扦水称为圩)。大四圩、尾尖圩都是在长江北岸的小村，三面环水的半岛，相离三里路有大镇名高桥。

茅屋由芦苇搭成，编成的芦苇外涂泥土以防风雨。我们的三间茅屋，向东背西，中间前面两扇门，房内没有什么窗，屋顶有一方尺的玻璃天窗，是唯一通光的地方。日间也很暗，阴天下雨更暗了。地面为泥土，高低不平。大风大雪可以从四壁孔隙吹入室内，像露天一样，只能说头顶上没有雨点。雨雪天泥雪没足背，一步一滑，用竹马式的木屐走路。我们孩童们天晴在田间荒冢上散步游戏，生了病的也没有人讲。居村后第一天晚上，忽听到枪声，传说有败兵流入乡间，妇女、小孩争逃入江边芦苇丛中暂避。

12月3日、4日，这两天最为紧张。大炮隆隆声沿长江边向西过去，枪声密如放爆竹。两个昼夜后，枪炮声渐远。从此与各处信息完全中断。镇江已经沦陷了。糊涂地过日子，不知不觉地已到了旧历残年。战事已经明显西移，沪宁线相对较平静。江家二男子冒险从陆地上步行回去，往返无锡城。告知无锡城已为日军占领，经过大火，从北城门到三里桥，原来很繁华的地段，“断垣残壁”全毁灭完了，没有人住，城里也有很多烧毁过的地方。被杀害的人很多。我家在城中东门福田巷底，屋宇已不见，说明我家的居室，已被全部烧毁了。

1938年1月31日是戊寅年的春节，荒村上风雪连天，我们就在这三间茅屋中度过了新年。我家茅屋弟妹众多，实在很挤，我与外婆、五舅住在邻近魏家灶屋。房东魏先生，原在上海做生意，日本飞机轰炸上海时，曾将一炸弹投入上海租界内大世界附近(实为中国空军误投)，魏先生儿子被弹片击中身亡，他孤身返回原乡，不想再回上海了。据他传知，向江北至泰州，可以想法到上海租界去，或在南通口岸有外国商轮可以乘。当时有两种选择，去上海租界，或回无锡老家。我五舅是一个失业青年，性格刚强，不听母亲劝导，坚持要回无锡老家，只身沿铁路线步行失踪，后传当他到达常州城门时，被日军认为是“奸细”杀害，尸体多日被悬吊于城门之上。

2月8日(农历年初九)深夜，住在尾头圩姑母江家遭到盗劫。银钱衣服，损失千余元。抗争的男人及江老太太都遭到强盗的私刑。抢劫完后，还开枪示威。前车已覆，后车要警惕。我们江、朱两家全体人员在两天内迁居到高桥镇附近居住，避难又转入一个新的环境。

经过一个星期的探讨和筹划，探明路线，准备全部转移往上海租界。2月15日左右，经过约一个星期的行程，从高桥镇出发，经泰州，过口岸、泰兴、靖江，到达南通天生港，可以购到轮船票，然后直达上海市区。行时雇用独轮车，置放行李和无法行走的小孩和老太，我们都白天行走于圩岸之上，只见车轮滚滚一字长蛇阵。晚上找宿旅店。最后到达南通天生港，连夜乘轮航行。我们是第一次见到那么大的轮船，意大利商船高七层，我们孩童们觉得非常新鲜和高兴。上海到了，我们全家完成了一次大迁居行动。

1938年2月24日，我们到达上海租界。当时认为要求眼前安全，暂来落户。下轮船，找旅馆，但大小旅馆没有空房间。记得进入国际饭店，租了一个过厅，暂把行李东西迁入，妇女孩子坐待过夜。男子出外找召租有否，或找亲戚朋友，各显神通。我父亲最后在法租界找到蒲石路一家石库门内姓丁的同乡人，租给我们一间房间，月租7元，我们一家八口，就此住下。

为了抗战，冒烽火之险，到处漂泊。到了上海，又将如何生活？世事混乱，人浮于事，度日艰难。我父亲曾在报纸上登一方广告，为人补习高中数学，但无人来聘。仅有一次，来了一个40多岁的老学生，在桌子上放了一元钱，要求代为解算一堆几何难题，原来是一名中学教师，遇上了困难求助。为维持生计，我父亲原就学于圣约翰大学数学系，数十年来从事教学事业，

1944年无锡辅仁中学毕业合影(上海兆丰公园)

决定重操旧业。在上海租界，逐步集结了原无锡辅仁中学的教师和圣约翰大学的一些校友们，成立了10余人的教师班底，拟在上海继续开办辅仁中学(英文名为：St.John′s Alumni School)。

1937年“八一三”事变后，上海圣约翰大学梵皇渡校舍遭战事炮击破坏，将学校暂时迁至公共租界内南京路大陆商场(后称慈淑大楼，现为上海市商业局大楼)，租用教室20余间，后来其他教会大学和中学也来加盟。辅仁中学作为圣约翰校友所办学校，在圣约翰大学协助下，也在大陆大楼三楼租用了五间教室。这段时间内迁入该大楼的尚有东吴大学、沪江大学、之江大学、桃坞中学、圣玛利亚女中、扬州中学、君毅中学等。学生众多，教室拥挤，上午、下午、晚上三段都要排课。我们辅仁中学，上午高中上课9:00~12:00，下午初中上课1:00~4:00，下午4:00以后，连晚上另转租给职校和补习学校上课。我父亲别出心裁，主持教务工作，将每节课改为40分钟，节间休息为5分钟。我们上初中，上午在家，下午来校，三小时内上4节课，每周24节课，不设体育课，学校没有集会活动，课程内容与无锡老校时基本相同，略加压缩。并专门定制了较小的课凳，使一间教室内最多可以放置90张课凳。因陋就简，就这样复校成功。1938年暑假正式开学前，辅仁中学先办了几个月的补习班，我12岁，我姐13岁，我弟9岁，一同进入了补习班，到秋季开学，就都进入了初中一年级。作为教职工子弟，免费入学。

到上海后，已在上海的小舅王志锴接受了某富家奖学金的资助，在上海圣约翰大学工学院毕业，于1938年6月25日举行毕业典礼。当时基督教华东七个大学举行联合毕业典礼于大光明大戏院。七大学即：金陵女子文理学院、上海女子医学院、金陵大学、之江文理学院、东吴大学、沪江大学及圣约翰大学。我有幸得到了入场券参加，小舅志锴名列圣约翰大学的获奖学生名单中，为工学院最优毕业生，奖得金牌一方，毕业后留校为教师，不久学校送他到美国继续深造，学校还给他分配了住房，以后我外婆就住在圣约翰大学校舍内。为便于我们入学，我们全家八口在大陆大楼五楼通过二房东转租了半间房屋。租金每月45元(我父亲当时月薪90元)，又不断涨价，后迁居到九江路近外滩一处不到20平方米的朝北破屋中居住，其中半间为天井搭建的棚屋，租金45元，风雨之夜，屋又漏水，近处实无廉价好屋，只得忍耐住了十年。

从1938年至1944年，中学六年，在这抗战期间，我们三人按时毕业。我弟照宣以最小年龄获得全班最优成绩。

知识分子家庭的传统，用功读书，生活极其艰辛。我的三个妹妹，没有学费上学，全部由我给她们教识字和学数理，除二妹病故外，三妹和小妹直至小学毕业水平，可以免费进入辅仁中学。家中经济入不敷出，父亲除主持辅仁中学外，另在其他二所高校、三所中学兼课，从早晨到晚上，每天9节，每周54节课，教学内容在高校有微积分、统计数学，在中学有解析几何、大代数、三角学等课程。每逢暑假也不休息，学校开补习班，晚上为私人做家教。学生的作业本则全部由我们弟兄俩代为批改。家中由我大姐协助我母亲买菜烧饭洗衣。星期日由我按时排队去买户口米和煤球等。全家的经济，始终是借债度日。

1940年后，圣约翰大学已经迁回梵皇渡原址，拥有了在抗战期间在上海继续办学的条件。日本侵略军于1941年12月进入太平洋战争后已进入租界。但日本帝国主义太平洋上战争失败，苏联卫国战争取得胜利，上海市的敌伪势力已是强弩之末。圣约翰成为唯一一所在上海沦陷后仍在原址办学的教会大学。学校的规模扩大，名望较高。而在上海还存在的交通大学等已经沦为"汪伪国立"之列，受伪教育部的控制，不是我们升学的首选。我们兄弟俩都以学业优秀和家境贫寒为由，获得社会奖助学金，并于1944年 9 月考入了贵族子弟学校圣约翰大学学习土木工程，并连续获得全额奖学金。家庭经济的窘境，只能采用居家走读，并迫使我们积极学习，望及早踏上社会，我们从不错过圣约翰每年的暑期学校，从不错过在每学期注册时力争多读一个学分。因此，我们用了三年时间却满足了本科四年的总学分数，提早于1947年进入了教师队伍。

1944年底，日本侵略军已经打到贵州，占领独山，迫近重庆。长期的战争，造成资源短缺，人民生活于极端困难之中。当时上海市内仅是早、晚有电车行驶，日间没有公共交通。我们每日走读，来往于九江路外滩和梵皇渡之间。每周有二天上下午都有课，我们乘电车早去晚归，自带盒饭，中午去住在圣约翰校舍内的外婆家热饭，外婆还给我们备汤。每周有四天下午没有课，12:00下课，我们飞快步行回家，穿过兆丰公园(现中山公园)通过愚园路、静安寺路、南京路到外滩，下午二时可以回到家中吃中饭，省钱又锻炼了我们的身体。

1945年 5 月希特勒与墨索里尼垮台了，军事上日本侵略军完全孤立，对中国人民抗日的迅速胜利，起了决定性作用。日本占领区逐渐缩小，成孤单的线，而沦陷乡区并入解放区。8 月苏联对日宣战。8 月14日日本宣布无条件投降，9 月 3 日中国宣布抗日战争结束。日本军无条件投降了，带来了市内人民的欢欣鼓舞。悬灯结彩，庆祝抗战胜利。马路之上，人山人海，宣传品到处飞扬，报纸上登载特大喜讯。什么中央大员，由飞机空航来到上海，“接收”一切敌伪机关。市场上发现新的纸币，以前是储备券。从重庆飞来的人用的是关金券，后来市上又见金元券。市面上贩卖银元，天天有涨落。人民日常生活必需品，市价天天暴涨。学校交费，居民房租，都采用了折实单位。

在这段时势急剧变化的日子里，我家也经历了一场特殊的“戏剧”。1945年冬，我父亲在没有商定的情况下，突然接到国民政府上海教育局局长顾毓琇的正式公文，指令前去接管“敌产”华德中学。华德中学位于静安寺路上，平日高悬德国国旗，校长是德国人，也曾是同济大学教授。顾毓琇由重庆空降到上海后，早已将德国人的学校校产列入敌产没收之列。顾毓琇与我父亲是同乡，在1919年五四运动时曾有一面之交，到上海后听从他兄长顾毓琦(上海同德医学院院长，我父亲兼课学校之一)的想法，为急于把“敌产”收入囊中而作出的决定。我父亲即去教育局当面会见顾毓琇，顾要求他即日去办几件事：领取和发放该校除德国人外中国教职员的薪金；举行一次对学生的甄别考试，根据教育部部定课程考国文及数学两门课程；校中产业如仪器设备全部封存不动。这一切新的任务，我父亲觉得很难办，对自己原有辅仁中学等的职业不想丢失，又少人手帮助，只好唱独脚戏。考虑结果，姑且脚踏两头船，看形势发展来决定。最后，我父亲亲自去完成发放薪金和封存财产工作，然后动用我们兄弟两人(当时我们是大学二年级学生)帮助对全体学生进行了甄别考试，监考和改卷。安顿完毕，从迁入接管到1946年 2 月将近春季开学，风浪晴天霹雳而来，一天早晨，门外人声鼎沸，来了大批华德中学学生，在校长室门外，满贴大字报。从中挑拨，反对接收。经请示，局长批准，说该校将交教育部，并入同济大学的附属中学。后查明真相，原来在接收过程中，国民政府的教育部长与上海市的教育局长产生了矛盾，当然下级服从上级，该中学归给教育部办。该校学生贴了“十大罪状”的大字报，是无理取闹，暗中授人从中煽惑同学，想借此保持原状，我父亲是代人受过，为这幕戏剧中被摆布的一只棋子。这是抗战胜利后，中央大员到大城市“接收”，也是“劫收”，究竟属谁，要看谁的势力大，这是很普遍的现象，不足为奇。

演完这一幕戏剧，我父亲仍恢复原职原状。幸得脚踏两头船，否则如骑驼背，两头不着实，则后果不可设想了。以后还是埋头教书，继续当教务主任，办好辅仁中学。抗战胜利，无锡原校舍恢复，一部分教师回无锡复校，我父亲留上海另增聘新教师，成立上海辅仁中学，在上海教育局立案，并筹备扩建。我们弟兄两人已经临近大学毕业，大姐有了工作，家庭情况能够平静发展。

再说我们在学的圣约翰大学。日本投降后，师生在爱国热忱的激励下，都向往着和平生活和国家的建设。我们土木系的主要教授张问清先生热情很高，就在1945年底毅然提出留职休教，参加重建国家的实际工作，得到工学院院长杨宽麟的赞同，会合郑大同先生和朱宝华先生，率领圣约翰土木系新毕业学生五六人，前往津浦铁路徐浦段工作，在有限的人力下，调管日本留职技术人员，为迅速修复通车努力。他曾回忆到，当在69号桥修复后，在现场兴高采烈地等着看第一列车试着过桥，可是看到的却是一整列满载坦克、大炮的军车隆隆地驶向北方，一时大家都沉下脸来，说不出的内疚。1946年中期，原路局人员才陆续由内地迁回津浦路，当时旧铁路上技术工作人员大都来自交大，难容外人。政府人员作风不正，张问清先生顿感失望愤慨，意识到不宜久留，才仍回到圣约翰来教书。

抗战胜利后的国家建设也鼓动着海外学子的归来。我的小舅父原约大教师王志锴已获得博士学位，于1946年初欣然回国。为祖国的重建，回国前他专访了美国水力发电专家萨凡奇，共同探讨中国的水电事业和长江三峡工程，同去的有他的新婚妻(原国民政府资源委员会主任孙越崎的女儿)，在获得纽约中国总领事的联系后，由国民政府同意邀请萨凡奇专家率队来华到达重庆，为长江三峡工程进行考察和规划。王志锴夫妇于1946年3月到达上海，回到圣约翰母校。终于在国内想获得重大新建设没有任何希望的情况下，他还是安下心来，仍然归位到圣约翰当教授，并为工学院土木系的领导和建设作出了不少贡献。

以上是抗战八年，天亮前后，从1937年至1946年的十年回忆。由于我父亲有写日记的习惯并留有回忆录，因此，我撰写时在事实和时空上有了较可靠的依据。

我的抗战记忆

王季卿[1]

抗战开始那年(1937)我还不足八岁，在家塾读书，尚未进学校。家住上海市区靠近南京路西藏路(现中百一店附近)的牛庄路808号老宅，属英租界辖区(又称公共租界)。当年北平近郊发生七七卢沟桥事变，爆发了举国上下的全面抗日战争。一个月后的“八一三”事变，战火延至上海。先是离我家不远约三个街坊的浙江路南京路口闹市区，受到飞机炸弹袭击，大批满载血肉横陈尸体的卡车在家门口列队而过，幼小心灵初受战火残酷的刺激。接着八百国军，坚守苏州河边上的四行仓库进行坚决抵抗。尤其令人敬佩的是一名女童子军(当年全国性青少年组织)，冒着战火危险，由租界边缘地带游泳横渡苏州河，向对岸四行仓库守军送上国旗，使青天白日满地红的旗帜在仓库屋顶上飘扬起来，极大地振奋了全国人民的抗战精神。我家在苏州河南岸离四行仓库数百米处，炮弹横空呼啸而过，形势紧张。虽说租界尚处中立地带，但难免会受流弹袭击，尤其西藏路桥堍附近有两座五六层高的市煤气柜，稍有不测引发爆炸，后果不勘设想。于是我们全家暂时移居西区外婆家避难约二周。

该年秋季，我插班三年级进入小学，开始与社会有所接触，虽范围很有限，但感染到抗战情绪的激励。例如学校和社会动员购买救国公债，虽然都是家长在操作，但使小学生们从参予感而加强了对抗战的责任心，纷纷捐出了压岁钱。那时，开始对读报感兴趣，关心前线的战况，但对时局变化仍属一知半解。

国军西撤以后，租界似乎暂得苟安。但是苏州河以北地带已受日军控制。外白渡桥中

---

① 资深教授，1929年12月9日出生，1951年之江大学建筑系毕业，入震旦大学工学院任助教，1952年秋进入同济大学建筑系。历 同济大学声学研究所副所长，兼建筑声学研究室主任。曾是中国建筑物理学会理事长，上海市声学学会理事长。建筑与城规学院 筑技术学科带头人，博士生导师。

段设日军岗哨，行人过桥必须敬礼，车辆则须停车接受岗哨的吆喝，来往桥上的有轨电车亦不例外。当时父母一再告诫我们，切勿过桥受辱。因此，我们虽生长在上海，直到抗战胜利后才首去苏州河北岸。

1941年夏，大家庭离开牛庄路老宅，叔伯四房分居，各自建立小家庭。我家迁入时属法租界的进贤路(那时称普恩济世路)230号新居。那年秋我进了避难在沪的苏州桃坞中学就读，它附属圣公会系统的圣约翰大学，那时借南京路慈淑大楼四楼部分房屋为临时教室。苏州阊门校舍被日军侵占，美籍校长被迫撤离返国。全体师生不畏困难，在极其艰苦条件下，流亡上海，继续办学。在当时形势下，这类学校为数不少，有的甚至徒步内迁大后方。这就是当年学界志士仁人不曲不挠的教育救国精神。

1941年12月8日凌晨日本偷袭珍珠港，发动太平洋战争，并派兵进驻上海公共租界，使局促暂安的“孤岛”亦难逃日冠魔掌。记得那是一个非常阴沉的日子。清早我随父亲车子去学校，得知已停课，而交通车辆开始断绝，只得独自步行返家。走到英法租界交界处的爱多亚路(现延安中路)，身穿黑制服白背带的日本海军陆战队封锁路口，只得通过一些小弄堂迂回地穿过封锁线，足足走了两个多小时。那时父亲早已回家，正在厨房锅炉旁忙于烧毁大量珍藏的抗日战争画报及出版物。大家非常不舍得，每撕毁一册，总还想最后翻阅一下。为了怕日军来找麻烦，只能在紧张而急迫之中处理完毕。整个上午的遭遇，虽有惊无险，但给我留下极为深刻而沉重的印象。那年我是初一学生。

那时我家住在普恩济世路近亚尔培路(现陕西南路)，(与老锦江饭店又称十三层楼很近)，门前是一片小农田。约摸在1942年前后，农田周围筑起篱笆，上面搭了一些草棚，住进一批来自欧洲难民(现今想来，很可能是些受纳粹迫害的犹太人)，与我后来见到的集中营有点类似，不过他们可以自由外出。据说这批难民受到当时国际中立国的救济，当然生活还是相当艰苦。他们的一举一动，在我家窗口看得很清楚。尤其夏天大雨过后，由于地势低洼，室内室外一片汪洋，狼狈得很。约两年后，由于不知什么原因被迁走了。想来集中营的生活条件更为糟糕。

“天快亮了！”这是1945年盟军击败纳粹德国前后，在日占区的流行语，隐喻日军末日将至，敌占区人民可望重见天日的心情与盼望。

那时我家住在苏联和德国都设有领事馆的沦陷区上海。当时苏德双方都会发布一些战事消息，尽管两者报道常有矛盾，但从中可判断战况大局的趋势。那时德国驻沪领事馆设在善钟路一所德国教堂(一座较为现代化的建筑，现已拆除，原址为今静安希尔顿旅馆)边上，即现在华山路靠近延安中路处。苏联方面除了外白渡桥下的领事馆外，还有一些俄语文化机构。于是我们除了从日伪报刊之外，也从苏德双方所散发的消息中了解一些欧洲战事动向。

1945年我正读高一，春季欧洲战事急转直下。家中大书桌玻璃台板下压了一张由《美国国家地理》杂志社出版的欧洲详细地图，战线移动的位置大多可以查到，直至四月底攻下柏林，希魔灭亡。至于对日作战消息，虽在日本严格管制之下，也不时可从时事新闻边缝中获得一些战况进展。例如盟军美国飞机对日本本土不时大规模轰炸，日军在冲绳岛、琉璜岛、塞班岛等处“壮烈牺牲”的报道。中国本土的战事消息虽不多，大后方的政治、经济和民生情况也偶尔有报道。那时美国飞机经常光临上海，每家每户在空袭警报时，由“自警团”(敌伪统治时附属于地方保甲制度下的组织)监控，户内不得开灯，或检查由黑布加红衬托的窗帘是否遮光严密，玻璃窗上贴了米字形纸条，以防轰炸时散片飞出伤人。老百姓的心理状态充满了矛盾，既希望美国飞机常来教训日本人，又怕炸弹波及中国人，或因为遮光不严而受到“自警团”乃至日军干涉或惩罚。不管怎样，居民心中都怀着战胜日本的日子不会太远的心情，殷切地期盼着“天快亮”。

八月初，美国空军在广岛投下第一颗原子弹时，报上先说投下新式威力很大的炸弹，后来也提到原子弹一词，但大家完全不了解它有多大的威力和破坏性。报上对所造成大规模死亡一事语焉不详，只见报道日方通过中立国瑞士向美国提出强烈抗议。沦陷区人民对日本当局所受到的震惊更是一无所知。那时，老百姓家是不允许拥有短波收音机的，信息来源受到严格管制。约莫三四天之后(8月10日左右)的一个清早，我的三伯父忽然来电话告诉我爸：“日本投降，天亮了！”全家的兴奋之状像开了锅那样沸腾起来。爸妈急不可待地向至亲好友打电话转报特大喜讯。可是翻开当天报纸，却仍然是陈词滥调式的战况报道，只是增加了一些苏军向中国东北地区军事行动的消息。及至报上正式发布日本投降消息，大概是我们首获喜讯数天以后的日子。那几天我们是在无比兴奋而带有某些焦虑的情绪中度过的。除了向各方面打听和求证之外，对战后时局的变化充满着期待和盼望。

由于事情来得比较突然，当8月15日正式宣布日本无条件投降消息的头几天，上海仍受命由日伪军维持基本秩序，当然他们的态度已大不一样，一扫凶杀之气，呆若木鸡般地站着岗。中国老百姓对此也末见过激行动，都能自觉克制情绪。

那时，我同学沈琳的大学生哥哥沈炎带来消息，说上海有几个关押着英美侨民的集中营，对外界隔离多年，需要帮助。如果我有兴趣，可以参加志愿服务。次日，我便跟着他在外滩搭渡轮到达浦江对岸。仅凭沈炎的交涉免付了渡费，这也是我有生以来首次去浦东。那里除了少数工厂外，一片田野农地。集中营设在英美烟草公司厂里搭建的棚屋内，数百名男女老少混合居住在一起。当时他们最迫切的希望是与外界取得联络，例如要打听其他集中营的亲友下落，或原住处的华人邻居等。根据他们的记忆写下便条，由我们分头去找。那时在沪西区现延安西路(近江苏路)有另一个类似的关押英美侨民棚屋集中营，我们带着信息去那里试试，有的就此接上了关系。同样，那边集中营也提出类似要求，我们乐于当此义务信使。那几天，美军飞机每当中午时分，由低空向浦东集中营投下一些食品物资，朵朵彩色降落伞随风飘下，很是美观。大部分落在营地之外的田野中，附近农民赶来帮助收拾，送回营中。大家对这样做觉得很自然和正常，没有发生抢夺或拖往自已家中等事。人人作为战胜国公民自尊自重，对集中营中的美英侨民则寄予极大的同情和友爱。临别时营中侨民还把空投食品中的口香糖塞给我们。

如此服务了四天，政府有关方面出面来照顾他们了，我们的工作便告结束，以后也未有联系。当时觉得做了一件帮助别人解决困难的传递信息小事，对囚禁多年的弱者群体，也许是他们的燃眉之急。

抗战胜利之初，从报上得知盟军和国军乘坐“吉普”进驻各地的报道，大家对吉普很好奇，不知是什么样式的车辆。直到街头初见吉普，才算开了眼界。那种无侧门的敞篷车，上下方便，运转灵活。它有中小两型，中型较少，可坐七八人，又称Webern’s carrier jeep。到了晚间，青年美军在车上常载着在沪的西洋女客出游，嘻嘻哈哈，招遥过市，人称吉普女郎。后来国内女青年加入此行列者渐多，引起不少社会非议，也引来不少有伤中国传统风化的纠纷。直到美军全部撤离回国后，才得终止。

抗战胜利那年九月初，秋季如期开学。师生相见，对“天亮后”的憧憬充满了欣喜和期望，尤其对成为联合国五常任理事国而无比自豪，经历八年艰难抗战，中国人民终于站起来了。这种兴奋情绪，却被后来许多令人伤心事，冲得无影无踪。

抗战记忆

梅飞鸣[①]

我们家祖籍浙江海宁盐官镇。上世纪初，祖父祖母带着我父亲和姑姑到了上海，当时我父亲和姑姑都是中学生。父亲从民立中学高中毕业，姑姑在允中女子中小学也读到高中毕业。父亲在19岁时娶了我母亲。

我1930年12月出生，上面有个大哥，下面有两个弟弟，一个妹妹。作为一个土生土长的上海人，我经历了日军从入侵到占领再到投降的整个过程。尽管年幼懵懂，但在居住地近距离目睹闸北四行仓库保卫战，也能深切感受“八百孤军壮士”的悲壮；战争期间，祖父、父亲两代人开办的连元缫丝厂接连被毁，让我真切体会到民生的艰难与无助。

在沦陷区，活着，是一种屈辱。这篇文字，是我对战争最直接的记忆，希望那些苦难的碎片、那个最后胜利的场景，能留存在年轻一辈人的心里，勿忘国耻、铭记胜利，珍爱和平、开创未来。

战火：四行仓库一片火海

1937年8月13日，日军进攻上海，淞沪会战爆发。

当时我7岁，我大哥10岁，三弟4岁，四弟和小妹尚未来到这个世界。我和大哥(已去世)都还是小学生，我们都在家对马路的人和小学念书。我读一年级，因为打仗，学校暂时停课放假，我们在家中避难。

① 教授，生于1930年12月，浙江海宁人。1952年浙江大学机械系毕业，1956年哈尔滨工大动力工程热工研究生班毕业，1957年到同济大学工作直到1995年9月退休。

我的家在英租界的梅白克路(现新昌路)，虽然在租界住，仗没打过来，但离闸北中国同胞的地界很近，大约两百米，所以站在自家晒台、屋面上，就能看见日本飞机俯冲、投弹，紧接着，传来阵阵爆炸声。

日本飞机飞得很低，还配了机枪，边飞边扫射，并投下两种炸弹，一种普通炸弹，一种燃烧弹。那时上海很多房子是砖木结构，地板也是木质的，燃烧弹扔下来，一烧一大片，闸北很大一片区域被烧成了白地，死伤无数，哀鸿遍野。次年暑假，我曾和几个小同学一起去闸北捉蟋蟀，只要过苏州河不远就可以望见从杭州驶来上海北站的火车，中间真是一片杂草地，原有的街道、房屋全毁了。

我国军队正面抗敌，从“八一三”事变到10月26日，经过漫长的70多天，日军占领了军事重地——大场，随即分兵攻打闸北。我国军队战略撤退，留下谢晋元率一个营死守苏州河北岸的四行仓库，掩护转移。这支部队号称“八百壮士”，实际只有400多人。谢团长率孤军据守，激战四天五夜，毙敌200多人，自身仅伤亡20多人。我目睹了整个四行仓库保卫战。战斗最激烈时，四行仓库一片火海，天都发红了。

这是一场悲壮之战。苏州河这边是租界，住着我们中国同胞，苏州河那边是闸北四行仓库，我们将士顽强抗敌。租界那时尚属非战区，成千上万中国同胞，隔河相望，为我们的守军坚守死地感佩。其时还有同胞冒着危险在深夜游过苏州河给守军送食品。

后来，谢晋元率队渡河撤进租界，几年后，他被汪伪收买的兵痞杀害。国民政府为褒扬谢晋元，把一所学校改名晋元中学。我大学两个同学就是那里毕业的，他们学校每年都会纪念谢晋元。国家存亡关头，那些年轻的将士，是我们民族真正的脊梁和骄傲。

淞沪会战时期，尽管日本人轮番轰炸上海，但租界还算安全，只是也出过一次大事。淞沪会战爆发第二天，福煦路(今延安路)的大世界游乐场门口，当时属法租界，门前车水马龙，不料白天天上掉下来炸弹，炸死了很多人，场面很惨。

住在租界，有时我们会听到防空警报，一家人就跑到一楼桌子下躲避。那时没有什么防空洞、地下室，因为，上海的土质，往地下挖两尺，水就渗了出来。

淞沪会战结束后，我的老家浙江海宁很快沦陷，日本人在那里杀了很多人，血债累累，一些亲戚逃难投奔我家，祖父母让他们住在一楼两侧的厢房中。后来才知道，他们中有一个是中共地下党员，姓朱，解放后曾在上海某进出口公司任党的书记，现今早已离休，我在报上曾见过对他的采访，住在某一市郊的养老院中。

生计：连元缫丝厂两度毁灭

日军侵略上海之前，我家生活是比较富足的。

祖父来上海后，靠着一个堂兄在外滩连纳洋行做买办的关系，进了洋行做高级职员。后来有了些积蓄，他就在闸北办了家连元缫丝厂。那是一个比较原始的缫丝厂，就是把蚕茧浸泡在热汤盆里抽出丝来，多股丝并成原材料丝带，像纱一样可供织物用。

上世纪二三十年代，尤其是1927年到战争爆发前的1937年，被称为中国民族资本主义发展的“黄金十年”，连元缫丝厂也经营得很好。

那时，我们一大家子人住着一栋两层楼房，楼上楼下都有一百多平方米，每层七个房间，东、西均有前厢房、中厢房、后厢房，中间有客堂间。楼上是我们主家，有祖父母、父母亲的贴身丫鬟两人，楼下住女佣、娘姨，还有一个专职黄包车夫。我家还装了电话机，当年有私家黄包车和电话机的人家是不多的。

1937年日军进攻闸北，连元缫丝厂被炸毁，机器和厂房全没了。

祖父祖母半生经营的工厂付之东流，他们很忧郁。我读小学二三年级时，祖母郁郁而终，读五年级时，祖父也去世了。

为了继承祖父遗愿，也为了养家糊口，我父亲后来在公共租界重新开办了连元缫丝厂，本以为很安全，结果还是没能逃脱日本人的掌心。

珍珠港事件的第二天，1941年12月8日，日军开进租界。他们把中国人开办的丝厂看成眼中钉。因为，日本人生产的是“人造丝”，我们生产的是“天然丝”，两方形成竞争。他们进入租界后，抢占我家丝厂做兵营，顺便就把它没收了。

现在回想起来，珍珠港事件爆发前，驻扎在上海的美军是有动向的。

当时，美国在公共租界驻有军队，营部设在市中心(今人民广场和人民公园)侧门黄陂北路上的养马场营房。当时我有个姑妈在东吴大学教书(东吴大学原来在苏州，抗战爆发后部分校区搬到上海，借用民立中学教学楼晚上上课)，星期天，姑妈会带我去慕尔堂(现名沐恩堂)，有时去大光明电影院早晨做礼拜，礼拜结束后那里就由美国军乐队奏乐作为余兴，使我十分好奇。有个礼拜天，我们在南京路上看到大批美军列队回国，当时以为只是换防不动，没想到他们是撤离。美军离开上海没几天，珍珠港事件爆发。可以猜测的是，美军撤离上海很可能是提前得到了情报。

屈辱：遇见日军就要鞠躬

日军占领上海时期，中国同胞过得很屈辱。

当时，21路无轨电车有段路要经过日租界，车子将要到日租界时，所有人都要下车接受检查，让空车开走。中国人看到日本兵就要鞠躬，戴着帽子的必须脱帽行礼，不然就会挨枪托击打。在学校里的孩童们，同样也觉得屈辱。唱歌曲也受限制，唱“大刀，向鬼子们的头上砍去……”，还有“矮子要想到上海，几十只兵舰，开到黄浦滩，8·13东洋兵冲进闸北来……”都只能小点声。

我的小学是在租界读的，每星期上学六天，礼拜天休息。小学三年级开始，我一直学的是英语。1942年夏季，我就读民立中学，那时，日军已经侵入租界，强行要求中学一年级开始学习学日文。日文课是一个日本人教的，很凶，同学们很反感，不愿学，上课就和他捣乱。他找到学校教导主任做工作，教导主任找到我们开导说，你们年轻不懂事，学日文其实也是有用的，多学一门外语以后能更好地为祖国服务。就这样，我们学了三年日文，直到抗战胜利。

珍珠港事件爆发后，中美成为盟国。抗战后期，我能看到美国B-29轰炸机飞到上海轰炸设在近郊的日本目标。

1945年8月，日本宣布投降。我当时在民立中学上初三，在家里听短波收音机知道了胜利的消息。报纸上公布后，全城都沸腾起来。尽管生活依然很艰难，但所有的屈辱，所有的苦难，暂时都被统统抛开。往日那些趾高气扬的日本兵，再也神气不起来了。

南京路上，美军士兵在金门大酒店(后一度改名华侨饭店)楼上向下抛撒扑克牌，庆祝胜利的人群抢着、捡着，欢笑和跳跃。

战争留给这个城市的创伤仍在，留给人们的梦魇仍在，但我们终以胜利者的姿态，坚强站立！

(汪新华 整理)

我的回忆

陆伟峰[①]

一、照相馆情缘

我父亲陆德兴(1905年出生)幼时就读于犹太地产大王哈同创办的仓圣明智小学，时年约10岁。后来进入王开照相馆学生意，据说还是“王开”的大徒弟呢。

上世纪30年代初，我父亲供职于苏州吉星照相馆，馆址在观前街玄妙观山门旁侧，老板是朝鲜人，父亲担任经理，时年25岁左右。父亲从上海来到苏州，而母亲是苏州人，命运之神安排他们，在这个千年古城里相遇、相识、相知、相恋。

1931年，我父亲供职的吉星照相馆登报招收练习生。我母亲看到广告后就去应聘，在众多应聘者中，她被录取了。从此，我母亲也选择了照相业作为终身职业。父亲和母亲共事了一年多后，彼此产生了感情，进而论起婚嫁。

当时，我祖父陆和春在上海杨树浦路开了一家面馆，招牌叫和兴馆，双开间门面，楼下是店铺，楼上是住家。这所老房子直到2000年兴建大连路隧道时方才拆除。父母亲结婚后就住在这里：1933年6月，我也在这里出生。

1933年上半年，我父亲到杭州筹划开店。接着，在我双满月后，母亲也带我一起到了杭州。父亲选中了湖滨环湖旅馆的门面房，那里地段适中，适宜开店，但面积不大只够设立门市部。因而，又在近处东坡路上另找了一处房屋，作为工场和住所。

门市部位于仁和路，离西湖只有百余米，店名“达尔美冲晒公司”。当时，杭州流行

① 曾用名陆云根，1933年6月4日出生。1952年进入同济大学建筑系城市建设与经营专业学习，1957年毕业。高级工程师，注册规划师。1993年上海城市规划管理局退休，随后继续返聘工作十年。

一句商业行语叫“三季靠一春”，每当春游旺季，营业繁忙，父母亲和职工们就要一起加班，一天睡三四个小时是常事，有时甚至要通宵达旦。经过三四年的努力经营，“达尔美”总算扎下了根基。我家也过起了安居乐业的小康生活。

不久，战争改变了我们一家的命运。

“八一三”淞沪抗战爆发，战争使千百万人民家破人亡，也给我家带来了深重的苦难。1937年11月12日上海沦陷，12月13日南京失陷。日军占领南京后，对中国军民进行惨绝人寰的大屠杀。当战火逼近杭州时，为了躲避日军的残害，老百姓倾城逃离，而我父亲由于丢不下苦心经营的家业，一拖再拖，直到一条街上只剩下二三户人家时，才不得不忍痛离别杭城。1937年12月25日杭州陷落，有一篇文章记述了当时的情况：“杭州陷落时几乎是空城一座，成千上万的百姓和军人通过钱塘江大桥逃出日军魔掌。”(朱成鹏著《老人与老桥》)。从此，我们全家也走上了苦难的逃亡之路。

二、逃难岁月

日军炮火日渐逼近杭州，城内的商店纷纷关门逃离。仁和路上，只剩下剪刀店、眼镜钟表店、百货店和我家照相馆等三四家店铺。我家和这几户人家组成一支“逃难团”，而“逃难团”的去向又在哪里呢？眼镜钟表店的一个职工是余姚人，他的家乡房屋宽敞，可作避难的场所。于是，我们“逃难团”就踏上了逃亡之路，奔向余姚。

“逃难团”共有十多人。我家有五个人，我父亲、母亲、我的姨母(胡秀英)和我，父亲的徒弟也一同随行。我家照相馆留存许多照相机等器材，父亲舍不得丢弃，就雇了十多个挑夫，挑了这些器材，跟随我们行进。还有一个越剧演员名叫翠娥，拜著名越剧老生商芳臣为师，她是剪刀店的亲戚，也就一起同行。

“逃难团”落脚在余姚乡下的小山村里，村庄坐落在山麓下面。大伙寄居在一户人家，房东腾出了好几间房间，让我们分户住了下来。我们在小山村里过了一段宁静、安逸的生活，以为可以躲过灾祸了。但是，在战争年代哪里会有世外桃源，厄运终于降临到我们头上。没有多久，日军的魔爪伸进了山村。听到日军进村的消息后，大家顿时惶恐不安，当地的村民带领“逃难团”一起上山躲避。起初以为日本兵只是路过，不会耽搁太长的时间。等日本兵一走，大伙就可以下山来的。意想不到的是日本兵居然在村里住了下来，无奈我们也只好躲在山里了。

日本兵进村时，我们的房东和几个老人留下没走。在日本兵的刺刀逼迫下，他们被迫给敌人烧水煮饭、打理住所。日本兵看到村里只剩下几个人，认定多数村民都躲进山里去了。为了获取“猎物”，日本兵曾多次上山搜索，我们只能在山上东躲西藏与敌人周旋。时值隆冬，我们忍受着饥寒交迫、担惊受怕的煎熬。有一次，我们躲藏在一条山沟里，头顶上就有日本兵在搜索，母亲紧紧抱着我，叫我不要出声，我就一声不吭，总算暂时躲过了灾祸。不过，我们还是遭受了敌人的掳掠。一次，我父亲和徒弟两人躲避不及迎面碰上了敌人，敌人看到徒弟手中的提包后，就一手抢了过去，我家带着的全部积蓄就都变成了敌人的“战利品”。而且，我母亲也不幸碰上了敌人，一个日本兵正欲将母亲抓走，在此危急时分，百货店的女儿突然冒了出来，日本兵看到她后，就放了我母亲而去追她，母亲就乘机逃走了，终于逃过了一场劫难。

日本兵在村里待了三天，犯下了累累罪行，奸淫掳掠外，还欠下一笔血债。我们的房东就被敌人杀害了。据说，一天下午房东去邻村一次，日本兵认为他是去给中国军队送信，就把他杀害了，死后还将他镶的金牙拔了下来，令人惨不忍睹。

劫后余生，我们回到村里发现屋内一片狼籍，我们带去的十余担行李都被洗劫一空。常言道“家破人亡”，此时此境我家确实已到了“家破”的境地，虽然没有“人亡”，但却遭遇了“人伤”。在冰天雪地里冻了三天三夜后，我的一双脚就被冻坏了。下山后，我的脚肿得连鞋子也脱不下来了。一个好心的村民，见我脚疼就拿来了脚炉给我烤火取暖，而这恰恰是违反了医学知识的，因为将冻伤的脚去烤火，犹如雪上加霜，会使病情加重。我的一双脚不仅是皮肉组织受伤，连左脚的骨骼也冻坏了，我们请了位中医外科医生来诊治，那位医生看了后夸口说，出若干钱可以保证治好。结果是钱付了，病却未医好。不知是医生的医术并不高明，还是我的脚病得实在太厉害了。

经历了一场浩劫，村里是满目疮痍、一片萧瑟的景象。尤其是房东惨遭杀害后，“逃难团”少了一个“掌柜”，生活也就无人张罗。一次，由于买不到菜，我母亲就将剩下的半瓶虾子酱油冲汤供大家吃饭，众人都觉得酱油汤鲜美无比。我母亲为了给我包扎伤脚，吃饭迟了一步，而那一大铁锅的酱油汤竟然已锅底朝天、滴水不留。由此可见“逃难团”的生活窘况。那时，各户人家都已“倾家荡产”，因此大家只能各奔东西、另谋出路，“逃难团”也就自动解散了。

我父母亲商议后，决定重返上海。由于音讯不通，无法知道亲属的近况，而我的病脚正在医治之中，难以一起出行。于是，决定让父亲一人先去上海探询，并约定在宁波和我们会合，然后一同去上海。过了一段时间，我的脚病未见好转，我母亲就带了我和姨母三人赶赴宁波。在乘船去宁波的行程中，又发生了一场险情。我们原定乘早班轮船走的，从村里去码头要坐轿子，由于我的脚病得很重，需乘一种平躺的轿子，而一时又雇不到这种轿子，因而延误了乘早班船的时间。然而，恰恰就是在早班船的时候，日本飞机轰炸了轮船码头，有好多人伤亡。倘若，我们赶上早班船的话，也许就挨上了炸弹。不料这次延误，反而救了我们的命。

在乘船途中，我们遇见了一位热心肠的好人。他是一位宁波长者，可惜不知道他的姓名，就称他为“宁波老先生”吧。他看到我母亲一个女流还带着两个人逃难，加上我的脚病得又重，就产生了怜悯同情之心。他说他有一个亲戚在宁波华美医院做医生，他可以帮助我们去治病。到了宁波以后，“宁波老先生”引领我们到华美医院去见一位冯医生(可惜也不知道他的名字)。冯医生看了我的病情，了解我们的困境后，深表同情。在冯医生的大力帮助下，医院不但同意给予免费住院治疗，而且竟然让我们母子两人住进头等病房，这简直是难以想象的。当时，我们已沦落成为难民，贫病交迫，突然住进头等病房，正好像一下子从地狱升入了天堂。“宁波老先生”和冯医生热心助人的高尚品德，使我们终生难忘。

我在母亲的陪伴下住进了医院。入院后，医生就给我的病脚进行敷药治疗，每次换药前先要将病脚浸泡在药水中，再敷新药，这是一个十分痛苦的治疗过程。那时，我是一个不满五岁的孩子，可是每天都要经受次揪心的“刑罚”。因而，在每天换药的时间，当我听到护士的脚步声走来时，就会号啕大哭起来。经过一段时间的“痛苦治疗”，我的病情虽然得到了控制，但医生认为一时很难治愈，并估计即使治愈结疤，新长的皮肤恐怕也不能走路，因而医生曾一度提出截肢的建议。我母亲听到这个消息后，忐忑不安。她认为截肢以后，儿子将终身残疾，这是无法接受的。她对医生说截肢是件大事，况且儿子的爸爸又不在，她一个人不能作主。至于病脚能否治好，也只能听天由命了。我真要感谢母亲保住了我的脚。后来，虽然我左脚的骨骼变了形，幸而行走并无大碍；长大后也能正常地生活、上学和工作，直至晚年过上安定的退休生活。我的一生是平凡的，但是，总算没有过上截肢人的艰难生活。不然的话，我的人生经历很可能就要改写了。

在住院期间，由于我的病一时难以治好，而我父亲又找不到，因而冯医生曾建议我母亲在医院学做护士，以便一面工作、一面照顾我。而我母亲一心要与父亲团聚，也就没有应允。接着，又发生了一件事情，在我们住院后，我姨母借住在一家酱油店里，店主见姨母单身一人又未结婚，就提出要给她做媒说亲。姨母听后急得没了主意，就来向母亲求助。而我母亲也想不出良策，无可奈何，我母亲只得向冯医生寻求帮助。乐于助人的冯医生设法让姨母也住进了医院。这样，我们三个人就一起住在一个病房里，病房宛如一个临时的家。姨母的脚正患冻疮，她的病也得到了治疗。从此，我们三人都获得了医院的慈善救济。

父亲去上海探询以后，不久又回到宁波来找寻我们。由于音信不通，父亲并不知道我们住在哪里，他只能四处打听寻访。上世纪30年代，通讯还很落后，在报纸上登寻人广告已属先进的，但费用昂贵，平民百姓只能望而去却步。可行的办法就是在街头巷尾贴小广告，我母亲也曾写一些寻人启事张贴在车站码头，可是我父亲并没有看到。父亲认为我们身上缺钱住不起大医院的，而华美医院是著名的大医院，历史悠久，1843年美国传教士玛高温在宁波城内开设诊所，并在月湖书院内办班传艺，发展成大美浸会医院，后改为华美医院。有一次，他已经到了华美医院，还是被大医院的气派镇住了，犹豫再三终于没有迈进医院的大门，以至和我们失之交臂。父亲寻不着我们，无奈只能独自一人返回上海。

经过冯医生和其他医务人员的精心治疗，我的病情逐渐好转。而好心肠的冯医生却因母亲患病告假探亲去了。这时候正应了“梁园虽好，非久恋之家”。我母亲打算回上海了，要回上海，船票又是一个难题。后来听说教会有难民船票发放，母亲就去向教会管事的嬷嬷(修女)索讨船票，船票很紧张，一次只能要到一张，于是，母亲就让姨母一人先回上海。过了一些时候，终于又要到了一张船票，我母亲才带了我乘上返沪的轮船。当轮船起航后，原以为可以平安回上海了，不料轮船驶出宁波港后，突然发生火灾，船上乘客顿时都惊慌失措，幸而轮船离港不远，当即返回求救，火灾被扑灭后，我们也就转危为安。唐僧西天取经，遭受了九九八十一难。我们遭受的苦难，虽然比不上这么多，也可算得上是多灾多难了。

三、沦陷区生活

1. 法租界投亲

1938年初，我们从宁波乘船逃难到上海后，已是无家可归。因此，我们只能去投靠亲戚。那时，我二伯父住在法租界霞飞路(今淮海中路)霞飞坊(今淮海坊)，我们就去投靠二伯父，在他家暂住下来。他家住的是汽车间楼上的一间简易住房。战乱时期，两家人就挤住在一起。不久，我们在弄口租到一间亭子间。我们住的是一幢三层楼房，住了好多户人家。我家住在三楼，隔壁一户是几个大学生合租的；另一户丈夫是印度人，妻子是日本人。一年多后，我到了上学的年龄，父母将我送到附近的钱家塘小学读书。当我读完一年级后，我家搬出了霞飞坊。住在霞飞坊期间，霞飞路的罗宋面包和沙丁鱼是我最喜爱的食品，几十年后还会勾起我的美好回忆。

霞飞坊是法租界的著名里弄。霞飞坊内名人荟萃，巴金、许广平等都在这里住过。除了中国人之外，弄内还住着许多外国人，霞飞坊算得上是海纳百川的缩影。走出霞飞坊就是霞飞路，它是当时上海最繁华、最时尚的商业街，有“东方巴黎”之称。霞飞路商店林立，汇集着闻名沪上的许多特色商店，而经营商店的大都是俄罗斯人、法国人和意大利人等外国人。霞飞路、金神父路(今瑞金二路)一带是俄罗斯人集居的小天地。

抗战期间，日本和法国、苏联之间，有着错综复杂的微妙关系。因而，法租界仍保持比较特殊的地位，法国军警仍保有武器装备，直到1945年3月10日，才被日军解除武装。日本和苏联在1941年4月13日，签订《中立条约》。苏联人利用中立国地位，在租界内办了时代出版社，出版《时代杂志》，其中登载的消息与日伪的新闻宣传殊异，而日军当局也未加禁止。1945年5月8日德国宣布投降，以及8月10日日本投降的消息，也都是首先从法租界的俄罗斯人那里传出来的。当晚，俄罗斯人成群结队，在霞飞路上唱歌、跳舞、醉酒狂欢。而日本军方却眼开眼闭，不闻不问。

2. 重返出生地

“八一三”战争时，虹口、闸北一度成为战场。中国军队西撤后，日军占领了虹口、闸北，并加以封锁。苏州河上的各座桥梁都有日军据守，禁止通行。虹口、闸北两地市面萧条，几乎成为一座“死城”。1939年3月1日，日军当局解除封锁。但是，日军当局在桥上设日军岗哨，中国人过桥必须向日军鞠躬行礼，并接受人身检查，稍有不慎，便会遭到殴打。中国人在日军的刺刀下，受尽欺凌，过着亡国奴的屈辱生活。

战前，我祖父在杨树浦路黄浦码头对面，开了一家苏锡帮面馆。这里也是我的出生地。战争爆发后，我祖父不得不弃店逃入租界避难。当封锁解除后，我祖父就重返故地复业。我们也跟随搬回去居住。我们住在二楼，从阳台上远眺，可以看到浦江上来往行驶的船只，轮船的鸣笛声也清晰可闻。搬家后，父母将我送到临潼路的一所小学上学，校名已记不得了。学校设日语课，教日语的是一个日本男教师，他教我们朗读日语字母“假名”和课文。

离我家西面不远处，有一条里弄叫长江街，它是日本人的聚居处。有一天，据说在长江街里，发生了日本人被害事件。日军当局就将大连路、杨树浦路和平凉路围成的地块，围圈起来进行封锁。封锁圈内的居民一律不准外出，我们好像居住在集中营里。中国人只能听从日军当局的任意摆布，毫无尊严、自由可言。

在我家附近的大连路上，住着许多山东人，人称“青口人”，他们有一种攀汽车的“绝活”。杨树浦路是一条货运要道，每天有许多运输棉花的卡车，通过这条路开往沪西。当满载棉花的卡车经过大连路时，候在路旁的“青口人”就会跟随卡车奔跑，接着用一手拉住卡车，另一只手就从车上扒出棉花装入身上的斗里，当棉花装得差不多时，就松手离车。这种社会现象，说明沦陷区的百姓已到了民不聊生的地步，有些人无奈靠这种“绝活”来糊口谋生。

1941年12月8日凌晨，我们都在睡梦之中，突然从黄浦江上传来隆隆炮声。全家人都赶到阳台上观看，只见浦江夜空闪过一道道炮弹弧光。后来，方才知道日本已向英、美宣战，驻沪的日本海军就向停泊在黄浦江中的英、美炮舰发起攻击。美国炮舰韦尔号投降；英国炮舰彼得尔号还击后被击沉。

3. 迁居“庄源大”

1942年春，我父亲承租了友人开的大陆照相馆。它坐落在东熙华德路(今东长治路)，近亚德路(今旅顺路)。亚德路上有一家著名的酒厂，名叫庄源大，它生产一种绿豆烧白酒，颇有名气。因而，大家就将这一带的地名叫做庄源大。后来我也随父亲落户到了“庄源大”。接着我转学到元芳路(今商丘路)的正毅小学念书。正毅小学是一所私立弄堂小学。

学校不设日语课，我也不再学日语了。

1942年10月，日军当局为了强化统治，推行自警团制度。自警团员由保甲长摊派市民担任。东长治路上也设了几个自警团岗亭。这些岗亭都是摆摆样子的花架子，并无多大作用。

1943年2月18日，日本陆军、海军当局宣布无国籍难民(主要指来自德、奥等国的欧洲犹太难民)隔离区。其范围是：兆丰路(今高阳路)、茂海路(今海门路)及邓脱路(今丹徒路)一线以东；东熙华德路(今东长治路)、茂海路(今海门路)、汇山路(今霍山路)一线以北；杨树浦河(今杨树浦港)以西；公共租界之界线(笔者注：界线的位置大致沿今周家嘴路的走向，参见示意图)。上述犹太难民必须集中居住和营业在隔离区内，如从区内外出，必须持有日军当局签发的出入证。这是日军当局对犹太难民加强压迫、统治的措施。

我家与隔离区相距不远，经常可看到犹太人的活动。元芳路设有马路菜场，它是我上学的必经之地。我上学时经常会看到几个犹太人摆摊售货。他们站在肥皂箱上，操着生硬的上海话，高声喊叫："肥皂要哦，肥皂嗰(便宜)啦！"他们一边喊叫，一边演示。我经常在摊位前驻足观看，有时忘了时间，险些上课迟到。

此外，我还有一个向犹太老师学英语的故事。1945年冬，我和几个同学一起，请了一位犹太老师教英语，每周上课两次，老师教得很认真，我们学得也很努力，收获不小。可惜，只学了几个月，老师就离开了上海。犹太老师是一个中年男子，他的名字已记不得了。

1944年7月，美机首次空袭上海。日军当局加强防空演习和灯火管制。那时，我家的玻璃窗上都贴满了"米"字形的纸条，电灯上加盖黑布灯罩，窗户用黑布窗帘遮挡。家家户户都处于战争状态。

1945年初，日军当局大量增兵上海，上海街头经常可以看到北方调来的关东军。关东军的帽后有两根飘带，军服的颜色也与驻沪日军有所不同。同时，日军当局大量拉夫，加紧构筑防御工事。在外滩公园内也修起了碉堡，有一座靠近黄浦江，另有一座设在公园中间的平台上，这是我亲眼目睹的。

1945年7月17日，美机60余架两度轰炸虹口和沪东区，死伤数百人。炸弹爆炸声震耳欲聋，房屋摇晃不定。空袭以后，我曾看到很多卡车从东长治路驶过，卡车上装载着血淋淋的尸体，不忍目睹。对于美机的空袭，上海民众一则是喜，一则是忧。喜的是，日本的统治已到了穷途末路；忧的是，害怕空袭累及无辜百姓。

4. 天亮前后

1945年8月9日，我们路过外白渡桥时，看到黄浦路苏联领事馆附近，日军驾着摩托车穿梭来回行驶，显得非常紧张的状态。过后才知道，由于苏联对日宣战并向关东军发动进攻，使得日军当局感到惊慌失措。

8月10日，日本内阁接受波茨坦公告求降的消息传到上海。上海市民碰头时第一句话就是："日本投降了，侬晓得伐？"11日下午，南京路上曾出现庆祝抗战胜利的游行。但是，下午情况发生突变，日伪当局贴出布告要市民"严守秩序"，庆祝标语也被收掉；日军在交通要道设置岗哨、架设机枪。随后的几天里，小道消息盛传，众说纷纭，使得大家感到一团雾水。8月15日中午，日本天皇在广播中宣布无条件投降。当天下午起，上海市民口口相传日本人跪听天皇广播，日本人痛哭流涕等情况。至此，日本投降的消息才正式得到确认。

抗战胜利，沦陷区中国人的亡国奴的生活终于结束了。上海万众欢腾、锣鼓喧天，大街小巷，彩旗飘扬。在海门路的一处墙壁上，我曾看到一幅醒目的宣传画，画的中间是一个巨大的"V"字，两旁分列着中、美和英、苏四国的国旗。这幅宣传画，想必是附近的犹太人画的。日本军国主义是中国人、犹太人的共同敌人。日本投降使隔离区内的犹太人也获得了解放。胜利的喜悦使全上海的中国人、犹太人都沉浸在欢乐的海洋中。

在东长治路505号，可以看见一座引人注目的建筑，雷士德工学院(今上海海员医院)。这所工学院是按英国工程师、地产商亨利·雷士德的遗嘱，用他的遗产创办的。抗战期间，被日军占领；胜利后，由中国海军接管，大门口有中国士兵站岗放哨。有一天，我路过那里，看到一个日本中年妇女，身穿和服，走近岗哨时停下脚步，恭恭敬敬地向中国士兵行了90度的鞠躬，方才缓步前行。当时在场的还有好几个中国人。大家都用惊异的目光注视着这种以前从未见到过的场景。从他们的目光中，可以想象他们的心中定是心潮起伏、百感交集。沦陷区的民众历经八年浩劫，终于复见汉家冠仪之概。日本军国主义发动的侵略战争，使中国人民遭受了深重的苦难，使中国人民的生命和财产遭受了巨大的损失。中国人民遭受的苦难和损失是空前的、史无前例的，罄竹难书。日本人民也是这场战争的受害者。中日两国人民必须团结起来，以史为鉴，面向未来。

参观慰问孤军营

杨佩昆[1]

上海余姚路(过去叫星加坡路)胶州路交叉口东北角，现有一所小学和一批居住区的一片地块，就是上世纪30年代后期，由谢晋元团长率领的、被毛主席赞为民族典型、名闻世界的四行仓库八百壮士孤军营营地。当年营地四周围墙上，架着铁丝电网；墙角边还建有高出围墙的塔楼，终日有外国兵持枪瞭望；门口站着两个荷枪的外国兵，刹是森严。

那时，我在金科中学附小读书。金科中学在余姚路胶州路交叉口的西北角，小学就在中学东隔壁，离孤军营很近。早上我上学时，总要经过孤军营，总会听到里面传出来的军号声，伴随着看到升起的当时国民党的“国旗”，或是听到壮士们在操练时雄壮的一、二、三、四呼号声。读三年级时，儿童节前，国语老师在上课时告诉我们，将在儿童节的下午，到孤军营去慰访八百壮士，然后，给我们讲了八百壮士在四行仓库抗击日本鬼子兵的故事。其实，那时我们都早已知道八百壮士、四行仓库、谢晋元团长、甚至童子军杨惠敏冒死渡河送国旗的故事。所以听到要去慰访八百壮士，当然都十分兴奋，大家都叽叽喳喳地争论起各自听到的不同情况。劳作课时，老师教我们做大红花，大家都以从未有过的认真态度做花，没有一个不合格的。

儿童节下午，我们都早早到校等候老师带队出发。由教务长、训导长领队，各班老师

---

① 上海市人，1932年2月3日生 。1937年9月，进位于新加坡路(现余姚路)胶州路口的金科小学就读。1952年，全国高等院校院系大调整时，从上海交通大学土木工程系道路科，调到同济大学道路与桥梁工程系公路与城市道路专业就学。1953年毕业，留学校道路教研室任助教。1954年，被任命为道路与桥梁工程系系秘书。1956年，学校新建城市建设系，受命任城市建设教研室助教、兼任城市建设系系秘书。1961年，任命为城市建设教研室讲师、教研室主任。1979年，学校新建交通工程研究室，任命为研究室主任。1983年道路工程系改为道路与交通工程系，任系主任。1986年获批任教授。1998年，退休。

带着各班同学，一年级小同学在前，六年级在后，一路上齐声高唱《八百壮士之歌》。到了孤军营门口，我们等了很长一段时间，禁不住嚷嚷起来，老师告诉我们：进孤军营，一定要凭英租界管理部门发的证件才能进去，把门的外国兵还要审查我们的证件。一进门，就有几个壮士正等着迎接我们。他们鼓掌欢迎我们，我们也鼓掌感谢他们。然后，每个壮士带我们一批同学分队进营房，边参观边给我们讲解。第一间是壮士们的宿舍，营房全是泥土地，大间的宿舍里，排着几行每两张紧换着的双层木板床，同一边的床头上，刹齐地叠着方方正正的被头，壮士告诉我们：这些床、被是某人和某公司送的。接着一间，好像是一家工厂，靠壁排着几台织袜机和毛巾机，中间排着手帕机，旁边还堆了不少棉纱，每台机器上都有壮士在操作，这些机器上大多有铭牌，某工厂制造或某人、某公司赠送；壮士给我们讲解说：这些机器送来的时候，都有老师傅伴着一起来，当场就教我们怎么开机器、怎么用机器，一直看到我们学会了才离开；隔天再来看我们开、用机器，纠正错误，还教我们机器有毛病时，怎样找到发生毛病的原因；隔几天，又来教我们如何拆机器、修机器；再来看我们是否把机器都弄清楚了，还问有没有什么问题？我们挑选原来做过工的战士来学习，以后就由这些战士来把弄这些机器；上海老百姓如此支持我们，我们都很感动。壁角里还开了一爿小卖部，陈列着壮士们自己织制的毛巾、手帕等东西，壮士对我们说：卖这些东西，还赚了点钱，我们都捐给孤儿院和红十字会去了。这时，老师教我们，愿意买些东西的同学，大家要排队购买。再下一间，好像是一所图书馆，木板的书架上排着各种图书，报夹架上挂着各类报纸，杂志架上放着不少杂志，边上还挂着一块小黑板；我们看到有不少战士挤在这一小小的图书馆里，有的坐着看报，有的靠壁站着看书；小黑板前坐着、站着几个壮士，有一个壮士在小黑板上写了一排字，教小黑板前的战士认这些字，带我们的壮士说：这些图书、杂志都是出版社送的，报纸是各报社送的；这些竹、木做成的东西，材料都是由各家商店送来，由我们过去做过竹、木工的战士自己做的；我们每天下午可有一两个小时来这里学习。再后来到了操场，北墙边有一片菜田，周边一圈跑道，跑道中间是一个球场，中央里侧靠边有一个木板架起的讲台，东围墙边立着一根比围墙还矮的旗杆，西侧营房屋沿下枪架中竖立着一排木枪。壮士解释：我们每天早晨列队升旗，谢团长在讲台上训话，出操、跑步、练刺枪，操练结束后，会做工的战士去做工，原来是农民、不会做工的战士去种菜；操场跑道是我们自己整修成的，旗杆、讲台、木枪都是自己做的；旗杆原来比围墙高，升旗几天后，租界外国人不准我们升旗，强行拆掉了我们的旗杆，后来经谢团长向他们交涉、说理，他们才允许我们重新竖立旗杆，但不得高过围墙，就改成现在这样矮的旗杆了。最后来到大礼堂，进门就看到对面墙边有一个像操场上讲台那样的戏台，堂中有几排用竹片拼成的凳子；里面已经有很多壮士列队敬礼欢迎我们。我们鼓掌感谢。他们让我们前排就坐。接着谢团长讲话：先是欢迎感谢我们来孤军营参观慰问，后面讲的全是上海老百姓冒险为他们送粮、水、药等物品，以及童子军冒死游泳过河送国旗的故事，感谢上海老百姓对孤军的强力支持和鼓励，增强了孤军抗日的斗志；接着壮士们给我们演出了拉胡琴、吹笛子、合唱“九一八、九一八”等抗日歌曲；我们有高年级的同学表演了吹口琴，全体大合唱《八百壮士之歌》。联欢会结束之后，壮士们再次列队鼓掌欢送我们，我们也排好了队，老师带我们挥手向他们告别。

在回校的路上，老师告诉我们：孤军营每天上下午，都要接待前来慰问的各界单位和人士。来慰问的都要向租界管理部门申请、预约，要等几个月才能拿到准许进入的证件。

回忆抗战

阮仪三[①]

我出生在苏州市内西美巷，我有两个姐姐，母亲养了个男孩，在那时是阖家欢乐，住在扬州的老祖父专门赶到苏州吃满月酒，抱着我在花园留影。

我出生不久，日本鬼子就来了，大家都四处逃难，我们回到了老家扬州乡下公道桥，当时我母亲已怀上了我的弟弟。快足月了，日本人也到了扬州乡下，我们都躲在竹园里，母亲受了惊吓，就在竹园里把弟弟生了出来。当时人们都很迷信，说刚分娩的人是红人，不能跨人家门槛，不然这家人会倒大霉，情急之下，只好出钱求人把屋墙拆了一个洞，我母亲带了小弟弟从洞里爬进屋坐月子。

我那时只有4岁多，但已经记得很多事情，我记得我的堂房叔叔被日本兵抓了去，背了几天尸首，回家时满身是黑红的血斑，一到家就晕了过去，昏睡了三天才醒来，后来人也变得木木的了。公道桥后来安定了一些，父母要我跟哥哥姐姐们一起去念书，乡下只有私塾，拜见老师要磕头，每天坐在孔老夫子像前念三字经、千字文，背不出要打手心，我常常找各种理由，肚子痛、咳嗽等，好赖学不去。不过小时候背的东西现在还有印象。

不久，我们还是回到了苏州，这时的家就搬到了钮家巷。当时这个房屋是“顶”下来的，就是出一笔钱，把使用权永久租下来，每月还是要给房东付租金。钮家巷的房子和上海的石库门房子样式很相像，三楼三底，前后进都有天井，我家的左邻右舍都是七、八进的深院大宅，后面还有一个大花园，水池、假山、亭台楼阁，1958年要办工厂拆掉了。

我念的小学离家很近，穿出临顿路就是，当时是美国教会办的私立尚德小学，是所很

① 1934年11月生，教授、博导。1956年进入同济大学学习，1961年毕业留校任教。

好的学校。苏州已沦陷了，但日本还未与美、英宣战，学校还是由教会办着，有外国牧师和外国老师。在我二年级时发生了珍珠港事件，日美宣战了，日本人要来接收，停课前一天所有班级的老师带着大家念都德写的《最后一课》那篇课文，念后老师学生个个都淌下眼泪，学生都抱着老师不让他们走。

停课两周后上学第一天，所有学生在大礼堂集合，然后排队理发，剪成日本学生式样，男孩全部剃光头，女孩全剪成齐耳的童花头，礼堂里是女孩的一片哭声。每人发一套新书，全是日文版的，并要求一学期后全体学生全要讲日语，原来的老师全部赶走。来了许多日本老师，表面上很和善的样子，也很少见打骂学生，上课时你表现得好，日本老师会从口袋里摸出一颗糖奖赏，或是奖一支日本铅笔。我们没有一个人敢吃的，倒不是怕有毒，就是同学之间谁要说日本人好话，就不会有人理你了，日本老师喜欢的学生背后就有人吐唾沫。沦陷区的日子很难过，单讲每天吃的六谷粉做的饭，咽不下去，小孩不肯吃，大人都陪着哭。这些六谷粉还要按每个人的户口，去排队购买，户口米每十天一次，大人小孩老人都要亲自去排队，按人头付钱购买。长长的队伍，身上由黑狗子(就是伪警察)用粉笔写上号码，一排一个半天，才买到一小袋米，因为是各种杂粮相参的，又叫六谷粉，回家要倒在桌子上细细地拣，混有小石子、沙泥、玻璃屑、麦粒、瘪谷，整粒的米很少，大人、小孩一齐拣，边拣边骂那些开米行的奸商和黑狗子，最坏的就是日本鬼子。那时候，走在路上看到日本兵都得避得远远的，有站岗的，挂日本国旗的地方，走过一定要毕恭毕敬，弯腰鞠躬行礼，你不做，日本兵就会打你，我亲眼见过有人大意了，不敬礼就挨了耳光，把鼻血都打出来，所以那时知道那些有日本岗哨的地方，我们都会兜圈子绕路躲开。

我在日本小学里经历过一件事，念三年级时，全校打防疫针，是由日本军医院派人来，一个班级一个班级，挨个打针。轮到我时，一针戳进臂膀，我晕针了，一下晕了过去，这下似乎出事了，日本军医护士把我抬到校门外的救护车上，开到军医院里去抢救，很快我就醒了，搬到病房里做种种检查，住了一天，才把我送回学校。当时消息传到家里，全家人急死了，说日本人把小仪三送到医院去做试验了，问老师校长也不知道送到何处，日本人全走了，这一夜全家人连同几个小学老师都担心受怕，不知道吉凶。我在医院里日本护士待我很好，有饭吃还有当时很稀罕的水果吃，还带了一包点心回来，一般的日本人还是有人性的，大家虚惊一场。

日本人来了，我父亲的电厂也停电了，他不愿意给日本人做事，日本人到处找他。他逃到苏州乡下，同里、角直等水乡只通船，乡下农民把走大船的河桥都用木桩闸死了，日本兵无法开船进去，陆上没有路，乡下老百姓都知道，有弯曲的路径，小河四通八达，所以江南水乡许多村镇日本人从未到过，京剧“沙家浜”、沪剧“芦荡火种”，是确有其事。我父亲去乡下和几个电厂的职工一起做小蓄电池的照明灯，父亲的别名叫阮华，商标就叫华明灯，卖得极好，所以那个时候我也常常跟着老爸到这些水乡城镇去，有一个重要的好处，可以不吃六谷粉，吃香喷喷的大米饭，回苏州时就书包里装满大米，不好多带，城门口要检查，小孩背个书包就混过去了。

我的祖籍是扬州，在扬州有老家，也就有许多亲戚，那时祖父母和外祖父母都还在，常常要去省亲、过大年，扬州就有许多亲戚朋友。苏北当年是新四军活跃的地方，许多舅舅、叔叔，都参加了新四军，1943年皖南事变发生，当时国民党军队突然袭击新四军，打死了不少，又抓了一大批就进后来的上饶集中营，也逃掉了不少，就在那个时候，苏州我家里，前前后后，逃来了七个新四军的干部亲戚。因为我父亲在苏州电厂任总工程师，在苏州算有点地位和名气，比较安全。他们躲在我家里，避过国民党大追捕的风头。再由我父亲写信介绍到外地更安全的地方去，后来他们大多又回到了苏北革命根据地。那时候家里突然多了几个大男人，最忙的是母亲，要多烧好多饭菜，要安排床铺睡觉。而我这个初中生是最开心的，他们都是文化人，可以听他们说各种各样的故事，他们都是闲着没事，就下棋、写字、拉琴、唱歌，也不好出去逛街，就在天井里踢毽子，摆了桌子打台球，下雨天在堂屋里玩，把地上的方砖全踏裂了。那时电台里播放流行歌曲，他们一听就会，都唱的好极了，我还记得当时电台里要搞歌唱比赛，唱“叫我为何不想他”，大舅舅、小舅舅都想去参加比赛，被我老爸知道了一顿臭骂，都去送死吧！天天躲家里真把他们憋坏了(这些人里面有名的是解放后做了上海出版局长的宋原放，北京总政歌舞团总干事韦明)。不多天他们一个个都走光了，后来见面谈起那段经历，都感谢我爸妈的好处。有个表舅在苏州时知道我喜欢集邮，就帮我收集了一些老解放区当时用的邮票，这些都是珍品，在市场上都见不到，这些年过去了，舅舅、叔叔、表哥们陆续都过世了，和他们的子女还有来往。

我整整受了三年奴化教育，当时日本话都说得很好了，日文书也都能看懂。1945年日本人投降了，大家兴奋极了，把所有日本人发的书和其他有关日本人的东西全都堆在操场

1946苏州尚德小学毕业照

上放火烧掉了，大家又唱又跳，从此以后谁也不讲日文了，有人有时会不自觉地漏出日本话来，马上就会遭到别人一记重重的“头塌”(苏州话就是刮头皮)，很快，我们学过的日文全忘得精光。

抗战胜利后这几年是我少年时过的最快活的几年，一则父亲又回到电厂当总工程师，薪水很高，日子就好过了。小学里以前的老师也回来了，师生格外亲，都要把荒了的中文补回来，课外排话剧练国语。我喜欢画画，老师把我的画送到市里展览，得了全苏州小学生比赛一等奖，这为我后来念同济建筑系打下了基础。我有时回苏州就约几个同学一起去看小学老班主任，直到耄耋之年，她全记得我们这些学生。小学毕业时合拍的毕业照我妈为我留着，觉得特别神气。

抗战时期我的经历

陈震东[①]

我活到今天，已经有79个年头了，在这不算短的人生经历中，给我留下的挥之不去、弃之重现、割之不断的人生记忆实在是太多了。1945年，我整九岁，回想起来，往事历历在目，无法释怀。

1945年8月15日，日本宣布无条件投降，八年抗战算是胜利结束了。当这个消息传至民间，大家都确信无疑了的时候，人人额手相庆、欢欣鼓舞。我父亲把我和姊姊叫到客厅，面对北墙上朝南挂着的中堂立轴，整襟肃立，行了三鞠躬的大礼。接着，父亲就把立轴上写的文章整体地念了一遍："民国二十六年八月十三日中日淞沪开战，余……"这篇文章写下了自"八一三"以后的往事：上海国军顽强抵抗、鏖战不休。入冬，日军在杭州湾金山卫登陆，意欲取南道攻打上海，这样，松江县自然就成首当其冲。在上海新亚卫生材料厂工作的父亲好友顾时三连夜赶回松江，要把他住在城里的姊姊送到乡下亲戚家去避乱，当时他也到我家，向父亲晓以利害，说服父亲一起去乡下躲上几天，看看情况再说。父亲当时就同意了，便收拾行装，捆扎装箱带上细软，凌晨便找了一条船直奔翁家浜附近顾的亲戚家。哪知道第二天日本飞机就飞临松江狂轰滥炸，炸毁了火车站和附近的一大片房子。我家就在火车站北侧马路桥一边，当时也被夷为平地。松江县城也被日军占领了。

这个倾家荡产的信息传到父亲耳中，真如五雷击顶一般。他和母亲商量之下，最后决定逃难上海，投奔居住在未被日寇占领的苏州河南老城厢和租界的外祖母家苟延残喘一阵。当时火车停运，公路上又战火横飞，只得再找船只从水道辗转前去。但是在这人

①生于1936年7月19日，1956年进入同济大学学习，1961年毕业。本文写于2014年。

人自危的时刻，敢去上海的船家也实在难找，最后好不容易找到一艘小船，出了高价才算成行。船到天马山已经天黑了，投奔到一所尼姑庵，两位老尼倒是一片善心，一口答应将堆着破烂的侧房让我们暂宿一夜。天马山有几个采石工场，因为战事爆发，停止采石，工人们都被遣散回家，但有些人仍四散流浪，混吃混住，甚至沿路抢劫。那船家可能是个内线，当晚子夜就来了四五个强人，敲开尼姑庵的大门，直问借宿的那一家人住在哪里。当时父母亲都被惊醒了，母亲递过装着细软的小提箱，叫父亲赶紧逃走，他来不及犹豫，就越窗跳了出去，但又不敢走远，躲在黑暗里注意听里面的动静。强盗们将母亲、姊姊和奶妈从被窝里拉起来，捆绑在大殿柱子上后，就直接到侧房把箱子行囊等搬走一空。父亲直等到强盗的船起橹开动了，才敢回到殿里，只见两个老尼缩在墙角抖个不停，回头急忙解开绳索，把母亲等扶回侧房，见我还在铺上熟睡，便稍感放心，但母亲已冻得浑身瑟瑟发抖，说不出话来。那时是11月下旬，正是天寒地冻寒风凛冽的季节，母亲就是这样在又惊又吓又冷情况下得的病。

我们雇的船家到天亮了才来，从天马山到上海又是一天，没医没药，一路上母亲高烧不下，水食不进，咳嗽不停，待到舅舅家已经神志迷糊，忙请来医生诊断，说是得了肺炎。抢救过来以后又转成哮喘，时轻时重，一直不见好转。父亲依靠变卖跳窗时带出小提箱里的一点细软，艰苦度日。

在被日寇占领两年以后，上海社会秩序似乎安定了些，乡下又可以收佃租了，父亲便下决心省吃俭用，重新盖起自己的房子。父亲在立轴上的文章就写到搬进赵主教路89号新居为止，文言文的行文，六尺宣纸上每个字有小学生写大楷的字型大小，满满整幅，是请写得一手好字的父亲好友顾时三行的笔。在日占时期，这幅中堂平时是不挂出来的，只在腊月送灶王爷上天言事的前一天才挂在客厅的中堂位置，除夕前两天就又收掉了，换成腊梅喜鹊迎春或福禄寿三星图来常年挂着以图吉利。但每当张挂那文章立轴的几天中，父亲总会把我叫到跟前，对我讲述文中叙述的那段经历。对于文言文我似懂非懂，但经他一次、两次、三次的叙述，也加深了印象。有一次，他还告诉我取我名字的原因：那是刚从松江逃难到上海住下，保甲长要登记户口，当写到姊姊和我的名字时，父亲百感交加，怀着对国家的危难、对日寇的仇恨心情，把姊姊的名字改为“慰中”，意思是要她长大了能安慰中华，我的名字原叫世藩，也改为“震东”，意思是要我日后威震东洋(即日本)。在搬进

89号新居之前，为了节省开支，我家第三次搬迁，搬到了静安别墅里弄房的一家人的二楼的后室和一间小亭子间里。那时，日军已经占领了租界的地盘，上海整体沦陷了。那时我正就读于民智幼稚园。一天早上，我正吃早饭，忽然有人叫唤：“全部到里弄里集合！”我们全家四口(奶妈早已辞退)也随着楼里的人去到集合的地方。那里已经站着很多人了，都是一家一组地排列着。一会儿几个日本兵和一个汉奸拿着几张照片，向我们一个一个照着验查。最后又叫我们全部回到家里，他们一家家查看。当翻到我姐的床底下有两个包裹时，便用装着刺刀的长枪刺了两下，见没有动静才作罢休。有一次，父亲带我到外滩去玩，当散步到外白渡桥附近时，看见桥头两边各有一岗亭，日本兵在那里站着，要过桥的人先得向他鞠一个躬，再递上一个什么东西(现在想来大概是“良民证”之类的)，那兵检查验证才能过去。父亲见了，把我手一拉，回过身来就走，低头向我说：“哼，伲勿过去了！”

今天日本投降了，不知道什么时候，父亲已经把这幅立轴挂在墙上，而且中堂两边也换了一副对联，那是请一个瞎子(原来不瞎)书法家写的，墨色清淡但笔力饱满，再加上在宣纸上墨韵的渗化，字迹不清，我看了简直是一个字也不认识。父亲念给我听：“世道坎坷路不平，盲人虽瞎心里明。”我听了也还是全然不懂。客厅和厢房间虽有隔墙，但有一双扇的推拉门相通，自年初母亲病重，从楼上卧室搬下来，父母就睡在这间厢房里，门也不再关上了。一来外祖母在楼下北屋住，过来照顾日夜就近，二来请来医生号脉诊断进出方便不须上楼了。这时厢房里传出母亲气急的喘息声，外祖母在里面叫了：“快来，快来！”我们急忙走了过去，只见外祖母用手正在从母亲嘴里拉扯着黏黏的痰液连绵不断没完没了。父亲急忙过去扶起母亲的上身，姊姊将毛巾递过去卷着那痰丝，边卷边帮着擦拭母亲的嘴唇，母亲呼哧呼哧地喘不过气来。我却前一步横一步不知如何是好。直至母亲的哮喘平缓了一些，大家才缓过神来。父亲叫姊姊把汤药热一下，和外祖母一起，一勺一勺送进母亲嘴里，母亲艰难地咽着……父亲托扶着母亲无力的双肩，不觉流出了眼泪，喃喃地对我和姊姊说：“日本人打跑了，投降了，可是侬姆妈的病反而重了起来了！”

八年啊，艰难困苦的亡国奴生活终于过去了，真是全国欢腾啊。上海人上街游行了三天，连连续续地街上真是热闹。有一天我跟舅舅家的兄妹们也去看了。游行队伍在善钟路(现名常熟路)上通过，从我家出来向东还没走到与善钟路的交会处，已经站着好多人了。对面矗立着一幢叫永隆大厦的九层大楼已经映现在我的眼前，深色墙面上挂着鲜红的标语，一面面国旗伸出窗户飘动着，十分醒目。过去姊姊常带我到这里来。这幢大楼底下有几家商店，有卖服装的、卖装饰品的，就数一家叫永隆公司的卖新鲜蔬菜、肉食和野味禽类的店大。因为母亲的病时轻时重，吃药似乎没见疗效，食欲极差。医生说要加强营养，所以受人指点到这家店来买一小块牛的肘子肉，拿回去剁碎了放在锅里隔水蒸熟。开始的时候，母亲还吃一点，后来肉也不吃了，只喝一点碗里的汤。医生说，这汤是肉里渗出的原汁，是最好的玉液，喝它也行，喝掉了再蒸一次再喝，等肉蒸老了就换新的。就这样我对这家商店留下了深刻印象。在赵主教路(现名五原路)与善钟路交会的路北，有一长溜竹篱笆墙，里面有一片大草地，绿得可爱，草地那头有一幢挺大的西式别墅样的房子，每当我走过那里时，总能听到里面整齐的吆喝声。我总要贴近这密编的竹篱笆，从孔隙处朝里张望，里面有三四十个日本兵在排队操练，或是个对个地练习刺杀，并且还喊出凶猛的“杀”声。现在当然没有了，草地上也空无一人，一片寂静。而马路上都是庆祝抗战胜利一队队游行的人们，举着国旗、彩旗，此起彼伏的歌声、振臂高呼的口号声和观看游行群众的说话声，有的还跳起来欢呼、叫唤着……中国啊，真是胜利了，中国人啊，真是扬眉吐气了！

我在培民中小学上学，那是一所弄堂学校，就在我家东面。九月初开学了，我家庭院里的菊花已经吐黄，我也升入四年级了。开学第一天下午就举行了全校庆祝抗战胜利的大会，彩旗从学校一直插到弄堂口，气氛真是热烈。同学们的行动好像也比以前快多了，老师们总是带着笑容给我们上课。有一天下午放学，我跟几个同学离开学校走出弄堂，只见东侧救主堂前有一堆人在围观什么，把人行道也堵满了。我们好奇地跑过去看是怎么回事。到得跟前也挤不进去，只见一个中年妇女贴着教堂的围墙，伸着脖子大声地说着：“……时势变了，灾难还要再来……别看日本人投降了，仗还要打……没有打完，还要死人！罪孽深重的兄弟姊妹们，我们宽恕点吧，主告诫我们，要互相帮助，互相爱护……”这个女人说的这些话我是听不懂，同学们恐怕也不会听懂。时令已跨入仲秋，上海的炎热好像也在退却，晚风吹来虽并不感到有什么凉意，却也会带下几片黄叶。我们听着觉得没啥意思，一会儿就各自回家了。

我年纪还小，身上是不让带钥匙的，平时回家总是先经过厨房，见里面有人，叫一声就会帮我开门的，要不在门口敲几下，门也就开了。但是今天我敲打了好几回却不见门开。好不容易门开了，姊姊出现在门里，一把抓住了我的手，提去了我的书包，轻轻把我拉进门去。家里出奇地安静，只听到外祖母轻声但沉重地呼唤着："福英，福英……"这是母亲的乳名，只有外祖母和父亲会这样称呼母亲。一股严肃而紧张的气氛笼罩着卧室，姊姊和我走到母亲床前，母亲紧闭着双眼，嘴唇灰白，微微地抽动着，一脸痛苦的表情，大伯母(母亲的姐姐)、外祖母、大舅妈、父亲都围站在床旁，注视着请来的老中医正在为母亲号脉。老中医起身了，回头跟父亲说了些什么，也没有再开药方，就提起他的医疗小箱子告退了。大舅妈拉住我的手，对我说："今天晚上你睡到我房里去。"便拉着我上了三楼。

三楼西间，面积较大，是大舅一家的房间，但是大舅子女较多，他的大儿子，大我三岁，我叫他仁悌哥哥，大妹小我三岁，小弟小我五岁，小妹小我七岁。一家六口有三个是晚上打地铺睡的，我去了只能挤在大舅妈的床上和大舅三人同铺。大舅很晚才回的家，当晚的晚饭也不知道是怎么吃的。我缩在床角很久没能睡着。

我的母亲在我幼年的懵懂时期，除了偶尔带我走走亲戚，和唯一的一次全家到张家花园去玩，我才感到我还有这么一位母亲，感受到一点母爱的温暖，平时看到的就是一位经常躺在床上病态的、一无表情、瘦弱的、几乎没有话语交流的长辈。今天傍晚这一幕，简直把我吓得目瞪口呆，不知道怎么做才好……

第二天一早天还没有亮透，大舅妈催我起床往楼下走去，一片哭声传来，我意识到出大事了。到得母亲房里，知道母亲已经去世。我奔到床前，不由自主跪了下来，一声"姆妈"，在凄厉的叫声中，我的头碰到了地。还是大舅妈将我拉起来走到客厅里，将我按在椅子上坐下，连连叫我："阿弟，阿弟，不哭，不哭……"那是9月13日呢还是23日，我记不清了。

我在客厅里闷坐到天大亮，谁也不来理我。客厅落地窗外庭院里的菊花正在开放，一朵一朵黄色的花在风中摇晃着、抖动着……是不是它们也知道我家里出了大事，灾难降临了？是不是它们也在害怕即将到来的严冬会使它们凋谢了？是不是它们也在对我说："不哭，不哭……"摇晃着、抖动着的黄色的花越来越模糊，只看见落地窗发黑的窗框架在扭动着、扭动着……

我不觉又下意识地想起了阴历五月初五端午节，家里的门上、窗上都挂上了菖蒲、艾草，每个孩子都得到一串棱角形的散发着香气的挂饰套在颈项上或别在衣襟上，额头上还要用雄黄酒画上一个"王"字。父亲总会将一杆大秤挂到落地窗上面的横框上，楼内四五家人，男女老少都会高兴地去称一下，一年过去了，长了几斤啊，胖了呢还是瘦了。我称完以后，却听见套间里传出“咳咳”的声音，便走向母亲床前，她低声短促地问我：“侬几斤了？”但是我离开秤钩下的坐板太快了，还没有听清楚父亲报出的几斤就走向套间了。我回答不出我有多重。当时我才九岁，生日还没到呢，能有多重啊。现在日本投降了，艰苦屈辱的日子一去不复返了，但是我的母亲却抛下我们走了，我的泪水不住地流着、流着。难道她已经预料到今后的日子会更难过吗？

第二天，将母亲送去了殡仪馆，那病床拆了，在支床的位置布置了一方灵桌，墙上挂着母亲的照片。三天以后，亲友们都到了，在殡仪馆大殓。以后每逢做“七”，家里都会请来和尚念经，举行一次仪式。松江来的亲友陆续都回去了，只有一位我叫她大姊的一直留到“断七”以后。大姊名叫王葆萍，是一个小学教师，是父亲第一个妻子顾氏姊姊的女儿。顾氏母亲因一次随父亲到上海去玩，在马路上被汽车撞折了腿骨，不久便得了坏血症去世了。以后父亲便继娶了杨氏，即我的母亲。为了不愿中断与顾家的亲戚关系，父亲常去她家探望，大姊也常来我家串门。这次大姊来上海住的时间很长，一来帮助料理母亲丧后的事情，二来也不时宽慰父亲，还帮我复习功课，因为在母亲出丧之初，我在学校经常请假，缺课很多。又到十一月了，学校里要举行一次演讲会，老师安排给我一篇讲稿，届时要上台朗诵一遍。稿子写的是林则徐禁鸦片烟的事情。对于林则徐禁烟，老师上课时已讲过，但林则徐的“徐”字，我念出来总是带着上海方言“齐”字的口音。一次我在家里念稿时被大姊听见了，便过来帮我纠正。幸亏这位当老师的大姊，不但帮我校正了读音，还帮我排练了好多次，启发我的感情，使我对文稿有了进一步理解。

一个星期六下午，学校停课开演讲会了，会场就在底层的那个大教室里，人多得坐不下，连教室外的平台上也坐满了同学。会场的黑板上方挂着国父孙中山先生的像和国旗、党旗，十分庄严。黑板上还用粉笔写着“××××演讲会”的字样。讲台本就不大，讲桌前围着几盆正在开着的菊花。看见菊花，我便想起我家庭院里窗下、平台前的菊花已经过了盛期，有的开始萎蔫了。母亲病危到去世那阵子，菊花正是开得最好的时候呢。

“下一位演讲者，是四年级的陈震东同学，请上台来。”作为司仪的老师娓娓地宣布着，并向我招手。

我上得台去，倒不心慌，因为我把演讲稿已经背得滚瓜烂熟了。我顺着稿文，按着大姊教我的抑扬顿挫地倾吐出来。在讲到签订不平等条约、开口岸、赔巨款的时候，眼前似乎闪现出林则徐那悲壮的脸，那颏下的黑须在风中飘忽着，那烧鸦片的浓烟在飘忽着，那黄色的菊花也在风中飘忽着……我母亲瘦削枯黄的脸也在风中飘忽着。我的眼泪流出来了，顺着脸颊挂下来了。我下意识地伸手在脸上抹了一下，情绪又迅速回到了演讲稿上，念下去，说下去！讲完了。台下的同学有的鼓掌，有的朝我看着一动不动。司仪老师走过来抚摸着我的肩说："好了，很好。"陪着我走下台去。走到台边，我想起还应该向大家鞠个躬才能离开，于是深深地鞠一躬走下台来回到原座。演讲会结束时，校长在台上宣布了得奖名次，我得了第一名。星期一上课时，班上的同学有的还问我："你怎么哭了？"有的赞扬我："你朗诵得真好。"我当时实在答不上来。现在想起来，这是荣誉吗？假如是，那是我的痛苦换来的啊。

时令到了十二月底，寒气逼来，一天冷似一天。一天上午吃过早饭，我照常到学校上课。铃声响过，同学们都安静地端坐在自己座位上。班主任老师进得教室，起立，行礼，接着他便严肃地对我们说："现在，我宣布一件事情。我们的学校要关闭了。这学期也提前结束了，下学期大家要到树民中小学去上课。你们回去跟爸爸妈妈说一下，在下周一之前，请你们的父母到学校来一次，告诉你们到树民学校去报到的事，这样下学期就不会影响你们的学习。"同学们听到这样突如其来、意想不到的说法，都面面相觑、莫名其妙。

"为什么？"突然有同学冒出一句。

"为什么？""为什么？"一连好几个同学都提出了这样的问题。

班主任老师略为思考，便开口说了："这样吧，告诉你们，回去爸爸妈妈问起来，你就这样告诉他们。"班主任老师随即又换了一种口气说着：

"我们这所学校是要关掉的，因为是汉奸开的学校。校长是汉奸！他卖国，为日本人办事，是走狗。这个学校是汉奸学校，当然不能开下去了。你们都要换个学校去上学，老师也要换学校了，我们都要离开这里！"老师徐徐地说来，好像他已经想好了，胸有成竹地说着。

就这样，下课了，学校里也没有再开什么大会，更没有什么训话了。我们就这样怀着失落感回家告诉了父母。回想起来，这个学校还真有问题，不然为什么我在读二年级时还要上日语课而别的学校是不学的呢？虽然到三年级时日语课就停掉了。

树民中小学离家比较远，在赵主教路向西，沿着麦琪路(今乌鲁木齐中路)往北，走到安福路口再向西走一截才到。那里不如赵主教路上的新房子多，还比较干净。那里还有许多白墙青瓦的小平房。树民中小学的校园就是由三幢很长的瓦顶平房面对着一个很长的操场组成，说起规模来是比培民学校大多了，但是十分简陋，教室也不亮堂，下雨天要开灯上课。所谓操场只是一长溜踩实了的沙土地，有几副篮球架。操场那一侧是一溜竹篱笆墙，墙外紧挨着参差不齐的小青瓦老式平房，住着好多家人家，他们的锅勺炒菜声说话声，响一点的都能传到操场上来。最头疼的是老天一下雨，便满地泥泞，操场上当然是去不了了，就连教室里也到处是泥巴。

第一天上课时，我发现班上共26个学生，我大部分不认识，原来在培民学校同班的同学不足十位，别人可能是他们家里帮着转到其他学校去了。待到上课时，我又发现老师只是照着课本念，要不就在黑板上写了一行又一行，我们就照着黑板赶紧抄在自己本子上，远不如培民的老师讲得生动有趣。有一天，我们在操场上玩，发现竹篱笆外一家人家有一个老汉正抓着篱笆墙晃动着，我们都过去从很宽的竹篱缝里张望。只见那老汉弯着腰抖动地上下挣扎着，摇摇晃晃，只有那只手还紧紧抓着那竹篱没有躺倒下来，一脸痛苦表情，可是身旁竟没有一个家人。上课铃声响了，同学们便蜂拥似的奔进教室。几天后，我们正在上课，从操场那边传来了丝乐鼓磬的声音，轻一阵响一阵，使同学们都分了心，回头向窗外张望。下课了，我们都跑向操场，还是那个地方，那幢房子前面的小院子里，和尚们正在敲着木鱼，念着经做道场呢。大概是那位老汉死了，家里正在那儿祭祀。

每次下午放学，沿原路回走到赵主教路口时，在还没有盖起房子的那片空地上，常能遇见耍猴的、卖拳的和站在长板凳上敲着小锡锣的“小热昏”卖梨膏糖的，他们说着、唱着、蹦着、跳着，总有一圈人围着看，我也会挤到里面看一会才回家。在培民学校上学时，我的成绩总在全班的前三名中，母亲去世那阵请假也多，上课时思想又不能集中，小考时成绩有所下降。但是想不到，到了树民学校后，在一次期终大考时，我的成绩竟迅速下滑，成了班里二十六个同学中的倒数第三名。不过，它毕竟是一个吉利的数字，“二十四”！上海话讲：“碾死。”回顾我的母亲虽然逃过了日本强盗飞机的轰炸，却遗恨终身，又被中国的强盗抢劫、胁迫、冻病而折磨致死。而我呢，则是懵懂、幼稚、无力、无为。真可谓：我看青山多妩媚，树深、叶茂，流水亦清清，就是有点血，那也是万绿从中花一片，红得艳；青山看我不起眼，柔弱、细软，须根亦浅浅，即使有点绿，也不过漫山遍野杂其间，随便踩。

我的“一江春水向东流”

张为诚[①]

我出生于1939年，出生地是当年抗日战争逃难路上一个偏僻内地小城，如今以黄果树瀑布和蜡染闻名的贵州安顺。但对大人们那时的具体生活，直到如今也并不太清楚，我曾看到过母亲相册里有几张泛黄照片，是与一些苗族妇女的合影，背景是一座老旧的木构瓦房，到底是住在城里还是乡下都很难判别。

母亲是浙江吴兴人，出生在辛亥革命那年。那里现在叫湖州市，太湖南岸著名的鱼米之乡、丝绸之府。出过许多国民党的大人物，从早期的张静江、陈其美到陈果夫、陈立夫、朱家骅、戴季陶……当时女子读到高小以上的不多，外公就是不太主张女孩子多念书的，但当家的是我外婆，虽不识字，却十分开明，她体会到自己没文化的苦，竭力主张让母亲多读书。

母亲小学毕业后，独自去到杭州求学，抗战前夕才跨出浙江省立助产学校校门，又到北平国立第一助产学校研究班继续深造，最后从协和医院实习归来，成为一个刚刚就业，但方向尚未最终确定的年轻职业女子。父亲是安徽含山人，离省城合肥不太远，新近改属隔着一条长江的马鞍山市。先在上海中国国医大学学中医，后又考入江苏南通医大学西医，成为通晓英、德、日文的医生。毕业不久“七七”抗战爆发，他便从刚工作不久的厦门医专教师岗位上参军，成了一名投笔从戎的军医，后一直随“国军”医疗救护队转战。

父亲参加了“八一三”淞沪抗战的医疗救护，在浏河战役前线救治伤员。后随所部离

① 1939年7月生，籍贯浙江湖州，1956年进入同济大学建筑系城市规划专业，1961年毕业留校，任教于建筑理论与历史教研室，1994年任教授。曾发表学术论文30余篇，著作五本，完成建筑和城市规划设计30余项。2002年退休，续聘于继续教育学院，2008年全退。

开上海，率一支医疗队撤退，在湖州西边的安吉县晓墅镇整编。母亲与外婆、舅舅、舅妈一行，也正好逃难至此驻脚，在一座临时借居的老宅子里相遇相识。父亲看中了母亲、舅舅、舅妈都是医务工作者，而母亲和舅舅们则觉得兵荒马乱的跟着部队多少有个依靠，因此而成就了一段基础并不坚牢的抗战姻缘。

母子合影(1939)

1938年，父母婚后不久，眼看战火由太湖平原向西部山区迫近，部队按统一部署转移，父亲带领医疗队随即开拔，母亲与其兄、嫂则追随父亲部队，一面做些临时医疗工作，一面护送着外婆，继续向大后方撤退。

逃难之路，走的是千千万万江南逃难人群通常走的流离颠沛的路线——出湖州城一路往西，经浙江安吉、安徽宁国、屯溪，江西九江，南昌，湖南长沙，广西桂林、柳州……后来因父亲工作的重伤医院撤退至安顺，母亲等家人也先后到达，直至最后又分批抵达陪都(战时首都)重庆，才结束了这段逃难之路。

外婆是清朝生人，裹小脚，可以想象这烽火中的一路颠沛流离是何等的艰辛。据外婆告诉我，逃难路上有时日寇飞机就在头上扔炸弹，人群奔走躲藏或就地躺下，等飞机飞走再继续赶路，可以看到沿途燃烧的房子和躺着的一具具死尸……父亲在九江马回岭战场抢救伤员时也被炮弹炸伤，只得无奈地离开部队。

1939年7月，到达安顺不久，母亲有临盆迹象，全家只得停下继续前行的脚步。然而我生下来却因窒息而浑身青紫，已毫无生命迹象。多亏家人都是学医的，当时请来接生的竟是一位懂得医道的洋神父！那样的偏僻内地，教堂却已经扎根！据说那洋神父将我身体倒悬，不断拍击后背，终于在我吐出口中污物后，哭出声来，救了我一命。

月子刚做完，舅舅找到工作，独自去了重庆，接着舅妈也通过她的熟人关系离开安顺去到邻近的安龙县临时工作。当年冬天，父亲应老同学邀请，辞去重伤医院工作去了四

父子合影(1942)

川峨边另一医疗单位。最后母亲通过一位已在重庆国民党卫生署工作的老上级，也落实了工作单位，于是最后带着外婆和我也到了重庆。1940年春，母系家庭成员终于在重庆新桥卫生署驻地团聚在了一起。父亲稍迟，9月份也在重庆九龙坡某兵工厂医务室谋到一份工作，一般周末才会到新桥来。

从1940年到1945年，我们住在卫生署分配的茅草平房家属宿舍，散乱的几排宿舍由竹篱笆围起，院门同样是竹子搭的，里面就叫“新桥新村”。但母亲上班很近，而且那儿附近有一所小学，我五岁就背起书包上学了。

1945年“八一五”抗战胜利之日，我六岁，稍有印象，但那是当时“陪都”万众欢腾的庆祝场景，我小小人儿只是睁大着好奇双眼的观景者。其实，对抗战胜利，有8·15和9·3两个值得纪念的日子，前者是日本天皇宣布无条件投降诏书的日子，后者是9月2日在尼米兹舰上日本向中美英苏盟国签下投降文书后，生效的一天，被国共双方都确定为抗战胜利纪念日，香港则定在8·15。

我无法记得到底是哪天，新桥老百姓涌向重庆街头的。但分析起来应该是早一些的8·15，因为我记得夜晚很突然地闹腾起来了，应该是忽然听到投降消息所致。不记得是不是就在那个晚上，家人摇着青天白日旗随着人流涌向重庆的闹市街头。父亲或是舅舅，让我跨坐在他们肩上，我第一次看到舞龙灯和焰火——不是如今的烟花，而是赤膊壮汉勺舀铁水，用一平板向上重击，使铁水分崩离析，化为满天耀眼的金星！那真是惊心动魄、壮丽无比。

虽然感受着“胜利”的不同寻常的欢乐，但对日本鬼子的侵略，毕竟年龄太小，仅限

卫生署新桥宿舍前母子合影(1941)

于淡薄的拉警报、挂警报球记忆，连躲空袭、钻防空洞都印象十分淡薄了，倒是记得经常从防空洞的土坡上，滑滑梯一样爬上滑下地玩，自然裤子弄脏磨坏，少不得挨骂。重庆经历了多次大轰炸，但好像住地并未挨过炸弹，当然更从未见过真实的鬼子，反而倒对美国有点感性认识——不时见到援华的高鼻深目美国人。

因母亲工作在卫生署直属医疗防疫总队，管理着一座独立的药库，同时舅舅工作的卫生署药品经理委员会也在那儿，经手的基本上都是进口药品、器材，总有些援华“盟军”人员进进出出。我记得最清晰的是，在母亲仓库前回车场上，跟在运送药品的美军十轮大卡车后面，呼喊“倒、倒、倒……”，煞有介事“指挥”倒车，和在垃圾堆里翻找废弃公务信封上的美国邮票，以及不知为何抛弃的医用手套、橡胶管和玻璃针筒，由此倒建立起对老美的兴趣和游戏意义上的亲切感。

胜利不久，国民政府要还都南京，我是随母亲机关第一批先“复员”到汉口的，我们母子俩也是一家子中最早离开重庆的，美国“机缘”更多起来。

首先，乘坐的是草绿色的双引擎美国军用飞机，感觉非常新奇。去机场的路上还坐了一段“滑竿”，记忆特别深刻的是，在某处下坡山路上，小手抓着一包什么衣物，不当心伸在轿椅扶手外，差点拿不住掉下山去，后面的轿夫眼快，伸手帮忙，才抓回那包，解救了我那条快支撑不住的小胳膊。

钻到飞机的筒形机舱里，只见钢骨毕露，座位是沿舱壁面对面的两排长板凳。后来望见窗外的白云，以为就是大摊大摊的棉花……等待着穿越“棉花”的奇观，却睡着了，醒来母亲说已经穿过，那股懊丧劲，绵延到下飞机也未散去。

母亲开始工作是在汉口的一所医院，一座小洋楼上临时宿舍的窗口，可以俯看到不远处一个操场上美军白天的操练和夜晚影影绰绰的露天电影。还有，因为那座楼在租界区里，算是很早地见识了抽水马桶，这在当时中国，即使是上海这样的特大城市，也是较少人有过的体验。

那医院离长江边的江滨大道好像相当近，汉口的标志建筑江汉关钟楼印象很深。后来母亲随机关搬了次家，具体地点是不记得了，但好像有“硚口”“瑞祥路”这样的地名，不远处还有条铁路。从楼房搬到住集体宿舍平房了，但仍然有美国的影子，圣诞夜，可以隐约听到大院小礼堂里，美军和一些华人在一起闹腾的舞会音乐。

美国货，更是生活中无处不在，成为抗战胜利后我印象最深刻的记忆。美军剩余物资通过“联合国善后救济总署”发到机关，机关又作为部分替代薪水的福利发给职员，家中一时充斥着U.S标记的各色物品。除了蚊帐、雨衣、睡袋、胶鞋等生活用品之外，最多的是草绿色的军用牛肉罐头、干酪罐头、奶粉和软包装的橙黄色橘子粉。也许是东西稀罕，藏着不舍得吃，也许是后来母亲或舅舅单位又发的，家里一直到解放初期还在吃！街头巷尾地摊上也是满眼的“克宁奶粉”“玻璃丝袜”……

记忆中汉口的一段生活是平静的，但其实大家仍处在一个远未和平的动荡环境中。有一回，汉口那家医院忽然涌进来一大帮浑身是血的人，紧急要求救治。看他们穿着都是白色或细格纺绸褂子一类，挺像富人，但又听到说是长江上跑船的，也许是些搭船的商人？不幸遇到日本人或是自己人布在江上的水雷吧，船毁损，人伤亡。在我记忆中，这战后的一幕，竟是我直观的最贴近“战争”的血腥场面。

但六七岁的脑子里仍然是没有敌人、敌国这类概念的，印象深刻的倒是日本侨民离开时卖掉的东西，我记得自己玩的玩具偶人，写字的信纸，大人的衣料等等，都是日本货，都很漂亮。信纸很特别，印着浅褐色的直行条格，好像边上有细小汉字还表明是军用的，非常薄而韧的一种绵纸，不易撕破，既可写毛笔也可以写钢笔……到我小学高年级，家里还有。

对于日本货的精美，我的喜爱和好奇，甚至无意中曾引发过一次破坏性的探究——将一个玩具布偶，用剪刀剪开两层衣服还“开膛剖肚”，要看看里面软软的到底是什么东西？不过是木屑而已，但结果屁股上挨了母亲最惨痛的一次责打！

另一类有审美影响的，是美国电影、流行歌曲以及母亲同事经常给吃的葡萄干、牛肉干、“美的”牌棒冰等零食，偶尔还有巧克力，甚至吃过一次真正动刀动叉的西餐，那好像是母亲的一位据说是从香港过来的朋友请的客……

用现在的话来说，那应该是一段有点“小资情调”的生活。一方面小小年纪已经会跟着母亲哼《魂断蓝桥》《夜上海》《三轮车上的小姐》等流行歌曲，另一方面却也会哼唱《卖报歌》《游击队歌》，岳飞的《满江红》和现在成为国歌的《义勇军进行曲》，记忆中甚至还有《太行山上》的旋律。美国电影，应该看的是《出水芙蓉》那些好莱坞经典，还有就是人猿泰山系列。

母亲(1945)

汉口时期，我印象中上过两处小学，都是短暂的中途插班。有一所似乎是在一处弄堂里，应该是一所老房子的厅堂，教室后面是敞开面对一个天井的，下大雨天，后几排需要撑伞，雨水漫进教室脚都无处放……短时间里换学校，完全没留下任何同学的印象。玩伴主要是妈妈几个同事的小孩，因为大家住在同一幢宿舍里。但后来大多不知所踪了，只留得几张珍贵的肖像照。但其中有一个，解放后在杭州重逢，便一直交往着。

唯一一个女孩，叫宋蓉蓉，比我稍大些，只记得一起钻在桌子下办家家玩过，是从重庆一起过来的。她妈妈与我妈同姓周，好像名叫雅兰，蓉蓉爸爸是国民党空军飞行员，可能是在保卫武汉或重庆的大空战中英勇牺牲了，大人们特别同情她和她妈妈。可是解放后听我妈不知哪儿转辗得来的消息，说这女孩后来得了肺结核，在十多岁就已早逝了。说到底，这笔账都该记在日寇的侵略战争头上。

1946年下半年，家中其他人，终于也有了出川的机会。因为舅舅所在的药品经理委员会要复员到上海，他们是乘民生轮船公司的一条叫“民本号”的轮船去往上海的，那比我们乘飞机可折腾多了。在宜昌、武汉、九江、南京等码头都有人、货上下船，一路开开停停走了好些时日，舅妈还在宜昌生下了一个儿子，小名就叫宜生。到汉口与我们母子两见了面，皆大欢喜。最后他们总算千辛万苦抵达上海。

好在上海有我母亲的异母姐姐一家，从抗战前一直到解放后都定居在虹口东余杭路的一条里弄里。淞沪战争爆发前母亲、舅舅也曾生活在上海，与他们来往还算密切，所以不会感到人地生疏。这位姨妈原来还有一个弟弟，也就是我大舅舅，是小学老师，但未曾谋面过，抗战胜利前夕，贫病交迫死于难民收容所中。失去了生活依靠，大舅妈只好带着两个小孩，孤儿寡母地回老家湖州讨生活，那儿还有大舅名下分到的房产，几间房与我们家共一个墙门。

姨妈是家庭妇女，嫁给一位据说是绸缎庄的跑街先生，大概就是现在跑对外营销的吧。他们有二男三女，多数是中小学教师，只有老三是烟厂女工。但据说她与我母亲最亲，后来也对我特别关照。

我和母亲在汉口一直待到1947年，那时内战已呈燎原之势，国民党政局正风雨飘摇，家里几个人都分散在国民党一些医疗机构工作，长期飘泊居无定所，更不想做败退政府的殉葬品，便商量反正要送外婆回老家湖州，还是辞了工作一起带孩子回去，可以先自己开诊所维持生计，然后再看形势谋出路。

母亲在重庆时从父亲同事口中知道，他其实在老家是有过原配夫人的，只是读书加抗战，长期在外，音讯不通，对将来能否再见希望渺茫，便又与我母亲结婚，但隐瞒了这段婚史。这与后来看到电影《一江春水向东流》的情节颇有几分类似。胜利后母亲决断地选择与之分手，也成全了那个老家的无辜女人。父亲离开重庆经老同学介绍在南京行政院医务室工作，母亲带我回湖州，便先坐长江轮特意在南京逗留，办妥了登报离婚手续，再坐火车到上海与舅舅们会合。

回到湖州，抗战"惨胜"的痕迹，依然到处都能看到。老家破败不堪，我们一墙之隔，原是外公排行老四的弟弟分的房产，已成了一片房倒屋塌的"白场"，碎砖瓦、烂木头多年无人料理，比鲁迅家孩子的"百草园"还不如!

我插班上小学四年级，但一口的巴蜀川话，听不懂许多吴地方言，与小朋友一时很难沟通，孤独了小半年才渐渐融合。但比起大多数同学，我跟着家人飞机、江轮、火车都乘过的"一江春水向东流"的经历，倒成了我见过"大世面"的独特优势。尤其是普通话，得益于母亲在北京学的一口京腔和重庆话的咬字，在同学中鹤立鸡群，一直受老师青睐，这也算是抗战生活给我的特殊"礼物"吧。

一别北碚走天涯

余安东[①]

小时候随父亲余上沅，亦即跟随国立剧专颠沛流离。1939年4月到了江安，1945年7月，在全校师生热切盼望和父亲的反复努力之下，剧专终于离开庇护了她达6年之久的福地、然而究竟太偏僻的江安，在抗战胜利前夕，迁到当时的文化中心北碚。1946年7月，剧专得以顺长江而下，迁回了它的诞生地：南京。在北碚短短的一年，最值得纪念的当然是1945年8月15日抗战胜利了。那时，我们刚刚从江安搬家到北碚，不过一个多月。突然传来了日本无条件投降的喜讯。杜甫诗曰："剑外忽传收蓟北，初闻涕泪满衣裳。却看妻子愁何在，漫卷诗书喜欲狂！白日放歌须纵酒，青春作伴好还乡。即从巴峡穿巫峡，便下襄阳向洛阳。"这首我最早会背的杜诗，瞬间从历史变为现实。可以想见，这正是父亲当时的心情。只要末句改成"便下江陵向金陵"就行了。江陵是父亲的故乡，金陵是剧专的故地，后来果真顺流而下，重归故里。当时才8岁的我，也跟着大人"喜欲狂"。剧专校友都回忆，8月15日老百姓涌上街头游行庆祝，剧专师生是最出色的了，女生化妆成自由和平女神，富有表演天才的学生载歌载舞，成为北碚这个文化城的亮点。父母亲和剧专师生，还有梁实秋等好友相聚畅饮，额手相庆。只有经过八年离乱，经常钻防空洞躲警报，在悲愤、恐惧、匮乏中生活过八年的人，才体会得到，那一霎间爆发出来的喜悦和幸福的感觉。

上世纪四十年代的北碚，是一个小小的山城。找到一张老照片，我还记得那座小山。我们家住在小山靠城区的这边，而我的小学却在山的后面。

① 1937年生于长沙，在四川长大，1948年移居上海，教授。1955年毕业于上海市上海中学，1960年毕业于同济大学建筑工程系。1960~1989，在同济大学从事教学、科研和设计。1988任正教授。同济大学出版社第一任专职社长。1994至今任同济大学兼职教授和顾问教授。

那时我上小学三年级。记忆深刻的是每天早晨上学，拿一个烤红苕(红薯)当早点，独自去翻那座小山，边走边吃。有一次一个野狗也想吃红苕，紧追不舍，我只好把红苕扔给它，落荒而逃。乃至一辈子做噩梦时，还会梦见那个场景。因为从江安转学插班，一时不适应新的教学。只记得一位女教师，用拖腔念着“一寸光阴一寸金，寸金难买寸光阴”。我常不合她的意，有次罚我跪在一个供奉着至圣先师孔夫子像的昏暗的屋子里，让我感到空前的惶恐。幸而中国编译馆也在后山，离小学不远。父亲的好友梁实秋就在那里。我被罚够了，便逃到梁伯伯那里去。他很喜欢我，后来在我小小的纪念册上画了一幅文人山水。上世纪80年代初，音讯再通，梁伯伯除写文章纪念父亲，还多次写信给母亲。我也收到过他的一封亲笔信。他家住在半山腰的一间简陋的平房，就是后来声名远播的“雅舍”。他的近邻是被认为是他的红颜知己的龚业雅，而她也是母亲的好友。父母亲常去那里聊天打牌。我和弟弟也常跟去。四川多鼠，还记得他家和我家一样养着猫。

我们在北碚的家，是一处雅致的平房，门前种着会开红和黄花的芭蕉。我母亲陈衡粹那时才四十四五岁，这张老照片记载了当时她的好心情。我的两个哥哥汝南和棣北，正在不远的重庆沙坪坝的南开中学读书，经常可以回家。我弟弟同希，曾在川北遂宁堂叔余上乘和堂婶家住过一段时间，这时也回到北碚。他比我小四岁。从北碚时期起到他后来去北大上学，一直是我形影不离的小伙伴。

北碚在当时陪都重庆的北郊，是文化重镇。剧专迁入原歌剧学校旧址，枫林翠竹、白墙青瓦，还有希腊风格的小剧场，虽然小巧，但颇优美。内迁来的机构如中国编译馆、复旦大学等均在北碚落脚。因而也汇聚了许多有学问的文人，父亲和他们之中很多人都有交往。便请他们到剧专兼课。如请梁实秋讲莎士比亚，请后来与夫人戴乃迭一起把《红楼梦》译成英文的杨宪益教西洋文学，请卢冀野教古典词曲，请当时在北碚的复旦大学的洪深来剧专导演曹禺的《日出》，使学生受益匪浅。我以前的有些记忆可能不确切，例如才想起来，给我印象深刻的杨村彬的《清宫外史》是在北碚演出的。李德全编剧的《白雪公主》，也是在北碚而非江安公演的。演白雪公主的是贺超影。后来看到演七个小老人之一的校友写的回忆录，才知道自己记错了。据说是在北碚国立剧专对面的中国儿童福利会会堂演出了三天。我记得自己的胆怯，只答应躲在后面念台词、充当镜子，而不和其他剧专子弟一起登台表演。

北碚在当时就不仅是文化中心，而且也是旅游胜地。我平生第一次住旅馆，就是在北温泉。那时从北碚到北温泉，可以骑马。小孩也由人扶着上马牵行。温泉有家庭浴室，是一个单间，有5平方米左右的小池，一家人可以在其中沐浴。也有一个公共浴池，上有山岩中流出的泉水。那时的招待所很简陋，但窗外竹影婆娑，室内阴凉清静。连脸盆架都是第一次见到，觉得新鲜。使我初次享受到住旅舍的兴奋。上面还有缙云山，据说可以问寺中和尚讨百衲衣，以保小孩平安。60年后，我趁去重庆之便，专门去了一次相当现代化的北碚。旧貌变新颜，不复是我儿时梦中的北碚了。我还去了北温泉洗温泉浴，上缙云山寻当年记忆。但只有温泉一角，还依稀似曾相识，而隐约的回忆都如天际白云，飘散无踪，刻舟求剑，踪迹难寻了。

我们的生活学习大都由母亲打理。父亲忙于工作，过问较少，尤其很少责怪小孩。但有件事却难以忘却。我转学到北碚，课本换了，有一本书市面上买不到。北碚当时也聚集了许多内迁来的出版社。父亲看了课本的出版社，说认识这家书店的老板，便亲自带我去见那位先生。得到他赠送的一本课本。我把书夹在腋下，兴高采烈地跟父亲穿过小城的中心回家，一路蹦蹦跳跳。到家一看，新书没了，在跑跳

北碚中正路街景

母子合影(家门口，北碚)

中不知所终。为此被父亲狠训了一顿，责我得意忘形。这成了我一辈子难忘的教训。

我一生经历过两次延续十年左右的物质极端匮乏的时期，其一就是抗战时期在四川。童年的回忆，无非和“吃”有关。怪不得梁实秋在北碚写了“雅舍谈吃”。吃虽不登大雅之堂，也可属于“小雅”吧。后来我自己开玩笑，想创立一个“馋宗”，觉得对此有慧根的，一定多于“禅宗”。记得在北碚有不少所谓“下江人”，即从长江下游，江南一带逃难来的人群。北碚有位王太太，就在家中小小的堂屋摆上两张八仙桌，出售家常的红烧肉盖浇面。在北碚的下江人中颇有名气，也是母亲的所爱。我们小孩有时可以跟去品尝一碗，口角留香。后来到了上海，才知这原来是江南的家常口味。身在异乡更思乡，这种滋味，我到了德国之后，又体会到了。平时享用些“小橘子、花生米”，是当时文人生活的乐趣，被我母亲看作她和朋友们生活的写照。大约是当时的“小资”标志之一吧。北碚那时

母亲、堂婶和我与同希

有位名人，就是民生轮船公司的创始人卢作孚。父母亲有次被邀去他家作客，我们小孩子没有份。他们回来说起，那天的宴会并不奢华，只是吃豆腐花，但特点是佐料有一百种之多，令我垂涎三尺。

父母亲和梁实秋、吴景超、龚业雅他们谈了些什么，我作为小孩，不甚了了。但有一件事却印象很深。1946年7月，剧专东迁前不久，传来了闻一多在昆明被暗杀的消息，父亲和梁伯伯相聚悼念，悲痛之至。父亲于1923年和梁实秋等50余人同船赴美留学，1924年他和闻一多、张嘉铸、赵太侔、熊佛西等合作演出了《牛郎织女》(洪深编剧)和《此恨绵绵》(又名《杨贵妃》)。此剧取材于中国古典名剧《长生殿》，父亲余上沅在改编时，吸取了中国传统戏曲的写意特征，由闻一多译成英文。他和赵太侔、闻一多、谢冰心分饰剧中角色。之后，父亲和闻一多、赵太侔、张嘉铸等四位编导人员，聚集在他寓所的围炉旁，讨论出一个话题："国剧运动"，就在这个时期，余上沅、闻一多、张嘉铸、熊佛西、林徽因、梁思成、梁实秋等旅美的戏剧爱好者，还发起成立"中华戏剧改进社"。1925年夏，他和闻一多等相约同船回国。可见余、梁、闻等之间的深情厚谊。我父亲的收藏里就有梁实秋为他画的的文人山水画和闻一多为他刻的图章。

战时老舍也在北碚，他的故居还完好保存。那时老舍与梁实秋这两位幽默大师曾经合作说过一次相声，成为中国相声史上的一段佳话。后来老舍夫人胡潔青写下了《一九八二年旅北碚诗》，诗云："一别北碚走天涯，三十二年始回家。旧屋旧雨惊犹在，新城新风笑堪夸。嘉陵烟云流渔火，缙云松竹沐朝霞。劫后逢君话伤别，挑灯殷殷细品茶。"读了这首诗，我不必也不敢另写感怀诗了。老舍是我所喜爱的作家，他的作品，凡我找得到的，都读过。此文就引用他这首诗的第一句"一别北碚走天涯"作为标题吧。

抗战胜利70周年之际，2015年3月18日，于达姆施达特

(本文参考了以下内部回忆录：谢增寿，张祐元，"流亡中的戏剧家摇篮"；肖宗怀，"剧专，感谢您"；高前，"几件有趣的事-剧专生活回忆"；黄德恩，"光点与花冠"；陈奇，"剧专学习散记"等，在此致谢)

一个“40后”的抗战回忆

赵国通[①]

我今年75岁了！我们“40后”这一代，是地地道道“生于战乱，长于忧患”时代的人！我出生于1940年，“七七”事变全面抗战爆发后的第三个年头；正面战场国军节节失利，日本鬼子占领了大半个国土疆场。国民政府退守陪都重庆，靠长江天险落脚安顿。父亲赵祖康作为交通部公路总管理处处长，肩负抢修战时公路重任。

当时滇缅公路被登陆缅甸的日军切断，又准备攻打重庆。为此蒋介石不得不做了紧急时刻退守第二陪都西昌的决定。遂于1940年3月紧急召见父亲(交通部长不敢去)，下军令状：一年内必须抢通乐山到西昌的“乐西公路”，到期完不成将以“军法论处！”(当时国军没有工程兵，所以后来一度将公路处划归“军事统制局”管理)。

我出生一周后他就赶赴西康省(现川西)雅安市的大渡河边去落实工程进展。我随母亲留在重庆，结果生活还是不太平，先是得了很重的传染病，几乎夭折，幸好父亲有个美国留学朋友邹医生是儿科专家，由我舅舅配对输血和托人买了抗生素才救回一命！再就是轰炸了。迫于国际舆论压力，在“重庆大轰炸惨案”后，恶毒的日寇采用疲劳轰炸办法：隔三差五到重庆上空转圈，就欺负你没有空军，没有高射炮！让你们不得安宁！到我三四岁懂事有记忆了，终生不会忘记的就是跟着母亲去嘉陵江边山脚下的防空洞里躲避轰炸！重庆气候闷热，防空洞几乎没有通风设施，那个闷热实在叫人窒息！难受至极！小孩受不了就哭闹，母亲只好带我到洞口铁栅栏处呼吸松口气。当时最盼望的是快点来“解除警报”

① 1940年3月出生于重庆，1958.9~1966.7，同济大学暖通空调本科和研究生毕业。1968.8~1984.5，上海柴油机厂工人、工程师，副科长，区人大代表。1984.5~2001，上海市经委副处长，副总工程师。2001~2010，上海市政府参事，十届全国政协委员。

的汽笛声，人们都夺门而逃，回家去看看房屋有没有炸坏。

要说到童年最开心的事，那就是1945年8月10日那天傍晚，父亲突然冲进曾家岩我们家门，举着双手冲着我妈大声喊叫："家惠啊，日本鬼子投降啦！"我清楚地记得他一把将我抱起来，我也高兴地叫起来："我们可以回上海看奶奶看姐姐啦！"那时整个重庆都是鞭炮声四起，人们拥上大街敲锣打鼓！真是"百里空巷"，人们将八年积压的苦闷惆怅彻底放纵了一把！

之后，父亲乘飞机在九月飞抵上海接收市政府任光复后第一任工务局长，着手恢复重建。母亲先是收拾行李托运，但托运的货船竟然触礁沉没，损失了父亲留学带回的照片、书籍、日记等大批珍贵资料，而且也没有什么赔偿！我妈带着我好不容易到年底才搞到船票，还只是到南京的。一路上怕遭土匪抢劫，我妈就将仅有的几个值钱的戒指细软做个小鞋垫塞在我的鞋底，悄悄叫我要不动声色，害得我一路提心吊胆。记得到达汉口港，上岸喘口气，走过一处日本兵营(他们还来不及撤退)，看到日本门卫，我妈本能地立刻将我拉住，匆匆走开，嘴里还不停对我说："这是世界上最坏最凶恶的坏蛋！！"这也算是我平生第一次看到日本鬼子吧！当然没有兴趣多留，吃了点心就回船了。到南京小住就转火车，好不容易回到上海，总算全家团员了！

我们最先是靠工务局照顾，暂时住在虹口公园西南边靠马路一栋小别墅里(老家松江的房子早就被日寇飞机炸毁了)。由于我还不会上海话，一开口就是四川腔，所以三个姐姐老是亲热地叫我"小四川"，还跟我学几句四川话呢。由于我是第一个孙子，奶奶特别宝贝我，我才发现她是缠小脚的老太，后来见到外婆也是，当时还很奇怪，于是我妈就告诉我这就是封建社会妇女的悲惨烙印。所以我从小就很同情她们。真不知道在沦陷区"轧救济米"的日子她们是怎么过的！

父亲当时好歹是中央政府交通部里一个处级官员(最后升到副总局长)，但他的母亲和小孩却不能一直带在身边。父亲是转战崇山峻岭开山修战时公路的，携老带幼四处奔波逃难确实太拖累了。他知道工作艰险，写下了"开疆须筑路，救国仗书生！"和"危崖急坂逞豪游，生死从来最自由。九分此身已许国，诸君何事戒凶楼"，去"褴褛开疆"！因此让奶奶妈妈姐姐们逃难长沙、桂林、昆明后，就决定除留母亲照顾他外，将她们一老三小转道香港送回上海安顿在法租界，还有亲戚互助。谁知太平洋战争后英美对日宣战了，租

1946年在敦信路(现武夷路)住宅花园内拍摄。前排左起：赵国通，外婆，奶奶，赵国湘(三姐)；
后排左起：赵国聪(大姐，后改名赵充)，赵祖康，张家惠，赵国明(二姐)

界也沦陷了！所以一老(还是小脚)带三小，度日如年，总算熬到鬼子投降全家团圆，算是幸运了。之后，全家又搬迁到敦信路(现武夷路)自费租下的房子，有三层楼，外婆也过来和我们同住，条件好多了。父亲就忙于领导改造十里洋场的旧上海，并开始编制“大上海都市计划”的工作，憧憬着未来的“上海梦”！

忆同济附中在李庄

曹融南[①]

同济大学是日寇侵华战争中遭难最深的高校，六经移徙才于1941~1942年间迁至有长江第一城之称的四川宜宾下游40里、有着长江第一镇之称的李庄。

我和同济原无渊源，是1942年冬因友人介绍才接得“公共科讲师”聘约的。春季开学前到校报到，受任附中一班“国文”。

李庄本体是个4条街构成的“口”字形古镇。北倚大江，南北不宽，东西依江延伸却有2~3里。拥有不少寺庙、祠堂和大宅院，可供利用，同济就是因此而和它结缘的。

走出镇东门，是一条宽整的石板大道，通向乡郊。道侧耸立着一列高高的麻柳树，浓绿成荫，所以得名“麻柳坪”。走约半里光景，道北有条泥路通向近百米外的江边，这里有些竹林、农舍、菜圃、蔗田；道南则出现两座水泥、鹅卵石胶结成的石柱，有如门阙，左右并各附一段矮矮的石墙。原来，这就是附中的校门，也没挂校牌(要是挂出，全名应是国立同济大学附属高级中学)。

进入石门，两旁先是些生活用房；再进去，眼前出现的是一大片高及人膝、由斗碗、饭碗大小的鹅卵石重叠堆成的“石场”，寸草全无，这就是当地人所称的“官山”。官山南北，各分列着2座砖木结构的平房，每座10多间，大致已敷设6个教室，200~300人宿舍和办公室、阅览室……(实验室则因仪器失尽而付阙如)。官山之西辟一条路通南北，路西有篮球场，旁边竖有旗杆，这就是仅有的运动场地和全校集合处……一切虽有些“因陋就简”，却已是花不小财力，于去秋才建成启用的新附中，较之大学各院系散处于诸多寺

① 1915~201?，国立同济大学附属高级中学校长，有删节。

庙、祠堂、宅院里，已可算“得天独厚”的了。

期未，附中校长廖馥君先生忽向总部推介，让我担任“教导主任”。因经验缺乏、情况陌生，我一再辞谢。总部丁文渊校长也约见谈话。后来我陈说自己非国民党员，不适于任“训导”，愿协助料理教务。最后，接受了“教务主任”之聘(“导”方面由军训主任教官兼理)。接聘时丁校长还勉以“在工作实践中多经受锻炼，可以较快积累经验，增强才干”，至今不忘。

廖先生早年留德，归国后一直任教德语，效果很好，深受同学爱戴。每天课后，虽已倦乏，仍留下和我们一室办公，有事商洽解决。翌年暑假，廖先生突然向总部新任校长徐诵明先生辞去行政兼职，并举我自代。因任务过重，情况究还不熟，我再三恳辞。终因开学期近，而廖、徐两先生又都是心仪的前辈学人，只得承允下来。

附中学制三年，课程设置依部颁规定，相同于一般高中。只是外语以德语为主，每周4课时或以上；这时已开英语课，每周2课时。这样，学生毕业后经甄别可以直升大学部(医、工、理)各系科，得以直接读德文教材、看德文资料、听德文讲授，体现这是同济大学生源基地之一——另一是招考一般高中毕业生进修德语，一年后升入本科的“新生院(SK)”。

在李庄，附中教师资源是较丰裕的。德语，有以廖先生为主的从昆明过来的诸位老师(其中有两位是德籍)；数理教师除少数是专任外，很多是请来各系教师兼任，如任教测量系的高时浏先生(后留加，为进入北极圈的首位华人，长期任武汉测绘学院教授)就曾兼一班几何。教授有的也乐于来兼课或代课，如生物系主任、著名实验胚胎学家童第周先生就曾代过短时期生物课。他深入浅出，切中肯要的讲授，让同学受益匪浅，几十年后还津津乐道。文史教师有时告缺，也可向已迁镇西板栗坳的历史语言研究所商请派员兼课。所以，虽然时在抗战中后期，教学质量仍有一定保证。

几届新生，都在李、渝两地招收，报考的大都是较长于数理、有志学习实科专业、选定科学报国途径的清寒优秀青年。在抗战大氛围下，在同济学风熏陶中，学习自觉性都较高。当时没有“班主任”等设置，教师下课后也多即行离去。同学们却都能上课时仔细听讲，课后主动复习、完成作业。学风纯正，学习质量也较高。

同学的课外活动，算不上活跃、丰富。譬如体育运动，限于场地，只能玩玩篮球，举行些班际比赛——较大型的如足球赛之类就要远去镇西江边沙滩上的大学体育场了。歌咏、演剧等虽也有些组织，但活动也不经常。某班有个演剧队，在一次全校晚会上曾和大学部联合演出，留有较深印象。墙报，则大致每班都办，记得有个班还出过专以研讨数学为内容的墙报，颇为别致。告知了我，还写短文祝贺。有感于一片官山实在太荒寂，曾组织部分同学分组轮流在它的南侧选了一块，搬开层层鹅卵石，又从别处运来些泥土，搞成一个10多平米的小圃，移植了些杂花，让住近处的同学浇浇水；望春又播撒了些草花籽。春夏之交，居然开出了些色彩多样的娟娟花朵，给官山添上些生气，也算给部分同学课外活动的些微酬报。

同学入学后享有助学金，但数目不大，所以生活是艰苦的。伙食由各班轮流推人经管，虽精打细算，饭菜仍是量少质差，仅能勉强饱腹。有时，上午的课正在进行，远处突传来猪叫声，同学便都欣然色喜，因为这是今午“打牙祭”(餐有肉)的信号。用水由工人直接自江边挑来，饮用的则用明矾先加净化。同学浣洗衣服，就径去江边。好在，平时闲散，田野好景，江上清风，都不用花钱买。到镇上，也只是走走、看看，或买些日用品。偶尔，经过东街也折入巷口，花角把钱买包“哑巴花生”，因为这是全镇“名牌”，而“七颗花生可以抵上一匙鱼肝油”的“保健名言”正在师生间流传……总之，生活上只可用“艰苦寒俭”4个字来概括。可是，多少年后，有的老同学却说：“这阶段的艰苦生活，却正培养、增强了对抗后来人生长途中一切艰苦的耐力！”

李庄这弹丸之地，骤然涌来超过原居民两倍左右的同济人，并没露出什么矛盾，却是地尽其用，人爱此土。最足说明这点的是座雄踞镇北、背镇面江、规模宽宏、构筑坚实的“标志性建筑”禹王宫，是崇祀巡行九州、治平水土的大禹的，所以北大门门楣上还留有一块扁额：“功奠河山”。宫背南大墙正对北街，很是宽阔，正好供大学部学生会每晨张贴收听广播、用大字抄写出来的新闻之用，这就引起关心国事、战讯的师生每天来此一走(因重庆报纸要隔两天才到而收音机当时又极希罕)。从墙巷口转入宫的侧门，是个宽敞而以大方砖铺地的大厅堂。近侧门处有张长方形大木桌，上面乱摊着不少平寄邮件，稍一翻检，也许就发现一封正是你的万金家书(有的还来自“沦陷区”)，这就让人们记得常来。这厅堂原是安放神龛之处，神龛已被移走，因而显得一片空荡荡。它正对着30~40米外一座高约2米、顶篷和柱头彩漆尚存的大戏台，原是供演戏娱神，现在却是晚会演剧佳处。幕墙背后一些房间和左右厢房上层不少房间，则成为校领导和各科室的办公室，构成了“总部”。堂、台和两厢围成石板铺地的天井，就是个可容近千人的露天剧场或大会场(天井低于厅堂三个石阶，堂口安个主席台便可开大会)。所以，这里便成了大家心所存系、足所常履的所在。1944年秋冬间一天，就曾在此举行过一次盛况空前，让人历久难忘的大会。

这天上午，全校停课，汇集于此举行“知识青年从军动员大会”。原来，之前不久，敌人凶锋侵入了贵州独山，局势骤紧，当局发出了“十万青年十万军”、发动知青从军的号召，校方响应了。开会时，主持人发言，分析国内外形势、传达政府号召，并阐述了先民辛勤开辟疆土，创建华夏，做子孙的就有舍生捍卫、不容敌占寸土的责任，说明了在这禹王宫召开这个会更具有深长意义。接着，宣告开始报名。顿时，成群大学生潮涌般拥向阶前长桌边争相庄重报名，适龄附中同学也挤身行列间，青年们纯洁炽烈的爱国激情，同仇敌忾的豪迈意气，令我感动得心魂震撼、热泪盈眶，脑子里突地蹦出8个大字：“神州禹城，扫净敌踪！”向他们颂赞，为他们预祝。

我性较内向，耽于肄读、教学，而不习于厮应人事。所以暑假开始，便向徐校长恳辞行政职务，获准，并被安排下期转新生院任教“基本国文”。“8•15”日本宣告投降，抗战胜利，即于翌秋随校复员到沪。

留李庄3年。虽说是在“任教”，实则是在“受教”，获益良多……

(2006年8月10日，上海)

我的家乡李庄

张熙闲[1]

我是李庄人，1943~1946年间就读于同济大学附属高中。我今年79岁，离开母校已经整整60年，但回忆当年情景犹历历在目，令人难忘。同济大学刚迁李庄时我正在宜宾的明德初中求学。我幼年失怙，家里贫困，无力供我外地读高中，遑论大学。但我很想再读书。同济大学迁来李庄，实在是少有的机缘，大学、高中俱全，国立学校，学生还有公费待遇。我初中毕业后便理所当然地报考了同济附中，并有幸被录取，我那时高兴得彻夜难眠。

我的家乡李庄位于长江南岸，是沿江一块狭长的平地，背靠天顶山，隔江相望对岸的大桂轮山；东连南溪，西距宜宾19公里，长江连接着这三个地方。李庄早先是大米集散地，人口三千，民风淳朴。李庄号称长江上游第一文化古镇，原有九宫十八庙，历经沧桑，现在仅存东岳庙、禹王宫、文昌宫、天上宫、紫书殿、旋螺殿、奎星阁、南华宫……十余处，其中除旋螺殿尚完好外，多已破败，令人惋惜。李庄背后有一大片坟地，荒冢累累，历代死者何多，这也从一个侧面折射出李庄之为古镇非虚。

抗战硝烟骤起，李庄僻处内地，远离前线，不失为一方净土。同济大学迁李庄受到了我家乡父老的热情欢迎。当时的李庄士绅曾给重庆政府教育部发了电报："同济迁川，李庄欢迎；一切需要，地方供给。"当年迁李庄的还有不少文化学术机关：中央研究院历史语言研究所(所长傅斯年)、社会科学研究所(所长陶孟和)、人类研究所筹、中央博物院筹(主任李济)、地理研究所、营造学社……一时人口骤增至万，我家乡原有的庙宇祠堂、民居旧

① 1927年出生，1943~1946年就读于同济附中。同年进入同济大学法律系学习，1950年毕业于复旦大学法律系。

宅不敷应用，同济大学人特别多，于是就平整坟地建造新房，附中的校舍就是新造的。这些新房自是十分简陋，冬日寒风刺骨，夏天室内外温度一样。那时附中教职员薪资很低，难维家计，人口多的人家更甚；学生享受的公费是每人每月1斗米(约合现在30多市斤)，和为数不多的一些菜金。我们吃的都是糙米，小石子很多，难以下咽，大家只得边吃边检石子，费事费时，热饭变成了冷饭，同学们戏称其为“珍珠饭”。桌上蔬菜无油，肉食更是少见。外乡同学，有的家在敌占区，生活费接济不上或很少接济，甚或音讯不通；四川本省同学，家里经济也大多拮据。有的贫困同学在总办公处所在的禹王宫门前，贴条子卖书，名之曰“忍痛割爱”，我就买到过一本陈允文博士编的《德华成语词典》，视同珍宝，从不示人。不料后来升读大学被一名学德语的同学知道了，通过与我同室的同学借了去，从此“泥牛入海”。那时李庄无书店，买书确实困难。我是本地人，也享受公费待遇，我就把我的这份公费全部给了同班一名经济困难的外乡同学。我班上有一名祝姓同学患肺结核，那时无特效药，营养又跟不上，终于早早离开了人世，葬身异乡，令人心酸；还有一名张姓军训教官，也是这样情况。

名人梁思成、林徽因夫妇的爱女梁再冰与我同班，她家距学校5华里，不论寒暑每天到校听课，很是辛苦。全国解放后，我曾在报刊上见到她写的一篇文章，不愧名人后代。

同济附中当年的师生员工都处在极其艰困的环境之下，生活是非常的清苦，但使我感到自豪的是，当时大家都认识到眼下国事维艰，默默忍受，人无怨言，而对未来则充满希望，坚信中国和同盟国必胜，日本和轴心国必败。教师们全心教书，学生们奋发学习，实属难能可贵！学校考试十分严格，如果学年有2门主课、1门普课不及格，就要留级，大家不得不加倍努力。

同济附中的教师可谓“事得其人，人适其事”。在我学习的三年中，从未有过教师不称职而被轰走的事。化学老师吴柳凡是个老学人，讲课熟练，滔滔不绝，从不打梗；教学全程从不缺课，也不迟到早退；应授内容全教学生，绝不“偷工减料”(编者注：吴柳凡先生于1950年同济附中改称同济中学后不久，奉调哈尔滨东北农业大学任教授直至退休，现已故)。物理老师邵炳钧原是大学部工学院毕业，根底深厚，讲课透彻，边写边画，写得清楚，画得准确；解答提问既细心又不厌其烦。同济迁沪后，他曾做过江南造船厂的总工程师，可惜英年早逝。地理老师徐永明，毕业于武汉大学，上课时手里无需任何材料，只要几枝粉笔就能系统讲授。各种数字都记在心里，地图也徒手画得不差，黑板上一手漂亮的中、英文字，真是不愧人师！其他许多好老师，限于篇幅，暂不一一尽表了。

同学们在潜心学习之余，未忘娱乐身心、锻炼身体。学校只有一个篮、排球两用的简易球场，大家不时上场打球；爱好音乐的同学在宿舍弄琴唱歌；擅长文字的同学则编辑墙报。学校有个“鸿雁”足球队，常相约去长江边踢球，其中有几名好手还是同济大学“济光”足球队的成员。“济光”队曾远征重庆，与重庆的大学和兵工署球队进行3场比赛，取得2胜1平的好成绩，附中的球员在这里功不可没。

日军攻占独山，重庆震动。同济大、中学的同学掀起了参军大会的热潮，在高唱“我们奋起战斗的青年，我们奋起今天，本着同济固有的精神……”的雄壮歌声中，从德国归来不久的年青航空工程博士杨宝林教授抢先上台签名，大家陆续跟上，其中有两兄弟一起上台的，许多人热泪满面，签名人数在三百以上，占了学生总数的很大比例，其中不少是附中同学。后来批准入伍的到泸州集训，编为青年军203师的一个连。这充分说明同济学子爱国爱家，在国家处于生死存亡的危急关头时，能挺身而出，救亡图存！

1945年日本无条件投降，消息传至李庄，同学们奔走相告，与我家乡的父老乡亲一起欢庆艰苦卓绝的抗日战争终得胜利，欢呼声、歌声、鞭炮声响彻云霄。翌年，同济大学复员回沪，我随校到了上海，并升入了大学部。

(2006年8月 上海)

斗转星移 风雨百年

钟 荣[①]

1942年秋，附中迁李庄后首次在成都、重庆、宜宾三地设考招收高中新生。我在成都报考，接到录取通知后立即赶到学校指定的南华宫报到注册，并得知羊街、肖家祠(肖家园子)和下漏棚人已挤满，学校安置我到席子巷暂住，凭饭票用膳还得去下漏棚。席子巷是条老街，长约60余复步，两边用8根四棱四方的青石柱子桩隔成间间木屋，显得牢实古朴。重庆、宜宾来的几个同学已先住进这里。记不清是哪家教授的小儿子耍来耍去来看我们，摆谈他有哥哥、姐姐也在同济读书，父母去过德国……为了证实自己的话，拿出随身揣着玩的德国马克、零钞给大家看，临走送了些给那位重庆来的“大哥哥”，也给了我一个20马克的硬币和2张零钞，说这些钱币已经废止不用了，还说他以后还要来耍。我回赠一个家乡人用红蟠桃核雕刻的猴子给他玩，他高兴得跳着走了。

席子巷临近王爷庙，每当新船下水或船只远行时，船夫们都要来王爷庙烧香祈求平安。那时王爷庙做了大学部的图书馆，附中学生也可以去借书看书。新生多半住在羊街，也是一条又古老又狭窄的小街，向东百余步就是东岳庙；南侧有家大院，记不清叫什么名字了，工学院的男同学住里面；北侧张家院子挤住着十多家教授、讲师和助教；院前再向北，有个大草坪，成了学生的足球场和活动场所。大草坪的边沿就是长江，那里有李庄的轮船、轮渡码头。羊街附近还有一座慧光寺(老会馆)，是当时大学部女生宿舍。寺外，侧近有一个小篮球场和一副单杠，常有医学院的男同学来锻炼和打球，间或还有比赛。往东走到镇中心便是禹王宫，再向东沿着凹凸不平的石板路走出小镇1、2里路，就是教授们和

① 1925年生，附中45届。有删节。

以后附中人踪迹不断的麻柳坪了。

多天来熟悉环境，知道附中在肖家祠的临时校舍实在太挤，招了新生就更不行了。学校考虑另选校舍，又无合适之处，决定筹划新建，几经周旋，选中了麻柳坪东端的一片荒坡义地，因经费拮据，时间紧迫，忙不迭要赶紧开学，于是匆促施工了。叫人始料未及的是，原以为义地乱坟只是一些死在尿巷子、垃圾堆里被更夫拖去掩埋的的无主孤魂，平地很省事，却不知还有镇上穷人家的坟包，必须清理，又难以区分。这样拖沓迟缓，学校只得先修几溜干打垒平房和三合土小路，到开学日期还不能使用。施工缺少人手，我就与几位素昧平生、同样负笈来同济的小伙子，不请自动、自愿参加了多天的义务劳动，挑土挖泥，也端茶送水……等到教室启用，我们如释重负。

开学了，正式公布校长为廖馥君教授，教二年级德语课；训(教)导主任由大学部马国荣老师兼任；教务注册和庶务处负责人由乔九茹老师(马国荣夫人)担任。新生凭录取通知交2张2英寸免冠照片去领学生证和校徽，学生证用硬磅纸对折，长3寸，宽2寸，没有钢印，也没有朱砂印泥，只在相片上盖一个“国立同济大学附属中学”蓝色油墨圆戳；校徽铜质，倒三角形，尺寸略小于大学部的徽章，上有珐琅烧制的小帆船和“同济附中”图文，背面刻有编号。接下来是交自传和贷金申请书，然后根据入学考试成绩和家庭经济状况公布批准名单。贷金分战区生(沦陷区)甲等、乙等和非战区生甲等、乙等几种，我被批准为非战区生甲等。贷金按月发放，除膳食、书杂和其他生活必需品开支外，尚有剩余，积攒起来还可以添置一点衣物什么的。贷金制度的本意是学生毕业后，若干年内“偿还”政府，后来国统区一律取消贷金，缩小范围改成公费，也不再追索“偿还”了。

新修的干打垒平房教室没有玻璃，不可能“明窗净椅”，黑板也不是现在固定在墙上的那种，而是用木炭灰调和漆出来的木板，靠在木架子上。课桌是敞开的双人木条桌，有格无屉；坐凳是双人仄板凳，起坐时得互相招呼小心，曾有人跌跤。没有电铃、电灯，下课上课手摇铃，晚自习用油灯，菜籽油加上四川土产的灯草芯，完了还得提回寝室照明。宿舍建好，男女同学都陆续搬到了麻柳坪，每个寝室20人，有10张上下铺的双人床。没有自来水，“开水要人烧，冷水要人挑”，每排寝室外的地坝上摆一个大黄桶(拦腰箍上铁圈的大木桶)和一个小木桶，从长江里挑来的水倾入黄桶供大家嗽洗用，寒天怕冷的女同学则从小木桶里滔一瓢温热水掺和着用。大伙隆冬也喝冷茶冷开水，市上根本买不到保温瓶。伙食学生自办，这是同济附中的特色。伙食团是根据学生自治、自主、自办原则选出的代表和伙食委员组成，雇用厨工，同学们轮流执勤采购、监厨，安排一日三餐；个别的也可以去附近民宅包月，或只包中饭，一概听便。

李庄上街晚归天黑，就在场头场尾卖花生、葫豆、黄粑的地方买一、二节1米左右的“牵缆杆”照路，那是一种利用黄篾穿扎拧制而成的火把(竹子表层青篾用于拧制船夫拉纤用的缆绳，经久耐磨，黄篾是里层余料)。夜里起床如厕，天黑路又较远，确实很不方便。一旦生病，凭学生证去大学医务室，也得走路。尽管那时极其艰辛困苦，远非今日学生所能承受，但同济人都有很强的忧患意识，心怀国家民族，懂得为谁学习、为谁操劳，生活虽苦亦乐。苦难的儿女早成才！

战时的同济附中很开放，不为封建礼教所缚，也不受专制规章约束，男女同学讲求端庄大方，可以留自己喜爱的发式。衣着无论中、西，不管颜色、模式，只求合身舒适，保暖御寒。按当时国统区规定，公、私立学校高中军训，男生一律光头，戴准军帽(一种宽帽盘的黑色制帽，檐上青天白日帽徽)，身穿类似芝麻色的三峡呢制服，在校时必须腰栓皮带、脚打绑腿、足登操鞋；女生短发，不准蔽颈齐肩，穿“阴丹士林”长袖旗袍，青袜青绊扣鞋(老百姓叫绊绊鞋或提兜鞋)，训练战场防护。初中生则接受童子军训练，穿戴绿色童军服。按照这样要求，一切都得循规蹈矩，呆板僵化，学生毫无自由可言。内迁自贡静灵寺的国立东北中山中学和东北中学，虽然也和同济附中一样享受贷金、公费，也可以留头发，但严格军训，穿劳动布统一制作的学生装(一种美援罗斯福布做的三个兜的中山装，活像现今的牛仔服)，逼得学生反抗闹学潮。内迁乐山的武汉大学附中，重庆的中央大学附中，白沙的师大附中，昆明的西南联大附中，学生也都可以自由留发、穿衣，但享受不到同济附中那样的贷金、公费。当年同济附中所获得的条件，看似简单，其实许多学校办不到。

国语老师，戴眼镜，穿一套浅色旧西服，年约三十，可惜记不得姓名了。他在课上讲述“嵇康煅灶未暖而堪眠”，虽生活穷困，衣衫褴褛，灰尘扑鼻，却经世潇洒不拘，宁愿朝夕搔痒抓虱也不求仕途，羞与贪官污吏为伍。老师讲得生动活泼，犹如身临其境，毫无枯燥乏味的感觉，满堂笑声。有一次讲明末的史可法，说他作为封建之臣尚能忠君爱朝，宁为玉碎，不为瓦全；宁为鸡口，不为牛后，宁死不为夷臣的高风亮节，诸君思之，比较今日汪伪大大小小汉奸，则禽兽不如耳！我记得很清楚，他当时噙着眼泪说：作为炎黄子孙，当热爱我中华，誓抗日寇侵略，生为中国人，死为中国鬼，生而为英雄，死而为鬼雄！以此教育勉励同学，感人肺腑。抚今思昔，铮铮之言声声应耳。

公民常识课，兼职教师是乔九茹，她摆脱课本教条，搜集一些务实的案例，揭露国统当局效法西方伪法制的观点和体制。她采用课堂上与学生共同分析、共同讨论的办法，同学们自由发言，集思广益，教学相长，上课十分活跃。课时虽少，效果不错。西方伪法统的出发点是为统治者服务，为托拉斯(tuolasi)集团利益服务，核心是维护强权，法律是保护强权的工具。伪法律不保护弱势，多处强调“特殊情况”“紧急状态”，变成了霸占有理、强夺可宥，弱者被欺凌是因为自己无能，强者无罪！乔老师讲了一个洪水逃生时发生的真实不虚的案例，弱者被人抢夺财物、强占逃命工具致死，后又霸占其妻，强者居然无罪？当时正是日本法西斯大举入侵，中国蒙灾之时，“国际法”却体现强权就是公理，强权主宰世界！我们听乔老师讲课，青年人无不怒火中烧，从而认识到“天下兴亡匹夫有责”的真谛。只有奋发图强，才能挽救国家民族。

生物学在同济附中是一门特殊的课程，与国文、德文、数学并列为重点课，为大学部的医学院培养新生力量，此课不及格要降级。国统区别的学校就与同济不同，生物课列入音、体、美、劳一类，称作“豆芽科学”，不很重视。学校指派来为我们讲生物课的是一位名教授，早年留英，曾在英国执教多年，我已记不得她的真名，只知那时大学部和附中高年级同学都亲昵地呼绰号“叶慢慢儿”，因她讲生化衍进时常用习惯语“慢慢，慢慢儿……”。叶教授身材瘦小，穿一双中年高跟鞋，走路精神抖擞。也许是国外养成的习惯，上课必淡抹口红，轻画眉毛。她讲课严肃认真，自带挂图，讲授精彩生动，透彻明了，但也不许课堂里有一点杂音，记得有一次教男女生殖器官构造时，发现有同学偷着嬉笑，这等轻薄行径立即遭到呵斥和罚站。

当时国统区的学校都男女分校或分班，像同济附中这样男女合班上课的极少，这也可以算是同济的又一独特之处吧。

体育课，附中条件差，没有单独的运动场，上课先到保管室领个排球，全班直奔曾家院外大草坪，打球、双杠、跳马、俯卧撑…… 一上课就是下午半天。期末考试，男生测俯卧撑、跑八百米，女生引体向上、仰卧起坐，及格标准我记不得了。学校经费有限，全校只组织过一次马拉松越野赛从大草坪运动场起跑，顺江边到麻柳坪折返跑回大草坪，沿途设监督岗。第一名是二年级的南京人李禛，第二名是我班的宜宾人丁良堉，第三名是甲班一名个儿不高、两脚不一般长的戴眼镜浙江小同学。李禛同学足球踢得好，是大学、附中混合足球队的左前锋。

军训课，教官讲当时仿德式的《步兵操典》，就近在附中院坝里操演立正、稍息、左右转和变队形。有时也将就着在院坝里练匍匐前进和摸、爬、滚、打基本动作。上课也是一个半天。教官姓名已忘，只记得他是江苏海门人，乡音常把“人”读成“神”，大家就背地叫他“江苏海门神”。全校同学对此人印象极坏，吹牛说大话，暗中监控学生，找人个别谈话，用“纪律”“贷金”来威胁同学加入三青团。有天晚上大伙反抗，齐喊“一、二、三，虾教官”轰赶他，还扔鹅卵石砸坏他房门。可是由于他的心腹告密，二年级一名同学被当众宣布记“过”2个。砸门的石头也有我扔的，幸亏未被发现。

“海门神”被撵走后，换来一个姓任的教官，河南人，更加阴险狡猾，他与大学部教官兼附中“生活指导主任”邹镇华上下呼应，为所欲为，从此附中更不得安宁。

魂牵梦萦麻柳坪，殷殷思念我师尊！我忘不了我们的德语和数学老师！德语，当时用的教材是传统德国版的《俾尔里兹》，大小写印刷体全是德国古体花字；手写时也要求句首、人名、地名、国名等专用词不仅大写，还要花草，禁止拉丁化(英语化)。大家买不到新书，高年级同学就将读过的书捐赠或出让给低年级同学，也有的仅是出借，要求读后奉还。参考书用的是原驻德大使朱家骅编的《德文文法》。以后的班级听说有国本的《德文读本》《德语语法》，这就省事多了。虽有教材，老师们还是灵活应用，从不“照本宣科”。上一年级的德语教师由廖馥君校长兼任。我们年级甲班德语教师是Frau Fürst；我们乙班前后换过三位，第一位是马国荣主任代课，教了元音a、o、ü强变化、r弹舌音、h拼读时不发音，以及多辅音连缀tsch等。为了掌握r弹舌音的发音，不少同学，特别是女同学怕人笑话，急着跑到江边练习卷舌头，“儿……”“儿……”，乡亲们见了就说：“那些铜铁大学(同济大学)的学生，不晓得吃错了啥子药，吐不出来了嘛？”乡亲们的议论让我们笑出了眼泪。

教我们的第二位德语老师是赵功�教授，又名赵昌，排行第四，四川荣县人，嗓音洪亮，德语刚健而又圆熟流利，讲课生动风趣，处处为学生着想，生怕大家枯燥乏味，精心挑选生动有趣的例句诱导我们熟练掌握各个代词、名词和形容词的变格规则，还循序渐进列表板书，领着我们齐声朗读，像儿歌那样有节奏合音韵地背诵成顺口溜。前面基础夯实了，同学们就有信心学好后面的介词支配和动词变化了。无论怎么说，从周一到周六，每天头两节课都是德语，对发蒙初学的中国人来讲确实有压力，老师深知学生心结，想方设法为同学们松绑。老师着力提高学生兴趣，变换教学环境，多次走出教室带去“江边课堂”，大家围着他就地而坐，课间插进德语讲故事的内容，先讲一句德语，译一句中文，再讲一段德语，译一段中文，老师妙语连珠，引人入胜，同学们置身外语环绕的气氛中，都有一种新鲜稀奇的感受，从而大增听力，兴味盎然。赵老师爱生成才，真是用心良苦!

如今虽已六十多年过去了，好几个德语故事的大体内容我还记得。有一个故事讲一位过分警惕的老猎人，深夜独坐凝神贯注产生幻觉，眼前有什么东西晃动，越来越近，于是贸然开枪，结果打伤了自己的脚。又一个故事讲住在林海山村的一家人外出，只留下一个年轻人看家，青年无事，一边烤火，一边修脚剪指甲，剪下来的指甲屑不慎掉进火里烧着，焦味呛鼻，青年人竟十分悔恨，痛入心底，从此不吃不喝，沉疴不起。家人、医生不明究理，无法医治。后来有位与青年最亲近的老师，也是精神病心理学方面的专家，来他家坐在炉前一边捉摸病根，一边修剪自己的须发、指甲，不经意间将剪下的发碴甲屑抖进火里，原本昏睡的青年突然惊叫起来：“老师，身体发肤受之父母，这可是不敬不孝，罪孽深重呀！”一下子道出了病因，破除了迷信，挽救了青年。还有《古亚德王》和《白雪公主》的故事，情节都比较长，老师都讲得绘声绘色，美丽动听，令人难忘。

如果星期天赵老师有空，我就邀一些同学上他家拜访，我班胡美彩(女，上海人)、萧中尧(女，湖南人)、但凤苞(男)和我去过多次，遇到大学部同学或其他教授在场，他们都爱用德语交谈，我们插不上话，权当旁听会话课，也有裨益。

赵教授的父亲是名闻遐尔的“五老七贤”之一的赵尧生，又名赵熙，人称赵尧老，晚清进士，也是辛亥保路运动发起人之一，近代书法家，一手好“赵体字”。老师酷似其父，善书能画，留德学医因故未成，却学得了绘画，他把油画之精髓与水墨丹青融会贯通，另辟蹊径，擅长大自然写真，年轻时曾几次翻越高原取景。老师很乐意我们在他的画稿箱里随便挑选喜欢的画作拿走。我挑了十多幅，其中发现江边讲过的《古亚德王》中德对照故事小丛书，也归我了。胡美彩和萧中尧也挑走好一些画。老师的“传奇”故事还真不少，他在同济大学念书期间就是校足球队主力前锋，个子不足1米65，可冲刺速度非常快。他来我们班上课时的装束是戴眼镜、穿西装、留日本式小撮撮胡，拄着一根沉沉的紫檀木雕花拐杖，步履刚健，精神焕发。有一次走在成都街上惹人注意，被误认为日本人，跟踪了一些特务情探，直到弄明原委才撤走。老师为了不荒废画业，衣兜里总揣一对玩得溜光的大核桃练习手腕和手指头，上课时不是把手伸进去拨弄，就是掏出来在手中转悠，口勤手勤两者兼顾，熟练得不发一点声音，绝不影响学生。

教我们德语的第三位是德籍教师斯脱瓦尔德(Herr Stauerward)，身材魁伟，2米多高，欣赏中国长袍，喜穿蓝色“阴丹士林”布长衫，曾高兴地告诉我们他的布衫绰绰一丈八尺长。老师和善可亲，中国话讲得还不赖，不快不慢，带点新疆口音。他在“江边课堂”触景生情，说在李庄感不到险象环生的战争气氛，又感伤希特勒毁坏了德国。他告诉我们，他和一个表兄弟艰难逃出了德国来到亚洲，又从新疆转辗李庄，做了Frau Bao的邻居，他很悲哀，只身逃出，家人全被杀害。他常怀念他的祖国，给我们讲德国的风土人情，思恋他美丽的故乡，忆起无忧无虑的童年，不由唱起了悠然自在的德国古雅《牧歌》，等到教会我们之后，又勉励我们好好学习，珍惜这难得的平静时光，并说他早年念书时德国人早晨是不许唱歌的。他爱中国，但走在路上常听背后有人说：“你看，洋人……”他说：“换个角度，外国人看中国人不也都是洋人？……要彼此友好。”他乐意应同学们之请，把名字拼写成正确的德文，还说我名“钟荣”的读音按德国风情很讨人喜欢，拼写成“Dschung Yung”，我把这个德文名写在一本从老区秘密带出来的草黄色石印“党章”封面上，一般人认不出我的真名，可惜和前文提到的德国马克钞票一起，不知是在我转移时还是被抄时丢失了。

数学教师是高时浏先生。国难当头，战火纷飞，种种磨难铸就了高老师坚忍不拔、奋斗不已的意志和超越寻常的刻苦精神。老师严格要求自己，矢志培养学生，潜心研究教学方法，从不搞“填鸭式”，总是诱导学生共同思考破题、解题方向。要使学生变“怕数学”为“爱数学”，就必须夯实基础，练成基本功。老师专心致志讲透每一个数学公式、定理、推导式和求证术的来龙去脉，使大家知其然又知其所以然，决不是“民可使由之，不可使知之”地生搬硬套公式，而务必让学生了其究竟，明其真谛。他教平面几何，讲透点、线、面关系后就挺进三点共圆、四点共圆，乃至九点共圆，解法多种，举一反三必穷其理，宛如揭开蒙纱一角，得窥数学天地之奇趣，其乐无穷！我班荣县人张应鑫，讨论题目时抢先发言，真知灼见，成绩名列前茅。高时浏老师的数学课还创建了外语环境，数学运算名称、数词、量词都用德语讲授。高老师课余利用星期六或星期天晚上组织附中同学练唱德文歌，甲班周爱莲还在禹王宫演出会上独唱过《摇篮曲》。甲班汪仕光(浙江人)和我班胡美彩也都唱得不错。《我有一个好伙伴》和《摇篮曲》都是高老师教会我的，如今我还能基本背唱出来。

抗战时期的李庄没遭日机轰炸，人文地貌，毓秀钟灵，非其他地方可比，她与重庆、成都、昆明并称抗战时期四大文化中心。我和同学都喜欢课余信步江边，或在砾堆上坐看长江从远方奔腾而来，又浩浩荡荡一泻千里东去，小火轮拖着的水尾巴把两侧的浪花推向岸边……兴许你会追逐那渐渐远去变小的船影，脑中不尽遐想，……流水并非无情，流水并非不语，滔滔大江见证了中国人民的苦难，她夹带着中国人民的无限愁和恨，如诉如怨地流向大海。阳光照射江面，波光跳跃，映衬白帆点点，浮云飘飘，微风拂面，就能暂时轻松一下战火带来的许多冤仇、烦恼，落日晚霞，更是造化成就的奇妙胜景，叫人留连忘返，……

我离开母校已经六十多年，沉蕴心底的许多往事，追寻那讲不完的情结，我常梦魂萦绕，恨不能返老还童，重温当年学生生活，江边踏青、划船，学唱德语歌曲。

再忆李庄

张泰桐[①]

抗战时期，我于1944年秋从桂林逃难西行，几经周折才到达四川宜宾，1945年8月，以同等学历考上了同济大学附属高级中学。当时高一录取3个班，每班60人，我编入甲班，学生来自四面八方。

当年学校条件差，学习、生活十分艰辛，学生全部住校，记得第一学期教室、宿舍全没电灯、自来水，晚自习每个同学自备小小桐油灯一盏；用水靠一眼机井压水。上课除了德文书外，其他课本基本没有，全凭老师黑板上写，我们在下面笔记。伙食更差，难得打一次“牙祭”。虽然环境如此艰苦，但大家的学习热情特别高，都以考进同济附中为荣。我们的老师们都十分敬业，课讲得仔细，黑板写得工整，大家都把黑板上的课文全部录成笔记，我更是把没写上黑板的也记了下来，生物老师曾对我的笔记完整给以好评；有的同学还借我的笔记本去抄。

我们早上有一段自习时间，晚上有2小时自习，功课多，竞争激烈，有的同学不得不晚间用功很迟休息。到第一学期结束，就有人考试不过关了，3个班剩下了2个班。由于功课繁重，伙食又不好，有的同学开始患病中途退学了。到以后复员回上海时，只剩下了一个班。我那时是战区的“流亡学生”，可以申请公费(免学杂费，还有伙食补助)，但有一条规定，留级就要取消，所以我学习必须加倍刻苦。

我们同学之间感情很深。我是南京人，四川话称“下江人”，但我们从不分本地人外

① 江苏南京人，1930年10月1日生，1945年9月在四川李庄考入同济大学附属高中，1948年7月(在上海)毕业，参加历次党组织学生运动，并于1948年1月入党，1948年因参加一•二九学生运动，被校方记名开除。1948年9月考进南京金陵大学，10月去大别山参军，现为北海舰队离休干部。

乡人，关系十分融洽。我们平时学习紧张，但星期天玩得也痛快。我们有时三五成群到小镇街上游玩，李庄盛产花生，街上小店炒熟了卖，装在大麻袋里，个儿大，味道甜脆，非常好吃。李庄冬天也冷，小店都卖烧酒，一两一小杯，喝一杯足可御寒，我也试过。街上小饭馆不多，最有名的叫“留芬”，最有名的菜是“鱼香肉丝”，曾见过德籍老师在里面吃饭，我们是穷学生，从来没有进去过。假日游玩还有一种是到长江划船，但比较冒险。星期天约好5、6人，多的7、8人，到江边找一条小木船，七手八脚就划到了江心。长江水流很急，江面又宽，木船又小，但有的同学操船技巧熟练，虽很惊险，却也没出大事。我被分配掌舵，遇到轮船驶过，木船必须马上调头，用船头对着掀起的大浪，小船一起一伏很是惊人。李庄镇有好几个茶馆，泡上茶可以一坐半天。第一学期学校没有电灯，而茶馆有，同学们常常假日7、8个人约着去坐茶馆，一个四方桌只泡一杯“玻璃”(就是白开水)，既喝了水又复习了功课。

李庄往西60华里就是宜宾，我在一年的住校时间里，回家过2、3次。为了省钱，都是步行，先摆渡到长江北岸，那里有大石板路可以走，快到宜宾再摆渡岷江。本地同学都能赤脚上路，我逞能也试着赤脚，结果打起好多血泡；第二次就穿上“草”鞋(布条织成)走路了。从宜宾回校没有走过，都是坐船。

李庄给我留下深刻印象的还有两件事：一是大学部工学院的附属工厂，里面有些小型车床，工厂虽小，在当年的李庄小镇还很有名；二是长江边上一条小火轮，真是小，估计也不过十几吨，别看不起眼，它可是造船系的实习船，为国家培养造船人材出过力。

李庄，说不完对她的怀念！我真想有朝一日重回李庄，亲口说一声：感谢你，李庄！同济人感谢你！

同济附中在李庄

周懋庸[①]

今年是抗日战争胜利60 周年。抗战中期，1940年，川南小镇李庄接纳了同济大学，使同济弦歌不绝，为中华民族培养了不少精英。同济大学则带给李庄先进的科学文化思想。

同济附中当时在麻柳坪，全是平房。点灯是用四川出的一种灯草加菜油，蚊子很多。吃饭有食堂，同学轮流当监厨和采买。生活艰苦，但同学们学习努力。课余还出壁报，也有文艺演出。我1945年秋进附中，年纪很小，个子也小。曾在小歌剧中演一只猫，从此得了外号小猫。我们女同学不多，几个年级都在一个宿舍。梁思成先生的女儿梁再冰也在附中，但她不住校。和我最要好的祝希媛也不住校，因为她父亲是工学院教授。她母亲是职员，主管给学生发公费。她姐妹兄弟很多，老三(也可能是老二)祝希娟后来成为著名电影演员，近年还回到过李庄。她老家是江西，但姐妹们人人讲一口标准四川话。

麻柳坪离镇上还有大约两里路。我们有时晚上出去，手中点一根竹篾做的火把照明。大学同学有许多晚上坐茶馆。白天也有在茶馆认真学习的。泡一碗盖碗茶，你坐上一天，店主也不会赶你走。

日本飞机对上游宜宾、下游泸州都多次轰炸。中间的南溪江安都不是轰炸目标，李庄就更不是了。但也拉警报，这

① 1932.10~2014.5，附中49届。本文写于2007年。

时便不上课了，跑到竹林中去呆上一小时。每逢赶场天，李庄中小学生上街宣传抗日。有讲演，也有唱歌。

1946年同济开始离开李庄，分批出发。那时小镇码头上天天有带着行李的学生，先上船到宜宾，再搭大一些的轮船东下。那气氛一方面是“漫卷诗书喜欲在”，另一方面又是对李庄的不舍情。我是9月离开李庄，经重庆、宜昌，先船后车，10月中才到上海，结束了李庄时期的附中生活。

抗日逃难记

洪锡玖[1]

1932年，上海发生“一·二八”事变，日寇侵华，但与上一年的沈阳“九一八”情形有所不同，当时的驻沪十九路军义无反顾，奋起抵抗，沉重打击了来犯的日军，使其攻势受挫，战线呈胶着状态，大大出乎日军的预料。于是敌人不得不重新调集兵力，激战一月有余，才迫使我军后退。

我军的杀敌勇气既激于正义，也来源于民众的支持。上海各界争相慰劳国军，闸北地区的百姓还主动帮助军队背沙袋、挖战壕，使御敌士兵勇气倍增。

当时有所谓的“国联”[2]，出面调停，派调查团来中国斡旋，国(民政)府遂与日方签订了“城下之盟”，战火暂熄。我的出生恰在此役鏖战之际，1932年2月，农历壬申年正月。

沪战虽暂熄，日军仍到处寻衅，横冲直撞，不可一世。国(民政)府一再退让，国浸渐沦丧。1935年，北平爆发“一二·九”爱国学生运动，全国各地城乡掀起了抗日救亡热潮。

我的故里江苏省吴江县盛泽镇，北枕苏州吴县，南连浙江嘉兴，与上海近在咫尺，经济发达，政治思想也比较活跃。据盛泽《镇志》记载，民初五四运动和随后的大革命、北伐战争时期，本镇教育界人士奋袂攘襟，办报出刊，批判封建文化，抨击封建军阀，声讨帝国主义侵略压迫，曾邀沈雁冰等左翼人士来镇演讲时事，社会活动有声有色。四一二反革命政变以后，舆论阒然，士林喑喑，社会一派萧瑟景象。

在日寇步步进逼，蚕食我大好河山的危局下，蒋介石却提出了“攘外必先安内”的反

① 附中50届。

② “国联”全称“国际联合会”，成立于第一次世界大战之后，旨在保全世界的和平局面，为此订有盟约，词句冠冕堂皇，实际却很脆弱。先后加盟的国家共有44个，中、日均为加盟国。

动方针，置民族安危于不顾，压制民众的抗日救亡运动。彼时我镇虽有几个“自卫救国”名义的组织，均无多少实际活动，里人乃以传唱抗日歌曲来表达自己的抗日救亡心声，像《松花江上》《打回老家去》《义勇军进行曲》等荡气回肠的旋律围绕闾巷之间，一唱百和。其时我尚处于童蒙年岁，对世事国事不能懂得，但我似乎也感受到了人们不甘沦亡的悲壮气氛。

1937年8月13日，日军再度在上海燃起战火。那时全线抗战的局面已经形成，我守土将士浴血奋战，竟以身殉。最感人的一幕是为掩护主力撤退而陷入日军包围，退守苏州河畔“四行仓库”的谢晋元团长和他的八百孤军的壮举。他们堵门迎战，决心与阵地共存亡。对岸是英、法等外国租界，那里的中国百姓都激情满怀，不畏险阻，千方百计支援前线孤军。敌我双方争战异常激烈，战事持续三个月之久。无奈日本帝国主义亡我之策酝酿有年，侵略军训练有素，武器精良，而我军相对落后，在强大火力下终于不敌，全线后退，经当时的租界当局协调，全体转入租界。

11月初，日军一部突然从杭州湾北岸的金山卫登陆，迂回包抄上海守军侧翼，并直接侵入太湖周边地区。不过几天，我镇就遭到日机轰炸和扫射，有农民数人遇难，一座始建于宋朝的古刹圆明寺被炸。据《镇志》载，圆明古刹乃一处胜境，有钟楼雄峙其左，晨钟铿然，声达四乡，前有湖光潋滟，碧波千顷，远望树色如黛，红霞似火，不减西湖春晓，因而被列为盛湖八景之一，题名“圆明晓钟”。如此文物胜景，却被日机毁于一旦，后来日军进镇，又把它毁灭殆尽，寺钟也被夺走，日寇践踏人类文明世人众目共睹。

从“一·二八”到“八一三”刚好是5年半时间，也是我当时的年龄5岁半。我开蒙较早，那年我已从幼稚园转到了小学，可是炸弹打断了我才开始的学业。我那时已经略能记事，依稀记得日机来空袭时大家钻到棉被覆盖的桌子下面；空袭过后左邻右舍聚在一起，议论纷纷。日机空袭的威胁和日军将至的传言，使得镇民惊惶出外逃生，我家也在逃难之列。太湖地区港汊纵横，湖泊星罗棋布，从甲地至乙地都需乘船，所以镇上逃难人家多有几户合租一条农家篷船，夜间行船，白天怕碰上敌人的汽艇。

我们背井离乡，心里总牵挂着故乡的命运，可叹的是，没过几天就传来了盛泽镇沦陷的消息，我们顷刻成了无家可归的流浪人。江南地区平畴千里，无山岭沟壑可以藏身，何况鬼子在在都有，没有“后方”可作退处。我们长期流落在苏浙交界的一些乡、镇之间，不知何日是归期。

侵华日军暴戾恣睢，奸淫掳掠，横行无忌，是一群凶狂之徒。当时百姓手无寸铁，也无组织，只能流离转徙，远而避之。就我记忆所及，我家曾在集汇里(谐音)、南塘港(谐音)、菱湖镇等乡镇栖身。逃难历程曲折、艰辛，充满着苦难，身处困境，大人们一筹莫展，风吹草动，日夜怵惕不宁。我那时是个6岁幼童，身边发生的事未能真切了解，但对南塘港和菱湖镇出现过的险情却印象深刻，至今不忘。

南塘港属于何省(江苏或浙江?) 何县，迄今不详，只记得我们住在乡下，房前有晒场和草垛，屋旁有树木和溪流，更记得那位和蔼的房东太太，很喜欢我，每见我，总要从衣兜里摸出个糕团之类的吃食送我。刚到此地，就听说这一带已遭鬼子的蹂躏。鬼子性如虎狼，行若狗彘，不单掠夺财物，还强暴妇女，迫使不少妇女躲进湖荡水域，有的因此丧命。

有一天午时，房东急急来告，说有鬼子出现。情势紧迫，大人赶紧催两个姐姐远避，其他的人隐藏起来，匆忙中祖母就躲到了房东帐子背后，一时别无良策。果然一会儿鬼子来到，其中的2个人闯进祖母躲藏的屋子翻箱倒柜，响声很大，祖母在帐后听得真切，不敢出声，鬼子专注打劫，没有搜查屋子是否有人，才算逃过一难。姐姐们逃避在外，遇到其他避难的人传闻鬼子的行踪，众说不一，大家东奔西跑，吃惊不小，有一遭险些撞上鬼子，幸好及时发现隐蔽，而鬼子未近前就转了方向。我们回到屋里见东西已被翻得乱糟糟，清点发现，当年祖父在上海购买的一架精美座钟、大哥遗忘在枕下的一只怀表和一枝钢笔均被掠去。物之所值终归有限，一家老小平安实算万幸。日本鬼子的盗贼行径，为人所不齿。

菱湖镇位于浙北，属湖州所辖。我们原本打算在南浔镇落脚，那里离故乡较近，不料一到该镇就听说鬼子即将来袭，赶快转道菱湖镇。我们几家同路逃难的人家栖止在正街一座大宅院内，借住最靠里一进的楼上。这样过了不知多少时日，正值冬至那天黄昏时刻，忽然传来了东洋鬼子要袭击本镇的风闻，店铺赶紧打烊，家家紧闭门窗，入夜全镇一片死寂，偶闻几声犬吠狺狺，真可谓风声鹤唳，草木皆兵。突然间百犬狂吠，人声喧嚷，并伴有杂沓的脚步声音，这一切告诉人们：鬼子已经到了镇上，灾难将临!

我被大人从睡梦中叫醒，跟着大家一起去宅后躲避。宅后有一堵院坝墙，外侧横着一条河浜，对岸就是街道，内侧靠墙的长廊下码着一些木料，是一个木作场所。我们起初躲在一间用于炊事的房屋里，但其地狭窄，然后又转移到廊棚下面，倚着横倒的原木一并排坐着。对岸街上有鬼子来回奔走，一路号叫。我尽管瞌睡连连，还是被各种聒耳之声闹醒，鬼子皮靴的橐橐声、枪托击门的嘭嘭声、器物被捣的哗啦声、女人尖叫的凄厉声阵阵传来，令人心悸。鬼子电筒的光束不时从对岸射来，甚至在我们的面前扫过。大家屏住气息，不能出声，心里砰砰直跳。冬至夤夜，寒风砭骨，令人噤战，于是有人忍不住咳嗽，这就引起一阵惊慌，众口同声叮嘱："轻点！轻点！"幸亏沿浜有一溜平房，使鬼子视线受到限制，跨在浜上的木板便桥也已事先抽掉，鬼子一时过不了浜，加上夜色蒙蒙，远处之物都是影影绰绰，所以我们始终未被鬼子察觉。鬼子在镇上闹腾彻夜，近五更方才离去。

晨曦初露，我们回到屋里，才觉喘过气来。但一听说鬼子昨夜还是进了我们的宅院，又吃了一惊。鬼子是破大门而入的，闯到我们住处的厅堂。昨晚房东未与大家一起撤离，鬼子擅入后就暗地留神他们的动静，只听得一帮人在厅堂和天井之间蹿进蹿出，嘴里叽哩咕噜，不意间竟听到一句中国话："这里不是大户人家。"鬼子随即退了出去。

我们这套宅院有好几进院落，屋宇深邃，前面几进没有人住，空荡荡显得苍凉，也许人家也逃难离去。我们住的一进厅堂里摆着一些尚未打制完工的家具，凌凌乱乱很不起眼，可能是这些情景让鬼子觉得捞不到油水，转去打劫别处了。如果鬼子再前进一步，穿出后门，肯定就会发现我们了，后果不堪设想，让人后怕。我们算是幸免于难，但镇上不知有多少人家受害。这次鬼子袭击的前因后果，我因年幼浑然不知，但鬼子那张牙舞爪、穷凶极恶的行径，却已经在我那混沌初开的头脑中，勾勒成了一幅"东洋恶魔"的凶残模样，难以磨灭。

我们逃难途中居住过的另一处乡村叫集汇里，属于江、浙的哪个县？我现在查考不出来。我们就在那里度过了农历新年。在我的印象中，那一阵天色总是灰暗阴沉，四周田地苍茫，满目萧瑟。有时候家姐带我去田头地角，挖野生的荠菜或马兰头回来当蔬菜。我家与同路而来、隔一壁而居的一家同乡，曾合作酿造过一罐臭乳腐，每天两家人同时开罐，各取几块佐餐。从这些细节，可以豹窥难民生活之艰苦。

漂泊在外日久，平添许多乡愁。那时家乡已被日寇占领，山河改色，人事全非，不再是可以安身立命之地。但是长期托身在外，总不是个办法，一则生活成了问题，再则我们还牵挂着故里两所先祖创办的学校的命运。有关两校的创立和发展，在盛泽镇《镇志》上有较详的叙述；关于先祖本人，《镇志》也有介绍生平的专文。

我祖父洪雄声“精于治学……又擅诗嗜酒，与邑人柳亚子、金松岑等相友善”(摘《镇志》原句)，酬唱往来，文采风流，并有著作传世。祖父同时又很热心社会公益，为本镇的公用事务和公益活动呕心沥血，其中最热衷的当推教育事业。据《镇志》记述：“洪鹗(1867~1927)字雄声，早年受戊戌维新的影响，忧世心切，视兴学为当务之急。光绪二十九年(1903)，与里人郑慈谷、张嘉桐共创盛湖公学。”

盛湖公学是一所新式学校。其前2年，郑慈谷先生首办新校，称郑氏小学，祖父曾任该校教员。盛湖公学创立，郑氏小学废。这两所学校的创办，“标志着盛泽教育迈进了新的历史时期。”(《镇志》原句)为了完善新的教育体制，培养切合时代需要的新型人才，祖父东渡日本考察明治维新后的教育状况，返国后“接任盛湖公学校长，栽培桃李，使该校蜚声全邑。”(《镇志》原句)

1913年，该校按全县学区划分，改称“吴江县第三高等小学校”，简称“三高”。以后虽几度易名，但“三高”之称最为里人熟悉。到上世纪30年代初，该校有学生近千人，规模可观。我那刚刚起步就被战争打断的小学学业，也始于此校。

新学既兴，里中女子入学愿望迫切，于是1906年“盛湖公学校长洪鹗私资创设盛湖女校，并自任校长。”我祖父“独建盛湖女校，大兴女学之风，称述于乡里。”(《镇志》原句)里中大家闺秀和布衣裙钗均踊跃报名，我曾见过一帧女校师生的合影，经母亲指点，方知镇上许多女性长辈，包括我自己的母亲、姑母、姨母，都是女校学生；我母亲姐妹两人还当过女校教员。民国元年(1912年)女校添设蒙养院(即今幼儿园)，使新式教育体制更加完善，我的学前教育就是在这里完成的。

1927年我祖父病逝，后代继承了他的事业，我父亲接任校长，家庭其他成员，包括母亲、长姐、长兄，都先后以教书为业。民国初年两校虽收归县立，但我家与两校仍有化解不开的情缘，所以离乡别井以来我们始终牵记着学校，但家乡已经物是人非，即使准你办学，也必受日伪控制，那决是义不苟取的事！正在这时，一条来自家乡的消息让我们震惊。消息说，“三高”小学已被日军烧毁。后来《镇志》记述：学校在“盛泽沦陷后，毁于战火。”不久又听说，太平桥女校(盛湖女校)遭受严重破坏。这两条消息彻底打消了我们返乡的念头。

不回家乡，又去何方？太湖地区已全部沦陷，只有上海的租界日军没有占领，那里也有亲戚，先找个存身之处，再定后图。于是我们决定向上海进发，同船的还有几家乡里。行程中航船多次被喝令靠岸检查，幸好并无意外，船过一座集镇，遥见岸上有一些鬼子与身穿和服的日妓追逐嬉戏，恶形恶状，不堪入目，联想到他们的“同类”在南塘港和菱湖镇的罪恶行径，令人不仅憎恨，而且恶心。一天黄昏，终于船到上海，闪烁的霓虹灯令我好奇，船在苏州河靠上南岸一个码头，此地在公共租界内，而北岸就是被日占领的闸北地区。当夜在船埠附近的一幢石库门房子里歇息，此处称“盛泾公所”，疑是盛镇驻沪机构。翌日，姑父母把我们接去家里款待。于是逃难生活告一段落，时间约是1938年暮春。

我记忆中的童年

胡金生[①]

1929年10月22日(农历九月二十)我生于上海南市半淞园路吉善里。父亲胡全根是江南造船所的一名钳工；母亲陈来宝是家庭妇女。1936年我进江南造船所工会办的小学读书；母亲也参加了午后的扫盲学习。每天晚饭后，我背我的课文，母亲也在读她的课文：人人要做工，天天有工做，人人要读书，天天有书读，人手口刀尺……

1937年8月13日，日本突然侵华[②]，(日军)对上海南市及虹口狂轰滥炸，我们连夜收拾东西逃难，天刚亮就走出家门。父亲、母亲、弟弟胡金华和母亲怀抱着的妹妹胡金花一起上路，随带几个包袱及一个浅白色小皮箱(母亲叫它箧革)。一路上看到许多牵老携幼拿了东西逃难的人群。我们一行人离家不远就拿不动东西了，父亲只得把皮箱扔在路边，里面的一些东西也都不要了。好多逃难的人都是边走边扔东西。等走到南火车站已是人山人海，无法挤上车。父亲就带我们往回走，去赶新龙华火车站。我们雇了一辆独轮小车，母亲抱着妹妹手扶行李坐在小车一侧，我与弟弟拿了包袱坐在另一侧，父亲则帮车夫推车。到了新龙华火车站，我们上了火车，竟是个空车厢，里面只有几个乘客。火车一驶到南火车站，人群就从四面八方往车上挤，车门挤不上，下边的人托着上面的人拼命往车窗里塞，车内已经挤得无立足之地，人们就往车厢顶上爬，以至车顶上也挤满了人。火车徐徐往杭州方向驶去，刚离上海不远，就有日本飞机向火车俯冲扫射，车厢顶上的人一阵骚乱，接着从车顶上掉下去好几个人。母亲说我们都动不了，死也死在一起，听天由命，其

① 1929.10.22~2007.8.27，附中51届。
② 此说有误，应为淞沪抗战爆发。

实想挤也挤不动了，整整一天在车上没吃东西没水喝，没地方去大小便。直到天黑火车才抵杭州站，人们蜂拥下车。只见站台上放了几口大水缸，父亲用竹管桶做的勺子舀水给我们喝，买来冲好的藕粉带有小颗粒的糯米丸子，才解了我们的饥渴。然后我们换乘乌篷船去奉化。这种船有个黑色的篷，后面有一人摇橹，起先可以看到两岸大部分有石砌的岸墙，但在摇摇晃晃的船里不觉睡着了，醒来天已大亮。上了岸我们就步行到外婆家，外公已经去世，外婆有个侄子我叫他舅舅，现在我一点也没有印象了。乡间很穷，外边到处散发着牛粪味和嗡嗡的苍蝇声，房内没有什么家具，一张木床倒是很大，罩着蓝色的麻布蚊帐。住了一夜，第二天清晨我们乘航船去慈溪老家。这种船由一名纤夫在岸边拉船前进，一直拉到田胡镇东河头，上岸就是老家了。没住几天父亲又回上海找工作去了。

冲着东河头河阶沿是春苞太公的烟纸店，他店的东西两侧，就是我们祖上的老房子了。店的西侧，伯祖父新盖了两套二层楼木结构房子，门前有一个约四十平米的晒谷场。房子由曾叔祖母阿才婆看管，她住在更往北的一套院子里，她新房子转交给一个名叫玉树的农民照看，住我们隔壁的那套，不收他房租。我在乡间常跟母亲去听说书，没有学校可上，就在一家私塾听老先生教三字经、百家姓。我第一次看到中国军队在祠堂后边的空地上操练，然后排成两行唱着进行曲向镇上走去，“前进，前进，中华的国民，要前途光明，大家来革命……要冲到枪林弹雨中……”好多词我还听不懂。我认识的一个邻居农民穿着军装扛着步枪也在里边，他参军了。小琴阿姑(阿才太婆的孙女)教了我一首歌，苏武牧羊曲调：“八一三，东洋兵，冲进闸北来，杀我老百姓，炸我火车站，东洋矮子杀人放火，实在太狠心，我伲老百姓，大家一条心，勿管老，勿管小，一齐来拼命，有力出力气，无力出金钱，前有救国军，后有老百姓，军和百姓联合起来打倒东洋兵。”冬天到了，母亲快要生小孩了，阿才太婆接到伯祖父的信说这房子以后是给他过继儿子仁根的，好像生孩子会冲撞了谁的好运，不让在伯祖父的屋子里生养，要不就到祖上的老屋里去生孩子。祖宗留下来的一排七间老房子都很小，且空无一物，那房不住人，是平时阿才太婆堆置松毛柴的仓库。母亲临产时被催着走，她啼哭着说：难道我生的不是胡家子孙？我拿了油灯领着弟弟妹妹拐过烟纸店及一个小胡同，一起住了过去。玉树夫妻俩帮着做一切杂事，冬天很冷，我们只能在破屋挨冻，连个烧炭火的小炉子都没有，吃的是由烧稻草的大灶做好了送过来。母亲说我们是避难来的，又不是争财产来的。后来叔祖父知道了，也怪伯祖父此举不对，说房子是你翻修了盖的，可地皮是祖上的，不是你一个人的。母亲后来生了个女孩，小孩身体一直不是太好。

1938年春我们回上海，路途既没有人送也没有人接。那时我不过8岁多，金华弟4岁多，金花妹2岁多，最小的妹妹才几个月，由母亲一人带领着走，雇个脚夫挑挑行李，到宁波码头等轮船时，我与金华弟各坐一个箱子，手上拿着包袱看行李，母亲带着两个妹妹买船票。同在码头上等轮船的约30多岁的难民两兄弟，看到母亲带着4个小孩子上船，就问我们上船行李都自己拿？没有人送吗？母亲掉泪了，她根本没有想到这些。好心的难民两兄弟先把我们的行李送上船，再搬他们自己的行李。

当时父亲失业，一直在上海奔波，也顾不及我们。我们到了上海先找到伯祖父家，他再帮我们联系到父亲和叔叔有根家。叔叔住在大自鸣钟小沙渡路(今西康路)鸿寿坊，母亲和弟妹们一起住到那里；伯祖父则留我住他家，供我上学。伯祖父虹口的翻砂厂被日本人炸成平地，住房也被毁，只得搬到公共租界厦门路尊德里石库门房子的二楼，包括前楼、后楼和亭子间，当时姑姑仁宝、仁翠都住在一起。那房子是伯祖母的哥哥的，他是医生，住在楼下。我在附近小学读二年级。两个姑姑待我都很好，以前的账房先生、技术头儿德正师傅等经常来吃饭，伯祖父教我对待客人礼貌，要求很严格。伯祖母经常哭，一个月会哭好几次，好大的家产被日本侵略者毁了！我大伯祖父胡瑞祥是翻砂工出身，伯祖母姓金，是本地上海人，娘家很有钱，后来在上海昆明路辽阳路口，伯祖父开设了一家名叫“瑞昌祥”的翻砂厂，是当时上海最大的私人翻砂厂。大家很恨日本人。这里是租界，小孩子聚一起就高唱：大刀向鬼子们的头上砍去……以及义勇军进行曲等。当时我虚龄九岁，很想念母亲，伯祖父就买一小口袋大米让我背着，领我去小沙渡路见母亲。如此这般约两三次，后来就不肯再离开母亲了。我住小沙渡路鸿寿坊期间，母亲早晨起来就洗衣服，大大小小衣服总是洗个没完，而我们孩子们早晨每人一个大饼(烧饼，上海人叫大饼)，我问母亲：你怎么不吃呢？她回答：早晨不饿。天天如此，我知道了，她是为了省两个铜板，早上不吃东西。夏天，三岁的金花妹妹拉痢疾死了。一头的卷发像烫过似的，穿着连衣短裙，路人见了说“漂亮的洋娃娃”。没钱看病，一下就没了。

好久没见到父亲了，他到处找工作，江南造船所被日本三菱公司侵占，他不愿去日本人那里工作。1939年初，天气很冷，父亲领我到虹口扬州路、通北路一带，他在扬州路租了房子。我看到杨树浦路以北、通北路以西被日本人炸得一片废墟，中国的民房、商铺、工厂，以及普通老百姓，遭到滥炸乱杀。杨树浦路以南、以东呢，一点未炸，原来南边是英商怡和纱厂，东边是英商自来水厂。我家搬到了扬州路一家白铁皮铺楼上，父亲这时做些旧货生意，刚住不久田胡生的小妹妹因痨病而死，后来在此还死了出生才几个月的小弟弟。父亲还在扬州路汾州路一家英商开设的恒丰机器厂找了一份工作，这家实际是个修理厂，工作时断时续。那时我在教会学校圣心小学读三年级。有一次父亲收购了从日本人炸毁的房屋废墟中检来的破电线转卖给“小铜匠”贾和林叔叔，不知犯了日本人的什么禁，为了躲避日本人的抓捕，我们全家半夜出逃，雇了一辆黄鱼车(三轮车)，家具什么的都扔了，只带出了几个小包袱。外白渡桥有日本兵把守，问我们为什么这么早，父亲说去上班，彼此都听不太懂，但这黄鱼车往往是拉鱼的，经常很早经过外白渡桥，所以顺利地过了关口。过了外白渡桥就是公共租界，沿外滩进入小东门，到了南市又是日本占领区，住到父亲朋友李春生叔叔家，他住半淞园路陈家桥益元里，在已为日本三菱公司所占江南造船所做工，父亲不愿意去，后来通过英商恒丰机器厂工程师毛根介绍到黄浦机器造船厂做工，厂址就在江南造船所的正对岸。我家搬到了浦东周家渡东书房，是农民的房子，借了靠厨房的一个厢房。父亲在厂当钳工，不久毛师父逝世，父亲接替毛师父职务当了钳工组领班。我在周渡小学读四年级，与房东的小儿子祝官根(小名舟舟)在一个年级，记得有一次劳作，用竹子刻笔筒，一个同学请老师用毛笔题词，老师写了“还我山河”，我见了也想请老师题这个词，老师却题了别的词，我很不高兴，可能老师不敢写了。有一次我与舟舟沿铁路从周家渡走到杨思桥去照像(周家渡没有照像馆)，想再往南看看三林塘是什么样的，走了一半不敢走了，因为沿路都是农田，见不到房子，包括周家渡到杨思桥之间也如此。而祝官根的母亲是个种菜的农妇，常挑着菜乘舢板船过江到浦西去卖，好几次回家哭诉她的菜被安南巡捕没收了，安南巡捕是受雇的越南人。

1941年12月8日，日本偷袭珍珠港不宣而战，没收了上海所有英、美、法等国租界以及这些国家的在沪所有企业，黄浦机器造船厂也为日本三井公司侵占，父亲不愿再留，就离开了浦东。我家又搬到了南市陈家桥益元里，租了一家老式店面房子，木结构一上一下。开始父亲贩来一批豆萁柴零卖，楼上住人楼下堆柴，但生意不好，这批柴卖完就不做了，楼下租给另外的朋友卖红枣汤、番薯汤。这时我就读于中山南路外马路口的农坛小学五年级上学期。陈家桥离南火车站很近，当时车站及沿铁轨两旁的民房都被日本飞机炸为一片废墟，但铁轨还在，我看到有两三个戴开富帽的工人用凿子凿道钉拆铁轨，约50米开外也有两三个人在拆。我走过去看看他们是不是中国人，一个工人赶紧把帽舌往下拉一拉，挡住眼睛，不敢看我，我人小也不敢多问，听旁人说，是日本人拆去造枪炮。回想小时候我骑在伯祖父的脖子上，在火车码头天桥上往下看，密密麻麻的铁轨，一排排的车厢，我第一次见世面，如今顺铁轨往前看去，却是一望无际的废墟!

1942年春，母亲排队一夜买户口米，到早晨开门售米时却被一帮人插队挤了出来，母亲大哭一场。有段时间甚至连买米、菜的钱也没有，母亲经常到菜场检菜帮子与米煮成稀饭加点盐，饭菜都在一起了。母亲还常去当铺把冬天要穿的衣服当了救急，记得最早一次我跟着去当铺，母亲用红布包着一只钟把它当了，高高的柜台，我的手掌还模不到台面。

1942年夏，失业已久的父亲实在生活不下去了，中国人的私人工厂都被日本人炸毁，外商的企业也都被日本人侵占，小生意也不好做，不得不在工友的介绍下回原黄浦造船厂做工，此时船厂已属日本三井公司。为此，父亲又把家搬到了浦东邱家宅。父亲工资少得只能养活个人，我失学在家，去黄浦江边拾漂来的木片、焦炭渣当柴烧。有一次我与一个小伙伴名叫谭燮葵一起去拾柴，见到其昌栈仓库被铁丝网拦着的岸边有很多大木片，我们两人就钻到铁丝网里边去拾，我猛一抬头忽然看到看守仓库的日本兵正举着步枪向我们瞄准，我急叫小伙伴快逃："日本人要向我们开枪了"，小伙伴抬头一看，吓得连忙跪下磕头，我拖起他就快逃，终于钻出了铁丝网，那日本兵见我们走了也没有开枪。

我家住到浦东邱家宅的初期，母亲与人搭伴乘舢板渡江去浦西"跑单帮"，到七宝乡下贩大米，背到市区卖掉，来回完全步行，走一次要两天，做了两次就做不动了，可能已是有身孕的人。沈新昌伯伯的大女儿金枝比我大两岁，还继续跑单帮。

1942年秋，父亲被日本人以"莫须有"的罪名与新昌伯伯一起抓进监狱，关在一起。母亲与新昌伯伯的妻子两个人搭伴，天天走几十里路去送饭。监狱在浦东东昌路，我们住在周家渡附近，当年浦东都是农田，没有公路，大部分时间要走曲折的小路，早晨天蒙蒙亮就出门，晚上到天黑才能到家。回到家要做第二天送的饭菜和为我们孩子留下吃食，再洗一大堆衣服、尿布，还要烘尿布，当时金媛妹还不满两月，我像个女孩一样来照顾弟弟及妹妹，热热饭菜，给小毛头喂奶糕，哭了摇摇篮，有一次哭得厉害，我就加大幅度的摇，几乎来回都是90度，弄不好孩子会掉出来，婴儿总算含着眼泪睡着了，我也流着眼泪自责会不会伤了婴儿，真是手足无措，当时我才13岁。凡是家里出了事，人们往往躲得远远的，怕惹事生非，加上住的房子又闭塞，出门右边是个竹篱芭，门前朝南六米，又是竹篱芭，外边都是菜地，隔壁房东是个七十多岁耳聋的老太太，儿子媳妇都去了江西，没有个邻居来问一声，我们感到孤立无援。倒是弟弟胡金华好在还不太懂事，与邻居小朋友一起，看着月亮用上海浦东话一起唱："月亮亮，家家小囝出来白相相，拾着一个铜板，买个炮仗，一放放到天上，公公出来打仗，婆婆出来算账，阿姐出来搭牛棚，弟弟出来拆牛棚，哈哈哈哈！"还好他能与小朋友一起玩，而我却默默无声，望着明月，盼着母亲早点到家，忧愁万分。有一天叔父有根碰到困难来借钱，一看如此情况，就说他"真是太倒霉"！叹了几口气走了。晚上母亲回家，我告诉她叔父来过，母亲对叔父意见很大，我们万分困难时，不来帮一把。这样过了十八天，原是汪伪警察敲诈，"查无实据"，父亲就出狱了，并恢复了工作。

1942年11月，我刚满13岁，我家又搬到了周家渡东书房，我在一个下雨天进了黄浦造船厂当学徒。母亲图吉利，说雨天进厂是"有财有水"，将来有财有势的意思。我进厂在木模组学做木模，领班是冯阿发，还有一个年轻师傅方树宝都对我很好。由于我人太小，站在工作台边上刨木头，脚底下要垫个小木箱，力气小推刨也推不动，出不了刨花。大部分时间帮老师傅拉锯剖木头；车制圆形的零件，靠一个原始的脚踏车床，洪师傅七十多岁了，他常要我帮他踏，他说他认识我伯祖父，外号小瑞瑞，要我代向伯祖父问好。我看洪师傅背驼，双眼有些模糊，但做出来的工件比别人漂亮，而年轻的师傅力气大，不要我帮他踏。最无聊的工作是帮他们在水泥地上把砖样的磨刀石磨平。与我同时进厂的房东的大儿子祝宝根，父亲收他为徒弟，在钳工组。

有些工友从浦西乘舢板来上班，来回路途遥远，有时多加两小班，就常有四五个人挤着睡在我家的地上。母亲、我、弟弟我们三人住小阁楼上，家里没有电灯，为了省油灯，天黑了，我们躺着听老师傅讲故事，往往住个两三天。一次住在我家的"独眼龙"叔叔，把干活时用剩的半根洋蜡烛悄悄地扔在篱笆外，出厂回家在篱笆边去检时被埋伏在草丛中的日本人抓住，反缚双手吊在冷作车间的樑上拷打，很多工友去说情，还是吊了半夜。他是为了大家，夜里摸黑能找个东西，挨了毒打，大家心中很为不平，第二天上班就磨洋工，看着在工作，不给出活，包括我们木模组，老师傅纷纷议论，磨着洋工。1943年夏，我家搬周家渡东村。叔父有根来投靠父亲，父亲介绍他进黄浦厂当铁工，他家在浦西。有一次金媛妹感冒发烧转肺炎好几天了，像以往一样没钱去医院治病，听邻居说放在泥地上可以退烧，母亲只好把她放在泥地上，我们不时轮流给她喂些水，没有其他办法。那天叔父来到我家，晚上看到妹妹躺在地上已久，就把她抱在身上，发现烧退了，真是老天保佑！不久叔父又转为清砂工，把浦西小沙渡路的房子退了，婶婶桂香也失业，于是他们夫妻俩都住到我家来了。我家租的房子有两个房间，一里一外，因此都能挤下。因叔叔嗜酒，婶婶与他离了。叔叔靠叔祖父介绍去自来水厂工作。

1944年，黄浦造船厂转卖给了广东人，父亲离开黄浦厂去白莲泾老公茂造船厂工作。做了一年半木模的我，也得另找靠山，父亲买了香烛领我拜董善德师傅为师，善德师傅叫我跟唐阿鹏师傅学钳工划线(唐师傅解放后任公茂造船厂厂长，工厂现名港口机械厂)。父亲受人之托，收了徒弟姚康德，年龄与我相仿，由于家在大碶头(浙江省地名)，所以就住在我家，与我同睡一床。姚康德也跟阿鹏师傅学划线，我们一起上班，回家一起到黄浦江边挑水，家里没有自来水。父亲另有一个徒弟的姐姐，年龄与我一样大，被纺织厂解雇失业，也住我家，帮母亲做饭，母亲快生孩子了。我记得她教我和金华弟唱歌："汽笛吹起，霜天未晓，风吹单衣又未了，提篮出门，急忙就跑，恐怕到厂又迟了，年年辛苦，岁岁疲劳，梦里青春，转眼已老。"黄浦厂归广东人后，女老板常来厂视察，有人一叫"匹大王来了"，我们头都不敢抬忙着干活。

1945年5月，一个老师傅喊着"法德了"，说是德国投降了，不久美国B-29重型轰炸机不断来轰炸日本三菱公司所占的江南造船厂，正对岸的黄浦造船厂及周家渡虽不是目标，但也受到弹片波及，康德他们各自回了家，父亲再次把家搬到宁波乡下，并只身来上海找工作。那年我15岁，我们还是住伯祖父在乡下的那套房子，生活很困难，父亲从没有寄过钱，经常吃稀粥、龙头烤，我和金华弟常去野田挖马兰头，到河里摸螺蛳，有时我与邻居春苞太公大孩子一起到田埂边钓黄鳝，顶了大部分菜钱。春苞太公辈份高，但年龄与父亲差不多，有一次我跟着他去山北贩棉花，我只挑半担棉花走路还跟不上他挑一担，到山上一个凉亭休息时再也不想走了，满头大汗，衣服湿透，没有水喝渴得历害，但咬紧牙关闯过来了，回到家里双脚磨出了血泡，好几天不能走路。在宁波的这个小小镇上，经常出没四支部队，日本兵、和平军(汪伪军)、三五支队(共产党领导下的游击队)、俞济民部队(亲国民党的游击队)。俞的部队只是风闻，从未见过；势力最大，活动最频繁，深得民心的是三五支队，老百姓欢迎，他们都穿便衣，约有一半女同志，他们教孩子们唱歌：四明山上百草青……大炮轰，飞机响，要铜钿，抽捐税，要性命，抽壮丁，杨末咯杨柳青哎哎……和平军来了没人理睬，大家叫他们“黄狗”，因为他们穿深黄色军服；日本兵来了，青壮年及妇女都往山上躲，青壮年怕被拉夫，妇女怕被强奸。我知道日本接受无条件投降的消息是三五支队贴的告示，第一次知道朱德，毛泽东的名字。

转运国家文物的千辛万苦——追念我的父亲和母亲

牛 晨[①]

我的父亲牛德明，是位知书达理、深明大义的好父亲，他生于1907年8月22日(农历丁未年七月十五)，卒于1994年10月4日，享年88岁。

父亲不但知识渊博，书法也好，约在1925年北京故宫博物院成立之初，他就凭自己的努力考入了博物院，担负起了维护国家文化瑰宝的重任。1935年，他与那志良、傅维本、宋继隆等几位同事远赴英国伦敦、法国巴黎主持展出中国文化艺术博览，1936年回国。但是，上世纪三十年代是我国多灾多难之秋，日本侵略军于1931年就挑起了“九一八”事变，侵占了我国东北三省，继之1937年“七七事变”，开始全面侵华战争。那年代兵慌马乱，百姓流离失所。我父亲回国后即参与了维护国宝南迁工作，从北京护送大批故宫文物到南京、上海。1938年日军侵占南京前夕，他又押运数千箱文物从南京运往重庆等地大后方。说白了这就好比一家富户遭到了土匪抢劫，在劫匪来临之前，主人急忙携带家中细软匆忙出逃一样。当然，国家文物哪里是私人财产可以相比？它是中华民族积淀下来的历史文化瑰宝！而且我父亲不久前刚刚向世界自豪地展示过，深知其历史文化价值是无法比拟的，他以如此重大的工作为己任，来不及顾及个人家庭，一直忙于对文物的整理、装箱事宜，待到他押运临行前才筹借钱款安置我母子的生活，后来院方发现此事不妥，才命他携妻、儿押运同行。就这样，在我年仅4岁的幼小心灵里，留下了既懵懂又深刻的颠沛流离押运历程和逃难生活。

我母亲洪书勤可谓夫唱妇随，她不但具有一般人说的女性之美，也像她取名那样，是

① 附中52届。

一位知书明理、有胆识、求上进的好强女性，她勤劳持家、贤慧待人。我爷爷去世得早，所以母亲对祖母更孝顺，与妯娌之间也和睦相处，在北京时由母亲和我二妈一齐操理家务，直到文物押运时才分离。

我家离开南京前夕，日机轰炸频繁，空袭警报不断。为防日机夜袭，父亲让我睡在文物的库房内，那是钢筋混凝土建筑，比较结实，距防空洞也近。那时我实在幼小嗜睡，他把我安置在一个五尺高的文物柜顶上，睡到半夜，我从柜顶翻滚落地，竟亦浑然不知。当然这些事都是父母后来对我讲故事才知道的。

离开南京我们一家住在大铁驳船上，前面由一艘小火轮拖着三艘大铁驳船沿长江西上。铁驳的船舱很大、很深，舱内满载着一箱箱码放整齐的文物，每箱约五尺见方，有一个班的士兵保护着与我们同行。文物运抵武汉，我们刚住下，当时故宫博物院院长马衡又命我父返回南京，再次抢运五千箱，由此看来经我父亲之手抢运出来的文物不下万余箱，那文物之件数也可想而知了，真是功不可没！据我父亲二次押运返回时说，南京已是满目疮痍，街上冷冷清清的，死狗随处可见，厕所脏水满街横流。下关码头上，仅有他租来的一艘英商轮船，日机整天在上盘旋，但因轮船悬挂的是英国旗，不敢贸然投弹。就在这种气氛下，我父亲指挥着装载文物，不意间走来了正在值勤的一名国军高级军官，问这问那，我父亲反问他："你是谁？"他身边的随从副官答说是："俞部长管后勤。"当该部长了解了情况后就说："你们的古物要快装、快运，日本兵已过了苏州，这边没有要塞可守。"

父亲对这批文物的押运真是费尽了心，文物到武汉集中，但由于江水已变浅，不能上溯，只好在武汉等待好几个月，及至春汛时分，才能再起航抵重庆，再由成渝公路接驳赴成都。为了躲避日机轰炸公路，常是父亲打前站探路、联系，这就不能与我们母子同行，那时我和母亲随文物车一齐坐在司机旁，怎想得到我这不值几个大钱的小命竟会伴随着数千上万件的无价之宝，一路颠簸到成都，最终抵达乐山。由于我幼小，加之母亲护着，还不理解这种押运实际是逃难，一路上的困难、艰辛、颠簸和惊吓全由默不作声的司机和慈爱的母亲替我担着了。在成渝公路上，我也真是坐车观山景了，那时我虽还不懂得祖国辽阔的锦绣河山、美景如画，但对车窗外经过的山山水水，城镇村落甚感新奇、有趣，印象挺深刻，至今记忆犹新。时不时从司机严肃而无语的表情里和母亲的眼神里流露出紧张和担忧，而我只能从母亲紧搂着我的感知中，才领略到一丝大人们对路况的担心。车窗外山道险恶，绕过群山环抱的山谷，车道往往从山顶沿山势盘旋、曲折蜿蜒而下，直达谷底，有时入洞(隧道)，非常奇妙地穿山而过，我感到真有趣。记得有一段地方有一块大石崖，突出在车辆的顶上方，车上文物箱恰好从崖下过去，犹如人在屋檐下佝偻而过，十分惊险。

有的路段路面狭窄，一旦两车相错，靠路外侧的车辆，其后双轮竟有一个轮子悬空于路外，其下即为万丈深渊，不得不佩服司机胆大心细、临危不惧的魄力。

到成都以后，总算安顿了下来，我也开始上小学一年级，但还不到一学期，又奉命将文物转运到峨嵋山麓的峨嵋县。父亲带着国民政府的文件来到县中著名的大佛寺，寺中老方丈见了，接待的很客气，让坐又倒茶，还大声嚷嚷："茶！倒茶！倒好茶！"，可是一谈及借用闲置庙室作为文物库房时，却阿弥陀佛地说什么菩萨不让，但我父持有国民政府公文，胸有成竹，并晓以大义，总算谈妥了借房事宜，不料又来了一帮从前线退下来的败兵，扬言"老子在前方流血抗战，这庙宇应由我们住"，父亲从容应对，取出公文说："这是国民政府的文件，你们谁还敢住吗？"总算镇住了这帮败兵，他们也还懂些道理，觉得这么多重要文物从南京千里迢迢运来，事关重大，而且持文者有些来头，就让了步。待父亲把文物安置全部落实后，我家也水到渠成地在县城里住了下来，租住的是二层楼房的楼上，父亲白天去大佛寺库房上班，晚上还常轮值夜班，所以往往是晚饭后给我讲完故事就走了；有时他也会讲些库房里遇到的各种怪事，那就是狐狸和野猫常窜入库房，老鼠和白蚁也是库房的常客，父亲细心地多方设防，对文物加以有效的保护。在护兵协助下，搭建木架把文物箱架空、架高，使箱箱之间留有适当空隙，既有利于通风防潮，又利于消灭白蚁，如此众多又这么大的木箱抬上卸下，仅靠人工确是件很费力的事。

峨嵋也住了不多久，又奉命搬向乐山安谷镇，维护藏于该镇易祠(祠堂作为库房)的文物。父亲称这处库房为易祠库，这库房也即是他的办公室，我家则住在易祠就近的村子里。乐山多雨、气候潮湿，每当晴朗日子，父亲他们就把文物、字画等摊摆于祠堂院中的矮桌上晾晒，于是这些文物跟我接触的机会就多。我至今还记得画中的那些山水、树木、人物、蝴蝶之类，画得很细腻，如今想来可能那些是工笔画了，只可惜我那时实在太小，贪玩，只知道这些文物好看，父亲把它视若珍宝，命我许看不许动，更是严禁我那稚嫩的脏手去触摸翻弄了，殊不知像我这样的年龄哪里会懂得要去学习、借鉴和鉴赏，反而觉得真正好玩的(是)蝴蝶，还不如到菜田里去捉一只活的哩！大概也有一个班的士兵驻守在祠中，保护着文物。

文物越来越搬向峨嵋山的山区，已不似重庆、成都那样频频在日机空袭的威胁之下。但即便如此，远离大城市的安谷镇也并非高枕无忧，一天在毫无警报声中，飞来数架飞机，乡人正兴奋地仰望着天空看奇，有的人还拍手掌，却冷不丁地炸弹落地轰响，人们才恍然醒悟。当时的国民政府对日寇的空袭防御无力，对民众的抗日教育也很欠缺。

母亲认为安乐镇学校的师资太差，就把我留在家里，由父亲自己执教，从此，我由父亲启蒙式地施行了德、智、体、美的全面教育。我父亲的教育的方式很实在，结合被日本鬼子后面撵着的押运工作和我家的逃难经历，痛恨日军侵略、痛恨被鬼子撵着的逃难生活，他寓教于学，使我亦步亦趋地进步很快，使我从小就懂得了爱国爱家。他深知男孩爱枪、女孩喜娃的天性，记得不到5岁，就在南京给我买了2本书和1支玩具步枪，常带我和小伙伴们一起玩枪打日本鬼子兵，强我中华。

父亲还以讲故事的方式灌输我许多科学知识，才七八岁时就对我讲起了发明激光的故事，鼓励我努力学习。后来1940年我家重返重庆我上小学三年级时，由于数学方面我已经打下了良好的基础，我的数学成绩全班拔尖，赢得老师欢心，即使偶然犯了些小错，老师也不加重罚，同学们因我功课好，也愿意和我交朋友。到我十一二岁稍懂事时，父亲就给我讲国际知识，和我家搬迁频繁的抗日逃难时事。父亲不但教我语文，顺带还教我读报，了解国际形势，并讲中国地理、历史以及古人的道德故事，他曾激动地说："万不得已，我们都参加游击队，和日本帝国主义周旋到底。"

为使我健康地成长，读书之余父亲也教我踩高跷、玩跳绳，并令我不要死读书，多参加足球、篮球运动。他从小就不断矫正我的坐姿立势，如今我已年届80，但我的双目单视，仍能保持在1.5的高水平，坐在汽车里仍能一眼看清一公里内的物体，这怕不能全以遗传优势解说得了，应该感谢我父亲当时对我的严格教育。

我的童年一直是过着颠簸流离的逃难生活，所以从小体弱多病，而父亲又忙于维护文物，抽空教我已无暇顾及他事，这就苦了我的母亲。文物押运有车舟之劳，且长途跋涉尤为艰辛，而我却在母亲温柔的怀抱中免了不少颠簸之苦。在峨嵋因为水土不服，还差点丢了小命。我和小朋友一起玩时，据说吸入了当地的什么瘴气，躺在床上肚子越涨越大，动弹不得。母亲在无奈之下，虽然信不过，也只能请隔邻的郎中给我诊治。那位郎中用火在我胸口前灼烧地燎了一下，说也奇怪，随即止住了肚涨，随后放了几个响屁，也就好啦！后来据郎中说起这次很危险，如不及时治疗再过几分钟人就完了，这是否实情，还是郎中故意危言耸听，以显示自己本领，不得而知，但当地乡土习俗和经验，确也不无道理，难得我母亲在危难时刻当机立断救了我。不久，我在7岁又得了牙病，碰巧从外地来了一位牙医孙大夫，我父母听得就请他诊治，牙病也痊愈了。但我体质一直很羸弱。

虽然我家在峨嵋山麓下生活8年，然而由于我的瘦弱，大家从来没有登山观赏过胜景，父母从未因我体弱成了累赘而对此感到遗憾。

从峨嵋到乐山我第一次乘坐滑竿(四川特色轿子，前后2人用竹竿抬在肩上，中间架个竹编有靠背的座椅坐人)，与母亲一起乘，路上走了一天，山路崎岖不平，轿夫们走得急，人坐其中十分颠晃，我赖妈妈搂着也就不觉害怕，只觉得好玩有趣。坐轿人看一路山色风景，却体会不了轿夫们汗流浃背的辛劳。我家在乐山安谷镇呆了2年，那是我童年岁月中过得最为畅快、丰富的日子。我家住在易祠近旁的村子里，房东叫赵洪青，在他那里我们过了一段很为宁静的田园生活。房前篱笆外有大片稻田，沿篱笆有条支渠小水沟，它从主渠引水，可供灌溉，屋后有竹林与后邻相隔，后邻之外是条较宽的灌溉主渠，春天主渠放水后，在支渠小水沟中会游入不少小鱼、小虾之类，我跟着小伙伴们光着脚到水沟里去摸鱼。我看见别人钓鱼，也向母亲要根竹竿，拿上一段母亲搓成的麻线，串上几个浮子，接在竿上的细端，再弄一枚大头针，弯过来成鱼钩，就自制成了我的钓鱼竿。我们到主渠上去钓鱼，有时鱼是钓着了，当兴奋地把鱼提出水面时，那活蹦乱跳的鱼儿却在半空脱钩又跃入水中，因为弯成的针没有倒刺，所以带钩常脱，但我们仍乐此不疲，因为活水中鱼多，能把鱼拉出水面已够刺激的了。时间一长也钓出了经验，只要浮子一沉，就立即起竿，提拉得快，就可以把鱼儿拉个正着，这就要看你眼尖手快的本事了，既有趣也很有意思。

我与守易祠库的护兵们相处得很友好，他们也可能经历过抗日战场，很珍惜这个宁静的田园生活，我把钓来的鱼，还有家买的孵出不久的小野鸡交给护兵们帮我养，祠库内的四角，各设置一个高大的水桶，储满了消防用的水，这就成了我们的养鱼池。我养小鱼，就是为了消灭蚊子，想让鱼把水中的孑孓都吃掉。有一次护兵们打着了野狗还分给我一条狗腿，吃得好香哩！

母亲还养了一群鸭子约有30只，她给我的常差就是拿了竹竿光着脚把鸭子赶向稻田里吃小鱼虾，有一次掉在地上的枣刺扎进了我的脚心，真是痛彻心肺，母亲用针把刺挑了出来，脚底还是化了脓，只得在藤椅上躺了一个夏天：在家里躺久了，就想活动一下，到秋天我母亲去安乐镇赶集，我吵嚷着非要跟着去，人走在阡陌上，两旁即将成熟的稻茎长得比我高，穿行于阡陌间使我尝到了什么是真正的闷热，弄一身痱子，又痒又痛，使我体会到古人创造“秋”字的真谛，原来秋天的禾间其热如火。还有一天跟母亲去安谷镇的路上，走了一半却是满天乌云滚滚，眼看就要下雨，忽然一个闪电，只见一颗铿亮的电光小球，从前面的高山边直向我扑来，吓得我一声“妈呀！”立刻躲到了她的身后，母亲是我最安全的保护神。这个童年时代的安谷镇令我回味无穷，难以忘怀，不知如今那个安谷镇的稻田还那样热吗？

我母亲在操持家务上是一把好手，无论洗衣、做饭、织毛衣、理家和家庭农活，几乎是个全面手。母亲跟着父亲走南闯北，从东到西，随乡入俗，学会了烹制当地菜肴的手艺，她能蒸得一笼有嚼劲的馒头，擀得一手柔韧的细长面条，还能做川菜特色的牛肉干，所以那时我父亲几个要好的哥们如朱预卿、那志良等都喜欢上我家来聚餐，品尝我母亲的厨艺。母亲除了这些家务外，在社交上也不示弱。1940年我娘儿俩从安谷镇到重庆去找父亲，由雇工替我们扛了行李，雇工走得稍快些，到宜宾码头上船前被码头卫兵拦住，要他打开行李检查，雇工无奈回头望着我母亲，她就赶上前去看了卫兵一眼不卑不亢地问他：“检查完了你们给捆上啊？”卫兵觉得太麻烦了，只好无奈地一挥手：“走吧”。我们被顺利地放行了。

母亲是我家中的半爿天，父亲一心一意扑在维护文物的事业上，这与我母亲贤内助的支撑是分不开的。我母亲于1974年7月31日去世．我父亲常以“曾经沧海难为水，除却巫山不是云”的诗句来慰解自己心中的思念。我父亲、母亲俩人是一对互相恩爱、配合默契、称得上是人间表率的好伴侣，我从小到大一生中时时刻刻享受着他们对我无微不至的教育和关爱，使我终身难忘。

如今我已年届80，在我的晚年曾多次逛过故宫博物院，徘徊于琉璃画楔的宫殿之内，见到每天拥来无数中外游客，参观如许众多的中华文物，这里一定有我父亲当年在易祠库内晾晒的画卷和古籍。这许多珍贵文物历经8年抗战劫难，依旧保存得如此完好，参观者都会由衷地发出赞叹之声。此时此刻，我情不自禁地会想起我父母为此付出的辛劳和我们一家长途押运逃难历程。如今和谐岁月，前些年“两岸三通”以后，两岸交流中华文物，半个世纪以来黄公望的富春山居图能破镜重圆地合幅展出，实在是中华民族文化的盛事，这也可能是两岸重圆的前兆吧！不亦可以告慰于我父母的在天之灵了吧！

父辈们早已逝世，4年前电视台摄制以中华文物史为主题取名《故宫》的电视片，编导者采访了我。我根据幼时的经历和父母讲述的押运生活以及对我的教诲作了回忆，贡献一点文物史的补遗，以此纪念我的父亲和母亲。

七十年难忘的记忆

李式琦[①]

我1934年出生在安庆，当时国难当头，正是日军侵华战争的前期。1931年的“九一八”揭开了日本侵华的序幕，1937年“七七事变”，标志日本全面侵华和中国全面抗日战争的开始，“八一三”又发动对上海的进攻，扬言三个月灭亡中国。经中国军民的顽强抵抗，坚持三个月之久，终陷敌手。随后日军分三路进攻南京，1937年11月20日国民党政府发表宣言，迁都重庆。

我的祖父曾留学日本，他对日本人的野心及其残暴的生性深有了解，故召家人开会，明确指出，日本人凶恶残暴，必须离乡求生。如是，我们家、伯父一家、四叔、五叔、大姑父、二姑父家均先后离开安庆向西流亡，最后都于1938年夏秋之际到达重庆，一路上的艰辛也都一言难尽。

中国抗日战争自1938年10月广州、武汉陷落后，进入了第二阶段战略相持阶段，日寇采用劝降活动，导致汪精卫、周佛海于1938年12月5日和8日先后逃出重庆，经河内到南京，公开叛国投敌。1938年12月30日汪在对时局的四点“希望”中，丧心病狂地提出“对重庆可施以致命的轰炸”，以配合其卖国行动，日寇也认为汪投降后会引起敌人后方人心混乱，促使国民党主和派势力的抬头，加速重庆政权的瓦解。因此，轰炸重庆就成为日军的重要手段。

日军航空兵司令部2月开始进行充分准备，还故意减少空袭次数以麻痹我方。就在这年的5月3日、4日，日寇空军突然连续轰炸重庆。5月3日中午1时17分，敌机分两批各18架次侵入重庆上空，沿长江北岸呼啸俯冲，向重庆的市中心地区狂掷炸弹和燃烧弹。顿时，人口稠

① 附中52届，本文写于2009年。

密、商业繁荣的市中心陷入冲天大火，浓烟滚滚。因为当时重庆的房屋都是砖木结构，有的居民房屋还是竹木结构，日本鬼子投下的大都是燃烧弹，很多人被炸死，更多的人是被烧死的。5月3日所幸我们家和亲属们没有被炸到，但外面的大火蔓延至夜晚不熄，到处是焦土、烟火、尸体枕籍，甚至树枝上都挂着断残肢，令人惨不忍睹。5月4日早上起床，余悸犹存，看见一大群人向防空洞方向跑去，许多人心里发毛，后来才听说警报器坏了，所以一直没有拉警报。当时我们家住在山坡下的陕西街，而山坡上正好是德国领事馆，那上面飘着“卐”字旗，当时认为日本德国同是轴心国，这面旗可能有点安全作用。大概正因为如此，二姑父及大伯父的几个哥哥都到我们家躲警报。没一会儿，就听到嗡嗡的飞机声，紧接着便听到连续不断的爆炸声，房子天花板上的尘土纷纷落下，一时间屋子里尘土弥漫，什么也看不清，忽然，看到外面火光闪耀，我二哥大喊一声，还不赶快往外跑，大家跑出来，刚过马路，回头一看，我们家已是一片火海，我父亲几次想冲入火海，抢救一点财产出来，经大家一再劝阻才没有回去。大家在小山坡上，身穿裤头和背心，惊慌不定、神情恍惚地坐了一夜，经此大劫，人们都有隔世之感。“五四”这一天，敌机共有27架次空袭重庆市，“五三”“五四”这两天房屋被毁二千多幢，市民死亡2648人，财产损失惨重，我们家及亲属都无例外，唯所幸人口平安。为此，我大伯父每年此日在家中焚香静坐，默念《菠萝密多心经》数十遍，以答神庥，并称此为家难日，告诫家人永志不忘。我们这辈人深深体会到日本军国主义是何等残暴，决不允许日本军国主义卷土重来。

但是，抗战胜利至今日已经64个春秋了，日本始终没有承认对我国的侵略，一些日本右翼势力还在鼓动、叫嚣和挑衅，令人发指和愤慨。前事不忘，后事之师，我们不能忘记日本对我国东北地区14年的侵占，不能忘记历时8年抗日战争给我国带来的灾难。我家遭受的苦难只是中华民族在抗日战争中遭受苦难的局部缩影，我们忘不了抗日战争中的国仇家恨和悲惨的岁月，不能让我们的下一代再遭受我们同样的痛苦，忘记历史就意味着背叛。

后记

2017年是个特殊的日子，同济大学110周年校庆，全国抗战爆发80周年，同济大学内迁80周年。这本回忆录，本来想在2015年抗战胜利70周年时推出，结果姗姗来迟，却赶上了110年校庆。

这项工作始于2013年，当时为筹备抗战胜利70周年，我们就想到关于同济抗战这一段的历史非常重要。同济大学是抗战时期所有国立高校中受损失最大的，吴淞校园两次损毁，最后夷为平地，以致抗战胜利后复员只得另觅校址，成为同济人永远的痛。

过去，对这一段历史没有来得及做系统抢救，这项工作本来应该由专门的“职业队”来完成，但并不容易。经历过这一段岁月的老人越来越少了，我们很急，因此想推动这项工作，编一个同济人的抗战回忆录，希望通过亲历者的回忆，留下具体、微观的历史切片。

我们设想样本尽可能离散，包括三个时代的校友：吴淞时代、李庄时代、四平路时代，学科分布也有一定的代表性。

最大的困难是如何找到这些线索。由于时隔久远，很多早期校友的联系方式无从获得，每获得一个线索都如同大海捞针，投入极大。同时，同济的医学和测量学科上世纪五十年代调整到武汉办学，为此，曾多次赴武汉寻访李庄时代的校友，得到了很多前辈的支持。

黄胜白毕业于1914年，是同济早期的著名校友。由于时隔久远，无从联系。最后费了九牛二虎之力，辗转多地，才联系上其后人，从其“文革”交代材料中找到这一段的资料。张静吾毕业于上世纪20年代初，1937年初执教同济，抗战军兴，他执掌第五重伤医院，后随校内迁至昆明转赴安顺执教军医学校。

重庆市委宣传部黄晓东参与策划12辑纪录片《大后方》，提醒我注意收看，结果发现了医学院1933届林竟成参与红十字会救护总队工作，出任九支队队长的线索，后来几经周折联系上其后人，又经长沙市档案局汤才友处长介绍，联系上贵阳市档案局王浩副局长，获得了相关材料。

1949届的金士翱和冯新为老师记性极好，积极赐稿支持。

武汉校友会郑儒根学长积极提供线索，多次陪我拜访武测的老人。测量系1946届的刘葆梁学长，写下了长篇回忆，可惜2015年底去世，未能看到这本书的出版。测量系1948届于宗俦学长抱病写下了回忆。

测量系1937届毕业留校的纪增觉前辈20年前所写回忆《随校流亡琐记》，留下了“八一三”淞沪抗战爆发前一天下午最后一批撤出吴淞校园的回忆，填补了重要的历史空白。

杨佩昆老师的文章为我们留下走访四行孤军营的珍贵回忆。

范家骥老师热心提供线索并陪我拜访老人，李乐曾老师积极提供线索并审阅了稿件。四川省档案局张洁梅处长、南京艺术学院马海平、宜宾电视台阎冰提供线索和方便。

由于最近几年我们一直积极推动史料抢救，2016年3月，吕美安老师陪同原国立同济附中的老人来访，希望我们一起介入推动相关史料抢救。由此，我们又意外获得了一批前辈回忆抗战的资料。

前任同济大学宣传部长吴为民积极给予该项目支持，时任同济大学档案馆长朱大章积极表态支持，继任宣传部长后，继续支持该项目。

由于这项工作自始至终单枪匹马在进行，不得不留下很多遗憾。最大的遗憾是没有找到服务军工界的同济人线索。这项工作开始实在太晚了，很多样本都在最近几年陆续离世。

收录在这部回忆录的文章，都是这些高龄学长本人撰写，有些前辈去世多年，则请其后人提供早年所写回忆或其他第一手资料。里面的个别表述与相关规定不完全一致，为保留历史原貌，未予改动。这些鲜活的历史记忆，见证了迁校过程中艰苦卓绝的奋斗历史，见证了同济人服务抗战，服务社会，与民族共患难的历史。前辈学人同舟共济的精神，今天依然是鼓舞我们前行的动力。

陈立群

2017年5月1日